大学赤本シリーズ

407

明治大学

商学部－学

教学社

はしがき

おかげさまで，大学入試の「赤本」は，今年で創刊70周年を迎えました。

これまで，入試問題や資料をご提供いただいた大学関係者各位，掲載許可をいただいた著作権者の皆様，各科目の解答や対策の執筆にあたられた先生方，そして，赤本を使用してくださったすべての読者の皆様に，厚く御礼を申し上げます。

以下に，創刊初期の「赤本」のはしがきを引用します。これからも引き続き，受験生の目標の達成や，夢の実現を応援してまいります。

本書を活用して，入試本番では持てる力を存分に発揮されることを心より願っています。

編者しるす

*　*　*

学問の塔にあこがれのまなざしをもって，それぞれの志望する大学の門をたたかんとしている受験生諸君！　人間として生まれてきた私たちは，自己の欲するままに，美しく，強く，そして何よりも人間らしく生きることをねがっている。しかし，一朝一夕にして，この純粋なのぞみが達せられることはない。私たちの行く手には，絶えずさまざまな試練がまちかまえている。この試練を克服していくところに，私たちのねがう真に人間的な世界がはじめて開かれてくるのである。

人生最初の最大の試練として，諸君の眼前に大学入試がある。この大学入試は，精神的にも身体的にも，大きな苦痛を感ぜしめるであろう。あるスポーツに熟達するには，たゆみなき，はげしい練習を積み重ねることが必要であるように，私たちは，計画的・持続的な努力を払うことによって，この試練を克服し，次の一歩を踏みだすことができる。厳しい試練を経たのちに，はじめて満足すべき成果を獲得できるのである。

本書は最近の入学試験の問題に，それぞれ解答を付し，さらに問題をふかく分析することによって，その大学独特の傾向や対策をさぐろうとした。本書を一般の参考書とあわせて使用し，まとはずれのない，効果的な受験勉強をされるよう期待したい。

（昭和35年版「赤本」はしがきより）

挑む人の、いちばんの味方

赤本創刊70周年

1954年に大学入試の過去問題集を刊行してから70年。赤本は大学に入りたいと思う受験生を応援しつづけてきました。これからも，苦しいとき落ち込むときにそばで支える存在でいたいと思います。

そして，勉強をすること，自分で道を決めること，努力が実ること，これらの喜びを読者の皆さんが感じることができるよう，伴走をつづけます。

そもそも赤本とは…

受験生のための大学入試の過去問題集！

70年の歴史を誇る赤本は，500点を超える刊行点数で全都道府県の370大学以上を網羅しており，過去問の代名詞として受験生の必須アイテムとなっています。

…………… なぜ受験に過去問が必要なのか？ ……………

大学入試は大学によって問題形式や頻出分野が大きく異なるからです。

赤本の掲載内容

傾向と対策

これまでの出題内容から，問題の「**傾向**」を分析し，来年度の入試に向けて具体的な「**対策**」の方法を紹介しています。

問題編・解答編

- 年度ごとに問題とその解答を掲載しています。
- 「**問題編**」ではその年度の試験概要を確認したうえで，実際に出題された過去問に取り組むことができます。
- 「**解答編**」には高校・予備校の先生方による解答が載っています。

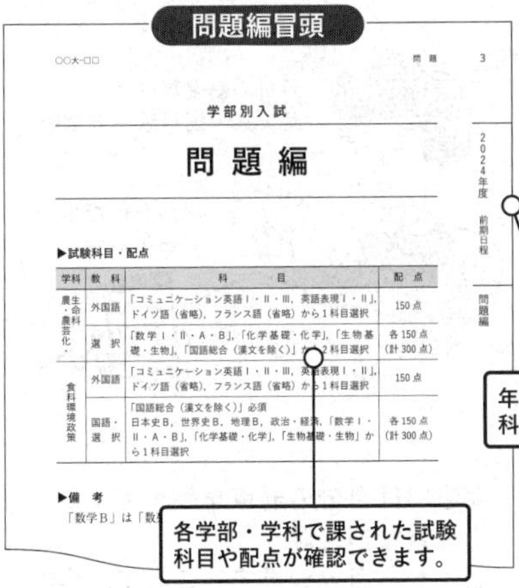

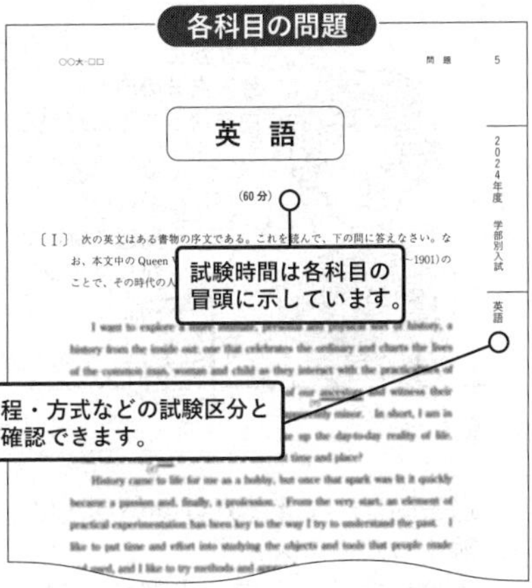

他にも，大学の基本情報や，先輩受験生の合格体験記，在学生からのメッセージなどが載っていることがあります。

掲載内容について

著作権上の理由やその他編集上の都合により問題や解答の一部を割愛している場合があります。
なお，指定校推薦入試，社会人入試，編入学試験，帰国生入試などの特別入試，英語以外の外国語科目，商業・工業科目は，原則として掲載しておりません。また試験科目は変更される場合がありますので，あらかじめご了承ください。

受験勉強は

過去問に始まり，

STEP 1

なにはともあれ

まずは解いてみる

しずかに…
今，自分の心と
向き合ってるんだから
ムーン
それは
問題を解いて
からだホン!

過去問は，**できるだけ早いうちに解く**のがオススメ！
実際に解くことで，**出題の傾向，問題のレベル，今の自分の実力**がつかめます。

STEP 2

じっくり具体的に

弱点を分析する

分析の結果だけど
英・数・国が苦手みたい
スリー
必須科目だホン
頑張るホン

間違いは自分の弱点を教えてくれる**貴重な情報源。**
弱点から自己分析することで，**今の自分に足りない力や苦手な分野**が見えてくるはず！

合格者があかす 赤本の使い方

傾向と対策を熟読
（Fさん／国立大合格）

大学の出題傾向を調べるために，赤本に載っている「傾向と対策」を熟読しました。

繰り返し解く
（Tさん／国立大合格）

１周目は問題のレベル確認，２周目は苦手や頻出分野の確認に，３周目は合格点を目指して，と過去問は繰り返し解くことが大切です。

過去問に終わる。

STEP 3

志望校にあわせて

苦手分野の重点対策

明日からはみんなで頑張るよ！
参考書も！ 問題集も！
よろしくね！
呼んだ？
なにを!?
どこから!?
グッ
グッ

参考書や問題集を活用して，苦手分野の**重点対策**をしていきます。**過去問を指針**に，合格へ向けた具体的な学習計画を立てましょう！

STEP 1▶2▶3

サイクルが大事！

実践を繰り返す

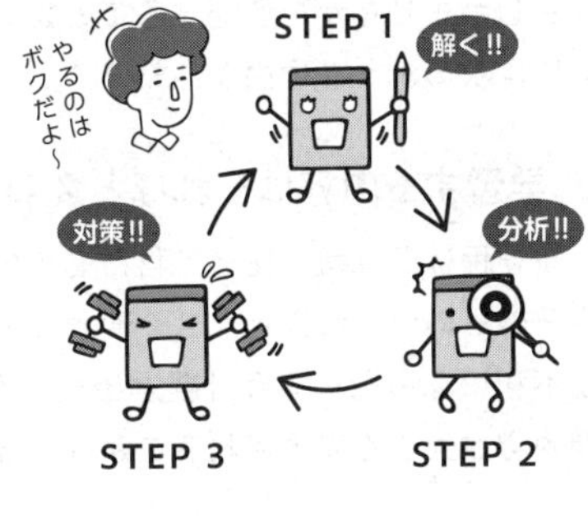
やるのはボクだよ～
STEP 1
解く!!
分析!!
STEP 2
対策!!
STEP 3

STEP 1～3を繰り返し，実力アップにつなげましょう！
出題形式に慣れることや，**時間配分を考えること**も大切です。

目標点を決める
(Yさん／私立大合格)
赤本によっては合格者最低点が載っているので，それを見て目標点を決めるのもよいです。

時間配分を確認
(Kさん／私立大学合格)
赤本は時間配分や解く順番を決めるために使いました。

添削してもらう
(Sさん／私立大学合格)
記述式の問題は先生に添削してもらうことで自分の弱点に気づけると思います。

新課程入試 Q&A

2022年度から新しい学習指導要領（新課程）での授業が始まり，2025年度の入試は，新課程に基づいて行われる最初の入試となります。ここでは，赤本での新課程入試の対策について，よくある疑問にお答えします。

Q1. 赤本は新課程入試の対策に使えますか？

A. もちろん使えます！

旧課程入試の過去問が新課程入試の対策に役に立つのか疑問に思う人もいるかもしれませんが，心配することはありません。旧課程入試の過去問が役立つのには次のような理由があります。

● 学習する内容はそれほど変わらない

新課程は旧課程と比べて科目名を中心とした変更はありますが，学習する内容そのものはそれほど大きく変わっていません。また，多くの大学で，既卒生が不利にならないよう「経過措置」がとられます（Ｑ３参照）。したがって，出題内容が大きく変更されることは少ないとみられます。

● 大学ごとに出題の特徴がある

これまでに課程が変わったときも，各大学の出題の特徴は大きく変わらないことがほとんどでした。入試問題は各大学のアドミッション・ポリシーに沿って出題されており，過去問にはその特徴がよく表れています。過去問を研究してその大学に特有の傾向をつかめば，最適な対策をとることができます。

出題の特徴の例	・英作文問題の出題の有無 ・論述問題の出題（字数制限の有無や長さ） ・計算過程の記述の有無

新課程入試の対策も，赤本で過去問に取り組むところから始めましょう。

Q2. 赤本を使う上での注意点はありますか？

A. 志望大学の入試科目を確認しましょう。

過去問を解く前に，過去の出題科目（問題編冒頭の表）と 2025 年度の募集要項とを比べて，課される内容に変更がないかを確認しましょう。ポイントは以下のとおりです。科目名が変わっていても，実際は旧課程の内容とほとんど同様のものもあります。

英語・国語	科目名は変更されているが，実質的には変更なし。 ▶▶ **ただし，リスニングや古文・漢文の有無は要確認。**
地歴	科目名が変更され，「歴史総合」「地理総合」が新設。 ▶▶ **新設科目の有無に注意。ただし，「経過措置」(Q３参照)により内容は大きく変わらないことも多い。**
公民	「現代社会」が廃止され，「公共」が新設。 ▶▶ **「公共」は実質的には「現代社会」と大きく変わらない。**
数学	科目が再編され，「数学 C」が新設。 ▶▶ **「数学」全体としての内容は大きく変わらないが，出題科目と単元の変更に注意。**
理科	科目名も学習内容も大きな変更なし。

数学については，科目名だけでなく，どの単元が含まれているかも確認が必要です。例えば，出題科目が次のように変わったとします。

旧課程	「数学Ⅰ・数学Ⅱ・数学 A・数学 B（数列・ベクトル）」
新課程	「数学Ⅰ・数学Ⅱ・数学 A・**数学 B（数列）・数学 C（ベクトル）**」

この場合，新課程では「数学C」が増えていますが，単元は「ベクトル」のみのため，実質的には旧課程とほぼ同じであり，過去問をそのまま役立てることができます。

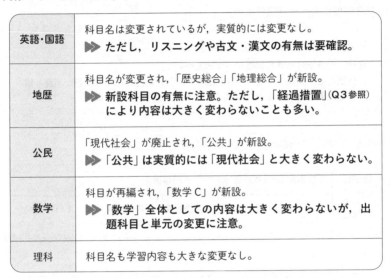

Q3.「経過措置」とは何ですか?

A. 既卒の旧課程履修者への対応です。

多くの大学では，既卒の旧課程履修者が不利にならないように，出題において「経過措置」が実施されます。措置の有無や内容は大学によって異なるので，募集要項や大学のウェブサイトなどで確認しておきましょう。

○旧課程履修者への経過措置の例

- 旧課程履修者にも配慮した出題を行う。
- 新・旧課程の共通の範囲から出題する。
- 新課程と旧課程の共通の内容を出題し，共通範囲のみでの出題が困難な場合は，旧課程の範囲からの問題を用意し，選択解答とする。

例えば，地歴の出題科目が次のように変わったとします。

旧課程	「日本史B」「世界史B」から1科目選択
新課程	「**歴史総合**，日本史探究」「**歴史総合**，世界史探究」から1科目選択※ ※旧課程履修者に不利益が生じることのないように配慮する。

「歴史総合」は新課程で新設された科目で，旧課程履修者には見慣れないものですが，上記のような経過措置がとられた場合，新課程入試でも旧課程と同様の学習内容で受験することができます。

要チェックだホン

新課程の情報はWEBもチェック！
より詳しい解説が赤本ウェブサイトで見られます。
https://akahon.net/shinkatei/

科目名が変更される教科・科目

	旧課程	新課程
国語	国語総合 国語表現 現代文A 現代文B 古典A 古典B	現代の国語 言語文化 論理国語 文学国語 国語表現 古典探究
地歴	日本史A 日本史B 世界史A 世界史B 地理A 地理B	歴史総合 日本史探究 世界史探究 地理総合 地理探究
公民	現代社会 倫理 政治・経済	公共 倫理 政治・経済
数学	数学Ⅰ 数学Ⅱ 数学Ⅲ 数学A 数学B 数学活用	数学Ⅰ 数学Ⅱ 数学Ⅲ 数学A 数学B 数学C
外国語	コミュニケーション英語基礎 コミュニケーション英語Ⅰ コミュニケーション英語Ⅱ コミュニケーション英語Ⅲ 英語表現Ⅰ 英語表現Ⅱ 英語会話	英語コミュニケーションⅠ 英語コミュニケーションⅡ 英語コミュニケーションⅢ 論理・表現Ⅰ 論理・表現Ⅱ 論理・表現Ⅲ
情報	社会と情報 情報の科学	情報Ⅰ 情報Ⅱ

目 次

解答用紙は，赤本オンラインに掲載しています。

https://akahon.net/kkm/mej/index.html

※掲載内容は，予告なしに変更・中止する場合があります。

UNIVERSITY GUIDE

大学情報

基本情報

沿革

1881（明治 14）	明治法律学校開校
1903（明治 36）	専門学校令により明治大学と改称
1904（明治 37）	学則改正により法学部・政学部・文学部・商学部を設置
1920（大正　9）	大学令により明治大学設立認可
1949（昭和 24）	新制明治大学設置認可。法学部・商学部・政治経済学部・文学部・工学部・農学部を置く
1953（昭和 28）	経営学部設置
1989（平成元年）	工学部を理工学部に改組
2004（平成 16）	情報コミュニケーション学部設置
2008（平成 20）	国際日本学部設置
2013（平成 25）	総合数理学部設置
2021（令和　3）	創立 140 周年

大学マーク

明治大学には，「伝統を受け継ぎ，新世紀に向けて大きく飛躍・上昇する明治大学」をイメージした大学マークがあります。この大学マークのコンセプトは，明治大学の「M」をモチーフとして，21 世紀に向けて明治大学が「限りなく飛翔する」イメージ，シンプルなデザインによる「親しみやすさ」，斬新な切り口による「未来へのメッセージ」を伝えています。

学部・学科の構成

大　学

●**法学部**　1・2 年：和泉キャンパス／3・4 年：駿河台キャンパス

法律学科（ビジネスローコース，国際関係法コース，法と情報コース，公共法務コース，法曹コース）

●**商学部**　1・2 年：和泉キャンパス／3・4 年：駿河台キャンパス

商学科（アプライド・エコノミクスコース，マーケティングコース，ファイナンス＆インシュアランスコース，グローバル・ビジネスコース，マネジメントコース，アカウンティングコース，クリエイティブ・ビジネスコース）

●**政治経済学部**　1・2 年：和泉キャンパス／3・4 年：駿河台キャンパス

政治学科

経済学科

地域行政学科

●**文学部**　1・2 年：和泉キャンパス／3・4 年：駿河台キャンパス

文学科（日本文学専攻，英米文学専攻，ドイツ文学専攻，フランス文学専攻，演劇学専攻，文芸メディア専攻）

史学地理学科（日本史学専攻，アジア史専攻，西洋史学専攻，考古学専攻，地理学専攻）

心理社会学科（臨床心理学専攻，現代社会学専攻，哲学専攻）

●理工学部　生田キャンパス

電気電子生命学科（電気電子工学専攻，生命理工学専攻）

機械工学科

機械情報工学科

建築学科

応用化学科

情報科学科

数学科

物理学科

●農学部　生田キャンパス

農学科

農芸化学科

生命科学科

食料環境政策学科

●経営学部　1・2年：和泉キャンパス／3・4年：駿河台キャンパス

経営学科

会計学科

公共経営学科

（備考）学部一括入試により，2年次から学科に所属となる。

●情報コミュニケーション学部　1・2年：和泉キャンパス／3・4年：駿河台キャンパス

情報コミュニケーション学科

●国際日本学部　中野キャンパス

国際日本学科

●総合数理学部　中野キャンパス

現象数理学科

先端メディアサイエンス学科

ネットワークデザイン学科

大学院

法学研究科 / 商学研究科 / 政治経済学研究科 / 経営学研究科 / 文学研究科 / 理工学研究科 / 農学研究科 / 情報コミュニケーション研究科 / 教養デザイン研究科 / 先端数理科学研究科 / 国際日本学研究科 / グローバル・ガバナンス研究科 / 法務研究科（法科大学院）/ ガバナンス研究科（公共政策大学院）/ グローバル・ビジネス研究科（ビジネススクール）/ 会計専門職研究科（会計大学院）

（注）学部・学科・専攻および大学院に関する情報は 2024 年 4 月時点のものです。

大学所在地

中野キャンパス

生田キャンパス

和泉キャンパス

駿河台キャンパス

駿河台キャンパス	〒 101-8301	東京都千代田区神田駿河台 1-1
和泉キャンパス	〒 168-8555	東京都杉並区永福 1-9-1
生田キャンパス	〒 214-8571	神奈川県川崎市多摩区東三田 1-1-1
中野キャンパス	〒 164-8525	東京都中野区中野 4-21-1

入試データ

入試状況（志願者数・競争率など）

○競争率は受験者数÷合格者数で算出。

○個別学力試験を課さない大学入学共通テスト利用入試は1カ年分のみ掲載。

2024年度 入試状況

●学部別入試

（　）内は女子内数

学部・学科等			募集人員	志願者数	受験者数	合格者数	競争率
法	法律		315	3,971(1,498)	3,283(1,229)	771(256)	4.3
商	学部別		485	8,289(2,589)	7,251(2,278)	1,301(346)	5.6
	英語4技能試験利用		15	950(402)	834(351)	173(62)	4.8
政治経済	政治		105	1,132(346)	1,057(321)	453(130)	2.3
	経済		290	3,779(785)	3,564(740)	1,137(234)	3.1
	地域行政		70	769(249)	730(240)	223(71)	3.3
文	文	日本文学	70	1,018(587)	896(520)	180(107)	5.0
		英米文学	68	912(440)	833(402)	182(79)	4.6
		ドイツ文学	23	393(177)	359(166)	67(30)	5.4
		フランス文学	24	297(151)	270(139)	62(31)	4.4
		演劇学	29	245(191)	213(167)	44(35)	4.8
		文芸メディア	43	617(388)	547(347)	105(58)	5.2
	史学地理	日本史学	51	760(250)	683(229)	138(42)	4.9
		アジア史	20	282(115)	249(103)	51(22)	4.9
		西洋史学	32	452(163)	392(143)	69(23)	5.7
		考古学	24	358(133)	321(115)	57(13)	5.6
		地理学	27	318(72)	279(63)	55(13)	5.1
	心理社会	臨床心理学	24	524(337)	460(288)	58(38)	7.9
		現代社会学	26	606(361)	534(318)	96(53)	5.6
		哲学	20	279(110)	239(94)	48(17)	5.0

（表つづく）

学部・学科等			募集人員	志願者数	受験者数	合格者数	競争率
理工	電気電子生命	電気電子工学	80	835(62)	795(59)	308(28)	2.6
		生命理工学	27	406(131)	382(125)	123(37)	3.1
	機械工		75	1,784(137)	1,715(128)	413(37)	4.2
	機械情報工		66	754(76)	719(73)	276(27)	2.6
	建築		88	1,542(465)	1,473(448)	340(105)	4.3
	応用化		60	1,509(465)	1,442(442)	472(126)	3.1
	情報科		65	1,853(238)	1,745(222)	418(43)	4.2
	数		32	556(56)	529(52)	192(11)	2.8
	物理		35	908(111)	867(103)	273(22)	3.2
農	農		90	1,240(426)	1,049(351)	266(98)	3.9
	農芸化		84	1,037(647)	860(527)	201(116)	4.3
	生命科		92	1,316(630)	1,060(494)	257(113)	4.1
	食料環境政策		79	1,158(470)	1,037(414)	186(89)	5.6
経営	3科目		342	7,211(2,169)	6,938(2,088)	1,457(404)	4.8
	英語4技能試験活用		40	248(105)	240(100)	64(27)	3.8
情報コミュニケーション	情報コミュニケーション		357	5,014(2,249)	4,855(2,189)	971(422)	5.0
国際日本	3科目		130	2,182(1,389)	2,105(1,347)	554(341)	3.8
	英語4技能試験活用		100	1,079(687)	1,051(669)	536(346)	2.0
総合数理	現象数理		35	678(103)	579(95)	99(11)	5.8
	先端メディアサイエンス		51	931(269)	792(232)	128(36)	6.2
	ネットワークデザイン		27	359(58)	292(47)	62(10)	4.7
合計			3,716	58,551(20,287)	53,519(18,458)	12,866(4,109)	—

（備考）数値には追加合格・補欠合格（農学部のみ）を含む。

●全学部統一入試

（　）内は女子内数

学部・学科等			募集人員	志願者数	受験者数	合格者数	競争率
法	法律		115	2,343(894)	2,237(849)	570(208)	3.9
商	商		80	2,310(832)	2,232(808)	349(113)	6.4
政治経済	政治		20	523(172)	502(162)	117(32)	4.3
	経済		50	1,517(335)	1,447(319)	316(59)	4.6
	地域行政		20	495(157)	480(154)	82(23)	5.9
文	文	日本文学	16	409(234)	387(221)	77(46)	5.0
		英米文学	18	441(236)	430(229)	92(37)	4.7
		ドイツ文学	7	125(56)	122(55)	22(10)	5.5
		フランス文学	8	181(85)	169(82)	37(20)	4.6
		演劇学	8	155(124)	150(120)	26(18)	5.8
		文芸メディア	7	268(170)	254(161)	45(25)	5.6
	史学地理	日本史学	15	318(102)	310(99)	66(18)	4.7
		アジア史	6	129(60)	121(58)	24(9)	5.0
		西洋史学	8	232(89)	220(84)	52(17)	4.2
		考古学	7	162(63)	159(63)	29(12)	5.5
		地理学	11	191(48)	186(45)	49(8)	3.8
	心理社会	臨床心理学	11	285(199)	275(193)	42(28)	6.5
		現代社会学	10	371(241)	356(233)	57(32)	6.2
		哲学	8	144(56)	131(53)	35(12)	3.7
理工	電気電子生命	電気電子工学	20	283(28)	263(27)	104(13)	2.5
		生命理工学	10	174(61)	165(59)	67(22)	2.5
	機械工		12	514(35)	451(31)	100(5)	4.5
	機械情報工		17	302(32)	278(28)	99(9)	2.8
	建築		19	513(161)	477(147)	108(35)	4.4
	応用化		12	314(96)	280(84)	92(15)	3.0
	情報科		12	543(84)	495(79)	93(10)	5.3
	数		10	181(26)	172(23)	49(3)	3.5
	物理		5	185(25)	165(22)	51(6)	3.2

（表つづく）

学部・学科等			募集人員	志願者数	受験者数	合格者数	競争率
農	3科目	農	15	501(174)	464(165)	95(38)	4.9
		農芸化	15	399(269)	384(260)	78(49)	4.9
		生命科	10	423(209)	398(196)	74(35)	5.4
		食料環境政策	5	254(106)	241(104)	56(23)	4.3
	英語4技能3科目	農	5	148(67)	140(65)	29(14)	4.8
		農芸化	5	172(121)	167(118)	27(18)	6.2
		生命科	5	171(93)	164(88)	32(17)	5.1
		食料環境政策	3	178(95)	173(93)	28(12)	6.2
経営	3科目		27	1,505(521)	1,454(503)	134(40)	10.9
	英語4技能3科目		3	517(234)	506(228)	55(19)	9.2
情報コミュニケーション	情報コミュニケーション		25	1,469(706)	1,424(684)	166(70)	8.6
国際日本	3科目		10	680(415)	662(401)	59(29)	11.2
	英語4技能3科目		18	774(494)	759(482)	117(64)	6.5
総合数理	3科目	現象数理	4	78(13)	73(12)	8(1)	9.1
		先端メディアサイエンス	2	65(24)	54(22)	2(0)	27.0
	4科目	現象数理	12	207(38)	201(37)	43(4)	4.7
		先端メディアサイエンス	15	326(107)	308(102)	63(10)	4.9
		ネットワークデザイン	26	293(51)	277(46)	82(5)	3.4
	英語4技能4科目	現象数理	1	79(17)	76(16)	12(1)	6.3
		先端メディアサイエンス	2	101(37)	95(35)	18(6)	5.3
		ネットワークデザイン	1	90(15)	87(15)	14(1)	6.2
合計			751	22,038(8,507)	21,021(8,160)	4,042(1,301)	—

●大学入学共通テスト利用入試

(　)内は女子内数

日程	学部	方式	学科等		募集人員	志願者数	受験者数	合格者数	競争率
前期日程	法	3科目	法律		60	2,367(1,017)	2,364(1,016)	927(445)	2.6
		4科目	法律		40	582(251)	581(250)	318(155)	1.8
		5科目	法律		40	1,776(631)	1,774(630)	990(365)	1.8
	商	4科目	商		50	542(203)	539(203)	193(70)	2.8
		5科目	商		45	371(124)	370(123)	147(59)	2.5
		6科目	商		30	1,041(319)	1,037(317)	412(140)	2.5
	政治経済	3科目	政治		8	343(121)	342(121)	80(33)	4.3
			経済		15	640(164)	638(163)	103(28)	6.2
		7科目	政治		15	295(93)	293(92)	165(62)	1.8
			経済		50	1,487(284)	1,469(282)	720(145)	2.0
			地域行政		12	201(68)	199(68)	78(28)	2.6
	文	3科目	文	日本文学	7	434(279)	433(278)	72(49)	6.0
				英米文学	6	235(121)	234(120)	49(24)	4.8
				ドイツ文学	3	78(46)	77(45)	18(10)	4.3
				フランス文学	2	53(26)	52(26)	12(5)	4.3
				演劇学	3	133(101)	133(101)	28(20)	4.8
				文芸メディア	5	250(162)	250(162)	54(37)	4.6
			史学地理	日本史学	6	281(94)	281(94)	54(16)	5.2
				アジア史	3	134(53)	131(52)	27(17)	4.9
				西洋史学	4	213(88)	213(88)	53(18)	4.0
				考古学	4	164(81)	164(81)	32(20)	5.1
				地理学	4	150(39)	150(39)	34(12)	4.4
			心理社会	臨床心理学	4	194(138)	192(136)	36(31)	5.3
				現代社会学	3	246(147)	245(147)	35(25)	7.0
				哲学	4	153(74)	153(74)	37(18)	4.1
		5科目	文	日本文学	3	57(24)	57(24)	20(5)	2.9
				英米文学	3	28(12)	28(12)	14(6)	2.0
				ドイツ文学	2	25(13)	25(13)	6(2)	4.2
				フランス文学	1	6(2)	6(2)	3(0)	2.0
				演劇学	1	15(13)	15(13)	2(2)	7.5
				文芸メディア	2	26(17)	26(17)	11(7)	2.4
			史学地理	日本史学	4	74(18)	74(18)	21(2)	3.5
				アジア史	2	27(7)	26(7)	10(1)	2.6
				西洋史学	1	51(14)	51(14)	10(2)	5.1
				考古学	1	22(6)	22(6)	6(2)	3.7
				地理学	1	55(13)	54(12)	10(3)	5.4

(表つづく)

日程	学部	方式	学科等		募集人員	志願者数	受験者数	合格者数	競争率
前期日程	文	5科目	心理社会	臨床心理学	2	72(42)	71(42)	10(8)	7.1
				現代社会学	2	81(53)	81(53)	20(16)	4.1
				哲学	2	46(18)	46(18)	15(6)	3.1
	理工	3教科	電気電子生命	電気電子工学	9	297(25)	297(25)	122(10)	2.4
				生命理工学	3	259(74)	258(73)	78(21)	3.3
			機械工		5	804(70)	802(70)	221(22)	3.6
			機械情報工		6	460(61)	460(61)	168(20)	2.7
			情報科		7	784(100)	783(100)	211(21)	3.7
		4教科	電気電子生命	電気電子工学	5	163(28)	163(28)	69(11)	2.4
				生命理工学	2	200(89)	200(89)	71(35)	2.8
			機械工		7	639(109)	636(109)	219(46)	2.9
			建築		12	793(292)	792(292)	175(66)	4.5
			応用化		7	762(250)	759(249)	203(76)	3.7
			情報科		7	589(115)	586(115)	171(27)	3.4
			数		6	294(44)	293(44)	136(19)	2.2
			物理		6	573(93)	571(91)	210(35)	2.7
	農		農		12	644(248)	631(245)	192(70)	3.3
			農芸化		12	529(359)	526(357)	186(131)	2.8
			生命科		15	851(427)	839(425)	331(184)	2.5
			食料環境政策		16	446(199)	442(198)	157(78)	2.8
	経営	3科目			25	1,468(540)	1,460(539)	300(128)	4.9
		4科目			25	531(187)	531(187)	171(61)	3.1
	情報コミュニケーション	3科目	情報コミュニケーション		30	1,362(648)	1,344(638)	244(127)	5.5
		6科目	情報コミュニケーション		10	449(177)	449(177)	161(65)	2.8
	国際日本	3科目	国際日本		20	1,277(813)	1,275(812)	350(217)	3.6
		5科目	国際日本		10	313(195)	312(195)	184(119)	1.7
	総合数理		現象数理		7	167(31)	167(31)	55(8)	3.0
			先端メディアサイエンス		10	278(95)	273(92)	68(21)	4.0
			ネットワークデザイン		4	183(48)	180(47)	54(18)	3.3

（表つづく）

学部・方式・学科等			募集人員	志願者数	受験者数	合格者数	競争率
後期日程	商	商	30	138(46)	134(45)	43(13)	3.1
	理工	電気電子生命 電気電子工学	3	72(11)	72(11)	32(4)	2.3
		電気電子生命 生命理工学	2	30(12)	29(12)	14(6)	2.1
		機械情報工	3	45(7)	45(7)	23(4)	2.0
		建築	2	46(18)	46(18)	17(4)	2.7
		応用化	2	23(12)	23(12)	5(2)	4.6
		情報科	2	55(6)	55(6)	23(2)	2.4
		数	2	22(6)	22(6)	4(2)	5.5
		物理	2	22(1)	22(1)	3(0)	7.3
	総合数理	現象数理	1	15(4)	14(4)	3(1)	4.7
		先端メディアサイエンス	1	20(5)	20(5)	5(0)	4.0
		ネットワークデザイン	1	19(9)	19(9)	3(2)	6.3
合計			779	28,570(10,430)	28,426(10,384)	9,514(3,570)	—

2023年度 入試状況

●学部別入試

(　)内は女子内数

学部・学科等			募集人員	志願者数	受験者数	合格者数	競争率
法	法律		375	4,325(1,510)	3,637(1,254)	1,027(342)	3.5
商	学部別		485	8,504(2,660)	7,481(2,322)	1,513(433)	4.9
商	英語4技能試験利用		15	936(409)	808(352)	151(64)	5.4
政治経済	政治		105	1,642(498)	1,540(466)	450(138)	3.4
政治経済	経済		290	4,418(927)	4,204(879)	1,204(225)	3.5
政治経済	地域行政		70	534(174)	511(170)	160(49)	3.2
文	文	日本文学	70	1,062(591)	947(515)	203(111)	4.7
文	文	英米文学	68	822(400)	721(360)	220(100)	3.3
文	文	ドイツ文学	23	305(139)	283(127)	87(35)	3.3
文	文	フランス文学	24	291(163)	268(149)	55(32)	4.9
文	文	演劇学	29	275(214)	245(189)	54(40)	4.5
文	文	文芸メディア	43	719(428)	639(382)	123(73)	5.2
文	史学地理	日本史学	51	679(225)	610(191)	154(45)	4.0
文	史学地理	アジア史	20	201(77)	171(65)	55(21)	3.1
文	史学地理	西洋史学	32	479(174)	409(148)	93(37)	4.4
文	史学地理	考古学	24	254(89)	220(78)	64(21)	3.4
文	史学地理	地理学	27	268(62)	229(48)	68(14)	3.4
文	心理社会	臨床心理学	24	592(373)	528(337)	61(40)	8.7
文	心理社会	現代社会学	26	594(352)	518(308)	111(69)	4.7
文	心理社会	哲学	20	312(122)	266(103)	67(21)	4.0
理工	電気電子生命	電気電子工学	80	817(59)	772(54)	289(23)	2.7
理工	電気電子生命	生命理工学	27	360(96)	331(85)	120(37)	2.8
理工	機械工		75	1,291(81)	1,239(76)	463(26)	2.7
理工	機械情報工		66	847(91)	799(83)	250(29)	3.2
理工	建築		88	1,521(437)	1,447(421)	332(104)	4.4
理工	応用化		60	1,350(399)	1,293(381)	495(167)	2.6
理工	情報科		65	1,853(172)	1,752(161)	374(32)	4.7
理工	数		32	519(67)	484(62)	178(21)	2.7
理工	物理		35	789(95)	740(85)	276(29)	2.7

(表つづく)

学部・学科等			募集人員	志願者数	受験者数	合格者数	競争率
農		農	90	1,136(425)	912(334)	275(120)	3.3
		農芸化	84	929(580)	773(482)	232(157)	3.3
		生命科	92	1,381(655)	1,123(531)	304(154)	3.7
		食料環境政策	79	1,106(425)	1,008(378)	217(76)	4.6
経営	3科目	経営	342	7,428(2,264)	7,165(2,191)	1,772(526)	4.0
		会計					
		公共経営					
	英語4技能試験活用	経営	40	320(146)	309(139)	68(34)	4.5
		会計					
		公共経営					
情報コミュニケーション		情報コミュニケーション	372	4,878(2,129)	4,741(2,075)	1,005(441)	4.7
国際日本		3科目	130	2,418(1,503)	2,332(1,449)	589(372)	4.0
		英語4技能試験活用	100	1,225(795)	1,198(778)	592(387)	2.0
総合数理		現象数理	35	690(115)	554(91)	95(18)	5.8
		先端メディアサイエンス	51	952(245)	813(214)	108(23)	7.5
		ネットワークデザイン	28	521(80)	416(59)	31(4)	13.4
合計			3,792	59,543(20,446)	54,436(18,572)	13,985(4,690)	—

（備考）数値には追加合格・補欠合格（農学部のみ）・特別措置を含む。

●全学部統一入試

( )内は女子内数

学部・学科等			募集人員	志願者数	受験者数	合格者数	競争率
法*	法律		115	2,620(1,011)	2,489(966)	577(217)	4.3
商*	商		80	1,834(632)	1,764(661)	348(116)	5.1
政治経済*	政治		20	467(156)	445(148)	109(36)	4.1
	経済		50	1,281(320)	1,204(303)	263(77)	4.6
	地域行政		20	251(76)	244(73)	60(18)	4.1
文	文	日本文学	16	346(185)	328(172)	71(44)	4.6
		英米文学	18	458(257)	440(248)	108(57)	4.1
		ドイツ文学	7	109(58)	108(58)	30(17)	3.6
		フランス文学	8	138(72)	134(70)	36(19)	3.7
		演劇学	8	180(144)	176(140)	32(23)	5.5
		文芸メディア	7	334(212)	320(204)	58(36)	5.5
	史学地理	日本史学	15	300(102)	292(98)	68(29)	4.3
		アジア史	6	110(49)	109(48)	28(14)	3.9
		西洋史学	8	206(69)	200(67)	64(17)	3.1
		考古学	7	97(37)	93(37)	19(6)	4.9
		地理学	11	141(42)	136(40)	40(11)	3.4
	心理社会	臨床心理学	11	333(210)	324(203)	41(25)	7.9
		現代社会学	10	309(201)	300(196)	75(56)	4.0
		哲学	8	151(57)	147(57)	39(13)	3.8
理工*	電気電子生命	電気電子工学	20	307(22)	281(18)	109(10)	2.6
		生命理工学	10	201(59)	188(56)	71(20)	2.6
	機械工		12	418(35)	362(29)	130(13)	2.8
	機械情報工		17	344(34)	320(29)	113(10)	2.8
	建築		19	489(163)	447(147)	110(39)	4.1
	応用化		12	374(126)	350(119)	110(46)	3.2
	情報科		12	636(90)	585(85)	107(21)	5.5
	数		10	161(19)	151(19)	60(7)	2.5
	物理		5	138(9)	118(6)	41(0)	2.9

(表つづく)

学部・学科等			募集人員	志願者数	受験者数	合格者数	競争率
農	3科目	農	15	378(157)	346(146)	86(35)	4.0
		農芸化	15	290(195)	274(183)	63(41)	4.3
		生命科	10	387(172)	358(162)	69(35)	5.2
		食料環境政策	5	218(110)	210(107)	32(17)	6.6
	英語4技能3科目	農	5	166(83)	159(80)	22(10)	7.2
		農芸化	5	164(115)	161(115)	28(21)	5.8
		生命科	5	162(81)	153(76)	21(9)	7.3
		食料環境政策	3	166(82)	163(81)	24(13)	6.8
経営*	3科目	経営	27	1,388(471)	1,343(459)	134(34)	10.0
		会計					
		公共経営					
	英語4技能3科目	経営	3	623(271)	605(265)	48(17)	12.6
		会計					
		公共経営					
情報コミュニケーション	情報コミュニケーション		25	1,298(652)	1,260(640)	170(91)	7.4
国際日本	3科目		10	679(433)	661(420)	62(39)	10.7
	英語4技能3科目		18	815(530)	798(520)	123(73)	6.5
総合数理*	3科目	現象数理	4	71(15)	68(15)	12(1)	5.7
		先端メディアサイエンス	3	64(16)	55(15)	4(1)	13.8
	4科目	現象数理	12	199(29)	194(28)	58(9)	3.3
		先端メディアサイエンス	20	400(113)	385(110)	53(9)	7.3
		ネットワークデザイン	27	282(54)	267(51)	85(17)	3.1
	英語4技能4科目	現象数理	1	63(8)	61(8)	15(3)	4.1
		先端メディアサイエンス	2	122(37)	117(36)	13(2)	9.0
		ネットワークデザイン	1	47(9)	45(8)	15(0)	3.0
合計			758	20,715(8,080)	19,738(7,772)	4,054(1,474)	—

（備考）

- ＊印の学部の数値には，追加合格・特別措置を含む。
- 農学部は補欠合格を含む。

2022 年度 入試状況

●学部別入試

（　）内は女子内数

学部・学科等			募集人員	志願者数	受験者数	合格者数	競争率
法		法律	375	4,739(1,582)	3,996(1,312)	844(303)	4.7
商		学部別	485	7,568(2,246)	6,664(1,954)	1,628(468)	4.1
		英語4技能試験利用	15	910(425)	798(365)	150(60)	5.3
政治経済		政治	105	1,377(427)	1,284(391)	508(172)	2.5
		経済	290	3,685(685)	3,490(648)	1,329(252)	2.6
		地域行政	70	632(201)	598(189)	189(56)	3.2
文	文	日本文学	70	994(550)	889(492)	216(126)	4.1
		英米文学	68	736(355)	660(317)	210(105)	3.1
		ドイツ文学	23	355(160)	319(146)	85(44)	3.8
		フランス文学	24	325(183)	295(167)	76(45)	3.9
		演劇学	29	317(238)	270(201)	56(40)	4.8
		文芸メディア	43	694(435)	621(394)	138(96)	4.5
	史学地理	日本史学	51	753(232)	672(205)	134(32)	5.0
		アジア史	20	218(81)	187(66)	63(14)	3.0
		西洋史学	32	458(138)	384(108)	98(27)	3.9
		考古学	24	277(100)	242(84)	63(16)	3.8
		地理学	27	312(77)	273(63)	71(15)	3.8
	心理社会	臨床心理学	24	588(363)	512(315)	90(56)	5.7
		現代社会学	26	588(337)	517(298)	108(64)	4.8
		哲学	20	288(114)	251(97)	62(21)	4.0
理工	電気電子生命	電気電子工学	80	1,079(74)	1,028(69)	320(18)	3.2
		生命理工学	27	316(83)	295(77)	131(36)	2.3
		機械工	75	1,377(109)	1,305(103)	480(44)	2.7
		機械情報工	66	706(50)	671(48)	274(19)	2.4
		建築	88	1,669(501)	1,597(482)	326(105)	4.9
		応用化	60	1,259(330)	1,204(316)	472(129)	2.6
		情報科	65	1,706(175)	1,621(168)	375(28)	4.3
		数	32	394(42)	373(39)	155(14)	2.4
		物理	35	673(64)	637(58)	253(18)	2.5

（表つづく）

<table>
<tr><th colspan="3">学部・学科等</th><th>募集人員</th><th>志願者数</th><th>受験者数</th><th>合格者数</th><th>競争率</th></tr>
<tr><td rowspan="4">農</td><td colspan="2">農</td><td>90</td><td>1,132(406)</td><td>942(323)</td><td>297(110)</td><td>3.2</td></tr>
<tr><td colspan="2">農芸化</td><td>90</td><td>852(524)</td><td>698(420)</td><td>250(166)</td><td>2.8</td></tr>
<tr><td colspan="2">生命科</td><td>92</td><td>1,081(467)</td><td>916(404)</td><td>306(133)</td><td>3.0</td></tr>
<tr><td colspan="2">食料環境政策</td><td>79</td><td>1,108(430)</td><td>996(376)</td><td>211(91)</td><td>4.7</td></tr>
<tr><td rowspan="6">経営</td><td rowspan="3">3科目</td><td>経営</td><td rowspan="3">342</td><td rowspan="3">6,316(1,781)</td><td rowspan="3">6,041(1,693)</td><td rowspan="3">1,638(435)</td><td rowspan="3">3.7</td></tr>
<tr><td>会計</td></tr>
<tr><td>公共経営</td></tr>
<tr><td rowspan="3">英語4技能試験活用</td><td>経営</td><td rowspan="3">40</td><td rowspan="3">337(135)</td><td rowspan="3">327(129)</td><td rowspan="3">96(34)</td><td rowspan="3">3.4</td></tr>
<tr><td>会計</td></tr>
<tr><td>公共経営</td></tr>
<tr><td>情報コミュニケーション</td><td colspan="2">情報コミュニケーション</td><td>392</td><td>4,887(2,143)</td><td>4,741(2,100)</td><td>1,078(460)</td><td>4.4</td></tr>
<tr><td rowspan="2">国際日本</td><td colspan="2">3科目</td><td>130</td><td>2,420(1,525)</td><td>2,335(1,475)</td><td>681(441)</td><td>3.4</td></tr>
<tr><td colspan="2">英語4技能試験活用</td><td>100</td><td>1,516(992)</td><td>1,476(962)</td><td>664(421)</td><td>2.2</td></tr>
<tr><td rowspan="3">総合数理</td><td colspan="2">現象数理</td><td>35</td><td>717(132)</td><td>574(107)</td><td>97(13)</td><td>5.9</td></tr>
<tr><td colspan="2">先端メディアサイエンス</td><td>51</td><td>889(216)</td><td>749(173)</td><td>101(14)</td><td>7.4</td></tr>
<tr><td colspan="2">ネットワークデザイン</td><td>28</td><td>494(74)</td><td>414(62)</td><td>55(5)</td><td>7.5</td></tr>
<tr><td colspan="3">合計</td><td>3,818</td><td>56,742(19,182)</td><td>51,862(17,396)</td><td>14,378(4,746)</td><td>—</td></tr>
</table>

（備考）数値には追加合格・補欠合格・特別措置を含む。

●全学部統一入試

(　)内は女子内数

学部・学科等			募集人員	志願者数	受験者数	合格者数	競争率
法	法律		115	2,348(818)	2,224(772)	687(215)	3.2
商	商		80	1,674(569)	1,607(546)	332(109)	4.8
政治経済	政治		20	427(134)	407(128)	101(33)	4.0
	経済		50	1,399(316)	1,330(291)	253(55)	5.3
	地域行政		20	458(154)	443(149)	68(29)	6.5
文	文	日本文学	16	356(196)	343(190)	70(42)	4.9
		英米文学	18	281(165)	272(158)	93(55)	2.9
		ドイツ文学	7	118(56)	113(54)	24(12)	4.7
		フランス文学	8	201(113)	191(104)	39(17)	4.9
		演劇学	8	152(115)	145(109)	40(29)	3.6
		文芸メディア	7	279(187)	265(180)	61(38)	4.3
	史学地理	日本史学	15	325(102)	314(98)	78(27)	4.0
		アジア史	6	82(30)	78(29)	30(17)	2.6
		西洋史学	8	176(62)	171(60)	43(15)	4.0
		考古学	6	133(51)	128(50)	30(10)	4.3
		地理学	11	236(58)	231(56)	40(12)	5.8
	心理社会	臨床心理学	11	313(200)	302(192)	63(39)	4.8
		現代社会学	10	296(184)	287(181)	55(29)	5.2
		哲学	8	140(50)	133(47)	30(8)	4.4
理工	電気電子生命	電気電子工学	20	404(24)	366(24)	120(13)	3.1
		生命理工学	10	153(55)	141(50)	55(19)	2.6
	機械工		12	347(28)	318(23)	109(11)	2.9
	機械情報工		17	289(26)	270(24)	96(9)	2.8
	建築		19	514(152)	473(144)	99(33)	4.8
	応用化		12	327(103)	306(97)	105(44)	2.9
	情報科		12	532(69)	482(63)	76(11)	6.3
	数		10	158(20)	149(19)	52(6)	2.9
	物理		5	189(18)	177(17)	52(1)	3.4

(表つづく)

学部・学科等			募集人員	志願者数	受験者数	合格者数	競争率
農	3科目	農	15	411(163)	385(149)	90(41)	4.3
		農芸化	15	336(222)	314(211)	62(44)	5.1
		生命科	10	341(133)	311(127)	58(23)	5.4
		食料環境政策	5	245(103)	239(98)	34(15)	7.0
	英語4技能3科目	農	5	119(52)	114(50)	25(9)	4.6
		農芸化	5	163(116)	156(110)	31(23)	5.0
		生命科	5	142(76)	135(75)	21(16)	6.4
		食料環境政策	3	196(106)	190(103)	22(14)	8.6
経営	3科目	経営	27	833(282)	792(265)	158(54)	5.0
		会計					
		公共経営					
	英語4技能3科目	経営	3	480(202)	461(194)	59(20)	7.8
		会計					
		公共経営					
情報コミュニケーション	情報コミュニケーション		25	1,204(615)	1,154(595)	151(83)	7.6
国際日本	3科目		10	750(474)	722(454)	60(29)	12.0
	英語4技能3科目		18	940(596)	915(578)	120(71)	7.6
総合数理	3科目	現象数理	4	63(19)	57(17)	13(1)	4.4
		先端メディアサイエンス	4	58(29)	53(28)	5(3)	10.6
	4科目	現象数理	12	174(37)	166(36)	56(12)	3.0
		先端メディアサイエンス	20	332(92)	313(89)	57(14)	5.5
		ネットワークデザイン	27	265(44)	249(42)	77(21)	3.2
	英語4技能4科目	現象数理	1	52(11)	51(11)	14(5)	3.6
		先端メディアサイエンス	2	99(32)	96(31)	11(3)	8.7
		ネットワークデザイン	1	76(20)	72(18)	5(1)	14.4
合計			758	19,586(7,479)	18,611(7,136)	4,030(1,440)	—

（備考）数値には特別措置を含む。

合格最低点（学部別・全学部統一入試）

2024 年度 合格最低点

●学部別入試

学部・学科等			満点	合格最低点	合格最低得点率
法	法律		350	241	68.9
商	学部別		350	241	68.9
商	英語4技能試験利用		550	378	68.7
政治経済	政治		350	237	67.7
政治経済	経済		350	242	69.1
政治経済	地域行政		350	235	67.1
文	文	日本文学	300	209	69.7
文	文	英米文学	300	207	69.0
文	文	ドイツ文学	300	196	65.3
文	文	フランス文学	300	195	65.0
文	文	演劇学	300	201	67.0
文	文	文芸メディア	300	212	70.7
文	史学地理	日本史学	300	216	72.0
文	史学地理	アジア史	300	207	69.0
文	史学地理	西洋史学	300	214	71.3
文	史学地理	考古学	300	211	70.3
文	史学地理	地理学	300	208	69.3
文	心理社会	臨床心理学	300	216	72.0
文	心理社会	現代社会学	300	214	71.3
文	心理社会	哲学	300	205	68.3

（表つづく）

学部・学科等			満点	合格最低点	合格最低得点率
理工	電気電子生命	電気電子工学	360	243	67.5
		生命理工学	360	257	71.4
	機械工		360	269	74.7
	機械情報工		360	252	70.0
	建築		360	274	76.1
	応用化		360	266	73.9
	情報科		360	275	76.4
	数		360	255	70.8
	物理		360	276	76.7
農	農		450	317	70.4
	農芸化		450	318	70.7
	生命科		450	320	71.1
	食料環境政策		450	328	72.9
経営	3科目	経営	350	231	66.0
		会計			
		公共経営			
	英語4技能試験活用	経営	230	128	55.7
		会計			
		公共経営			
情報コミュニケーション	情報コミュニケーション		300	189	63.0
国際日本	3科目		450	332	73.8
	英語4技能試験活用		250	170	68.0
総合数理	現象数理		320	192	60.0
	先端メディアサイエンス		320	190	59.4
	ネットワークデザイン		320	173	54.1

●全学部統一入試

学部・学科等			満点	合格最低点	合格最低得点率
法	法律		300	197	65.7
商	商		450	304	67.6
政治経済	政治		350	238	68.0
	経済		350	232	66.3
	地域行政		350	232	66.3
文	文	日本文学	300	202	67.3
		英米文学	300	195	65.0
		ドイツ文学	300	191	63.7
		フランス文学	300	192	64.0
		演劇学	300	196	65.3
		文芸メディア	300	210	70.0
	史学地理	日本史学	300	205	68.3
		アジア史	300	199	66.3
		西洋史学	300	207	69.0
		考古学	300	201	67.0
		地理学	300	197	65.7
	心理社会	臨床心理学	300	201	67.0
		現代社会学	300	206	68.7
		哲学	300	200	66.7
理工	電気電子生命	電気電子工学	400	234	58.5
		生命理工学	400	247	61.8
	機械工		400	260	65.0
	機械情報工		400	243	60.8
	建築		400	264	66.0
	応用化		400	257	64.3
	情報科		400	280	70.0
	数		400	243	60.8
	物理		400	255	63.8

（表つづく）

<table>
<tr><th colspan="3">学部・学科等</th><th>満点</th><th>合格最低点</th><th>合格最低
得点率</th></tr>
<tr><td rowspan="8">農</td><td rowspan="4">3科目</td><td>農</td><td>300</td><td>184</td><td>61.3</td></tr>
<tr><td>農芸化</td><td>300</td><td>187</td><td>62.3</td></tr>
<tr><td>生命科</td><td>300</td><td>195</td><td>65.0</td></tr>
<tr><td>食料環境政策</td><td>300</td><td>192</td><td>64.0</td></tr>
<tr><td rowspan="4">英語4技能3科目</td><td>農</td><td>300</td><td>231</td><td>77.0</td></tr>
<tr><td>農芸化</td><td>300</td><td>227</td><td>75.7</td></tr>
<tr><td>生命科</td><td>300</td><td>225</td><td>75.0</td></tr>
<tr><td>食料環境政策</td><td>300</td><td>231</td><td>77.0</td></tr>
<tr><td rowspan="6">経営</td><td rowspan="3">3科目</td><td>経営</td><td rowspan="3">350</td><td rowspan="3">244</td><td rowspan="3">69.7</td></tr>
<tr><td>会計</td></tr>
<tr><td>公共経営</td></tr>
<tr><td rowspan="3">英語4技能3科目</td><td>経営</td><td rowspan="3">350</td><td rowspan="3">292</td><td rowspan="3">83.4</td></tr>
<tr><td>会計</td></tr>
<tr><td>公共経営</td></tr>
<tr><td>情報コミュニケーション</td><td colspan="2">情報コミュニケーション</td><td>350</td><td>240</td><td>68.6</td></tr>
<tr><td rowspan="2">国際日本</td><td colspan="2">3科目</td><td>400</td><td>285</td><td>71.3</td></tr>
<tr><td colspan="2">英語4技能3科目</td><td>400</td><td>343</td><td>85.8</td></tr>
<tr><td rowspan="8">総合数理</td><td rowspan="2">3科目</td><td>現象数理</td><td>400</td><td>266</td><td>66.5</td></tr>
<tr><td>先端メディアサイエンス</td><td>400</td><td>274</td><td>68.5</td></tr>
<tr><td rowspan="3">4科目</td><td>現象数理</td><td>500</td><td>317</td><td>63.4</td></tr>
<tr><td>先端メディアサイエンス</td><td>500</td><td>333</td><td>66.6</td></tr>
<tr><td>ネットワークデザイン</td><td>500</td><td>297</td><td>59.4</td></tr>
<tr><td rowspan="3">英語4技能4科目</td><td>現象数理</td><td>400</td><td>297</td><td>74.3</td></tr>
<tr><td>先端メディアサイエンス</td><td>400</td><td>305</td><td>76.3</td></tr>
<tr><td>ネットワークデザイン</td><td>400</td><td>294</td><td>73.5</td></tr>
</table>

2023 年度 合格最低点

●学部別入試

学部・学科等			満点	合格最低点	合格最低得点率
法		法律	350	222	63.4
商		学部別	350	238	68.0
		英語4技能試験利用	550	388	70.5
政治経済		政治	350	240	68.6
		経済	350	233	66.6
		地域行政	350	227	64.9
文	文	日本文学	300	209	69.7
		英米文学	300	201	67.0
		ドイツ文学	300	196	65.3
		フランス文学	300	198	66.0
		演劇学	300	204	68.0
		文芸メディア	300	213	71.0
	史学地理	日本史学	300	211	70.3
		アジア史	300	202	67.3
		西洋史学	300	211	70.3
		考古学	300	200	66.7
		地理学	300	200	66.7
	心理社会	臨床心理学	300	216	72.0
		現代社会学	300	214	71.3
		哲学	300	211	70.3
理工	電気電子生命	電気電子工学	360	233	64.7
		生命理工学	360	243	67.5
		機械工	360	236	65.6
		機械情報工	360	245	68.1
		建築	360	257	71.4
		応用化	360	244	67.8
		情報科	360	259	71.9
		数	360	235	65.3
		物理	360	247	68.6

（表つづく）

学部・学科等			満点	合格最低点	合格最低得点率
農		農	450	263	58.4
		農芸化	450	263	58.4
		生命科	450	268	59.6
		食料環境政策	450	300	66.7
経営	3科目	経営	350	211	60.3
		会計			
		公共経営			
	英語4技能試験活用	経営	230	128	55.7
		会計			
		公共経営			
情報コミュニケーション		情報コミュニケーション	300	203	67.7
国際日本		3科目	450	354	78.7
		英語4技能試験活用	250	186	74.4
総合数理		現象数理	320	228	71.3
		先端メディアサイエンス	320	238	74.4
		ネットワークデザイン	320	235	73.4

●全学部統一入試

学部・学科等			満点	合格最低点	合格最低得点率
法		法律	300	211	70.3
商		商	450	312	69.3
政治経済		政治	350	251	71.7
		経済	350	243	69.4
		地域行政	350	234	66.9
文	文	日本文学	300	212	70.7
		英米文学	300	206	68.7
		ドイツ文学	300	209	69.7
		フランス文学	300	202	67.3
		演劇学	300	207	69.0
		文芸メディア	300	218	72.7
	史学地理	日本史学	300	211	70.3
		アジア史	300	209	69.7
		西洋史学	300	214	71.3
		考古学	300	205	68.3
		地理学	300	205	68.3
	心理社会	臨床心理学	300	218	72.7
		現代社会学	300	207	69.0
		哲学	300	215	71.7
理工	電気電子生命	電気電子工学	400	237	59.3
		生命理工学	400	249	62.3
		機械工	400	246	61.5
		機械情報工	400	250	62.5
		建築	400	269	67.3
		応用化	400	270	67.5
		情報科	400	284	71.0
		数	400	234	58.5
		物理	400	248	62.0

（表つづく）

学部・学科等			満点	合格最低点	合格最低得点率
農	3科目	農	300	190	63.3
		農芸化	300	198	66.0
		生命科	300	196	65.3
		食料環境政策	300	208	69.3
	英語4技能3科目	農	300	241	80.3
		農芸化	300	233	77.7
		生命科	300	241	80.3
		食料環境政策	300	241	80.3
経営	3科目	経営	350	258	73.7
		会計			
		公共経営			
	英語4技能3科目	経営	350	310	88.6
		会計			
		公共経営			
情報コミュニケーション	情報コミュニケーション		350	250	71.4
国際日本	3科目		400	300	75.0
	英語4技能3科目		400	353	88.3
総合数理	3科目	現象数理	400	250	62.5
		先端メディアサイエンス	400	287	71.8
	4科目	現象数理	500	303	60.6
		先端メディアサイエンス	500	350	70.0
		ネットワークデザイン	500	301	60.2
	英語4技能4科目	現象数理	400	291	72.8
		先端メディアサイエンス	400	314	78.5
		ネットワークデザイン	400	275	68.8

2022年度　合格最低点

●学部別入試

学部・学科等			満点	合格最低点	合格最低得点率
法	法律		350	238	68.0
商	学部別		350	243	69.4
商	英語4技能試験利用		550	401	72.9
政治経済	政治		350	221	63.1
政治経済	経済		350	216	61.7
政治経済	地域行政		350	217	62.0
文	文	日本文学	300	183	61.0
文	文	英米文学	300	177	59.0
文	文	ドイツ文学	300	176	58.7
文	文	フランス文学	300	174	58.0
文	文	演劇学	300	182	60.7
文	文	文芸メディア	300	187	62.3
文	史学地理	日本史学	300	190	63.3
文	史学地理	アジア史	300	184	61.3
文	史学地理	西洋史学	300	194	64.7
文	史学地理	考古学	300	178	59.3
文	史学地理	地理学	300	183	61.0
文	心理社会	臨床心理学	300	184	61.3
文	心理社会	現代社会学	300	192	64.0
文	心理社会	哲学	300	186	62.0
理工	電気電子生命	電気電子工学	360	246	68.3
理工	電気電子生命	生命理工学	360	236	65.6
理工	機械工		360	248	68.9
理工	機械情報工		360	241	66.9
理工	建築		360	265	73.6
理工	応用化		360	240	66.7
理工	情報科		360	261	72.5
理工	数		360	239	66.4
理工	物理		360	255	70.8

（表つづく）

学部・学科等			満点	合格最低点	合格最低得点率
農	農		450	257	57.1
	農芸化		450	257	57.1
	生命科		450	262	58.2
	食料環境政策		450	295	65.6
経営	3科目	経営	350	225	64.3
		会計			
		公共経営			
	英語4技能試験活用	経営	230	132	57.4
		会計			
		公共経営			
情報コミュニケーション	情報コミュニケーション		300	187	62.3
国際日本	3科目		450	338	75.1
	英語4技能試験活用		250	173	69.2
総合数理	現象数理		320	191	59.7
	先端メディアサイエンス		320	195	60.9
	ネットワークデザイン		320	181	56.6

●全学部統一入試

学部・学科等			満点	合格最低点	合格最低得点率
法	法律		300	222	74.0
商	商		450	350	77.8
政治経済	政治		350	275	78.6
	経済		350	274	78.3
	地域行政		350	268	76.6
文	文	日本文学	300	226	75.3
		英米文学	300	216	72.0
		ドイツ文学	300	221	73.7
		フランス文学	300	218	72.7
		演劇学	300	219	73.0
		文芸メディア	300	230	76.7
	史学地理	日本史学	300	231	77.0
		アジア史	300	222	74.0
		西洋史学	300	227	75.7
		考古学	300	224	74.7
		地理学	300	225	75.0
	心理社会	臨床心理学	300	224	74.7
		現代社会学	300	230	76.7
		哲学	300	224	74.7
理工	電気電子生命	電気電子工学	400	280	70.0
		生命理工学	400	276	69.0
	機械工		400	286	71.5
	機械情報工		400	286	71.5
	建築		400	302	75.5
	応用化		400	290	72.5
	情報科		400	321	80.3
	数		400	293	73.3
	物理		400	299	74.8

（表つづく）

学部・学科等			満点	合格最低点	合格最低得点率
農	3科目	農	300	219	73.0
		農芸化	300	225	75.0
		生命科	300	228	76.0
		食料環境政策	300	230	76.7
	英語4技能3科目	農	300	232	77.3
		農芸化	300	243	81.0
		生命科	300	250	83.3
		食料環境政策	300	250	83.3
経営	3科目	経営	350	264	75.4
		会計			
		公共経営			
	英語4技能3科目	経営	350	303	86.6
		会計			
		公共経営			
情報コミュニケーション	情報コミュニケーション		350	274	78.3
国際日本	3科目		400	326	81.5
	英語4技能3科目		400	353	88.3
総合数理	3科目	現象数理	400	270	67.5
		先端メディアサイエンス	400	300	75.0
	4科目	現象数理	500	363	72.6
		先端メディアサイエンス	500	383	76.6
		ネットワークデザイン	500	344	68.8
	英語4技能4科目	現象数理	400	318	79.5
		先端メディアサイエンス	400	330	82.5
		ネットワークデザイン	400	324	81.0

募集要項（出願書類）の入手方法

一般選抜（学部別入試・全学部統一入試・大学入学共通テスト利用入試）はWeb出願となっており，パソコン・スマートフォン・タブレットから出願できます。詳細は一般選抜要項（大学ホームページにて11月上旬公開予定）をご確認ください。

問い合わせ先

明治大学　入学センター事務室
〒101-8301　東京都千代田区神田駿河台1-1
月曜～金曜：9：00～11：30，12：30～17：00
土　　　曜：9：00～12：00
日曜・祝日：休　業
TEL　03-3296-4138
https://www.meiji.ac.jp/

気になること、聞いてみました！

在学生メッセージ

大学ってどんなところ？　大学生活ってどんな感じ？
ちょっと気になることを，在学生に聞いてみました。

以下の内容は 2020～2023 年度入学生のアンケート回答に基づくものです。ここで触れられている内容は今後変更となる場合もありますのでご注意ください。

メッセージを書いてくれた先輩　［商学部］N.S. さん　A.N. さん　［政治経済学部］R.S. さん
［文学部］R.Y. さん　［経営学部］M.H. さん
［情報コミュニケーション学部］I.M. さん

大学生になったと実感！

自由になったのと引き換えに，負わなければならない責任が重くなりました。例えば，大学では高校のように決められた時間割をこなすということはなくなり，自分が受けたい授業を選んで時間割を組むことができるようになります。時間割は細かいルールに従って各々で組むため，さまざまなトラブルが発生することもありますが，その責任は学生個人にあり，大学が助けてくれることはありません。大学に入ってから，高校までの手厚い支援のありがたみに気づきました。（N.S. さん／商）

自由な時間が増えたことです。それによって遊びに行ったりバイトをしたりとやりたいことができるようになりました。その反面，自由なので生活が堕落してしまう人もちらほら見られます。やるべきことはしっかりやるという自制心が必要になると思います。（R.S. さん／政治経済）

自分から行動しないと友達ができにくいことです。高校まではクラスが存在したので自然と友達はできましたが，私の所属する学部に存在するのは便宜上のクラスのみで，クラス単位で何かをするということがなく，それぞれの授業でメンバーが大幅に変わります。そのため，自分から積極的に話しかけたり，サークルに入るなど，自分から何かアクションを起こさないとなかなか友達ができないなということを実感しました。（I.M. さん／情報コミュニケーション）

大学生活に必要なもの

持ち運び可能なパソコンです。パソコンが必須の授業は基本的にありませんが，課題でパソコンを使わない授業はほとんどありません。大学には借りられるパソコンもありますが，使用できる場所や時間が決まっていたり，データの管理が難しくなったりするので，自分のパソコンは必要です。私の場合はもともとタブレットをパソコン代わりにして使っていたので，大学では大学のパソコン，自宅では家族と共用しているパソコン，外出先では自分のタブレットとキーボードというふうに使い分けています。（N.S. さん／商）

パソコンは必要だと思います。また，私は授業のノートを取ったり，教科書に書き込む用の iPad を買いました。パソコンを持ち歩くより楽だし，勉強のモチベーションも上がるのでおすすめです！（M.H. さん／経営）

この授業がおもしろい！

演劇学という授業です。グループのなかで台本，演出，演者の役割に分かれて，演劇を作成し発表します。自分たちで演劇を作り上げるのは難しいですが，ああでもない，こうでもない，と意見を交換しながら作り上げる作業はやりがいを感じられて楽しいです。また，1，2年生合同のグループワーク形式で行うため，同級生はもちろん，先輩や後輩とも仲良くなれます。（I.M. さん／情報コミュニケーション）

ビジネス・インサイトという，ビジネスを立案する商学部ならではの授業です。この授業の最大の特徴は，大学の教授だけでなく，皆さんも知っているような大企業の方も授業を担当されるということです。金融や保険，不動産，鉄道など，クラスによって分野が異なり，各クラスで決められた分野について学んだ後，与えられた課題についてビジネスを立案し，その内容を競うというアクティブな授業です。準備は大変でしたが，グループの人と仲良くなれたり，プレゼンのスキルが上がったりと，非常に充実した授業でした。（N.S. さん／商）

ネイティブスピーカーによる英語の授業です。発音などを教えてくれるので，高校まででではあまり学べなかった，実際に「話す」ということにつながる内容だと思います。また，授業中にゲームや話し合いをすることも多いので，友達もたくさん作れます!!（M.H. さん／経営）

大学の学びで困ったこと＆対処法

時間の使い方が難しいことです。私は，大学の授業と並行して資格試験の勉強に力を入れているのですが，正直，今のところうまくいっていません。特に空きコマの時間の使い方が難しいです。やっと大学の仕組みがわかってきたので，これからは課題や自習も時間割化して，勉強のペースを整えたいと思います。（N.S. さん／商）

「大学のテストはどのように勉強すればよいのだろうか？　高校と同じような方法でよいのか？」ということです。サークルに入るなどして，同じ授業を履修していた先輩から過去問をゲットしたり，アドバイスをもらったりするのが最も効果的だと思います。（I.M. さん／情報コミュニケーション）

困ったのは，履修登録の勝手がわからず，１年生はほとんど受けていない授業などを取ってしまったことです。周りは２年生だし，友達同士で受講している人が多かったので課題やテストで苦しみました。しかし，違う学年でも話しかければ「最初，履修全然わかんないよね〜」と言って教えてくれました。何事も自分から動くことが大切だと思います。（M.H. さん／経営）

部活・サークル活動

マーケティング研究会という，マーケティングを学ぶサークルに入っています。基本的には週１回１コマの活動なので，他のサークルを掛け持ちしたり，勉強やバイトに打ち込んだりしながら，サークル活動を続けることができます。他大学との合同勉強会やビジネスコンテストもあり，とても刺激を受けます。（N.S. さん／商）

バドミントンサークルに所属しています。土日や長期休みに，長野や山梨などに合宿に行くこともあります！（R.Y. さん／文）

運動系のサークルに入っています。週１，２回活動しています。サークルなので行けるときに行けばよく，それでも皆が歓迎してくれるし，高校の部活のように厳しくなくてマイペースに活動できているので，とても楽しいです。友達も増えるので何かしらのサークルに入るのはとてもおススメです。（I.M. さん／情報コミュニケーション）

交友関係は？

自分の所属するコミュニティはそこまで広くなく，クラスとしか関わりはありません。クラスは高校のときとほとんど変わりありません。先輩と交友関係をもちたいのであれば，やはりサークルに入ることをおススメします。入学して２カ月ほどは新入生歓迎会をやっているサークルがほとんどなので，ぜひ参加してみてください。（R.S. さん／政治経済）

SNS で「＃春から明治」を検索して同じ専攻の人と仲良くなりました。

また，専攻ごとに交流会があるので，そこでも仲良くなれます。先輩とはサークルや部活で知り合いました。（R.Y. さん／文）

経営学部にはクラスがあり，特に週に 2 回ある語学の授業で毎回会う友達とはかなり仲が良くて，遊びに行ったり，空きコマでご飯に行ったりします。なお，サークルは男女関係なく集団で仲良くなれるので，高校までの友達の感覚とはちょっと違う気がします。サークルの先輩は高校の部活の先輩よりラフな感じです。気楽に話しかけることが大切だと思います！（M.H. さん／経営）

いま「これ」を頑張っています

英語の勉強です。やりたい職業は決まっているのですが，少しでも夢に近づきたいのと，やりたいことが現在所属している学部系統から少し離れるので，進路選択に柔軟性をもたせたいという意味でも，英語の勉強に力を入れています。（N.S. さん／商）

高校野球の指導です。自分は少しですが野球が得意なので現在母校で学生コーチをやらせてもらっています。大学生になると本気で何かに打ち込むということは少なくなるので，選手が必死に球を追いかけている姿を見るととても刺激になります。（R.S. さん／政治経済）

普段の生活で気をつけていることや心掛けていること

授業にしっかり出席するということです。高校生からすると当たり前と思うかもしれませんが，大学は欠席連絡をする必要もないし，大学から確認の電話がかかってくることも基本的にはありません。どうしても夜寝る時間が遅くなってしまう日もあると思いますが，そんなときでも授業には絶対に出席するようにして生活が乱れないようにしています。（R.S. さん／政治経済）

提出物の期限やテストの日程などを忘れないようにすることです。一人ひとり時間割が違うので，自分で気をつけていないと，忘れてしまって単位を落としてしまうということにもなりかねません。また，バイトやサークルなどの予定も増えるので，時間をうまく使うためにもスケジュール管理が大切です。（M.H. さん／経営）

おススメ・お気に入りスポット

ラーニングスクエアという施設です。とてもきれいで近未来的なデザインなので，気に入っています。（R.Y. さん／文）

明治大学周辺には，美味しいご飯屋さんが数多く存在し，大抵のものは食べることができます。特に，「きび」という中華そば屋さんがとても美味しいです。こってり系からあっさり系まで自分好みの中華そばを食べることができます。（I.M. さん／情報コミュニケーション）

食堂がお気に入りです。お昼休みの時間に友達と話をするためによく使っています。3階建てで席数も多く，綺麗なので快適です。Wi-Fiもあるので，パソコン作業をすることもできます。また，隣にコンビニがあるので食べたいものが基本的に何でもあり便利です。（A.N. さん／商）

入学してよかった！

施設が全体的に新しく，充実していることです。快適に過ごせるので，大学に行くモチベーションになったり，勉強が捗ったりしています。また，各キャンパスが大きすぎないのも，移動時間の観点から効率が良くて気に入っています。（N.S. さん／商）

厳しい受験を乗り越えてきた人たちばかりなので，「やるときはちゃんとやる」人が多いように感じます。テスト前に「一緒に勉強しよう！」と誘ってきてくれたり，わからないところを教え合ったりできるので，「真面目なことが恥ずかしいことではない」と感じることができ，毎日とても楽しいです。（I.M. さん／情報コミュニケーション）

たくさんの友達と出会えることです。明治大学では，自分でチャンスを探せばたくさんの人と出会えるし，コミュニティも広がると思います。また，図書館が綺麗で空きコマや放課後に作業するにも快適で気に入っています。ソファ席もたくさんあるので，仮眠も取れてとてもいいと思います。（M.H. さん／経営）

高校生のときに「これ」をやっておけばよかった

写真や動画をたくさん撮っておきましょう。文化祭や体育祭など，行事の際はもちろんですが，休み時間や，皆で集まって試験勉強をしているときなど，高校での日常の１コマを残しておくことも，後で見返したときにとても良い思い出になります。今になってそれらを見返して，ああ制服って愛おしかったな，とノスタルジーをおぼえます。（I.M. さん／情報コミュニケーション）

英語の勉強をもっとしておけばと思いました。英語は大学生になっても，社会人になっても必要です。大学では英語の授業だけでなく，他の授業でも英語を読まなければならないときがあるので，とても大事です。高校生のときにちゃんと勉強しておくだけでだいぶ変わってくると思います。（A.N. さん／商）

合格体験記

みごと合格を手にした先輩に，入試突破のためのカギを伺いました。
入試までの限られた時間を有効に活用するために，ぜひ役立ててください。

（注）ここでの内容は，先輩方が受験された当時のものです。2025 年度入試では当てはまらないこともありますのでご注意ください。

・アドバイスをお寄せいただいた先輩・

Message

M.O. さん　文学部（文学科文芸メディア専攻）
全学部統一入試 2024 年度合格，栃木県出身

合格のポイントは，反復を行うこと。単語であっても問題集であっても，繰り返し解くことで身につき，長期記憶にも定着するので，反復を「無意味」と切り捨てず，根気よく続けることが大切です。

その他の合格大学　法政大（文〈日本文〉），日本大（文理〈国文〉共通テスト利用）

Message

N.S. さん　商学部
学部別入試 2023 年度合格，東京都出身

合格のポイントは，どんなことがあっても常にいつもの自分でいたことです。受験生だからといって，特別何かを我慢するということはしませんでした。また，自分を責めたり過信したりすることもせず，ありのままの自分を受け入れました。精神的に不安定になると，体調を崩したり勉強に手がつかなくなったりしたので，勉強すること以上に精神の安定を大切にして，勉強の効率を上げることを意識していました。模試や入試の結果がどうであれ，その結果を次にどう活かすかが一番大切です。結果に一喜一憂せず，次につなげるものを一つでも多く探して，それを積み重ねていった先に合格があります。

何があるかわからない受験ですが，意外とどうにかなります。だから，多少の緊張感は持っていても，受験を恐れる必要はありません！

その他の合格大学　東京女子大（現代教養）

Message

R.K. さん　文学部（史学地理学科地理学専攻）
全学部統一入試 2023 年度合格，埼玉県出身

自分の限界まで勉強したことがポイントだと思います。浪人が決まり受験勉強を始めた頃は，何度も勉強が嫌になってスマホに逃げてしまいそうになりましたが，「ここでスマホをいじったせいで不合格になったら一生後悔する」と自分に言い聞かせているうちに，だんだん受験勉強のみに専念できるようになりました。また，1日の生活を見直して無駄にしている時間はないかを考えて，勉強に充てられる時間を作り出しました。次第に参考書がボロボロになり，ペンがよく当たる指は皮が剝けたりペンだこになったりしました。自分で努力した証こそ試験会場で一番のお守りになると思うので，皆さんも頑張ってください！　応援しています！

その他の合格大学　明治大（政治経済，農），法政大（文），日本大（文理），駒澤大（文〈共通テスト利用〉）

R.S. さん 政治経済学部（地域行政学科）
学部別入試 2023 年度合格，東京都出身

合格した先輩や先生の意見を取り入れることが合格のポイントです。スポーツや楽器のように，勉強も初めから上手くできる人などいません。受験を経験した先輩や先生の意見は，失敗談も含めて合格への正しい道を教えてくれると思います。全てを取り入れる必要はなく，多様な意見をまずは聞いてみて，試しながら取捨選択をしていくと，自ずと自分にとって最適な勉強法が確立できると思います。

その他の合格大学 明治大（文・経営），法政大（人間環境），東洋大（福祉社会デザイン〈共通テスト利用〉）

S.O. さん 情報コミュニケーション学部
一般入試 2023 年度合格，埼玉県出身

この大学に絶対受かるぞ！という強い意志が合格のポイントだと思います。私は最後の模試がＥ判定でした。「このままだと受からないかもしれない」と何度も不安に思いました。しかし他の大学に行くことが考えられなかったので，必死で勉強しました。試験当日は緊張しすぎて一睡もできないまま本番を迎えることになったのですが，「自分が一番ここに行きたい気持ちが強いし，誰よりも過去問も解いた！」と自分に言い聞かせて，何とか緊張を乗り越えることができました。受験は先が見えず不安ばかりだと思いますが，それは周りの受験生も同じです。今までやってきたことを信じて，最大限の結果が出せるように頑張ってください！　応援しています。

その他の合格大学 明治大（文），中央大（文），武蔵大（社会〈共通テスト利用〉），東洋大（社会〈共通テスト利用〉），東京女子大（現代教養〈共通テスト利用〉）

入試なんでもQ&A

受験生のみなさんからよく寄せられる，
入試に関する疑問・質問に答えていただきました。

Q 「赤本」の効果的な使い方を教えてください。

A 過去問対策として使っていました。過去の赤本にも遡って，合計6年分の問題を解きました。一度解いてから丸付けをして，その後すぐにもう一度解き，時間が経った頃に3回目を解くようにしていました。すぐにもう一度解くことで定着を図り，また時間が経った後に解くことで定着度の確認ができます。入試本番の前日にも解いて，最後の仕上げにしました。また，入試データを見ながら，どのくらいの得点率が必要なのかを計算し，その得点率のプラス5～10%を目標に定めて解くようにしていました。（M.O. さん／文）

A 私は科目によって赤本の使い方を変えていました。英語は，単語・文法がある程度固まったら，どんどん赤本を解いていきました。具体的なやり方としては，初めは時間を意識せずに何分かかってもいいから100点を取るんだという意識で解いていきました。最初は思ってる以上に時間がかかって苦しいと思うかもしれませんが，これを続けていくうちに時間を意識していないにもかかわらず，自然と速く正確に読むことが可能になっていきます。社会と国語は参考書を中心におき，その確認として赤本を使用していました。（R.S. さん／政治経済）

Q どのように学習計画を立て，受験勉強を進めていましたか？

A 計画は 2 週間単位で立てていました。内訳は，前半 1 週間で，できればやりたいという優先順位の低いことまで詰め込んでできる限り消化し，残った分は後半 1 週間に持ち越して，時間が余ればまた別の課題を入れました。私は達成できそうもない計画を立てる割には，計画を少しでも守れないと何もやる気が出なくなってしまうタイプだったので，計画には余裕をもたせることを強く意識しました。また，精神の安定のために，まとまった休憩時間を積極的に取るようにして，効率重視の勉強をしていました。（N.S. さん／商）

**Q 明治大学を攻略する上で，特に重要な科目は何ですか？
また，どのように勉強しましたか？**

A 圧倒的に英語だと思います。とにかく英文が長く難しいので，まずは長文に慣れておくことが必要不可欠です。そのため日頃から，「受験本番では 3 ページ程度の長文を 2 つ読むことになるんだ」と意識しながら，英語の学習を行うとよいと思います。また，速読力はもちろん大切ですが，表面を大まかに理解するだけでなく，隅々まで読まないと解答できないという選択肢も多いので，精読力も必要になります。『速読英単語』（Z 会）や音読を通して速読力と英文理解力を高めておくことが重要です。（M.O. さん／文）

A 世界史などの暗記科目だと思います。特に私が受けた情報コミュニケーション学部は，国語が独特な問題が多く点数が安定しなかったので，世界史で安定した点数を取れるように対策しました。具体的には一問一答の答えをただ覚えるのではなく，問題文をそのまま頭に入れるつもりで覚えました。MARCH レベルになると，ただ用語を答えるのではなく思考力を問う問題が多いので，日頃から出来事や人物の結びつきを意識して覚えました。（S.O. さん／情報コミュニケーション）

Q 学校外での学習はどのようにしていましたか？

A 個別指導塾に週一で通って英語の授業を受けていたのと，季節ごとの特別講習と受験直前期は週二で授業を受けていました。また，学校の授業が早く終わる水曜日は塾の自習室で赤本を解くと決めていました。個人的に苦手な範囲のプリントや，授業ではやらなかったものの「欲しい人は言ってください」と先生に言われたプリントなどは絶対にもらうようにして，解かないということがないようにしました。

（M.O. さん／文）

Q 時間をうまく使うためにしていた工夫を教えてください。

A 1日のうちのどのタイミングでどの勉強をするか，ルーティン化して決めてしまうといいと思います。私の場合，朝起きたら音読，登校中は古典単語と文学史，食事中は地図帳，下校中は英単語をやることにしていました。本番ではできるだけ解答用紙から情報を集めることが大切です。問題の詳細はわからなくても，大問の数や記述の型が過去問と違っていたとき，試験開始までに心を落ち着かせ，解くスピードや順番を考えておけば焦らなくてすみます。（R.K. さん／文）

Q 苦手な科目はどのように克服しましたか？

A 私は国語がとても苦手でした。自分の実力より少し上の大学の問題を解いて，間違えた原因や，どうすれば解けたのかを徹底的に復習して克服しました。国語は，面倒ではあるけれど復習が一番大事だと思います。ただダラダラたくさん問題を解くよりも，一つの問題を徹底的に復習するほうが合格への近道になると思います。私は復習することを怠っていたので，ずっと現代文の成績が伸びませんでした。けれど1月末に復習方法を理解してから，私大入試直前の2月になって正答率が一気に上がったので，面倒だとは思うけれどしっかり復習することをオススメします。
（S.O. さん／情報コミュニケーション）

Q　スランプに陥ったとき，どのように抜け出しましたか？

A　焦らないことです。誰にでもくるもので自分だけだと思わないようにして，焦って方法を変えると逆効果だと言い聞かせました。あまり気にしすぎないほうがよいです。気にせずに同じように勉強を続けていたら，そのうち元通りになっていました。ただ，あまりにも点数の落ち方がひどいときや期間が長いときは，塾の先生に相談をしました。問題は何なのか，どこで躓いているのかを一緒に考えてもらうことで，安心感を得られたり，不安が解消されたりしました。　（M.O. さん／文）

Q　模試の上手な活用法を教えてください。

A　模試ごとに試験範囲が設定されている場合には，その試験範囲に合わせて勉強するとペースがつかみやすいです。また，模試は復習が命です。模試の問題以上にその解説が大切です。間違えた問題は必ず，できれば曖昧な問題も解説を確認して，１冊のノートにポイントとして簡単に書き留めておくと，直前期に非常に役立ちます。特に社会系科目はその時の情勢などによって出題のトレンドがあるので，それの把握と演習に役立ちます。判定に関しては，単純に判定だけを見るのではなく，志望校内での順位を重視してください。特にＥ判定は幅があるので，Ｄ判定に近いのか，そうでないのかは必ず確認するべきです。　（N.S. さん／商）

Q　併願をする上で重視したことは何ですか？
また，注意すべき点があれば教えてください。

A　自分の興味のある分野を学べる大学であること，第一志望の選択科目で受験できること，３日以上連続にならないことの３点を重視

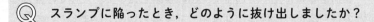

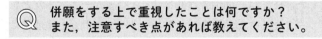

して選びました。私は地理選択で，大学では地理を勉強したいと思っていたので，明治大学以外で併願校を選ぶ時に選択肢が少ない分，割と簡単に決められました。あと，第一志望の大学・学部の前に，他の大学や学部で試験会場の雰囲気を感じておくと，とてもいい練習になると思います。明治大学の全学部統一入試は 2 月の初旬に行われますが，その前に他の大学を受験したことで新たに作戦を立てることができました。

（R.K. さん／文）

**Q　試験当日の試験会場の雰囲気はどのようなものでしたか？
緊張のほぐし方，交通事情，注意点等があれば教えてください。**

A　試験会場は，とても静かで心地良かったです。荷物は座席の下に置くように指示があったので，それを見越した荷物の量やバッグにするとよいでしょう。また，携帯電話を身につけていると不正行為になるので（上着のポケットに入っているのもだめです），しまえるようにしておきましょう。また，新宿行きの電車はすごく混むので，ホテルなどを取る場合はなるべく新宿寄りの場所にして，当日は新宿と逆方向の電車に乗るようにするほうが賢明です。電車内では身動きが取れないので，参考書などはホームで待っている間に手に持っておくほうがよいです。

（M.O. さん／文）

Q　受験生のときの失敗談や後悔していることを教えてください。

A　基礎を疎かにしてしまったことです。単語・文法など基礎の勉強は私にとっては楽しくなく，演習のほうをやりがちになっていました。しかし，基礎が固まっているからこそ演習の意義が高まるのであり，基礎を疎かにすることは成績が伸びづらくなる要因になっていました。12 月頃に学校の先生にこのことを言われて，もう一度基礎を徹底させ，なんとか受験までには間に合わせることができましたが，勉強をし始めた時期にもっと徹底的に固めていれば，と後悔しています。

（R.S. さん／政治経済）

Q　**受験生へアドバイスをお願いします。**

A　受験報告会などで先輩たちはたくさんの勉強をしていたと聞いて,「自分には無理だ」と思ってしまうかもしれません。しかし，そのハードワークも毎日続けてルーティンにすると辛くなくなります。習慣化するまでがしんどいと思いますが，せいぜい1，2カ月で習慣は出来上がります。辛いのは最初だけなので，少しだけ歯を食いしばってください。きっと，少ししたらハードワークに慣れている自分に気づくと思います。計画を立て，目の前のことに全力で取り組んでがむしゃらに進めば，1年はあっという間なので，あまり悲観せずに頑張ってください。

（M.O. さん／文）

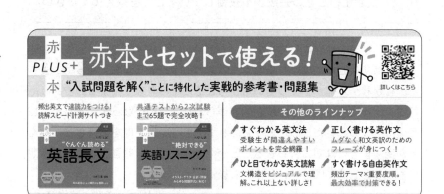

科目別攻略アドバイス

みごと入試を突破された先輩に，独自の攻略法や
おすすめの参考書・問題集を，科目ごとに紹介していただきました。

英　語

ポイントは長文に慣れること。速読力と英文理解力を高めておかないと，問題を解き終わらないうちに試験時間が終了してしまった，なんてこともあり得るので，早くから長文対策をするべきです。　(M.O. さん／文)

おすすめ参考書　『UPGRADE 英文法・語法問題』（数研出版）
『イチから鍛える英語長文』シリーズ（Gakken）
『英文法・語法 良問 500＋4技能』シリーズ（河合出版）

日本史

ポイントは，まんべんなく問題が出されるので，ヤマをはらないこと。本番では「誰も解けないだろ，これ」という難問が2，3問あるので，そのつもりで臨むとよい。　(M.O. さん／文)

おすすめ参考書　『時代と流れで覚える！日本史 B 用語』（文英堂）
『入試に出る 日本史 B 一問一答』（Z 会）

世界史

単語力と思考力がポイントです。用語は，教科書レベルの用語はもちろん，一問一答の星１レベルまで幅広く出題されているので，しっかり対策をする必要があると思います。あとは正誤問題などで細かいひっかけが多いので，物事の結び付きをいかに理解しているかがカギになると思います。

（S.O. さん／情報コミュニケーション）

おすすめ参考書 『時代と流れで覚える！ 世界史B用語』（文英堂）

地　理

自分の知識として足りなかったことは全て地図帳に書き込みました。毎日決まった時間（私の場合は昼食中）と，新たに書き込みをするときに，前に書いたメモを見ると何度も復習でき，知識が定着します。また，地図帳に掲載されている表やグラフはかなり厳選された大事なものなので，丁寧に目を通しておくことをおすすめします！　（R.K. さん／文）

おすすめ参考書 『新詳高等地図』（帝国書院）

国　語

近年は明治大学に絡んだ人物が問われているので，明治大学に関係する文学者，特に教壇に立った経験がある人物などは知っておいたほうがよいかもしれません。問題としてはそこまで難しくはないので，落ち着いて解くことが一番大切でしょう。　（M.O. さん／文）

おすすめ参考書 『古文単語 FORMULA600』（ナガセ）

『漢文早覚え速答法』（Gakken）

現代文は，どの文にも共通した論理展開をつかむことが重要になってきます。場当たり的な解法ではなく，文章の本質をつかむ勉強を多くすべきだと思います。　（R.S. さん／政治経済）

おすすめ参考書 『現代文読解力の開発講座』（駿台文庫）

TREND & STEPS

傾向と対策

科目ごとに問題の「傾向」を分析し，具体的にどのような「対策」をすればよいか紹介しています。まずは出題内容をまとめた分析表を見て，試験の概要を把握しましょう。

注　意

「傾向と対策」で示している，出題科目・出題範囲・試験時間等については，2024 年度までに実施された入試の内容に基づいています。2025 年度入試の選抜方法については，各大学が発表する学生募集要項を必ずご確認ください。

英　語

年度	番号	項　目	内　容
2024 ◑	〔1〕	文法・語彙	空所補充
	〔2〕	読解, 会話文	空所補充
	〔3〕	読　　解	空所補充（語形変化を含む），同意表現，内容説明，内容真偽
	〔4〕	読　　解	空所補充（語形変化を含む），内容説明，語句整序，同意表現，内容真偽
2023 ◑	〔1〕	文法・語彙	空所補充
	〔2〕	会　話　文	空所補充
	〔3〕	読　　解	空所補充（語形変化を含む），同意表現，内容説明，内容真偽
	〔4〕	読　　解	内容説明，同意表現，空所補充（語形変化を含む），段落の主題，内容真偽
2022 ◑	〔1〕	文法・語彙	空所補充
	〔2〕	読　　解	空所補充
	〔3〕	読　　解	空所補充（語形変化を含む），同意表現，内容説明，内容真偽
	〔4〕	読　　解	空所補充（語形変化を含む），同意表現，内容説明，内容真偽

（注）●印は全問，◑印は一部マークシート方式採用であることを表す。

読解英文の主題

年度	番号	主　題
2024	〔2〕	意外なチャンピオン
	〔3〕	デジタルで学ぶか紙で学ぶか
	〔4〕	新たな資源を求めて
2023	〔3〕	アガサ=クリスティの失踪
	〔4〕	正直であることの利点
2022	〔2〕	スティーブ=ジョブズとの思い出
	〔3〕	イチョウの物語
	〔4〕	イヌの祖先の研究

傾向　分量の多い読解問題が合格のカギ！

01　出題形式は？

マークシート方式による選択式と語形変化を伴う記述式の併用で，試験時間は80分。2024年度は，文法・語彙問題1題，短い読解と会話文問題1題，長文読解問題2題，計4題の出題となっている。

02　出題内容はどうか？

〔1〕の文法・語彙問題は，典型的な4択の空所補充である。文法問題は比較的少なく，語彙問題がかなり多い。語彙には単語と熟語があるが，どちらの知識もよく問われている。

〔2〕は，純粋な会話文問題であったり，エッセー風の読解問題であったり，2024年度のようにエッセー風の読解問題と純粋な会話文問題の2つで構成されていたりとバリエーションがあり，最近はテーマ・問題数とも固定されていない。

〔3〕と〔4〕の読解問題は，大学入試問題としては超長文問題の部類と言える。設問形式は，空所補充（語形変化を含む），同意表現，内容説明，内容真偽の4つが基本。

空所補充（語形変化を含む）は，当然前後関係の内容を手がかりにする必要があり，熟語の知識がポイントになっていることが多い。また，語形変化を含む空所補充問題は，三単現のsや完了形などの時制，動名詞や分詞などの準動詞なども意識しないといけない。

同意表現は，熟語の知識が必要なこともあるが，前後文脈，特に前の文脈をしっかり押さえていないと正解が出ない問題が多い。

内容説明は，下線部の人称代名詞が何を示すかを問うものもあれば，下線部の文全体を説明した選択肢を選ばせる問題もある。後者は下線部だけではまったく正解は出ないと言える。こちらも前後文脈が重要となる設問だ。

内容真偽は，それぞれ4つの選択肢から本文の内容と一致しているものを選ばせる問題。問題文が長いので，該当箇所を見つけるのは楽ではない。明らかに本文の内容とは異なるとわかるものもあれば，微妙な部分が不正解となるような選択肢もある。解く時間が足りない中，正解を導くのは結構大変な設問だ。

03　難易度は？

〔1〕の文法・語彙問題は，基礎から標準レベルの問題が多いが，若干難易度の高いものもある。

〔2〕の会話文問題は，会話独特の表現が問われたり，かなり難しい熟語の知識が必要なことがあり，全体的にやや難であろう。

〔3〕と〔4〕の読解問題は，分量がかなりあるのが最大の特徴で，終わらせるのが大変だという意味でやや難と言える。

対策

01　語彙力をつける

語彙は標準的な単語帳や熟語帳を１冊しっかりやり遂げることが重要だ。たとえば，『システム英単語』（駿台文庫）や『速読英熟語［改訂版］』（Z会）などがおすすめだ。言語は語彙だけではなく，文法，構造や背景知識などからも成り立っているが，やはり基本中の基本は語彙力となる。ただ，語彙を覚えれば覚えるほどよいというわけではない。少なすぎても多すぎてもよくないと考えてほしい。明治大学の語彙レベルに合った単語帳や熟語帳を選ぶことが重要だ。また，品詞，他動詞・自動詞，語法，多義語や多義熟語が過不足なくしっかり収められているものを選ぼう。明治大学の読解問題の英文はかなり難しい。何となく訳を覚えているだけでは対応が難しい。いろいろな角度から単語や熟語を分析しないと難しい英文を正確に把握することは困難であると認識してほしい。

02 文法問題への対策

文法は広く浅く網羅的に学習しよう。明治大学といえども，難しい文法は必要でない。〔1〕の文法・語彙問題もしかり，〔2〕の会話文問題も〔3〕と〔4〕の読解問題も一切難しい文法知識は必要ないと言える。ただし，一通り終わらせることが重要だ。特に読解問題にはいろいろな文法が含まれているのは周知の事実だ。広く浅くでいいので，初見の英文でも今まで習った文法をしっかり使いこなせるくらいに反復することが肝心だ。その際，『英文法・語法 Vintage』（いいずな書店）のように解説がある程度詳しいものを使おう。

03 読解はあらゆる対策を

❶まずは精読

一つ一つの文を理解できずに速読を行うのは不可能なので，まずは一つ一つの文を理解する力をつけないといけない。それには語彙力，文法力，構造把握力，背景知識など多方面の力が必要となる。構造把握力とはSVの分析や so ～ that …構文，倒置や省略，強調構文など文法とかぶる部分もあるが，文全体に影響を及ぼすものを理解する力である。明治大学のように難関レベル以上の大学の英文読解はこのような構造把握力がますます重要になると思われる。そこで構造把握力をつけるには『入門英文解釈の技術 70』（桐原書店）や『基礎英文解釈の技術 100』（桐原書店）などがおすすめだ。構造は後回しにされる傾向があるが，難関レベル以上の大学を目指すには避けて通れない分野と言える。

❷次に速読へ

2024 年度の商学部の読解問題は超長文と言える。すべてをしっかり読んでいると時間が足りなくなるであろう。ではどうしたらいいのだろうか？　スキャニングやスキミングやディスコースマーカーを利用した読み方が必要だ。スキャニングは拾い読みのことで，自分が必要な情報の部分を集中して読む方法だ。スキミングとは流し読みのことで，細かく一つ一つしっかり読むのではなく，この段落はだいたい電子書籍の利点を述べていて，次の段落は電子書籍のマイナス面を述べているといったたぐいの読み方だ。また，ディスコースマーカーは逆接や対比，具体例などを表す語句のことを言うが，ディスコースマーカーを押さえることにより，ただ読み進めるのではなく，前後の意味関係を意識することで論理展開が理解しやすくなるのだ。

❸設問を解く力をつける

　いくら英文をしっかり読めるようになっても，設問を解けなくては意味がない。明治大学レベルになると同意語句や内容説明は下線部だけでは何を言っているかさっぱりわからないことが多い。ただ，正解を導くための手がかりがどこかにあるわけで，その手がかりをどう加工するかがカギとなる。受験生は英語をいかに読むかは重視するのだが，設問をいかに解くかはあまり考えていないのが現状だと思われる。設問の解き方も一つ一つ自分のものにしていくことが重要だ。『明治大の英語』（教学社）や最終的には本書の解説をしっかり理解し，解答への道筋をしっかり自分のものにしていくことが重要だ。

明治大「英語」におすすめの参考書

Check!

- ✓『大学入試 ひと目でわかる英文読解』（教学社）
- ✓『大学入試 すぐわかる英文法』（教学社）
- ✓『明治大の英語』（教学社）

日本史

年度	番号	内　容	形　式
2024 ◐	〔1〕	古代宮都の変遷と政治・文化	選択・記述
	〔2〕	室町時代の文化と政治・経済	配列・選択・記述
	〔3〕	近世の飢饉と政治・社会・文化	選択・記述
	〔4〕	大正時代の経済史	選択・記述
2023 ◐	〔1〕	古代～中世の東北地方史	選択・記述
	〔2〕	琉球・沖縄史　✓史料	選択・記述
	〔3〕	江戸時代中期以降の政治・経済	選択・記述
	〔4〕	高度経済成長期の社会経済	選択・記述
2022 ◐	〔1〕	古墳とヤマト政権	選択・記述・配列
	〔2〕	近世の貿易・海外交流	選択・記述
	〔3〕	近代の政治・社会運動	選択・記述
	〔4〕	戦後の日本経済	選択・記述

（注）●印は全問，◐印は一部マークシート方式採用であることを表す。

傾向　詳細な知識を問う問題，文化史に難問多し　教科書欄外までの確実な学習を

01　出題形式は？

出題数は4題で，マークシート方式による選択式と記述式を組み合わせた形式が定着している。試験時間は60分。例年，解答個数は選択式・記述式ともに20個ずつで，合計40個というパターンである。ただし，2022・2024年度には選択式20個の中で配列法が1個出題された。選択式問題は5択で，数値や年代・人物・語句を選択させるものである。史料問題や，過去には美術作品を用いた出題もある。

なお，2025年度は出題科目が「歴史総合，日本史探究」となる予定で

ある（本書編集時点）。

02 出題内容はどうか？

時代別では，古代～近現代のテーマ史の出題が特徴的である。2024年度は古代・中世・近世・近代の各1題の出題であったが，例年全体の半数近くは近現代史からの出題となっている。戦後史の問題は，2024年度は出題されなかったが，2022・2023年度には大問として出題されている。近現代史重視は現在の大学入試の全体的な傾向であり，十分な学習が必要である。また，世界史的知識が問われたこともあり，特に近現代では教科書での世界史的記述にも注意をはらう必要がある。

分野別では，あらゆる分野からバランスよく出題されており，分野を絞るのではなく，幅広い学習が求められる。戦後の経済史では「政治・経済」の科目で学習するような内容もあり，その知識も活用したい。2023年度の古代～中世の東北地方史，琉球・沖縄史のように，時代をまたいだ内容を問うテーマ史の出題がみられるため，通史的な学習も意識したい。そのために，テーマ別問題集や歴史の「タテ」の流れを把握できる参考書・問題集で学習する必要がある。受験生にはなじみのうすいテーマが出題されることもあるが，問われている知識は教科書レベルのもので，特殊な知識を要求しているわけではない。

03 難易度は？

教科書欄外の注はもちろん，用語集を活用し細部にわたり学習しないと正解できない問題もある。具体的にいえば，分野別では文化史，時代別では近現代に多く，文化史では美術・文学・芸能・学問・教育など様々なテーマについて詳細な対策を講じていないと解答できない問題もみられる。近現代，特に戦後史は標準レベルまでの設問で確実に正解するために，教科書の精読を早い時期に開始することをすすめる。また，漢字の表記ミスやケアレスミスは合否に大きく影響してくると思われる。まずは標準的な問題に手早く的確に解答し，難問の検討に十分な時間をかけられるようにしたい。

対策

01 用語集は必携

問われている事項はほとんど『日本史用語集』（山川出版社）に掲載されている。とはいえ，『日本史用語集』で頻度数がかなり低いものも出題されているので，まずは教科書を中心としながらも，用語集を活用することで，周辺の知識をどんどん増やしていくことが求められる。教科書の本文中で太字になっている重要用語はいうまでもなく，太字以外の語句，さらには欄外の注からも出題されているので，細部にわたる対策が必要である。日頃から教科書と用語集を併用した学習を心がけたい。問題演習（『日本史標準問題精講』（旺文社）など標準レベルの問題集をおすすめする）のときも解答を用語集で確認するとよい。用語集の説明文も入試に引用されている。また，漢字の表記ミスは合否に大きく影響してくるので，歴史用語の漢字筆記練習も怠らないようにしたい。ミスしやすい用語はカードにしておくとよい。

02 文化史対策

文化史は頻出。詳細な人物や作品を問う問題が多く，過去には視覚資料を活用した問題もみられた。文化史は暗記項目が多く，ついつい学習を後回しにする傾向があるが，それでは高得点は望めない。得点源とするためには，前述のとおり用語集を活用し頻度数の低い用語にも目を通しておくとともに，資料集などを用いて，文化財などの図版もチェックしておく必要がある。市販の文化史をまとめたサブノートを活用し，文化史専門の問題集の実践から知識を整理することをすすめる。

03 テーマ史，なかでも社会経済史の対策を

テーマ史では社会経済史の重要テーマ，たとえば土地制度史・商業史・流通史・貨幣史・金融史・農業史・資本主義発達史・交通史・都市史とい

った分野が出題されやすい。時代別学習を進める中で，特に社会経済関係の分野には重点的な学習が必要である。ひととおり時代別の学習が済んだら，テーマ史専門の問題集を１冊用意し，その問題集をテキストとして利用していくと効率的な学習ができるであろう。

04 史料問題の対策は頻出史料から

過去にみられた史料問題は，頻出史料からの出題であることが多かった。『詳説日本史』（山川出版社）などの教科書に記載されている史料は必ず押さえた上で，教科書傍用の史料集を利用しておくとよいだろう。特に史料問題を苦手とする受験生は，『日本史史料一問一答』（東進ブックス）から始め，標準レベルの史料専門の問題集を実践して問題の傾向をつかむとよい。

05 他学部との類似性

明治大学の場合，各学部間の過去の出題テーマに共通点・類似点が多いのが特徴である。したがって年度・学部を問わず，本シリーズを活用して，他学部の過去問に当たっておくとより効果的である。

世界史

年度	番号	内　容	形　式
2024 ◑	〔1〕	太平洋の島々と日本	記　述
	〔2〕	古代の中国	記　述
	〔3〕	ペストからみた世界史	選　択
	〔4〕	貨幣からみた古代から中世のヨーロッパ	選　択
	〔5〕	アメリカ独立戦争	論　述
2023 ◑	〔1〕	冷戦期のベトナム	記　述
	〔2〕	近世以降の台湾	記　述
	〔3〕	帝国主義と第一次世界大戦	選　択
	〔4〕	古代から近代までのヨーロッパ	選　択
	〔5〕	スペイン継承戦争	論　述
2022 ◑	〔1〕	近代以降の中国，東南アジア，エチオピア	記　述
	〔2〕	第二次世界大戦後のアジア・アフリカ	記　述
	〔3〕	19 世紀後半の欧米	選　択
	〔4〕	古代から近代までのヨーロッパ	選　択
	〔5〕	対抗宗教改革	論　述

(注)　●印は全問，◑印は一部マークシート方式採用であることを表す。

傾向　論述問題ではヨーロッパから連続出題

01　出題形式は？

例年，出題数は5題，〔1〕〔2〕が記述式，〔3〕〔4〕がマークシート方式による選択式，〔5〕が論述式という形式が続いている。解答個数は記述式25個，選択式20個，論述式1個となっている。選択式では正文・誤文選択問題が主体となっている。論述式は3，4行以内で歴史事象を説明するものである。試験時間は60分。

なお，2025年度は出題科目が「歴史総合，世界史探究」となる予定である（本書編集時点）。

02 出題内容はどうか？

地域別では，〔５〕の論述式はヨーロッパからの出題が多く，2022 年度は対抗宗教改革，2023 年度はスペイン継承戦争，2024 年度はアメリカ独立戦争が問われている。

出題地域は，アジアとヨーロッパでバランスよく出題されている。欧米地域では単独で１国を扱う大問もみられるが，欧米諸国を総合的に取り上げた出題が多い。アジア地域では中国史のほか，東南アジアやインド，内陸アジア，西アジアからも出題され，2022 年度はアフリカから出題された。

時代別では，古代から現代まで問われるが，おおむね近世以降を重視した出題となっている。現代史では，2022 年度は〔２〕のほとんどが，2023 年度は〔１〕の全問と〔２〕の一部が第二次世界大戦以降からの出題，2024 年度は〔１〕の問題文が第二次世界大戦を扱っており，設問では 2000 年代の内容も問われた。今後も要注意である。論述式は，中世から近代までの欧米地域から出題されている。

分野別では，学部の性格を反映して，社会・経済史からの出題が目立つ。ただし，小問レベルでは，文化史からの出題もよくみられるので注意が必要である。

03 難易度は？

基本的には，教科書学習をしっかりしていれば対応可能なレベルである。論述問題も教科書の範囲から出題されている。ただし，中には詳細な知識を求められる問題や，用語集レベルの知識が含まれている問題もある。特に，正文・誤文選択問題にやや難度の高い出題がみられることが多い。全体的には標準～やや難レベルといえるだろう。記述式・用語選択の問題を手際よく解き，正文・誤文選択問題と論述問題に時間を割きたい。

対策

01 教科書を確実に理解しよう

教科書レベルの知識で対応できる設問が多いので，まずは教科書の精読と事項・流れの理解を心がけよう。その際，本文の太字部分とその前後の説明はもちろん，地図・脚注・写真にも必ず目を向けよう。地名は地図上で必ず確認しておくこと。地理的知識は，世界史の理解を深める必須の要素である。また，記述問題が多いため，あやふやな知識では解答できない。特に中国史では漢字解答が求められている。中国史・東アジア史関係の用語は「書いて覚える」を鉄則としたい。

02 用語集で知識を補強

「教科書学習」といっても，教科書の種類は多く，記載されている事項にも差がある。こうした歴史事項を確認・理解するためにも，『世界史用語集』（山川出版社）などの用語集は必ず利用したい。また，用語集の説明文レベルの内容が問われることもあるので，上記用語集のほかに『世界史のための人名辞典』（山川出版社）などを利用するのもよいだろう。

03 テーマ史・各国史対策を忘れずに

一国史やテーマ史は，教科書を読むだけでは学習しにくい。ノートを作ったり市販のサブノートを利用したりして，自分なりに再構築しておく必要がある。文化史についても，思想史・科学史・文学史などの分野ごとにそれぞれの流れを整理して理解することが重要な準備となる。

04 近世以降の重点学習

近世以降が重視されている。商学部という性格も考え，社会・経済史に関する部分は重点的に学習しておこう。また，社会・経済史に限らず，現代史の対策は不可欠である。現代史は教科書ではまとめにくい分野であるが，地域史・テーマ史としてまとめ直すとわかりやすくなる。「アメリカ」「ソ連／ロシア」「中国」などの国家ごとの動向と「ヨーロッパ統合」「米ソ（米ロ）関係」「中ソ（中ロ）関係」「東西冷戦」などのテーマについて整理しておこう。その際には「政治・経済」や「公共」の資料集なども活用してほしい。さらに，国際政治・国際経済に関するニュース・新聞記事やその解説に注意することも，歴史的背景の理解を深める上で役立つだろう。

05 論述対策

論述問題は，毎年同程度の論述量である。語句説明や事件の原因・背景などが問われることが多いので，経済関連の歴史事項を中心に，実際に設問に指定されている程度の分量でまとめる練習をしておこう。問題集としては，『体系世界史』（教学社）をすすめたい。短文での論述問題が収載されており，過去問演習への橋渡しになるだろう。

06 他学部の過去問にも注意

出題形式を含め，明治大学の他学部の問題も基本的に似ているので，それらの過去問にも当たっておくことは有効である。本シリーズを利用して，できるだけ多くの学部の過去問に挑戦してみよう。

地　理

年度	番号	内　容	形　式
2024 ◐	〔1〕	世界と日本のエネルギー資源　✓統計表	選　択
	〔2〕	インドの産業・貿易　✓統計表・地図	選　択
	〔3〕	世界の穀物　✓統計表	記述・選択
	〔4〕	日本の産業構造の変化	記　述
	〔5〕	南海トラフ地震	論　述
2023 ◐	〔1〕	アフリカ地誌　✓統計表	選　択
	〔2〕	日本の貿易　✓統計表	選　択
	〔3〕	ヨーロッパの地域統合	記　述
	〔4〕	日本経済の発展と余暇　✓統計表	記　述
	〔5〕	日本の酸性雨の状況　✓地図	論　述
2022 ◐	〔1〕	オーストラリア地誌	記　述
	〔2〕	世界と日本の貿易　✓統計表	記述・選択
	〔3〕	世界の民族・宗教・言語　✓統計表	選　択
	〔4〕	OECD と日本の諸問題　✓グラフ	選　択
	〔5〕	持続可能なモンゴル国の遊牧	論　述

(注)　●印は全問，◐印は一部マークシート方式採用であることを表す。

傾向　統計数値・グラフなど資料を活用した問題が頻出　論述問題にも注意を

01　出題形式は？

例年大問 5 題で，記述式 2 題，マークシート方式による選択式 2 題，論述式 1 題という構成が定着している。解答個数は記述式 25 個程度，選択式 20 個程度，論述式 1 個である。論述問題は行数が示されている。また，統計資料や地図などを使った問題が頻出している。試験時間は 60 分。

なお，2025 年度は出題科目が「地理総合，地理探究」となる予定である（本書編集時点）。

02 出題内容はどうか？

地誌と系統地理に関する問題から構成される。地誌は１，２題のことが多いが，その中で自然，産業，文化など幅広く問われている。やや詳細な地名や都市名を問うものもあり，地図帳を使った学習も欠かせない。系統地理では地球環境問題が頻出しているので，時事的な内容も含めて特に深い理解が望まれる。2024 年度の地誌分野では，地域紛争，領土問題の詳細な知識を問うものがみられた。論述問題は教科書で学ぶ基本的な知識や考え方にもとづく内容ではあるが，ここ数年は，2022 年度の「モンゴル国の伝統的な遊牧の再評価」など地理的な知識や考え方を実際の社会や経済の場面にいかに結びつけ，論述できるかを試すような問題に加えて，2023 年度の「日本の酸性雨の状況」のように，提示された地図資料から地理情報を読み取って簡潔に文章表現することを求める問題もみられる。また 2024 年度の「南海トラフ地震」のように自然環境分野であるが，一般的にニュースで取り上げられることが多くなったテーマにも注意が必要である。

03 難易度は？

一部に見慣れない地名などがあるものの，教科書をくまなく学習すれば十分対応できる標準レベルの設問が大半を占める。ただし，例年論述問題が出題されているため，十分な練習が求められる。60 分で大問５題を解くスピードが要求されることにも注意が必要である。

対策

01 基本事項を確実に

一部の難問にとまどうかもしれないが，教科書から逸脱するような問題は多くはない。教科書の内容を正しく理解していれば，かなりの高得点が期待できる。『地理用語集』（山川出版社）などで知識の整理に努めることも大切である。また，記述・論述問題に備えて，用語は正確に書くことができるようにしておくこと。

02 地図帳を常に携えた学習を

地誌の中でやや細かい地名や都市名が問われることがあるため，学習の中で出てきた地名は地図帳で必ずチェックする習慣をつけよう。国や都市，河川や山脈など地形の位置だけでなく，周辺との位置関係を把握することも有効である。また，気候・土壌図や農業・鉱工業の主題図にも目を通して，理解を深めておきたい。

03 統計に強くなる

特に，農産物・鉱産物・工業生産などの産業，貿易，人口の統計が出題されることが多いため，統計学習を十分にしておきたい。その際，統計が示す傾向を把握しながら，その背後にある地理的事象や因果関係を理解するように努めよう。平素から『データブック オブ・ザ・ワールド』（二宮書店）や『日本国勢図会』『世界国勢図会』（ともに矢野恒太記念会）などの統計資料に慣れ親しんでおくことも大切である。

04 100 字程度の論述練習を繰り返す

例年〔５〕で解答欄３，４行程度の論述問題が出題されているため，あらかじめ十分な対策をしておくべきである。具体的には，教科書を精読することと，各単元ごとに定番化している論述テーマに沿って要点を書き出すこと，またそれを端的に文章化することを徹底しよう。書いた文章は必ず先生に添削してもらうことも忘れないように。

05 時事的な問題に関心をもつ

貿易や地域紛争，環境問題などは高校地理で学習する事項ではあるが，時事的な内容が問われることもある。また，ここ数年の論述問題のように，環境問題や自然現象を具体的な社会・経済の場面と結びつける問いもみられるため，日頃から新聞やテレビ，インターネットなどを通して国際情勢や環境問題，国内の社会・経済の様子に関心を寄せ，その動向と課題をつかんでおきたい。

政治・経済

2025年度は「政治・経済」に代えて「公共，政治・経済」が課される予定である（本書編集時点）。

年度	番号	内容	形式
2024 ◑	〔1〕	基本的人権に関する重要判例	記述・選択
	〔2〕	社会保障制度	記述・選択
	〔3〕	企業の経済活動	記述・選択・計算
	〔4〕	経済史・経済指標・景気変動	記述・選択
2023 ◑	〔1〕	国際政治・安全保障	記述・選択
	〔2〕	食糧・農業問題，消費者余剰と生産者余剰　✓グラフ	記述・選択
	〔3〕	株式市場・公正取引委員会	記述・選択
	〔4〕	金融分野の技術革新	記述・選択
2022 ◑	〔1〕	労働者の権利と労働市場	記述・選択
	〔2〕	財政政策と財政運営上の課題	記述・選択
	〔3〕	東西冷戦とアジア政治史	記述・選択
	〔4〕	通商政策をめぐる諸課題	記述・選択

（注）●印は全問，◑印は一部マークシート方式採用であることを表す。

傾向　経済分野に強くシフトし，細かく問われる傾向

01　出題形式は？

例年大問4題が出題され，試験時間は60分。出題形式はいずれの大問もマークシート方式による選択式と記述式からなり，解答個数は選択式24個，記述式16個で，合計40個。選択問題は政治上の事件，制度の変遷をめぐる時系列や，制度・機構の内容を問うものが多い。記述問題は政治・経済用語を答えさせるもので，リード文の空所補充という形をとっている。

02 出題内容はどうか？

2024年度は，大問1題が政治分野，残り3題が経済分野からの出題である。経済分野からより多く出題される傾向にある。経済分野においては，時系列にもとづく判断を要する問題など細かい知識を問う傾向がみられる。政治分野においては，判例への詳細な知識も問われた。また，知識だけでなく，リード文やグラフの内容を読みとって考える出題もみられる。

03 難易度は？

近年，細かい知識や緻密な正誤判断力を問う問題が多くあり，難化しているといえる。

対策

01 教科書の熟読を

細かい知識を必要とする出題もあるので，選択肢の判断を消去法に頼ろうとすると迷うことになりやすい。一方で，正しい記述をすぐに見つけることができれば，正解にたどり着くことは難しくない。教科書や『政治・経済用語集』（山川出版社）などを熟読し，自信をもって正しい答えを出せるようにしよう。

02 資料集の活用を

経済政策に関する知識を問う出題があるので，その内容の確認を十分にしておきたい。『最新図説政経』（浜島書店）などの資料集を活用しながら，制度の変遷史などにも着目して理解したい。

03 時系列に関する整理

特定の年や時系列上の理解・判断を求める出題が目立つ。年表などの資料をよく見ておくようにしよう。ある出来事や事件のあった当時のアメリカの大統領を問う出題もあるので，主要な政治家のポスト在任期間の確認もしておくとよい。

04 過去問演習をしっかりと

過去問を解くこと自体も重要であるが，過去問の出題内容・傾向に応じて学習方針の見直しをすることでより効率的な対策をすることができる。また，選択問題の選択肢には，より細かい知識を含むものもあるため，丁寧に確認しておきたい。語句を解答する問題については，選択肢が与えられている設問であっても，記述式で解答するつもりで学習するなど，過去問の有効活用をすすめたい。

数　学

年度	番号	項　目	内　容
2024 ◑	〔1〕	小 問 3 問	整数，３次関数の最大，集合と論理
	〔2〕	微・積分法	関数列と面積
	〔3〕	図形の計量	２つの線分のなす角の和　☑証明
2023 ◑	〔1〕	小 問 3 問	平面ベクトル，順列・組合せ，三角方程式
	〔2〕	微・積分法	３次方程式の解の配置，面積
	〔3〕	整数の性質	直線上の整数点（格子点）　☑証明
2022 ◑	〔1〕	小 問 3 問	順列，n 進法，曲線と接線で囲まれた図形の面積
	〔2〕	ベクトル，図形と方程式	円を表すベクトル方程式
	〔3〕	数列，積分法	面積で表された数列　☑図示

（注）●印は全問，◑印は一部マークシート方式採用であることを表す。

出題範囲の変更

2025 年度入試より，数学は新教育課程での実施となります。詳細については，大学から発表される募集要項等で必ずご確認ください（以下は本書編集時点の情報）。

2024 年度（旧教育課程）	2025 年度（新教育課程）
数学Ⅰ・Ⅱ・A（場合の数と確率，整数の性質，図形の性質）・B（数列，ベクトル）	数学Ⅰ・Ⅱ・A（図形の性質，場合の数と確率）・B（数列）

傾向　基本事項重視だが，時間のかかる設問も

01　出題形式は？

例年，試験時間 60 分，大問 3 題の出題で，そのうち 1 題は 3 問からなる小問集合である。解答方式は，小問集合の〔1〕は解答を選択肢から選ぶマークシート方式，〔2〕は空欄に数値を入れるマークシート方式，〔3〕は

記述式である。

02 出題内容はどうか？

出題項目に大きな偏りはないといってよいが，微・積分法（3次・4次関数の微・積分を含む），三角関数，場合の数と確率はよく出題されている。また，小問集合問題では，微・積分法，三角関数，指数・対数関数，数列などが出題されている。図形に関する設問に加え，証明問題が出題されることも多い。2022年度は図示問題，2023・2024年度は証明問題が出題された。

03 難易度は？

マークシート方式の問題は，教科書の例題から章末問題程度までの典型的な問題レベルが中心である。記述問題は入試の標準的な問題から応用力を試す問題まで出題されている。試験時間に対して計算処理や問題の意図を読み取るのに時間のかかる設問が多く，手際のよさが要求される。例年，〔3〕は完答するのが難しい。

対策

01 教科書の全項目をムラなく学習

頻出分野は微・積分法，三角関数，場合の数と確率であるが，集合と論理，図形と方程式，数列などにも対応できるようにしておきたい。したがって，出題範囲のすべての項目について，教科書の例題から章末問題，教科書傍用問題集などで標準的な問題演習を徹底的に繰り返しておくこと。

02 証明問題対策と図の利用

問題の中にはいろいろ工夫された融合問題もみられる。さらに，証明問題や図・グラフを利用する問題がよく出題されている。証明問題は差がつきやすいので，図やグラフを描きながら考え，判断したい。また，自然数 n に関する問題では，$n=1$，2，… と小さい数で実験して考えるなど，具体化することで解き進めたい。日頃から定義を大切にし，いろいろな定理の証明をしておくのもよいだろう。設問も多く，誘導形式になっていることにも注意したい。

03 計算力のアップ

標準的な問題の取りこぼしは許されない。また，問題を吟味するのに時間を必要とする場合があるので，典型的な解法を用いる問題については，あまり考えている余裕がない。平素から重要公式や定理の的確な利用，図やグラフの活用，正確で速い計算などができるよう，反復練習を積んでおきたい。

国　語

年度	番号	種　類	類別	内　容	出　典
2024 ◑	〔1〕	現代文	評論	選択：内容説明，内容真偽 記述：読み，箇所指摘	「SDGs 時代に循環経済を実現するための課題」 細田衛士
	〔2〕	現代文	評論	選択：内容説明，空所補充，欠文挿入箇所 記述：内容説明（30 字）	「友情を哲学する」 戸谷洋志
	〔3〕	古　文	歌物語	選択：語意，和歌解釈，人物指摘，内容真偽，文学史 記述：箇所指摘，空所補充	「大和物語」
2023 ◑	〔1〕	現代文	評論	選択：空所補充，内容説明 記述：書き取り，内容説明（25 字）	「日本人の承認欲求」 太田肇
	〔2〕	現代文	評論	選択：空所補充，慣用表現，内容説明，内容真偽 記述：欠文挿入箇所	「言葉の展望台」 三木那由他
	〔3〕	古　文	日記	選択：敬語，語意，和歌解釈，内容説明，内容真偽 記述：箇所指摘，書き取り	「和泉式部日記」
2022 ◑	〔1〕	現代文	評論	選択：内容説明，空所補充 記述：箇所指摘	「日本人と神」 佐藤弘夫
	〔2〕	現代文	評論	選択：内容説明 記述：書き取り，空所補充	「子どもらしさ」 畑中章宏
	〔3〕	古　文	物語	選択：語意，和歌解釈，内容説明，敬語，文法，内容真偽，文学史 記述：古典常識，箇所指摘	「住吉物語」

（注）●印は全問，◑印は一部マークシート方式採用であることを表す。

傾向　現・古ともに総合的な読解力が問われる

01　出題形式は？

現代文２題と古文１題の計３題の出題で，試験時間は60分。マークシート方式による選択式が中心であるが，2023・2024年度は字数指定のある内容説明問題も出された。

02 出題内容はどうか？

現代文：評論からの出題が中心である。評論は硬質な文章が多い。テーマは現代の日本社会や国際社会，人間論などを中心に，文化論，科学論，経済論，哲学論など多彩な領域から採られている。設問は内容説明が中心で，空所補充なども出題されている。内容説明の選択肢は共通テストレベルである。内容を説明させる記述問題も 2023・2024 年度は出題されている。また漢字の問題（書き取りまたは読み）は必出である。

古文：中古・中世の物語系の文章や日記が出題されることが多い。設問では，口語訳や内容説明が中心だが，その前提として省略の多い文章でも主語や状況を正確に把握することが求められている。また，助動詞や動詞の活用などの文法事項や，古語の知識も問われている。特に 2024 年度は和歌の解釈が出題の中心となっており，古典常識や文脈の把握力が正答へのカギとなる。全体的に，古文の基礎学力・総合的な読解力が問われていると考えられる。

03 難易度は？

現代文・古文ともに標準レベルである。設問も意図が明確で，良問が多い。教科書で基礎・基本をしっかりと身につけ，問題演習などで対策をとっておけば対応できる。ただ，このレベルの問題 3 題に 60 分で解答するには，すばやく文章の主旨を把握し，選択肢の正誤判断を行う力が必要であり，その点ではやや難のレベルといえるだろう。時間配分としては，現代文 2 題を各 20 分，古文を 15 分で解答し，残りの時間を見直しにあてるとよいだろう。

対策

01 現代文

問題文・設問とも標準的で正統派の問題である。的確に筆者の主張を把握し，細部の表現に注意して，選択肢と本文を照らし合わせる，という基本的な力が求められている。そのためには，まず評論では，すばやくテーマと主旨を把握すると同時に，細部の読み解きにこだわる練習が必要となる。新書や新聞の文化欄などで，政治・経済・文化・社会・言語などについて論じた文章に日々触れて，読みこなす力をつけていこう。主張の骨子を要約（50字程度）しながら読めば記述問題の練習にもなる。

次に，より実戦的な対策として，『大学入試 全レベル問題集 現代文〈4 私大上位レベル〉』（旺文社）や『体系現代文』（教学社）などの問題集で，評論を中心に問題演習をするとよい。なんとなく，という感覚的な解き方ではなく，段落ごとの筆者の主張と展開を正確に把握した上で，丁寧に選択肢の記述の根拠を確認して解くことが大切である。答え合わせの際は，間違った問題だけでなく，時間がかかったり迷ったりした問題についても正答の根拠を必ず確認する習慣を身につけたい。

また，漢字の問題は必出なので，問題集などで確実に力をつけておきたい。

02 古文

現代文と同様，標準的で正統派の問題である。口語訳，古語・文法の知識，全体的な文脈把握，主語の判別，古典常識など，幅広くバランスよく問われている。古語や文法の知識をしっかり身につけた上で，普段から細部の助詞・助動詞などまで正確に口語訳に反映させるよう心がけよう。また，問題集を数冊こなして，初見の作品であっても文脈や主語を把握できるようトレーニングしよう。その際，あいまいな文法や古語の意味などの知識事項は徹底して確認し，定着させることが大切である。本番では，とにかく丁寧に主語と内容を把握すること。その際，文法や古典常識に根拠を求めながら読解することが必要である。『大学入試 知らなきゃ解けない古文常識・和歌』（教学社）で，古典常識や和歌を含む問題に数多くあたっておくと効果的である。口語訳では直訳を心がけるとともに，主体や客体が省略されている場合は補って訳出する習慣を身につけよう。

現代文でも同じだが，他学部を含め過去問を解くことも有効である。難関校過去問シリーズ『明治大の国語』（教学社）を利用して，できるだけ多くの過去問にあたっておきたい。

明治大「国語」におすすめの参考書

Check!

- ✓『大学入試 全レベル問題集 現代文〈4 私大上位レベル〉』（旺文社）
- ✓『体系現代文』（教学社）
- ✓『大学入試 知らなきゃ解けない古文常識・和歌』（教学社）
- ✓『明治大の国語』（教学社）

2024年度

問題と解答

学部別入試

問題編

▶試験科目・配点

	教　科	科　　目	配　点
学部別方式	外国語	「コミュニケーション英語Ⅰ・Ⅱ・Ⅲ，英語表現Ⅰ・Ⅱ」，ドイツ語（省略），フランス語（省略）から1科目選択	150点
	選　択	日本史B，世界史B，地理B，政治・経済，「数学Ⅰ・Ⅱ・A・B」から1科目選択	100点
	国　語	国語総合（漢文の独立問題は出題しない）	100点
英語4技能試験利用方式	外国語	コミュニケーション英語Ⅰ・Ⅱ・Ⅲ，英語表現Ⅰ・Ⅱ ☆英語4技能資格・検定試験のスコアを出願資格として利用	300点
	選　択	日本史B，世界史B，地理B，政治・経済，「数学Ⅰ・Ⅱ・A・B」から1科目選択	100点
	国　語	国語総合（漢文の独立問題は出題しない）	150点

▶備　考

- 「数学A」は「場合の数と確率，整数の性質，図形の性質」，「数学B」は「数列，ベクトル」から出題する。
- 英語4技能試験利用方式は，指定された英語4技能資格・検定試験において，所定の基準（詳細は省略）を満たし，出願時に所定の証明書類を提出できる者が対象。「英語」，「国語」，「地理歴史，公民，数学」の3科目の総合点で合否判定を行う。英語については，本学部の試験を受験する必要がある（1科目以上の欠席科目があった場合は，合否判定の対象外となる）。

英 語

(80 分)

〔Ⅰ〕 空欄に入る最も適切なものをそれぞれ1つ選び、その番号をマークしなさい。

(1) Taro is very athletic. He jogs ten kilometers around his neighborhood on a daily ( ).

1 basis 2 condition
3 situation 4 status

(2) You are not ( ) to fill out such official documents with a pencil. You should use a black pen.

1 given 2 pulled
3 supposed 4 used

(3) I was early for my meeting on Thursday, so I decided to ( ) some time by taking a short walk around the park.

1 end 2 kill
3 miss 4 scratch

(4) The student's homework had so many mistakes in it that the teacher made him ( ).

1 do it over 2 done it over
3 having had it done over 4 to have done it over

(5) I'm sorry, but Mr. Johnson is not in his office at the moment. Would you like to ( ) a message for him or would you prefer to call back in an hour? He should be back from lunch by then.

1 leave 2 receive
3 take 4 tell

(6) I lost my wallet at the amusement park. I eventually found it after an hour ( ) of searching.

1 in the least 2 just
3 less 4 or so

(7) Veronica said that when she retires she will return to Hawaii for ( ). She plans to spend the rest of her days there just fishing and surfing.

1 better 2 good
3 the best 4 the better

(8) That company has become very successful because they are ( ) to making quality products.

1 cared 2 committed
3 concerned 4 considered

(9) We must work to prevent our planet ( ) a huge garbage pile.

1 from becoming 2 having become
3 to become 4 to becoming

(10) After years of communicating online, the two people were finally able to talk ( ) person.

1 by 2 in
3 to 4 with

(11) Because my bicycle has a flat tire, I asked my brother if he would ( ) me borrow his for a few hours.

1 agree 2 allow
3 let 4 permit

(12) Francis has been a valuable addition to the company since he was hired three years ago, but because his boss does not recognize his many accomplishments, Francis has no sense of his own (　　　).

1 cost　　2 estimate
3 proof　　4 worth

(13) If you learn how to give a speech in English at university, then you should (　　　) that learning later in life.

1 apply　　2 field
3 slide　　4 spend

(14) When married, you should always (　　　) your spouse first if you want to purchase something expensive.

1 announce　　2 consult
3 discuss　　4 rehearse

〔Ⅱ〕 空欄（ 1 ）～（ 8 ）に入る最も適切なものをそれぞれ1つ選び、その番号をマークしなさい。

Almost everyone has heard of Bobby Fischer, the famous American chess player who became the 1957-1958 U.S. Chess Champion at the very young age of 14. However, few people know about what happened to him one evening at the Chess and Checker Club of New York, a place where many people played and gambled on the games.

Although Fischer was a well-known chess champion and an idol to many chess players, （ 1 ）, he was still just a young teenager who was always short of money. One evening, he wanted to go see a movie at a movie theater. He had the idea that if he wore a disguise that made him look older, then he could sneak into the adults-only club and win some money by playing chess. However, his disguise, which consisted of little more than a big hat and a heavy coat, was a complete failure. When Fischer walked through the club's door and started heading for the chess corner of the club, the owner immediately realized that yet another teenager was trying to sneak into the club.

"Stop right there, kid," the owner said to Fischer, not knowing who he really was. "Don't you know that this club is full of professional gamblers? They are really good players, especially when it comes to chess. Of course, they could not beat someone like the chess champion Bobby Fischer, but they are nevertheless quite skilled. They could easily beat a young kid like you, and you would just end up losing your money. Do you understand? Now, （ 2 ）, kid, and don't come back until you are an adult!"

Fischer, being refused access to the club and its games, angrily turned around and left, slamming the door behind him. But there was one person at the club who had recognized the boy.

"Hey, everyone!" the man yelled out just as the door closed behind Fischer. "You won't believe this! That kid was actually （ 3 ） Bobby Fischer, the famous chess champion!"

Howls of disappointment filled the club. "You've got to be kidding me!" said one of the professional gamblers. "He's the greatest chess player in the world! We could have learned some great chess moves from him. As a matter of fact, I would have (4)!"

(1) 1 at least as far as they required
2 both amateur and professional alike
3 even before he was born
4 most often in every way that they could

(2) 1 get out of here
2 leave your troubles at the door
3 make your bet
4 pay your entrance fee

(3) 1 at one with
2 one for the record books
3 one that got away
4 the one and only

(4) 1 gladly paid Bobby Fischer a lot of money just to play one game of chess with me
2 secretly fooled the owner if I had worn my own Bobby Fischer disguise
3 unfortunately cried if Bobby Fischer had discovered that we have been gambling here for money
4 happily run away at the sight of Bobby Fischer

Billy: Hi, Max. How was your English class today?

Max: It was great. We first read a news story. It was about a fisherman who swam to a small island after his boat sank in a storm. He was there alone for seven months before being rescued.

Billy: That's incredible!

Max: Not only that, but the only things he had with him on the island — besides the clothes he was wearing, of course — were his fishing nets, coffee mug from the boat, and toothbrush. After reading the story, our teacher then asked us to decide what three things we would like to have with us if we were stuck on an island like the fisherman.

Billy: You are allowed to have only three things with you?

Max: (5).

Billy: I don't think I could ever select just three things. There are too many things I would like to take with me.

Max: Well, the assignment wasn't really about deciding which things to take with you. It was more about deciding which items you would prefer to have with you if you were in the fisherman's situation. After all, (6). As an example, you might want to have a tent on the island with you. It would protect you from the rain and the sun. You usually don't travel with one, right?

Billy: Oh, (7). No, and I probably wouldn't take one with me if I travelled somewhere by boat. Well, a tent certainly would be nice to have. Could one of my items be my smartphone?

Max: Sure. But according to the assignment, you are supposed to imagine that you will be stuck on the island for seven months like the fisherman was, so (8).

(5) 1 Choose it
2 Have it your way
3 Once you ask for permission
4 That's all

(6) 1 coffee always tastes better when you drink it from your own coffee mug

2 everything will be fine with the fisherman on the island

3 no one ever plans on living on such an island for so many months like that

4 you let such a terrible thing happen to you on your first boat trip

(7) 1 I see what you mean

2 it's not up to you

3 that must be the one

4 there is no use thinking about it

(8) 1 be sure to check with the fisherman first

2 the other people on the island should also be able to use it

3 there is no way you can stay on the island any longer

4 you cannot use it to call for help

〔Ⅲ〕 次の英文を読み、設問に答えなさい。

Want to know the current population of India? The internet is your best bet. Need a quick refresher on the phases of the moon? Go ahead, read a story online (or two or three). But if you really need to *learn* something, you're probably better off with print. Or at least that's what a lot of research now (A).

Many studies have shown that when people read on-screen, they don't understand what they've read as well as when they read in print. Even worse, many don't realize they're not getting it. For example, researchers in Spain and Israel took a close look at 54 studies comparing digital and print reading. Their 2018 study involved more than 171,000 readers. Comprehension, they found, was better overall when people read print rather than digital texts. The researchers shared the results in *Educational Research Review*.

Patricia Alexander is a psychologist at the University of Maryland in College Park. She studies how we learn. Much of her research has delved[1] into the differences between reading in print and on-screen. Alexander says students often think they learn more from reading online. When tested, though, it turns out that they actually learned less than when reading in print.

The question is: Why?

Reading is reading, right? Not exactly. Maryanne Wolf works at the University of California, Los Angeles. This neuroscientist[2] specializes in how the brain reads. Reading is not natural, she explains. We learn to talk by listening to those around us. It's pretty automatic. But learning to read takes real work. Wolf notes it's because the brain has no special network of cells just for reading.

To understand text, the brain borrows networks that evolved to do other things. For example, the part that evolved to recognize faces is called into action (1) to recognize letters. This is similar to how you might adapt a tool for some new use. For example, a coat hanger is great for putting your clothes in the closet. But if a blueberry rolls under the refrigerator, you might straighten out the coat hanger and use it to reach under the fridge and pull out the fruit. You've taken a tool made for one thing and adapted it for something new. That's what the brain does when you read.

It's great that the brain is so flexible. It's one reason we can learn to do so many new things. But that flexibility can be a problem when it comes to reading different types of texts. When we read online, the brain creates a different set of connections between cells from the ones it uses for reading in print. It basically adapts the same tool again for the new task. This is like if you took a coat hanger and instead of straightening it out to fetch a blueberry, you twisted it into a hook to unclog[3] a drain. Same original tool, two very different forms.

As a result, the brain might slip into skim mode when you're reading on a screen. It may switch to deep-reading mode when you turn to print.

That doesn't just depend on the device, however. It also depends on what you assume about the text. Naomi Baron calls this your mindset. Baron is a scientist who studies language and reading. She works at American University in Washington, D.C. Baron is the author of *How We Read Now*, a new book about digital reading and learning. She says one way mindset works is in anticipating how easy or hard we expect the reading to be. If we think it will be easy, we might not put in much effort.

Much of what we read on-screen tends to be text messages and social-media posts. They're usually easy to understand. So, "when people read on-screen, they read faster," says Alexander at the University of Maryland. "Their eyes scan the pages and the words faster than if they're reading on a piece of paper."

But when reading fast, (2) we may not absorb all the ideas as well. That fast skimming, she says, can become a habit (B) with reading on-screen. Imagine that you turn on your phone to read an assignment for school. Your brain might fire up the networks it uses for skimming quickly through TikTok posts. That's not helpful if you're trying to understand the themes in that classic book, *To Kill a Mockingbird*.[4] It also won't get you far if you're preparing for a test on the periodic table.[5]

Where was I?

Speed isn't the only problem with reading on screens. There's scrolling, too. When reading a printed page or even a whole book, you tend to know where you are. Not just where you are on some particular page, but which page — potentially out of many. You might, for instance, remember that the part in the story where the dog died was near the top of the page on the left side. You don't have that sense of place when some enormously long page just scrolls past you. (Though some e-reading devices and apps (3) do a pretty good job of simulating page turns.)

Why is a sense of page important? Researchers have shown that we tend to make mental maps when we learn something. Being able to "place" a fact somewhere on a mental map of the page helps us remember it.

It's also a matter of mental effort. Scrolling down a page takes a lot more mental work than reading a page that's not moving. Your eyes don't just focus on the words. They also have to keep (C) the words as you scroll them down the page.

Mary Helen Immordino-Yang is a neuroscientist at the University of Southern California in Los Angeles. She studies how we read. When your mind has to keep up with scrolling down a page, she says, it doesn't have a lot of resources (D) for understanding what you're reading. This can be especially true if the passage you're reading is long or complicated. While scrolling down a page, your brain has to continually account for the placement of words in your view. And this can make it harder for you to simultaneously understand the ideas those words should convey.

Alexander found that length matters, too. When passages are short, students understand just as much of what they read on-screen as they do when reading in print. But once the passages are longer than 500 words, they learn more from print.

* * * * *

Getting the most out of your digital reading

All experts agree on one thing: There's no going back. Digital reading is here to stay. So it pays to make the most of it.

* * * * *

The most important thing, says Baron at American University, is to slow down. Again, this is about mindset. When you read something important, slow down and pay attention. "You can concentrate when you read digitally," she says. But you have to make an effort. She suggests saying to yourself, "I'm going to take half an hour and just read. No text messages. No Instagram updates." Turn off notifications on your phone or tablet. Only turn them back on when you're done reading.

It's also a good idea to do a little prep.[6] Baron compares reading to sports or to playing music. "Watch a pianist or an athlete. Before they run the race or play the concerto, they get themselves in the zone[7]," she says. "It's the same thing for reading. Before you read something you really want to focus on, get in the zone. Think about what you'll be reading, and what you want to get from it."

To really get the most from reading, Baron says, you have to engage with the words on the page. One great technique for this is making notes. You can write summaries of what you've read. You can make lists of key words. But one of the most useful ways to engage with what you're reading is to ask questions. Argue with the author. If something doesn't make sense, write down your question. You can look up the answer later. If you disagree, write down why. (4)Make a good case for your point of view.

*　　*　　*　　*　　*

Like most things, what you get from reading on-screen depends on what you put into it. You don't have to make a choice between print or digital. Alexander points out that when it comes to print versus digital, one is not better than the other. (5)Both have their place. But they are different. So keep in mind that to learn well, how you interact with them may have to differ, too.

(出典：Avery Elizabeth Hurt, "Will you learn better from reading on screen or on paper?" *Science News Explores,* 18 Oct. 2021)

著作権保護の観点から、設問に必要な空欄、下線などを施す以外、綴字ならびに句読点などに変更、修正を加えず、本文を出典元の表記のまま使用している。

注

1 delved：精査した

2 neuroscientist：神経科学者

3 unclog：つまりをとる

4 *To Kill a Mockingbird*：ハーパー・リー作『アラバマ物語』

5 the periodic table：周期表

6 prep：preparation の略

7　get themselves in the zone：ゾーンに入る、集中する

問1　空欄(　A　)～(　D　)には、以下の動詞のいずれかが入る。それぞれに最も適切なものを選び、必要な場合は文意が通るように語形を変えて、解答欄に1語で記しなさい。

associate　　chase　　leave　　suggest

問2　下線部(1)～(5)について、最も適切なものをそれぞれ1つ選び、その番号をマークしなさい。

(1)　この called into action と置き換えても文意が通るものは

1　faced with a struggle
2　put to work
3　repeating its orders
4　replaced

(2)　この we may not absorb all the ideas とは

1　it is possible that we will not sufficiently comprehend what the author is trying to convey in the text
2　there is additional information stated indirectly in the text that we must fail to understand
3　we will miss all opportunities to understand anything that is written in the text
4　what is written in the text is not as good as what our brains eventually figure out

(3)　この do a pretty good job of simulating page turns とは

1　imitate the look of printed pages being turned rather well
2　reproduce the turning of printed pages without the use of page numbers
3　trick readers into thinking that turning pages is an easy thing to do
4　work as hard at page-turning as printed books do

(4)　この Make a good case for your point of view とは

1 Argue convincingly in favor of your way of thinking.

2 Demonstrate to others that you are willing to argue with them.

3 Push your viewpoint forcefully onto those who refuse to listen.

4 Take this chance to indicate to others that you have questions to ask.

(5) この Both have their place とは

1 Only readers should have the right to decide where they read.

2 People should not read digital material in the same locations where they read printed books.

3 Readers understand that they have the freedom to choose either print or digital reading material.

4 Each form of reading provides advantages to the reader depending on the situation.

問 3 以下の各群について、本文の内容と一致するものを１つ選び、その番号をマークしなさい。

A群

1 Coat hangers are kept in the author's kitchen because of the many problems that happen there.

2 It is clear from the article that not returning to print reading offers experts the highest payments.

3 The author maintains that readers may not always agree with the content of the material that they read.

4 The author encourages readers to argue with her about the merits of taking notes when reading.

B群

1 One may conclude from Patricia Alexander's research that digital material becomes easier for people to read once they completely stop

reading printed books.

2 Maryanne Wolf discovered that only people with special cell networks can automatically read without effort.

3 Naomi Baron believes that it is possible for people to fully understand what they read in digital format if they concentrate.

4 It is clear from Mary Helen Immordino-Yang's research that people have difficulty understanding more than two ideas at the same time.

〔Ⅳ〕 1986年に書かれた次の英文を読み、設問に答えなさい。

Resources, it has been said, comprise mankind's varying needs from generation to generation and are valued because of the uses societies can make of them. They represent human appraisals and are the products of man's ingenuity and experience. While natural resources remain vitally important in themselves, they must always be regarded as the rewards of human skill in locating, extracting and exploiting (1)them. The development of resources depends on many factors, including the existence of a demand, adequate transport facilities, the availability of capital and the accessibility, quality and quantity of the resource itself.

A dictionary defines the term "resource" as "a means of aid or support," implying anything that lends support to life or activity. (2)Man has always assessed nature with an eye to his own needs, and it is these varying needs that endow resources with their usefulness. Fossil fuels such as oil have lain long in the Earth, but it was not until about 1900 that the large-scale needs fostered by the rising demands of motor vehicles led to the development of new techniques for locating and extracting this raw material. Today oil has also become precious in the manufacture of a wide variety of industrial products, which themselves are (3)[① other industries ② resources ③ used by ④ that are much].

The nature of resources

Resources can be most usefully classified in two groups: “renewable” and “nonrenewable.” The latter is (A) of materials found at or near the Earth’s surface, which are sometimes known as “physical” resources. They include such essential minerals as uranium, iron, copper, nickel, bauxite,[1] gold, silver, lead, mercury and tungsten.[2] Oil, coal and natural gas are the principal nonrenewable fuel and energy resources, but after they have been used for producing heat or power their utility is lost and part of the geological capital of 325 million years of history is gone for ever. Some minerals such as iron and its product, steel, can be recycled and renewed, however. “Renewable” resources are basically biological, being the food and other vegetable matter which life needs to sustain human needs. Provided (4) soil quality is maintained, their productivity may even be increased as better strains of plants and breeds of animals are developed.

Work has long been (あ) progress to improve renewable resources, and has moved forward to manufacturing vegetable-flavored protein (VFP) from soybeans as a meat substitute and to viable experiments to extract protein from leaves. In Brazil, many cars have been converted to run successfully on alcohol extracted from sugar. One renewable resource — the tree — can be closely related to other resources: some conservationists are alarmed at the overuse of firewood as a source of fuel and energy in the semiarid areas[3] of Africa. This may be an important factor in increasing the tendency for the deserts to spread in that continent, and in such a situation there is a new realization of the concept of closely managing resources such as soil, timber and fisheries. This is partly because we have a clearer understanding of the ecology of vegetation and the important interdependence of climate, soil, plants and animal life. Much, however, remains to be done.

The politics of nonrenewable resources

Today we are naturally troubled about the availability of natural resources. Oil is a prime cause for concern (5). Although many believe that production will grow until the mid-2020s and that new oil reserves will be discovered, oil's scarcity, based (い) a growing rate of demand and increasingly wasteful use, is now widely accepted. Because, like many resources, it is unevenly distributed, those countries with large and accessible supplies — such as the members of OPEC[4] — have used their political power on a number of occasions to raise oil's price, with adverse effects on the economics of most importers. Ironically, these substantial price rises have had the effect of (B) exploration and development in many new areas: there are already signs of increased production in China. Other nonrenewable resources are also distributed unevenly, but have not been mined on any scale comparable with their availability: (6) vast reserves of coal in the USSR[5] and China have not been worked on any scale resembling their known extent.

New energy sources

As resources such as oil become less available and more expensive, the renewable resources of power such as water, wind, waves and solar energy, all of (う) are currently under study or development, will receive new injections of capital. Attention will also have to be paid to more widespread nuclear energy production. Energy has been called "the ultimate resource," and it is imperative that we make wise provisions for its future availability.

Future resources

It has been calculated that within four years of the launch of Sputnik I,[6] more than 3,000 products (C) from space research were put into commercial production. These included new alloys, ceramics, plastics, fabrics and chemical compounds. Satellite developments have meant that land use can now be measured quickly and potential mineral sources closely identified. A satellite capable of converting solar power to electricity and contributing to the Earth's energy deficit has been widely discussed, while the Moon and planets have been mooted[7] as future possible sources of minerals.

Conclusions

Resources are, in the main, the products of man's skill, ingenuity and expertise, and their widespread use, as in the case of timber and iron for shipbuilding, became apparent only as man's needs for them became clear. Our forebears[8] were once concerned about the availability of flint,[9] seaweed, charcoal and natural rubber; countries even went to war over supplies of spices. Today our requirements are slightly different — we no longer depend only on local sites for resources, and improved transport facilities and appropriate technologies have (　D　) the costs of obtaining materials for manufacture.

Nevertheless, the principles remain the same. A continual search for new resources capable of exploitation and wide application must be maintained, together with a close regard for the value of the renewable resources such as animal and vegetable products required to support man in his search for new resources. Perhaps the most vital consideration is the need for wise policies of conservation relating to the proven reserves of nonrenewable resources still in the ground, and the careful future use of such valuable deposits known or thought to exist.

(出典：*Illustrated Atlas of the World,* Rand McNally, 1986)
著作権保護の観点から、設問に必要な空欄、下線などを施す以外、綴字ならびに句読点などに変更、修正を加えず、本文を出典元の表記のまま使用している。

注

1 bauxite：ボーキサイト

2 tungsten：タングステン

3 semiarid areas：半乾燥地域

4 OPEC：石油輸出国機構(Organization of Petroleum Exporting Countries)

5 USSR：ソビエト社会主義共和国連邦(Union of Soviet Socialist Republics)

6 Sputnik I：スプートニク1号(1957年に打ち上げられた世界初の人工衛星)

7 mooted：議論された

8 forebears：先祖

9 flint：火打ち石

問1 空欄(　あ　)～(　う　)に入る最も適切なものをそれぞれ1つ選び、その番号をマークしなさい。

(あ)	1 from	2 in	3 on	4 to
(い)	1 at	2 for	3 on	4 through
(う)	1 that	2 when	3 where	4 which

問2 空欄(　A　)～(　D　)には、以下の動詞のいずれかが入る。それぞれに最も適切なものを選び、必要な場合は文意が通るように語形を変えて、解答欄に1語で記しなさい。

compose　　lower　　result　　stimulate

問3 下線部(1)～(6)について、最も適切なものをそれぞれ1つ選び、その番号をマークしなさい。

(1) この them が示すものは

1 human appraisals

2 man's ingenuity and experience

3 many generations

4 natural resources

(2) この Man has always assessed nature with an eye to his own needs とは

1 Humans have always examined nature in order to determine how it may be used for their benefit

2 Humans have always wanted to see the natural world more clearly than other animals

3 No other animals besides humans have recognized aid and support received from nature

4 Only humans have been able to control natural selection for a meaningful life

(3) [　　　]内の語句を並べ替えて最も適切な文にしたとき、3番目にくるものは

1 other industries　　2 resources

3 used by　　4 that are much

(4) この Provided と置き換えても文意が通るものは

1 Despite　　2 Now that

3 So long as　　4 Whether or not

(5) この a prime cause for concern と置き換えても文意が通るものは

1 a chief source of worry

2 a fundamental pressure not sufficiently emphasized

3 a limited reason to be anxious

4 a major excuse for giving up all hope

(6) この vast reserves of coal in the USSR and China have not been worked on any scale resembling their known extent とは

1 even though large coal reserves are known to exist in the USSR and China, they have scarcely been mined

2 if large coal reserves in the USSR and China are thought to exist, they will be completely mined

3 the extent of large reserves of coal in the USSR and China does not match their availability

4 there is an imbalance in the large reserves of coal in the USSR and China that have already been mined

問 4 以下の各群について、本文の内容と一致するものを1つ選び、その番号をマークしなさい。

A群

1 Cars powered by renewable resources did not yet exist in 1986.

2 Humans developed new ways of obtaining fossil fuels in response to their increasing need to power their motor vehicles.

3 In the author's opinion, nonrenewable resources at or near the Earth's surface must be distributed in exactly the same way as biological renewable resources.

4 The author clearly believes that it is easier for humans to use renewable resources than nonrenewable ones.

B群

1 According to the author, conservationists should hear alarms if firewood is burned in Africa.

2 China had already posted signs stating that oil production had been increased in the country at the time this article was written.

3 Due to the Earth's many renewable and nonrenewable energy sources, the author is confident that we have enough energy to survive.

4 It is clear that by 1986 the development of satellite technology was aiding in the management of the Earth's resources.

日本史

（60分）

〔Ⅰ〕　以下の文章は、古代における宮都の変遷について記したものである。文章内におけるa～eの【　　　】の中に入る最も適切な語句を①～⑤から選び、マークしなさい。また、[1]～[5]の空欄に入る最も適切な語句を記しなさい。

次の和歌は、『万葉集』に収められている大伴御行の作品である。

大君は[1]にしませば赤駒の　腹這《はらば》ふ田居《たい》を都と成しつ

「大君」、すなわち天皇を[1]にたとえて、馬が腹ばうような田地を瞬く間に宮都に改変してしまう天皇の力を讃える内容となっている。この和歌の「大君」は天武天皇をさし、この歌の「都」は、a【① 難波長柄豊碕宮　② 大津宮　③ 飛鳥浄御原宮　④ 吉野宮　⑤ 飛鳥板蓋宮】をさすと考えられている。これ以前の時期の朝廷では天皇一代ごとに宮都を移し替える慣習があり、それにともない宮都も畿内のあちこちに存在した。

天武の死後、694年に持統天皇は大規模な都城、藤原京に遷都する。藤原京は中国の都城制を導入して造営された最初の宮都であり、藤原宮を中央におき、周囲に約5.3キロ四方の広大な都城を備えていた。街区の内部は碁盤の目のように整然と区画されており、そうした地割りを条坊制と呼ぶ。以後、これまでの慣習を打破し、藤原京は持統・文武・元明という三代の天皇の政治拠点とされる。

710年、元明天皇は宮都を藤原京から平城京へと移す。平城京は唐の長安を模して造られ、中央南北に[2]大路が走り、その東側の街区を左京、西側の街区を右京と呼び、さらに左京の東側に外京と呼ばれる街区が設けられた。京内には東西の市のほか、貴族・官人・庶民の住宅が建ち並び、大陸風の瓦葺き、礎石建ちの寺院建築も甍を誇っていた。これらの寺院のなかには、藤原京から移築されたb【① 唐招提寺　② 東大寺　③ 興福寺　④ 薬師寺　⑤ 室生寺】のようなものもあった。その都の賑わいぶりは、

あをによし奈良の都は咲く花の　薫《にお》ふがごとく今盛りなり

と、同時代の歌人である小野老の有名な和歌にも詠まれている。

ところが、聖武天皇の時代になると、天然痘の流行や政変の激化により社会不安が高まる。とくに多くの人々が密集する巨大都市においては、疫病の蔓延は深刻な被害を生み出す。これを克服するため聖武は、740年以降、平城京を捨てて諸方に遷都を繰り返す。結局、745年に都は平城京に戻されることになるが、この間、聖武はc【① 難波宮　② 恭仁京　③ 紫香楽宮　④ 保良宮　⑤ 由義宮】において大仏造立の詔を発し、仏教による国家鎮護に期待を寄せる。この大仏はcにおいて一度は造立に着手されたものの、最終的には平城京において完成される。

しかし、平城京では仏教と政治があまりに近づきすぎたことによる弊害も多く、桓武天皇は人心一新を図るため、784年、宮都を山背国の長岡京に移す。このときの造長岡宮使は藤原氏のうちd【① 南家　② 北家　③ 式家　④ 京家　⑤ 勧修寺家】の藤原種継であった。しかし、種継は785年に造宮工事監督中に暗殺され、その後、種継暗殺の嫌疑をかけられて死んだ早良親王の祟りによるとみられる不幸な出来事も相次いだ。そのため、かわって[3]の建議により794年に遷都されたのが、山城国の平安京である。[3]は、かつて宇佐八幡宮神託事件において道鏡の野望をくじいた人物であり、道鏡の失脚後、桓武に信任されて重職を与えられていた。これ以後、平安京は“千年の都”として華やかな文化を生み出すことになる。三十六歌仙の一人である素性法師は、その美しさを次のような歌に詠んでいる。

見渡せば柳桜をこきまぜて　都ぞ春の錦なりける

しかし、平安京は西側が桂川湿地帯であったため水はけが悪く、多くの人々が集住するのには適さなかった。そのため982年に慶滋保胤が著した随筆『[4]』に「西京は人家漸《ようや》くに稀《まれ》らにして、殆《ほとほと》に幽墟に幾《ちか》し。人は去ること有りて来ることなく、屋は壊るること有りて造ることなし」と書かれるように、右京がいちはやく衰退した。また、院政期に白河上皇が鴨川の水を「わが心にかなはぬもの」の一つとして語ったように、たび重なる鴨川の氾濫も人々を大いに悩ませた。こうした劣悪な環境も原因となって、平安京においても疫病の断続的な流行は繰り返された。当時は政治的陰謀の犠牲者たちの怨霊によって疫病は引き起こされるものと考えられており、彼らの霊を慰めるため平安京では [5] と呼ばれる鎮魂祭が執り行われた。863年に平安京の神泉苑で執り行われた鎮魂祭では、前述の早良親王や、承和の変で流罪に処せられた e【① 橘逸勢　② 伴善男　③ 源満仲　④ 藤原仲成　⑤ 菅原道真】などが祀られた。

〔Ⅱ〕 以下の文章は、室町時代における文化の発展とその経済的な背景について記したものである。文章内におけるA～Dの【　　　】の中に入る最も適切な語句を①～⑤から選び、マークしなさい。また、[あ] ～ [か] の空欄に入る最も適切な語句を記しなさい。

1367年に足利尊氏の嫡子である足利義詮が亡くなると、管領の [あ] の補佐を受けて第3代将軍になった足利義満は、室町幕府の体制を整えていった。1378年に義満が造営を始めた京都室町の幕府御所は、「花の御所」とも称された。この時代は、武家の権力に基づいた文化の発展がみられた。

1382年に義満が創建した京都五山の一つである相国寺は、夢窓疎石の甥で弟子の [い] によって実質的に開山された。京都五山の第1位から第5位までの順位は、A【① 建仁寺、相国寺、天龍寺、万寿寺、東福寺　② 相国寺、天龍寺、東福寺、建仁寺、万寿寺　③ 相国寺、万寿寺、東福寺、天龍寺、建仁寺　④ 天龍寺、相国寺、建仁寺、東福寺、万寿寺　⑤ 天龍寺、相国寺、東福寺、万寿寺、建仁寺】になる。鎌倉においても五山制度を導入しており、鎌倉の主な禅寺は鎌倉五山と称された。相国寺内の鹿苑院には五山の人事と財政を統括する僧録が置かれた。初代の僧録には [い] が就いた。このため、相国寺は武家の宗教的な権威の象徴であった。将軍と僧録を仲介する役職者によって記された公用日記である『 [う] 』には、五山十刹など禅宗寺院の動向などが記録された。『 [う] 』には、のちの加賀の一向一揆について詳しく記されていることでも有名である。五山を中心に盛んになった漢詩文学(五山文学)を代表する義堂周信や絶海中津は、幕府の政治・外交顧問としても活躍した。

南北朝の対立は、1392年に南朝の [え] 天皇が義満によって提案された講和条件を受け入れて入京したことを機に終焉に向かった。義満は、南北朝の合一を果たして公武統一政権を樹立したのちに将軍を辞して太政大臣に就いた。その後、出家して京都の北山に造営した北山殿に移ったのであるが、依然として幕府や朝廷に対して権力をふるい続けた。1401 年に義満は、明に使者を派遣して国交を開き、日明貿易(勘合貿易)を推進した。これによる日本側の利益は大きく、大陸からの輸入品は唐物として珍重された。北山殿における三層の舎利殿として建立された金閣は、金箔が施されて権力の富を象徴した。金閣の 3 層のうち最上層は、B【① 寝殿造　② 和様　③ 書院造　④ 禅宗様　⑤ 大仏様】の仏殿で究竟頂と呼ばれた。

このような北山文化の経済的な背景には、都市部において土倉や酒屋などの富裕な商人が旺盛な活動を展開したことがあげられる。幕府は、土倉と酒屋に対して土倉役と酒屋役を課して徴税することにより財源の一つにしていた。

他方、文化面において義満は能に保護を与えた。観阿弥・世阿弥父子による猿楽興行を鑑賞したことをきっかけに、義満は世阿弥を庇護して能楽の芸を大成させた。世阿弥の著作である『風姿花伝』では、実践的な演劇論が記されている。また、1424 年に成立した世阿弥自身の芸跡を語る芸道論は、C『【① 花鏡　② 閑吟集　③ 梅松論　④ 井筒　⑤ 花鳥余情】』にまとめられている。能は各地で盛んに興行されるようになり、興福寺を本所とする金春座(円満井座)、金剛座(坂戸座)、観世座(結崎座)、そして［　お　］座(外山座)は、大和猿楽四座と呼ばれた。絵画では、D「【① 渓陰小築図　② 天橋立図　③ 瓢鮎図　④ 周茂叔愛蓮図　⑤ 寒山拾得図】」を描いた相国寺の禅僧で画僧の周文は、如拙によって開拓された水墨画を発展させた。

このような文化的な発展の背景となった経済的な繁栄は、港町の活気によって支えられていた。薩摩の［　か　］は、筑前の博多津、そして伊勢の安濃津とともに三津の一つとして明や琉球との貿易で栄えた。博多では、年行司や年寄と呼ばれた 12 人の豪商によって月ごとに輪番で町政が担われており、自治都市として発展した。

〔Ⅲ〕 以下の文章は、近世の飢饉およびその関連事項について記したものである。文章内における(a)～(f)の【　　】の中に入る最も適切な語句を①～⑤から選び、マークしなさい。また、[(1)]～[(4)]の空欄に入る最も適切な語句を記しなさい。

[(1)]の飢饉は1641年から42年にかけて起こった。西日本の干ばつと東日本の長雨・冷害によって5～10万人の餓死者が出たという江戸時代最初の大飢饉であった。それまでの武断政治による武士の困窮、各藩の多額の出費、年貢米の換金など市場機能の未発達から被害が増大したと考えられている。幕府や各藩はそれぞれ対応に乗り出し、治水工事や新田開発などを推し進めたが、参勤交代や手伝普請などの支出が財政を圧迫した。17世紀後半各藩ではいわゆる藩政改革のために儒学者を用いた場合もあった。たとえば池田光政は熊沢蕃山を招き、重用し、1670年には郷校(a)【① 尊経閣文庫　② 日新館　③ 花畠教場　④ 彰考館　⑤ 閑谷学校】を設け、治水・新田開発などの殖産興業を推進した。

1732年には気候不順の上に関西を中心にイナゴや(b)【① タガメ　② シロアリ　③ ウスバカゲロウ　④ ウンカ　⑤ スズメバチ】が大量発生し、稲が大被害を受けた。民衆の暮らしは大打撃を受け、関西へ米を移送することで米価が高騰したため、江戸の米問屋などは翌1733年に民衆による打ちこわしにあった。この時期、農民層の分解が進み、貨幣経済の浸透の速度が上がっていた。生産手段を持たない都市下層民が騒擾に多く参加するようになり、村落内でも村方騒動が頻発していった。他方、多くの村や地域を巻き込んで圧制などへ反発するケースもあった。全藩的規模で展開された一揆は全藩一揆と呼ばれている。このうち、1738年に陸奥磐城平藩領内で内藤氏が財政難打開のため領民へ課税を強化したために全藩に広がった騒動は(c)【① 三閉伊一揆　② 郡上宝暦騒動　③ 嘉助騒動　④ 伝馬騒動　⑤ 元文一揆】と呼ばれている。

天明期に入って、1782年の冷害から始まった飢饉は、翌年の[(2)]の大噴火を経て数年におよぶ大飢饉となった。餓死者は仙台藩だけで約30万人ともいわれたが、こうした中、1787年に江戸・大坂など全国30余りの主要都市で打ちこわしがあいついで起こった。江戸で市中の米屋など襲われるなか、11代将軍徳川家斉の補佐として老中に就任したのが[(3)]藩主、松平定信であった。定信は飢饉で危機に陥った農村復興によって幕府財政基盤を復旧するなどの改革を行っていった。

天保年間の1832～33年には収穫が例年の半分以下の凶作となり、全国的にきびしい飢饉がおそった。農村や都市で百姓一揆や騒擾、打ちこわしが続発したが、なかでも大坂では町奉行所の元与力で家塾 [(4)] で陽明学を教授していた大塩平八郎が貧民救済を訴え、武装ほう起する事件が起こった。江戸では天災で被害に遭った人々に宿や食事を給し、授産事業を行う(d)【① 人足寄場　② 義倉　③ 寄場組合　④ お救小屋　⑤ 社倉】の設置がみられ、天保改革期には一揆や打ちこわしはやや沈静化したものの、その後、開国期には社会的混乱がピークとなり、尊王思想は農村にも広まり、農民の一揆でも世直しが叫ばれるようになった。のちに教派神道と呼ばれる民衆宗教が生まれていたが、それらは伊勢神宮への御蔭参りの流行とともに、転換期のいきづまった世相から救われようとする民衆からの支持を得ていった。備中で(e)【① 出口なお　② 中山みき　③ 黒住宗忠　④新田邦光　⑤ 川手文治郎】によって創始された金光教などがこれにあたる。1867年秋から冬にかけて東海道・近畿・四国地方に広がった民衆の狂乱であるええじゃないかは、伊勢神宮や寺社のお札などの降下が引き金とされる。この様子は(f)【① 歌川広重　② 鈴木春信　③ 酒井抱一　④ 一恵斎芳幾　⑤ 円山応挙】の「豊饒御蔭参之図」に描かれている。

〔Ⅳ〕 以下の文章は、第一次世界大戦から関東大震災までの時期について記したものである。文章内における(A)～(E)の【　　】の中に入る最も適切な語句を①～⑤から選び、マークしなさい。また、[ア]～[オ]の空欄に入る最も適切な語句を記しなさい。

1914年に勃発した第一次世界大戦は、危機に瀕していた日本経済の対外関係を大きく変化させた。日露戦争後の貿易収支はほぼ毎年赤字となり、さらに、外債利払いの負担も大きかったため、国際収支は危機的な状態におちいっていた。しかし、第一次世界大戦の主戦場はヨーロッパであったため、アジアやアメリカは戦闘域外にあり軍需を満たす兵站基地となった。そのため、急速な輸出増加により日本の貿易収支は黒字に転じて、日本は債務国から債権国へと転換した。貿易収支が黒字となった理由として、第一にヨーロッパの連合国向け軍需関連輸出の急増、第二にヨーロッパからの輸入の減少、第三にヨーロッパ交戦国が輸出できなくなったアジア市場への(A)【① 生糸　② 綿花　③ 絹織物　④ 綿織物　⑤ 軍需品】の輸出増加、第四に日本同様戦時ブームに沸くアメリカ向けの生糸の輸出増加、が挙げられる。

世界的な船舶不足により船賃が高騰し、造船・海運業界は空前の好況となった。日本は、イギリス・アメリカに次ぐ世界第三位の海運国となった。戦争と貿易拡大により大富豪となった人を成金という。造船・海運業界で巨利を得た船成金として、(B)【① 鮎川義介　② 岩崎弥太郎　③ 内田信也　④ 金子直吉　⑤ 野口遵】が有名である。なお、対外競争力の低さに悩まされていた日本の諸産業にとって、第一次世界大戦は国際競争圧力の突然の消失となったため、産業革命を経ていた重化学工業部門は飛躍的に発展することとなった。(C)【① 熱海　② 猪苗代　③ 鬼怒川　④ 総社　⑤ 日光】水力発電所は1915年に完成し東京までの長距離送電を始め、電力需要の拡大に応えることとなった。

この大戦景気はインフレーションをともない、国民の生活は必ずしも楽になったわけではなかったため、国民の不満が高まっていた。1918年にはシベリア出兵を当て込んだ米の買占めが横行して米価が急騰した。富山県での騒動をきっかけに、東京・大阪をはじめ全国的に米価引下げ・安売りを要求して70万人を巻き込む暴動となった。軍隊が出動して暴動を鎮圧に乗り出すほどの事件となった。この騒擾事件は[ア]と呼ばれている。大戦中に急成長していた(D)【①

大倉商事　② 三菱商事　③ 三井物産　④ 鈴木商店　⑤ 浅野物産】は、米の買占めを行っているというデマに煽動された民衆によって焼き討ちされた。のちに(D)は金融恐慌の影響で倒産することになる。[ア]の拡大原因となったのは、政府を批判した新聞の報道であった。その影響力を排除するために、[イ]内閣は何度も発売禁止を求めた。政府批判の急先鋒であった『大阪朝日新聞』に対して、政府は新聞紙法違反で告発し、社長以下の幹部を退社に追い込むなど報道規制を行った。

第一次世界大戦が終わり、ヨーロッパ諸国が復興すると、日本の輸出は減少した。重化学工業製品の輸入が増加して国内産業を圧迫し、貿易収支は赤字に転じた。1920年には(E)【① 為替相場の暴落　② 米価の暴落　③ 株式市場の暴落　④ 賃金の急落　⑤ 金相場の暴落】をきっかけに戦後恐慌にみまわれることとなった。大戦景気で誕生した成金の多くは、戦後恐慌で没落していった。さらに、1923年には関東大震災が発生し日本経済は大きな打撃を受け、震災恐慌が生じた。震災による経済的混乱を収拾するため、政府は[ウ]割引損失補償令を公布して、救済資金を提供した。[ウ]は、戦後恐慌後に未回収であった救済融資に上積みされて、後の金融恐慌の遠因となった。

また、第一次大戦後には都市化と工業化の進展にともない、大都市を中心に俸給生活者(サラリーマン)が現れた。都市の景観や市民生活も変化し、洋風化・近代化が進んだ。この頃には、ほとんどの国民が文字を読めるようになっており、新聞・雑誌・ラジオなどのマスメディアが急速に発達するなかで、一般勤労者を担い手とする大衆文化が誕生した。新聞や雑誌の発行部数は大きく伸び、発行部数が100万部をこえる新聞が現われた。19世紀末に創刊された雑誌である『太陽』と『中央公論』、20世紀初頭に創刊された一般投資家向けの『経済雑誌[エ]』なども急速な発展をとげた。さらに、第一次世界大戦後に創刊された雑誌『改造』、また、『サンデー毎日』や『週刊朝日』などの週刊誌、『主婦之友』などの女性雑誌も急速な発展をとげた。震災の影響は、このような大衆文化にも及び、1879年に創刊された日本最初の経済雑誌である『東京経済雑誌』は震災の年に廃刊となった。この雑誌は、『日本開化小史』を著した[オ]が主幹を務め、自由主義経済の立場から保護貿易を批判し、政策提言をおこなってきた。

世界史

（60分）

〔Ⅰ〕 次の文章をよく読み、下記の設問に答えなさい。

昭和の時代の日本では、南洋への憧憬をテーマとした歌がいくつも流行し、小中学校の音楽の授業で教材に使われ、あるいはテレビやラジオで放送され、老若男女に広く親しまれた。

「名も知らぬ遠き島より　流れ寄る　椰子の実ひとつ」という島崎藤村の詩に、1930年代になってメロディを付けた「椰子の実」は、音楽の授業でも長く歌われてきた。1960年代にＮＨＫの童謡番組「みんなのうた」で放送された「レロンレロンシンタ」は「パパイヤの木が　風に揺れて　おいでおいで」と、南国の情景を謳う詩が続くフィリピン[a]民謡だ。さらに1960年代には「青い青い空だよ　雲のない空だよ　サモアの島　常夏だよ」と歌う「サモア島の歌」が、「みんなのうた」で放送された。

「ざわわ　ざわわ」という印象的な響きが何度も繰り返される「さとうきび畑」は、太平洋戦争時のアメリカ軍上陸により、日本国内で最も激しい地上戦が展開された沖縄をテーマに作られた歌で、沖縄返還が実現した1970年代に流行した。

「南の島のハメハメハ大王」も1970年代に流行した童謡で、18世紀末ハワイ[b]に王国を樹立したカメハメハ１世をモデルに作詞されたといわれている。

このように、昭和の時代の日本人にとって太平洋の島々は、親しみを感ずる存在だったといっても過言ではない。しかし、歌詞に記された南洋の楽園イメージとは裏腹に、太平洋島嶼域は、列強による植民地統治を受け、太平洋戦争では激戦地となり、さらに第二次世界大戦後は大国の核実験場がおかれ、けっして政治的には「南洋の楽園」ではなかったのである。

フランス出身で後期印象派に分類される画家［　ア　］は、1890年代に南太平洋に位置するタヒチ島に移住して絵筆をとり、「タヒチの女たち」などの島の情景や人々を描き、南洋をテーマとした一連の作品は、現在高く評価されている。タヒチ島は19世紀半ばにフランスの保護領となり、現在でもフランスの海外領土という位置づけである。フランスは戦後、第四共和制が倒れ、元軍人の[イ]が大統領になると、1960年代から1990年代までの30年間にわたり、この島に近いトゥアモトゥ諸島で核実験を繰り返した。そのため放射能汚染が深刻な問題となり、幾度となく同島では、フランスからの独立をめざす運動が展開された。

戦前戦後の日本で、南洋は、歌のみならず文学や絵画、漫画でも幾度となく取り上げられ、描かれた。日本の作家で『山月記』『李陵』などの作品を残した中島敦は、1941年[ウ]諸島のコロールに官僚として赴任し、『南洋譚』などを著した。[ウ]はミクロネシアの西端に位置し、その諸島の南部に位置するペリリュー島は、太平洋戦争末期にアメリカ軍と日本軍の激戦地となり、今も戦車などの残骸が多く残っている。いまだに日本語が現地言語の中に多く残り、日本風の名前を持った人々や日系人が多い。第二次世界大戦の終結後は国連信託統治領としてアメリカが統治し、1990年代に独立した。

アメリカは1954年から58年までミクロネシアの東に位置する[エ]環礁で水素爆弾実験を繰り返し、「死の灰」と呼ばれる放射性物質が周辺諸島に降り注いだために、島嶼住民の健康を著しく害した。この地域は前述[ウ]と同様に、第二次世界大戦後はアメリカの信託統治領となった地域であった。1954年3月、この海域に遠洋マグロ漁に出ていた日本の漁船[オ]がアメリカの水爆実験に巻き込まれ、乗組員全員が被曝した。乗組員のうちの1名は半年後に死亡し、その事件をきっかけに原水爆禁止運動が国際的に展開されるようになった。日本の芸術家岡本太郎が描いた巨大な油絵「明日の神話」は、[オ]事件をモチーフとして描かれ1969年に完成した。同作品は現在、渋谷のＪＲと京王井の頭線の両駅連絡通路に展示されている。

日本軍は1940年9月、フランス植民地であったインドシナ北部に侵攻した。これは連合国側が、日中戦争下の中華民国を物資的に支援するための輸送線である「援蔣ルート」の遮断を狙った侵攻であった。それへの報復として、アメリカは対日石油輸出を禁止する。これを受けて日本軍は、1941年12月ハワイの真珠湾にあるアメリカ軍基地を攻撃し、この攻撃を契機に太平洋戦争が勃発した。日本軍は、欧米列強の支配から解放するなどとの大義名分で太平洋島嶼域や東南アジアに進駐したが、実態は戦争遂行のために必要な、南洋で産出する石油をはじめとする資源の確保を目的とした侵略であった。

太平洋での日本軍の優勢は最初だけで、1942年6月日本軍は［　カ　］海戦でアメリカ海軍に破れ、これ以降、太平洋での制海権はアメリカに移っていく。［　カ　］島は、ちょうどユーラシア大陸とアメリカ大陸を挟む太平洋の真ん中に位置し、中国語では「中途島」と称される。

1942年8月にはソロモン諸島南部の［　キ　］島でもアメリカ軍に大敗を喫し、艦艇や戦闘機、兵士を失うばかりでなく、多くの戦闘員の餓死者を出したため、この島は「餓島」とも呼ばれた。

戦時中、日本では作家、南《みなみ》 洋一郎《よういちろう》(筆名)が、南洋を舞台とした少年向け冒険小説を多く記し、子どもの間で人気を博した。しかし、戦後になると、漫画家水木しげるは『総員玉砕せよ！』などの作品で、太平洋島嶼域での戦争の悲惨さや残忍さをリアルに描き、日本社会に衝撃を与えた。水木しげるは召集されてメラネシアのニューブリテン島ラバウルに派兵され、片腕を失う大怪我を負って復員し、生涯にわたって戦争体験を描き続けた。

アメリカ軍の日本領域空襲は1942年4月に始まったが、その頃はまだ艦載機によるものであった。だが1944年頃より、アメリカ軍機が$\underline{\text{中華民国}}_{c}$の基地から九州方面に飛来するようになった。そして太平洋戦争末期の1944年7月、［　ク　］島がアメリカ軍の手に落ちると、日本全土がアメリカ軍爆撃機B 29の航続距離内となった。アメリカはその島を$\underline{\text{日本攻撃の前哨基地}}_{d}$とし、その島から飛び立った機体が日本各地を無差別爆撃した。［　ク　］では約3万人の日本兵が戦死した。島の北端にある岬からは、おびただしい数の日本人居留民が海に投身自決をはかり、現在ではその岬は「バンザイクリフ」と呼ばれている。1945年3月、約10万人ともいわれる死者をだした東京大空襲も、この島などから飛来した爆撃機によるものであった。

1945年4月、太平洋戦争を指揮してきたアメリカ大統領ローズベルトが急死した。副大統領［ ケ ］が大統領に昇格して、日本への原子爆弾使用を決断した。

太平洋戦争終結後、世界の大国は核兵器開発実験の時代へと入り、太平洋島嶼域は、大国の核兵器開発の実験場として扱われたのであった。

1945年アメリカが初めて、1949年には二番目にソ連が、1952年には三番目にイギリスが原爆実験を成功させた。英国はオーストラリアの南部や西部で実験を繰り返し、その地で放牧を営み、生活していたオーストラリアの先住民族である［ コ ］に甚大な被害をもたらした。1950年代には大国の核開発競争に反対する原水爆禁止運動e が世界的広がりをみせ、1955年には広島で第一回原水爆禁止世界大会が開催された。

設問 1　文中の空欄(ア～コ)に最も適する語句を記入しなさい。

設問 2　文中の下線部(a～e)に関する下記の設問に答えなさい。

a　フィリピンでは1965年末から1986年まで一人の大統領の長期独裁政権が続くが、この時のフィリピン大統領名を書きなさい。

b　「核なき世界」を訴える演説を2009年にプラハで行った、ハワイ出身のアメリカ大統領の名前を記しなさい。ただし、その演説の翌年、アメリカはネバダ州で臨界前核実験を繰り返し、波紋を呼んだ。

c　日本軍は1937年中華民国の首都南京を攻略し、南京では一般人を含む多数の人々が殺害された。中華民国政府は首都機能を武漢に移転したが、1938年には武漢も日本軍に占領されたので、さらに奥地に首都機能を移転させ、戦時臨時首都とした。1938年から1941年まで日本軍は、その地への空爆を度々おこなって、一般市民に多くの犠牲者を出した。1938年から46年まで中華民国戦時臨時首都であった都市の名を書きなさい。

d　太平洋戦争最末期の1945年3月、アメリカ軍は日本への爆撃をさらに効率的に行うため、小笠原諸島の南にある島を攻略すべく上陸し、日米軍の壮絶な戦闘が行われた。日本の守備隊約2万人が死亡し、アメリカ軍にも多数の死者が出た。アメリカの映画監督クリント・イーストウッドが2006年、この島での戦いをテーマに映画化し、多くの映画賞を受賞している。その島の名を書きなさい。

e　核兵器の廃絶を訴える各国の科学者によって、1957年にカナダで開催された会議の名前を書きなさい。日本からは湯川秀樹らが参加している。

〔Ⅱ〕 次の文章をよく読み、文中の空欄(1～10)にもっとも適する語句を記入しなさい。

メソポタミア文明、インダス文明、エジプト文明などとともに、古代世界に誕生した最も古い文明の一つに中国文明がある。紀元前5000年頃までに黄河と長江の流域に発生した農耕を伴う中国の古代文明を、現代にいたる中国および東アジアの文明の源流とする見方がある。磨製石器を用いて農耕を行う新石器時代の遺跡は、黄河と長江の流域などで見出されている。

黄河の流域では、アワなどを食糧として栽培していたと考えられ、紀元前6000年頃のものと考えられている河北省の磁山遺跡からは、アワの貯蔵穴が発見されている。黄河流域で特に重要なのは、紀元前5000年頃のものと考えられている河南省の［　1　］村で発見された遺跡であり、ここではアワに加えてキビが栽培されていた。また、堀をめぐらせた集落ではブタ、イヌ、ニワトリなどが家畜として飼養されていた。さらにここで発見された赤、白、黒などの顔料で文様をつけられた土器は、［　2　］とよばれている。この遺跡の名をとって、この頃の黄河中流域の文化は［　1　］文化とよばれている。紀元前3000年ごろ黄河下流域に栄えた新石器文化は、代表的な遺跡が発掘された山東省内の地名をとって［　3　］文化と呼ばれる。［　3　］文化においては、［　1　］文化よりも進んだ製陶技術を有していた。ろくろを用いて薄く仕上げ高温で焼成された土器は、黒陶と呼ばれ高い技術が用いられたことが確認できる。一方、この文化圏で主に日常用であったと考えられる厚手の土器は灰陶と呼ばれる。

長江流域においては、新石器時代に主食としてイネが栽培されていた。良渚遺跡とともに長江流域の新石器文化を代表する遺跡が、浙江省の［　4　］遺跡である。[4]遺跡は紀元前5000年から紀元前3000年にわたる遺跡で、イネのほかヒョウタンやマメ類が栽培されていたことが分かっており、漆器や高床式住居も発見されている。日本の縄文文化とのかかわりからも重要な遺跡である。

黄河や長江中下流域といった、中国古代文明の中心だと従来考えられていた地域からやや離れたところに栄えた新石器文化が、四川盆地に栄えた[5]文化である。[5]文化は、独特の仮面などの多様な青銅器で知られる。

青銅器は、黄河流域では河南省の二里頭遺跡からも最初期のものが発掘されており、二里頭遺跡は[6]王朝の遺跡との説もある。二里頭遺跡からは宮殿の遺構も発掘されているが、[6]王朝との関連を示す史料は発見されておらず、[6]王朝の存在は今もなお考古資料によって裏付けられてはいない。[6]王朝については、前漢期に著された司馬遷の『[7]』に、禹から桀に到る17代の帝王の歴史が記述されている。『[7]』によれば禹は、伝説の帝王堯・舜の時代に起こった大洪水のあと治水を行い、天下を九つの州に分割して統治した。

同じく『[7]』によれば、[6]の桀王を滅ぼして帝位に就いた湯王が開いたのが、[8]王朝である。[8]は河南省安陽市の遺跡から出土した甲骨文字の史料から『[7]』の記述と一致する王統が見出されており、実在の確認できる最古の王朝である。ただし[8]とは、後世の呼び名であり、甲骨文字史料では「商」と自称している。新石器時代の紀元前3000年頃から、黄河中流域などで血縁共同体が生活する集落や都市が形成されており、これらの集落や都市を[9]と呼ぶ。[8]王朝は、黄河中流域の大小多数の[9]の連合体の統率者であったと考えられる。[8]王朝が存在した黄河中流域を中原とよび、古代中国文明の中心地とされる。西方からこの中原に勢力を伸ばし、[8]王朝を滅ぼして中原の支配者となったのが、後の儒家の尚古主義によって統治の範とされた[10]王朝である。

〔Ⅲ〕 次の文章をよく読み、下線(1～10)に関連するそれぞれの問(1～10)にもっとも適するものを(A～D)の中から一つ選び、解答欄にマークしなさい。

1347年春、クリミア半島[1]東岸、ジェノヴァ人が拠点としていた港町カッファ(現フェオドシヤ)はモンゴルの軍勢に包囲されていた。ジェノヴァ人は1260年代頃よりカッファに植民都市を建設しはじめ、ひなびた漁村にしかすぎなかったカッファを、80年後には世界有数の交易都市へと成長させていた。カッファから北東には広大なユーラシア大草原地帯があり、中国へは8～12ヶ月で行くことができた。西にはコンスタンティノープルがあり、そこからはレヴァント地方への展望もひらけていた。さらに近隣には東側にヴォルガとドン、西側にドニエプル川が流れていた。こうした地理的条件とジェノヴァ人の旺盛な交易活動が、ここを世界の商品が集まる交易都市へと発展させた大きな要因であった。

繁栄の極みにあったカッファはモンゴル軍の包囲に恐れおののいたが、モンゴル軍よりもより強大な敵がその後を追っていた。ペストである。ペストは1330年代の初頭に中国で発生し、比較的遅い速度で西へ向かい、1340年ごろにタラスやサマルカンドへ、1346年頃にカスピ海の西側に達し、翌年にはヴォルガ川とドン川を渡り、カッファを包囲するモンゴル軍の背後から襲いかかった。モンゴル軍の脅威に震え上がっていたジェノヴァ人は、これぞ神からの援軍であると狂喜した。しかし、狂喜が驚愕へと逆転するのに時間はかからなかった。カッファにペストが侵入したのである。モンゴル軍が撤退の前に、投石機を使って死体を投入したともいわれている。

1347年の4月か5月頃、ジェノヴァ人はこぞって西へと逃げ出す準備をはじめた。溢れかえるほどの人々と荷物、そしてネズミという無賃乗船者を乗せた数隻のガレー船は、途中、沿岸の港に寄港しながらペスト菌を撒き散らし、コンスタンティノープルを経て、ダーダネルス海峡を通り抜け、ヨーロッパへと入り、1347年10月にシチリアのメッシーナに到着した。アドリア海や地中海沿岸諸都市は、船舶の入港を厳しく監視し、ペストをもたらしそうな船の入港を拒否したが、ペストはジェノヴァ、マルセイユなどに上陸し、地中海沿岸からイタリア北部やフランス南部の内陸都市を経て、ヨーロッパ大陸を北上していった。入港を拒絶された船の中には、すべての乗組員が死滅し、幽霊船のように海上を漂っていた船もあったといわれている。

ペストは1348年夏にはパリやロンドンへも到達し、猛威をふるったが、ペストの犠牲になったのは貧しい人々ばかりでなく、王侯・貴族も分け隔てなく罹患し、死の恐怖をあじわった。1348年8月の初め、[2]イギリス王エドワード3世の娘ジョーン王女は、ボルドーの桟橋に降り立った。そこで、彼女の婚約者であるカスティリャのペドロ皇太子からの贈り物としての飾り立てた船や技芸人・軍隊などが、彼女を出迎えた。8月20日にイギリスの高官の一人がペストで死に、さらに数人の随員が死んだ。9月2日にはジョーン王女が亡くなり、着る機会のなかった豪華なウェディングドレスがあとに残された。ペストはその後1352年頃にかけてヨーロッパ各地を襲い、当時7,500万人と推定される人口の約33%、2,500万人がその犠牲になったともいわれている。

もともとペスト菌が餌食にするのは、ネズミやマーモットなどのげっ歯類であった。ペスト菌の感染者であるげっ歯類の血を蚤が吸い、蚤を媒介者としてペスト菌が他のげっ歯類に伝染していくのである。いわば中央アジアの草原の小動物の風土病といったところのペストが、はるかヨーロッパにまで運ばれていった最大の原因は、[3]モンゴル人によるステップ地帯の統一と、それによる交易の拡大であった。げっ歯類のうち最も小型のネズミは、隊商の荷物にもぐり込んだり、人家の隅に隠れやすかったりしたであろう。

さらにペストの侵入を許したヨーロッパ側の環境も、ペスト菌にとっては好条件であった。中世都市の不潔さはさまざまな文献にみられる。人々はごみや汚物を道路に撒き散らし、いたるところにごみが放置されていた。ネズミにとっては、格好の餌場である。また人々は衣類をめったに洗濯せず、風呂にはいる習慣もなかった。ペスト菌を媒介する蚤にとっては、快適な住空間である。しかも14世紀前半には、ヨーロッパで飢饉が相次ぎ、多くの人々が栄養失調状態にあったことも、ペストの蔓延に拍車をかけたであろう。

ところで、ヨーロッパの都市や農村にいたクマネズミは小型のネズミで繁殖力が強かった。このクマネズミが何らかの経路でペスト菌を貰い受け、クマネズミを宿主とするネズミノミが媒介して人間へとペストが伝染していく。ところが、ネズミノミは人間の血はあまり好きではない。ペストに感染したクマネズミが壊滅的打撃をうけると、ネズミノミはそのまま餓死するか、あまりうまくはない人間の血を吸うしかなく、こうしてペストが伝染していくのである。一度ヒトにうつれば、ヒトからヒトへもうつる。

当時はペストの原因がペスト菌という細菌であることは、まったくわからなかった。当時の大学[4]を出た医者でさえ、多くの病気の原因は、毒性のある腐敗した空気、すなわち瘴気《しょうき》であると考えていた。1656年に作成されたペスト医師の版画が残されている。医師はつばの広い帽子をかぶり、眼鏡をかけ、鳥の嘴のような香料[5]を入れたマスクをつけ、全身を覆う皮製と思われるマントを羽織り、短靴を履き、細長い棒を持っている。すべて腐敗した空気と接触しないためである。マスクの中の香料は、ひょっとするとナツメグだったかもしれない。ヨーロッパではナツメグは香料や催眠剤として使われたほか、小さな袋に入れて首に巻き、ペストを防ぐためにも使われた。ナツメグに含まれるイソオイゲノールの成分は、蚤の忌避剤として効果があるといわれている。

ペストの世界的大流行、いわゆるパンデミックはこれまで3回あったという。最初のものは「ユスティニアヌスの疫病」と呼ばれているもので、紀元542年にはじまり、8世紀末まで続いた。2回目が1347年からのもので、17世紀末まで続き、1665年のロンドンにおける大流行はこのパンデミックの最終局面にあたる。3回目が19世紀の末に中国大陸[6]から交易中心地、香港に伝播したため、世界的なパンデミックを引き起こした。もちろん、このパンデミックの間の期間にも、どこかでペストが発生していたことは間違いない。この3回目のパンデミックのときに、本格的な原因究明がおこなわれ、ジフテリアと破傷風の血清療法を創始したある細菌学者[7]とスイスのアレクサンドル＝イェルサンが1894年にほぼ同時にペスト菌を発見した。イェルサンの名前はペスト菌の学名 *Yersinia Pestis* に使われた。しかし、効果的な抗ペスト薬が登場するのは、その数十年後のことである。

ペストは文学作品の中にもあらわれた。ボッカチオの『デカメロン』はペストに侵されたフィレンツェを逃れた男女10人の100の物語を集めた枠物語の形式をとる。フィレンツェのペストの惨状が冒頭で紹介されている。デフォーの『ペスト』は、1665年のロンドン[8]のペストの大流行を描いた作品である。デフォーは1660年生まれであるから、ペストの流行は5歳のときである。記憶に残っているかも知れないが、この作品が出版されたのは、1722年、デフォー62歳の時である。内容は克明な死者の数を列挙し、ペストに逃げ惑うロンドンの人々の悲惨な状況を描いている。カミュの『ペスト』は、1940年代のある年のアルジェリアの都市オランを舞台とし、1947年に出版された。ペストに侵されたオランはその城壁の門を閉じられ、まったくの隔離状態へと追い込まれる。町の中では医師リユーを中心に保健隊が創設され、ペストとの闘いに邁進する状況が描かれる。カミュの『ペスト』はナチス＝ドイツ9をペストに、レジスタンスを保健隊に置き換えて解釈されることが多いが、サルトル10はそれを歴史的現実から目を逸らすものだと批判した。その後、この二人はさまざまな場面で意見が対立し、ついには絶交してしまった。

問1　下線部1に関連して、クリミア半島にかかわる事柄について述べた次の文章のうち、**誤っているもの**を選びなさい。

A　クリミア半島の北東部には、黒海の内海であるアゾフ海が広がっている。

B　クリミア半島はエカチェリーナ2世のときにロシア領となった。

C　トルストイはクリミア戦争に従軍した。

D　クリミア戦争の講和条約であるロンドン条約で、黒海の中立化が決定された。

問2　下線部2に関連して、イギリスのプランタジネット朝にかかわる事柄について述べた次の文章のうち、もっとも適切なものを選びなさい。

A　プランタジネット朝の創始者はヘンリ2世である。

B　ヘンリ3世は大憲章(マグナ＝カルタ)を承認した。

C　エドワード2世が模範議会と呼ばれるようになる身分制議会を召集した。

D　エドワード3世の妃はフランス国王フィリップ4世の娘であった。

問3　下線部3に関連して、大モンゴル国(モンゴル帝国)にかかわる事柄について述べた次の文章のうち、**誤っているもの**を選びなさい。

A　オゴタイはカラコルムを建設して帝国の首都とした。

B　千戸制と呼ばれる軍事・行政組織をつくった。

C　モンケがワールシュタットの戦いでドイツ・ポーランド連合軍を破った。

D　ジャムチと呼ばれる駅伝制が創設された。

問 4　下線部 4 に関連して、中世の大学にかかわる事柄について述べた次の文章のうち、もっとも適切なものを選びなさい。

A　現存する最古の大学として、オックスフォード大学が設立された。

B　サレルノ大学はイスラーム医術の影響を受け、12 世紀に中世医学の最高権威となった。

C　パリ大学法学部は中世法学の最高権威となった。

D　トマス＝アクィナスはボローニャ大学の教授であった。

問 5　下線部 5 に関連して、モルッカ(香料)諸島ならびに東南アジアにかかわる事柄について述べた次の文章のうち、**誤っているもの**を選びなさい。

A　ポルトガルは 16 世紀初頭にモルッカ諸島に進出した。

B　マニラは 16 世紀後半にスペインの支配下に入った。

C　オランダはジャワ島西部にバタヴィアを建設し、進出の拠点とした。

D　マカオは 18 世紀にポルトガルに併合された。

問 6　下線部 6 に関連して、19 世紀の清朝にかかわる事柄について述べた次の文章のうち、**誤っているもの**を選びなさい。

A　アメリカとの間で望厦条約を結んだ。

B　フランスとの間で黄埔条約を結んだ。

C　イギリスの外交官マカートニーは乾隆帝と謁見した。

D　イギリスの外交官アマーストは三跪九叩頭の礼を拒否したため、嘉慶帝に謁見することができなかった。

問 7　下線部 7 に関連して、この細菌学者の名前を次のなかから選びなさい。

A　パストゥール

B　コッホ

C　北里柴三郎

D　ヘルムホルツ

問 8 下線部 8 に関連して、17 世紀のイギリスにかかわる事柄について述べた次の文章のうち、**誤っているもの**を選びなさい。

A 正当な理由のない逮捕・拘禁の防止のため、人身保護法が制定された。

B 審査法により、公職就任者をプロテスタントに限るとした。

C イングランド銀行が設立された。

D ファルツ戦争に参戦した。

問 9 下線部 9 に関連して、ナチス＝ドイツにかかわる事柄について述べた次の文章のうち、もっとも適切なものを選びなさい。

A ヒトラーは『わが闘争』を執筆した後、ミュンヘン一揆を引き起こしたが、失敗し、投獄された。

B 1932 年 7 月選挙で、ナチスは第二党へと躍進した。

C ヒトラー護衛のため、1925 年に親衛隊のなかに突撃隊が設立された。

D 1933 年の全権委任法の制定により、一党独裁への道を切り開いた。

問10 下線部 10 に関連して、20 世紀の思想・文化にかかわる事柄について述べた次の文章のうち、もっとも適切なものを選びなさい。

A コントは科学的な方法を哲学に取り入れ、実証主義哲学を体系化した。

B シュペングラーが『西洋の没落』を著した。

C ニーチェが、超人の出現と永劫回帰の思想を展開した。

D サルトルは功利主義の立場をとり、人間の主体性や内面の自由を尊重した。

〔Ⅳ〕次の文章をよく読み、下線(1～10)に関連する　それぞれの問(1～10)にもっとも適するものを(1～4)の中から一つ選び、解答欄にマークしなさい。

古代ローマ帝国[1]では金貨・銀貨・銅貨が使用されており、中世初期[2]にもこの体制が続いた。しかしその後、金貨の製造は止まり、銀貨のみが使用される新たなシステムが確立される。これに大きく寄与したのが、カール大帝[3]の貨幣改革である。彼の治世に、1リブラ＝20ソリドゥス＝240デナリウスという貨幣体系が導入された。といっても、リブラやソリドゥスは実在したわけではない。史料の中にはしばしば出てくるが、硬貨として打造されることのない計算のためだけの貨幣であった。

実際に作られたデナリウス銀貨も、造幣時期や造幣地によって重量や銀の純度などが異なっていたし、王だけではなく、聖俗諸侯[4]や貴族も多様な銀貨を製造したため、複数の異なるデナリウス貨が存在した。フランス[5]では王以外の貴族などによって作られた銀貨を、封建貨幣と呼ぶ。

13世紀[6]になると、西欧の貨幣体系に二つの大きな変化が起きる。一つは高額銀貨の発行で、イタリア[7]をはじめとして西欧各地に広がっていく。ヴェネツィアのグロッソ銀貨がその例である。このような高額銀貨の製造は、従来のデナリウス貨だけでは購買力が不足するようになったことを示しており、ヨーロッパ内部の経済成長[8]を物語っている。もう一つの変化は、金貨発行の再開である。これもイタリアから始まっており、たとえばフィレンツェ[9]では1252年にフィオリーノ金貨が導入された。イタリアにおける遠隔地商業の発展を示すものであろう。

また同じ13世紀には、商業の発展とともにスコラ哲学の中で貨幣についても論じられるようになり、13世紀にはトマス＝アクィナスが商業における公正さを考える「公正価格論」を、14世紀[10]には、ジャン＝ビュリダンが、貨幣そのものが満たすべき諸条件を考察した。

問1　下線部1に関連して、ローマ帝国の皇帝について述べた文として、もっとも適切なものを選びなさい。

1　アントニヌス＝ピウス帝は、哲人皇帝とも呼ばれる哲学者であった。

2　カラカラ帝は、アントニヌス勅令で、領内の全自由人にローマ市民権を与えた。

3　ディオクレティアヌス帝は、帝国が東西分裂する前の最後の皇帝である。

4　ハドリアヌス帝は、初めての属州出身の皇帝である。

問 2　下線部 2 に関連して、ゲルマン人の建てた国家について述べた文として、**誤っているもの**を選びなさい。

1　西ゴート人は、イベリア半島の大半を支配する王国を建てた。

2　東ゴート人は、ラヴェンナを都とする王国を建てた。

3　ランゴバルド王国は、アッティラに大敗した。

4　ブルグンド人は、ガリア東南部に王国を建てた。

問 3　下線部 3 について述べた文として、**誤っているもの**を選びなさい。

1　ザクセン人は、彼に服従して、カトリックに改宗した。

2　彼の遠征後に、スペイン辺境伯領が廃止された。

3　彼にローマ皇帝の帝冠を与えたのは、レオ 3 世である。

4　彼の時代に、宮廷はアーヘンに置かれた。

問 4　下線部 4 に関連して、神聖ローマ帝国について述べた文として、もっとも適切なものを選びなさい。

1　大空位時代が終わって、シュタウフェン朝が成立した。

2　シュタウフェン朝期には、活発なイタリア政策が行われた。

3　金印勅書によって、マインツ大司教は選帝侯の地位から除外された。

4　東方植民によって、ドナウ川以東へのドイツ人の植民が進められた。

問 5　下線部 5 に関連して、中世のフランスで起きた出来事について述べた文として、**誤っているもの**を選びなさい。

1　フィリップ 2 世の時代に、教皇庁がアヴィニョンに移された。

2　フィリップ 4 世の時代に、初めての三部会が開かれた。

3　アルビジョワ十字軍によって、フランス国王は南フランスに進攻した。

4　ジャンヌ＝ダルクのオルレアン解放により、シャルル 7 世が王として戴冠した。

問 6　下線部 6 の時期に起きた出来事について述べた文として、もっとも適切なものを選びなさい。

1　アイユーブ朝が滅亡した。

2　サラーフ＝アッディーンが活躍した。

3　ブワイフ朝が滅亡した。

4　セルジューク朝が滅亡した。

問 7　下線部 7 に関連して、(両) シチリア王国について述べた文として、**誤っているもの**を一つ選びなさい。

1　スラヴ人によって建国された。

2　初代国王は、ルッジェーロ 2 世である。

3　建国以前のシチリアは、イスラーム勢力の支配下にあった。

4　1815 年のウィーン会議で、イタリア南部とシチリア島の統一が復活した。

問 8　下線部 8 に関連して、中世ヨーロッパの商業ついて述べた文として、もっとも適切なものを選びなさい。

1　ハンブルクは、ハンザ同盟の盟主として繁栄した。

2　ハンザ同盟の商館が置かれていたノヴゴロドは、現在のバルト三国にある。

3　ロンバルディア同盟は、東方貿易のために作られた都市の連合体である。

4　ドイツ南部の都市アウクスブルクは、銀・銅山と交易で繁栄した。

問 9　下線部 9 に関連して、フィレンツェ出身あるいはフィレンツェで活躍した人物として**誤っているもの**を選びなさい。

1　ラブレー

2　マキァヴェリ

3　ダンテ

4　ラファエロ

問10　下線部10に起きた出来事について述べた文として、**誤っているもの**を一つ選びなさい。

1　ティムール朝が建てられた。

2　イル＝ハン国が滅亡した。

3　キプチャク＝ハン国が建てられた。

4　チャガタイ＝ハン国が、東西に分裂した。

〔V〕　アメリカ独立戦争について、4行以内で説明しなさい。

〔解答欄〕1行：16.6cm

地 理

（60分）

〔Ⅰ〕 エネルギー資源について述べた次の文および**表**をみて設問に答えなさい。

新型コロナ(COVID-19)のウィルス感染が猛威をふるい、この数年間、世界中で対応を迫られてきた。また、2022年から始まったロシアによるウクライナへの全面侵攻は、混乱からの世界経済の復興を妨げ、気候変動などの地球的課題への取り組みにも支障をきたしている。

表は、世界の主要な一次エネルギー産出国と日本の主要な輸入元を示している。世界のエネルギー消費量の9割弱を石炭、石油、天然ガスが占めており(2019年)、2015年のパリ協定にみられる「 **ア** 」の潮流にもかかわらず、化石燃料への依存度は依然として高い。

日本では、 **イ** がエネルギー構成の大きな変動の要因となった。かつては国内で86％(1960年)以上を生産していた石炭は、価格競争力の低下もあって輸入に依存するようになった。現在、供給量に占める割合がもっとも大きい一次エネルギー資源は石油であり、総供給量の42.4％を占めている(2019年)。炭素排出量が少なく、埋蔵量も豊富な天然ガスへの移行が進みつつあり、比較的近隣の諸国からの液化天然ガス(LNG)の輸入も増加傾向にある。この間、世界では **ウ** によって **エ** が原油と天然ガスの世界最大の産出国となった。

新型コロナの感染拡大は石油や天然ガスの供給過多を生んだため、一時的に石油価格が大幅に下落した。石油輸出国機構とロシアなどの産油国が設立した **オ** は、2020年4月にその他の産油国も含めた大幅減産に合意し、石油価格は回復した。**表**にみるように、世界の一次エネルギー資源の産出で大きな地位を占めるロシアは日本への主要な輸出国でもある。ヨーロッパとロシアを結ぶ **カ** のいくつかが通過するウクライナにおける戦争の勃発は、ヨーロッパ諸国に一次エネルギー資源確保への対応を迫ることとなった。天然ガス供給をアメリカ合衆国や中東からのLNG輸入へとシフトする動きはその表れのひとつである。

日本もロシアからの輸入品の第1位をLNGが占めていたため、大きな影響を受けている。日本企業も参加したロシアとの石油・天然ガス事業 [キ] は、ロシア以外の海外企業の撤退が相次ぎ、今後の動向は不透明となっている。一方、[ク] では、日本企業が中心的役割を果たす [ケ] が2018年に稼働開始している。

表　主要エネルギーの産出国と日本の輸入元　(数値：%)

	産出			日本の輸入元		
順位	**石炭***	**原油**	**天然ガス**	**石炭**	**原油**	**天然ガス**
1	中国 54.4	[エ] 15.4	[エ] 23.4	[ク] 59.6	サウジアラビア 40.1	[ク] 39.1
2	インド 10.7	ロシア 13.4	ロシア 18.3	[コ] 15.9	アラブ首長国連邦 31.5	マレーシア 14.2
3	[コ] 8.1	サウジアラビア 12.4	イラン 5.7	ロシア 12.5	カタール 9.0	カタール 11.7

出所：地理統計要覧 2022 年版
注：*の数値は 2018 年。他の「産出」の数値は 2019 年。また，「日本の輸入元」の数値は 2020 年。

設問　文及び**表**の中の空欄 [ア] ～ [コ] にあてはまるもっとも適当な語をそれぞれA～Dのうちから一つ選び、マークシートに記入しなさい。

問 1　[ア]
A　SDGs　B　森林保全
C　生物多様性　D　脱炭素

問 2　[イ]
A　エネルギー革命　B　オレンジ革命
C　産業革命　D　シェール革命

問 3　[ウ]
A　エネルギー革命　B　オレンジ革命
C　産業革命　D　シェール革命

問 4　[エ]
A　アメリカ合衆国　B　インドネシア
C　オーストラリア　D　カナダ

問 5 **オ**
A OAPEC　B OPEC プラス
C OECD　D OEEC

問 6 **カ**
A 高圧電線　B 高速鉄道網
C 情報通信網　D パイプライン

問 7 **キ**
A イクシス　B オハ油田
C サハリン2　D カフジ油田

問 8 **ク**
A アメリカ合衆国　B インドネシア
C オーストラリア　D カナダ

問 9 **ケ**
A イクシス　B オハ油田
C サハリン2　D カフジ油田

問10 **コ**
A アメリカ合衆国　B インドネシア
C オーストラリア　D カナダ

〔Ⅱ〕 発展途上国の中でも飛躍的に成長し続けているインドの貿易や産業に関する次の文および**表**をみて設問に答えなさい。

近年、多くのメディアにおいてグローバルサウスという用語を目にする。このグローバルサウスに明確な定義はなく、これまでは支援されるべき対象国群、または発展途上国群としての意味合いで使われることが多かった。ところが、最近の意味合いは、これまでの発展途上国という枠組みを超えて成長し続けている国々のことを指すようになってきている。たとえば、昨今、成長著しいインドはその代表的な国の1つであろう。インドは近年、a)G 20(21か国・地域機関)の中でも存在感を強めており、インドを中心とした発展途上国のグループをグローバルサウスとして言及する論考もある。

かつて、17世紀にヨーロッパ諸国によって次々と設立されたインド以東の東インド会社によって、ヨーロッパとアジア諸国間との交易が促され、今日まで続くグローバル社会の礎が築かれてきた。その中でインドは従属的地位を与えられてきたが、今後はb)インドを中心とするグローバルサウスがアジア発のグローバル経済の新構造を導く可能性がある。現代のインドは中国を上回る世界最大の人口大国として、モディ政権が誕生した2014年以降、積極的な経済改革に着手し、近年ではGDP規模も世界各国の中で上位に位置している。国内では、c)一次産業の農業が依然として主要な経済分野だが、それに続いて三次産業の勃興も著しい。今後のインドの政治や経済の動向に国内外からの注目が大いに高まっている。

問1　下線部a)に関連して、G 20の構成国に当てはまる国名を**A**～**E**から選択して答えなさい。

A　インドネシア　　**B**　シンガポール　　**C**　タイ
D　フィリピン　　**E**　ベトナム

問2　下線部a)に関連して、以下の①～③に当てはまるG 20の構成国および参加国の適切な国名の組み合わせを**A**～**F**から選択して答えなさい。

国　名	産業別人口(2013－2018年)※				産業別 GDP(2016年－2019年)			
	総数 (万人)	一次産業 (%)	二次産業 (%)	三次産業 (%)	総額 億ドル	一次産業 (%)	二次産業 (%)	三次産業 (%)
①	36,057	43.3	24.9	31.8	28,689	16.0	24.8	59.2
インドネシア	12,554	29.6	22.3	48.1	11,192	12.7	38.9	48.4
シンガポール	220	0.0	15.1	84.9	3,721	0.0	24.5	75.5
②	1,661	5.2	23.1	71.7	3,514	1.9	26.0	72.1
③	7,253	5.9	26.8	67.3	16,999	3.4	32.2	64.4
ブラジル	9,076	9.3	20.1	70.6	18,398	4.4	17.9	77.7

※おもに15歳以上。調査対象年齢は国によって異なる。
出所：帝国書院(2023)「地理データファイル2023年度版」(株)帝国書院、p41。

	①	②	③
A	インド	南アフリカ共和国	ロシア
B	インド	ロシア	南アフリカ共和国
C	南アフリカ共和国	インド	ロシア
D	南アフリカ共和国	ロシア	インド
E	ロシア	インド	南アフリカ共和国
F	ロシア	南アフリカ共和国	インド

表　インドの対世界・対日本との貿易における主要輸出入品、および主要輸出入相手国・地域

※主要輸出入品の輸出・輸入総額に占める割合(%)　上段：輸出／下段：輸入

	対世界	対日本	輸出入相手国・地域
順位	輸出総額 394,814 百万ドル 輸入総額 570,402 百万ドル	輸出総額 505,020 百万円 輸入総額 970,960 百万円	輸出相手国・地域(%) 輸入相手国・地域(%)
1位	石油製品(13.7) ア (18.7)	有機化合物(16.4) 一般機械(21.9)	アメリカ合衆国(18.1) エ (15.3)
2位	機械類(11.4) 機械類(18.6)	揮発油(13.1) ウ (14.3)	オ (6.4) オ (7.6)
3位	イ (6.3) 金(非貨幣用)(9.8)	魚介類(8.0) 銅・同合金(9.9)	エ (5.8) アメリカ合衆国(7.3)
4位	鉄鋼(6.0) 石炭(4.7)	一般機械(6.0) プラスチック(8.6)	カ (3.6) スイス(5.2)
5位	繊維品(5.6) イ (4.6)	イ (5.2) 無機化合物(7.6)	(ホンコン)(2.9) サウジアラビア(4.9)

出所：帝国書院(2023)「地理データファイル 2023 年度版」(株)帝国書院、p116、p120。

※対世界の輸出入総額、および輸出入項目、輸出入相手国・地域上位5か国(地域)に関しては 2021 年当時、対日本の輸出入総額、および輸出入項目に関しては 2020 年当時のデータを記載。

問 3　下線部b)に関連して、表の ア に当てはまる品目をA～Dから1つ選び、その記号を解答欄にマークしなさい。

A　自動車　　B　原油

C　電気機械　　D　ダイヤモンド

問 4　下線部b)に関連して、表の イ に当てはまる品目をA～Dから1つ選び、その記号を解答欄にマークしなさい。

A　自動車　　B　原油

C　電気機械　　D　ダイヤモンド

問５　下線部ｂ)に関連して、表の ウ に当てはまる品目をA～Dから１つ選び、その記号を解答欄にマークしなさい。

A　自動車　　B　原油
C　電気機械　　D　ダイヤモンド

問６　下線部ｂ)に関連して、表の エ ～ カ に当てはまる国・地域名の組み合わせとして適切なものをA～Fから１つ選び、その記号を解答欄にマークしなさい。

	エ	オ	カ
A	アラブ首長国連邦	中国	バングラデシュ
B	アラブ首長国連邦	バングラデシュ	中国
C	中国	バングラデシュ	アラブ首長国連邦
D	中国	アラブ首長国連邦	バングラデシュ
E	バングラデシュ	アラブ首長国連邦	中国
F	バングラデシュ	中国	アラブ首長国連邦

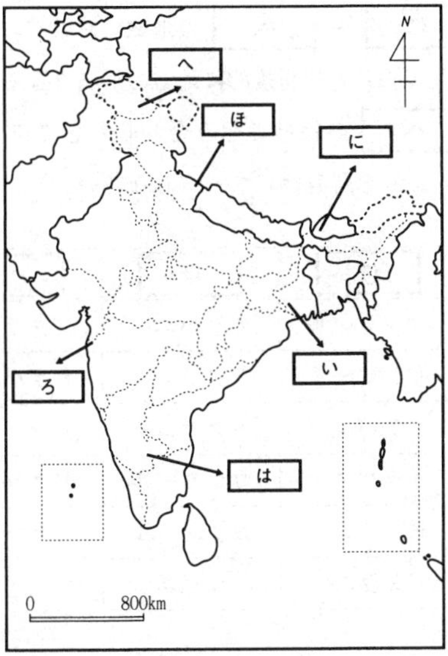

図 インドの政治経済に関連する諸地域

問 7 地図中の い ～ は の地域を中心とする産業集積地域の特徴を表す語の組み合わせとして適当なものを次の**A**～**F**からひとつ選び、その記号を解答欄にマークしなさい。

	い	ろ	は
A	水力資源と石炭、鉄鉱石	自動車工業やIT 産業	綿工業、機械工業、石油化学工業
B	水力資源と石炭、鉄鉱石	綿工業、機械工業、石油化学工業	自動車工業やIT 産業
C	自動車工業やIT 産業	水力資源と石炭、鉄鉱石	綿工業、機械工業、石油化学工業
D	自動車工業やIT 産業	綿工業、機械工業、石油化学工業	水力資源と石炭、鉄鉱石
E	綿工業、機械工業、石油化学工業	自動車工業やIT 産業	水力資源と石炭、鉄鉱石
F	綿工業、機械工業、石油化学工業	水力資源と石炭、鉄鉱石	自動車工業やIT 産業

問 8　地図中の［に］～［へ］の地域において、これまでにインドと周辺国との間で直接的および間接的に地域の帰属を巡る問題が浮上してきた。［に］～［へ］の地域の組み合わせとして適切なものをA～Fから1つ選び、その記号を解答欄にマークしなさい。

	［に］	［ほ］	［へ］
A	カシミール	カラパニ	ドクラム
B	カシミール	ドクラム	カラパニ
C	カラパニ	ドクラム	カシミール
D	カラパニ	カシミール	ドクラム
E	ドクラム	カシミール	カラパニ
F	ドクラム	カラパニ	カシミール

問 9　下線部 c)について、多くの国民が携わる米や小麦などの一次産業の維持拡大にインドは国家的に取り組んでいる。このような一次産業の動向に影響を及ぼす当該地域に雨季をもたらす風の適切な名称をA～Dから1つ選び、その記号を解答欄にマークしなさい。

A　モンスーン　　B　ボラ　　C　偏西風　　D　偏東風

問10　下線部 c)について、インドはアメリカ合衆国との間で貿易に関する協定を締結しており、アメリカ合衆国に向けた特定産業からの輸出が今ではインドの主要産業の1つとなってきている。当てはまる産業名をA～Dから1つ選び、その記号を解答欄にマークしなさい。

A　茶　　B　自動車

C　繊維と織物　　D　ソフトウェア

〔Ⅲ〕 主要な穀物の生産と貿易について述べた次の文および**表**をみて設問に答えなさい。

世界の主要な穀物は、a)小麦、トウモロコシ、コメであり、生産量はそれぞれ年間約7億～11億トンである。小麦は、［ア］が原産地で乾燥・冷涼な気候下での生産に適している。［イ］農業の盛んな国、国土面積の大きな国が輸出国の上位を占めている。トウモロコシは［ウ］大陸を原産地としている。主要な輸入国である日本はその多くを［エ］として輸入している。稲の原産地は西アフリカとアジアとされており、コメは［オ］で約9割が生産されている。b)コメの生産量が多い国の順位とその中での［①］の規模の順位はほぼ一致する。穀物の貿易は、生産量だけでなく、その国の国内での消費とも深く結びついている。

一方、これらの作物をガソリンに混入してエネルギー利用する試みも進められている。c)トウモロコシや小麦、［②］を原料とする例が知られている。日本でもこうした生物由来のエネルギー資源利用の普及が目指されているが、その供給はまだ輸入に依存している状況である。

表　2021年の生産量

	A		B		C		D	
順位	国名	生産量(万t)	国名	生産量(万t)	国名	生産量(万t)	国名	生産量(万t)
1	［カ］	21284.30	［カ］	13694.60	［コ］	13493.49	［ク］	38394.30
2	［キ］	19542.50	［キ］	10959.00	［ク］	12070.72	［カ］	27255.20
3	バングラデシュ	5694.46	ロシア	7605.73	アルゼンチン	4621.79	［コ］	8846.19
4	インドネシア	5441.53	［ク］	4479.04	［カ］	1640.00	アルゼンチン	6052.58
5	ベトナム	4385.27	フランス	3655.95	［キ］	1261.00	［ケ］	4210.99
6	タイ	3358.20	［ケ］	3218.33	パラグアイ	1053.71	［キ］	3165.00

FAO資料により作成

問1　文中の空欄［ア］～［オ］に当てはまる語を次の文にも当てはまるように解答欄に記入しなさい。

［ア］は、世界の大州のうちのひとつをさらに東西南北で区分した地理的区分である。

[イ] 農業は、経営からみた農業の特徴を表す語となる。
[ウ] 大陸は、五大州のうちのひとつでもある。
[エ] は、穀物の用途を表す語である。
[オ] は、稲作と深くかかわるその地域の気候に由来する地域の呼称である。

問 2 **表**の中の空欄 [カ] ～ [コ] に当てはまる国名を解答欄に記入しなさい。

問 3 下線部 a) について、**表**の **A～D** のうちで 3 つの主要な穀物に当てはまらないものはどれか。その記号を解答欄に記入しなさい。

問 4 問 3 の作物名を解答欄に記入しなさい。

問 5 下線部 b) について、空欄 [①] にあてはまる適当な語を解答欄に記入しなさい。

問 6 下線部 c) について、これらのエネルギーの呼称を解答欄に記入しなさい。

問 7 下線部 c) について、国によって原料とする作物が異なっており、EU では主に小麦が利用されている。ブラジルでは早くから [②] をエネルギー利用する取り組みが行われており、すでに広く普及している。空欄 [②] に当てはまる作物名を解答欄に記入しなさい。

〔Ⅳ〕 日本の産業構造の変化について述べた次の文を読み設問に答えなさい。

一国の経済が発展するにつれて、経済の中心的な産業が一次産業から二次産業へ、二次産業から三次産業へと移行していくことを、「[ア]の法則」という。この法則は戦後の日本においても当てはまる。日本では第二次世界大戦中に機械工業が急激に拡大し、農業・商業から工業へと労働移動が起こった。資源に乏しい日本は、戦後の工業化の過程において原油や鉄鉱石などの鉱物資源や工業原料を輸入し、それらを製品化して海外に輸出する[イ]を行ってきた。しかし、1970年代に発生した石油危機によりエネルギー多消費型の素材産業からの転換を余儀なくされ、かわりに自動車や電気製品などの輸出が急増した。1970年代から1980年代にかけては貿易摩擦を回避するために欧米諸国などへ工場を移転し、1980年代後半にはアジア諸国への海外立地を拡大するなど、日本企業の多国籍企業a)化が進んだ。この頃のアジア諸国に目を向けると、韓国、台湾、シンガポール、香港など、急激な経済成長を遂げた新興国が現れ始め、輸出志向型の工業化が進んでいた。しかし、1997年にはタイにおける通貨下落をきっかけに[ウ]が発生し、インドネシアや韓国などに金融不安が生じた。これらの国は国際機関である[エ]からの援助を受け入れると同時に政治や経済体制の構造改革を行った。1970年代以降の日本では、製造業の就業者割合が減少するとともに三次産業の就業者割合が増加し、サービス経済化が進んだ。1990年代には情報通信技術の発展によりIT革命b)が起こり、三次産業にも大きな影響を与えた。今日では三次産業に従事する労働者は全就業者の7割を超えるが、女性の社会進出の増加や高齢化の進展により、特に保育や医療・介護などの福祉産業が拡大している。

今後の日本の産業は知識集約型産業として発展することが求められている。少子高齢化による労働力の不足から生産性の向上は必須であり、積極的な研究開発投資による新たな知識や技術の創造c)と新分野の開拓がますます重要となっている。高度な技能や知識を持つ外国人労働者の更なる受け入れ拡大も必要とされる一方で、現状では発展途上国の支援を目的とした[オ]制度において外国人が劣悪な労働環境で単純労働に従事しているというケースも指摘されている。産業の発展と同時に環境・エネルギー問題d)への対策も急務であり、東日本大震災が引き起こした東京電力福島第一原発の事故を経て、新たなエネルギー・ミックスの検討が求められている。

問１　文中の［ア］～［オ］にあてはまるもっとも適当な語句を解答欄に記入しなさい。

問２　下線ａ)に関して、国際的な分業形態であり、企業が自社の業務を外国籍企業や海外の現地法人に委託・移管することを何というか。適切な名称をカタカナで解答欄**カ**に記入しなさい。

問３　下線ａ)に関して、多国籍企業などが節税目的で利用することが多い、外国籍企業に対して非課税またはきわめて低い税率で課税する国や地域を何というか。適切な名称をカタカナで解答欄**キ**に記入しなさい。

問４　下線ｂ)に関して、パソコンやインターネットなどのIT技術を活用できる者とできない者との間に生じる社会・経済的な格差を何というか。適切な名称をカタカナで解答欄**ク**に記入しなさい。

問５　下線ｃ)に関して、著作権や商標権などの人間の幅広い知的創造活動によって新たに創り出された財産に関する権利を何というか。適切な名称を解答欄**ケ**に記入しなさい。

問６　下線ｄ)に関して、近年、日本で有望な資源と考えられており、南海トラフや上越沖などの日本海の海底に埋蔵すると考えられている「燃える氷」と呼ばれる資源の名称をカタカナで解答欄**コ**に記入しなさい。

〔V〕 次の問いに答えなさい。

日本政府の地震調査委員会によると、南海トラフにおいてはマグニチュード8～9クラスの地震が今後30年以内に発生する可能性が高いという。大規模地震発生の切迫性が指摘されているのがこの地域である理由を解答欄に4行以内で述べなさい。

〔解答欄〕1行：13.8cm

政治・経済

（60分）

〔Ⅰ〕 次の文を読んで、下の問に答えなさい。

日本国憲法は、さまざまな基本的な人権(a)を保障している。個人の自由な意見の主張などを保障することは、民主主義社会の根幹を維持するために必要不可欠である。日本国憲法第21条1項は「集会、結社及び言論、出版、その他一切の表現の自由は、これを保障する」と規定する。さらに同条2項は「検閲(b)は、これをしてはならない。通信の秘密は、これを侵してはならない」と定める。組織的な犯罪への捜査に対応するため、1999年に(　A　)法が制定された。

表現の自由を保障するには、情報の発信元だけではなく、受け手が情報を自由に受け取る権利が必要である。これを知る権利と呼ぶ。新聞やテレビなどのマスコミにより、国民は多様な情報に接することができる。報道の自由や知る権利にかかわる判例として、外務省秘密漏洩事件(c)が挙げられる。

憲法上保障されているが、表現の自由はどこまでの制限が許されるのか、というのは重要な問題である。表現の自由を制約できる基準として、二重の基準(d)、事前抑制の禁止、明確性、明白かつ現在の危険、LRAの基準などが提唱されている。東京都公安条例事件(e)や北方ジャーナル事件などが、表現の自由にかかわる判例としてあげられる。

プライバシーの権利は、表現の自由を制限する。この人権は、「すべて国民は、個人として尊重される。生命、自由及び(　B　)に対する国民の権利については、公共の福祉に反しない限り、立法その他の国政の上で、最大の尊重を必要とする」(日本国憲法第13条)を根拠に主張される。プライバシーをめぐる代表的な判例として、三島由紀夫の小説『(　C　)』と柳美里の小説『石に泳ぐ魚』(f)にかかわる事件があげられる。プライバシーを守るため、2003年に(　D　)法が制定された。この法律については、報道や表現の自由を制約する懸念が表明された。

問１　（　Ａ　）〜（　Ｄ　）にもっとも適切な語句を記入しなさい。なお、（　Ａ　）と（　Ｂ　）は漢字４字、（　Ｄ　）は漢字６字がそれぞれ入るものとする。

問２　下線部(a)に関連して、人権と日本国憲法条文の組み合わせで、もっとも適切なものを１つ選びマークしなさい。

① 学問の自由：憲法第 25 条

② 思想及び良心の自由：憲法第 18 条

③ 職業選択の自由：憲法第 24 条

④ 勤労の権利：憲法第 23 条

⑤ 信教の自由：憲法第 20 条

問３　下線部(b)に関連した家永教科書訴訟について、もっとも適切なものを１つ選びマークしなさい。

① 第一次訴訟で東京地裁は、検定制度と運用は合憲であるが、裁量権の逸脱ありと判断した。

② 家永氏が国家賠償を求めて第一次訴訟を東京地裁に提訴したのは、1967 年であった。

③ 第二次訴訟で東京高裁は、検定制度と不合格処分は違憲であると判断した。

④ 第二次訴訟で最高裁は、原告に訴えの利益はないと判断して、上告を棄却した。

⑤ 家永氏は、国家賠償を求めて第一次訴訟と第二次訴訟と２回にわたって訴訟を起こした。

問４　下線部(c)に関連して、もっとも適切なものを１つ選びマークしなさい。

① 東京高裁は、記者の行為を報道目的のための正当な行為と認め無罪判決を下した。

② 東京地裁は、記者による取材目的は正当だが、手段・方法が不当であると判断した。

③ 外務省の有識者委員会は、日米間で交わされた密約の存在を 2000 年に

認めた。

④　最高裁は、取材行為が国家公務員法第111条の「そそのかし」に当たると判断した。

⑤　沖縄の本土復帰が実現したのは1971年であり、当時の総理大臣は佐藤栄作であった。

問5　下線部(d)に関連して、最高裁判所が二重の基準を採用することを示唆した判決として、もっとも適切なものを1つ選びマークしなさい。

①　愛媛玉ぐし料訴訟判決

②　薬事法距離制限訴訟判決

③　苫米地事件訴訟判決

④　砂川政教分離訴訟判決

⑤　麹町中学校内申書訴訟判決

問6　下線部(e)に関連して、もっとも適切なものを1つ選びマークしなさい。

①　東京高裁は、東京都公安条例は表現の自由を侵害し、違憲であると判断した。

②　東京都公安条例は、公共の場所での集会や集団示威運動を届け出制としていた。

③　東京高裁は、デモ行進は公共の秩序を乱すとし、被告人は有罪との判決を下した。

④　東京高裁は、規制対象の範囲が合理的であるため、東京都公安条例は合憲と判断した。

⑤　学生運動の指導者が、警察官職務執行法反対を掲げて、無許可でデモ行進をした。

問7　下線部(f)に関連して、もっとも適切なものを1つ選びマークしなさい。

①　東京地裁は、被告に損害賠償の支払いを認めなかった。

②　東京高裁で判決が出た後に、被告と原告の間で和解が成立した。

③　東京高裁は、被告によるプライバシーの侵害を認めなかった。

④　東京地裁は、原告女性の名誉が毀損されなかったと判断した。

⑤　東京地裁、東京高裁、最高裁とも出版の差し止めを認めた。

〔Ⅱ〕　次の文を読んで、下の問に答えなさい。

現在に通じる社会保障制度のあゆみをみると、1601年のエリザベス救貧法(a)にさかのぼることができる。その後、産業革命により多くの人々が労働者として働いて得た所得により生活するようになった。しかし、解雇・ケガ・病気などによって失業すると、労働者は所得を得られなくなる。1873年に起こった恐慌により貧困問題が深刻化すると、ドイツのビスマルクは社会政策3部作(b)を定めた。1929年の世界恐慌により、イギリスでは1934年に失業法、アメリカでは(　ア　)年に社会保障法が制定された。1942年のベヴァレッジ報告(c)では、社会保障制度のあるべき姿が示された。1944年には、(　A　)総会でフィラデルフィア宣言が採択され、社会保障の権利がすべての人の普遍的権利であるとされた。

日本の社会保障制度のあゆみをみると、1922年に健康保険法が制定され、医療保険の範囲拡大のために(　イ　)年に国民健康保険法が制定された。第二次世界大戦後の日本の社会保障制度はその内容により、社会保険、(　B　)、公的扶助、公衆衛生に大別される。社会保障財源の内訳をみると、(　C　)と公費負担がその多くを占めている。

日本の社会保険の中で、失業時に一定期間にわたって保険金を受け取ることができる制度が雇用保険(d)である。また、医療保険(e)については、(　ウ　)年に国民皆保険制度が達成された。さらに、2008年には後期高齢者医療制度が導入された。高齢化の進展にともない要介護者の増加と介護期間の長期化などに対応するために、(　エ　)年に介護保険法が施行された。近年では、(　D　)と呼ばれる本来は大人が担うと想定される家族の介護などをおこなうこどもの存在が社会問題となっている。

問1　(　A　)〜(　D　)にもっとも適切な語句を省略せずに記入しなさい。

問2　下線部(a)に関連して、エリザベス救貧法の内容として、もっとも適切なものを1つ選びマークしなさい。

① 都市に住む貧困者を地方に強制的に移住させて、農業などの食糧生産に従事させた。

② 貧困は個人の責任であるという立場から、労働能力のある貧困者には強制的に労働させた。

③ 最低生活費を超えた賃金を労働者から徴収するスピーナムランド制度を導入した。

④ 児童は将来の労働力ととらえられ、学校において就業に必要となる教育をほどこされた。

⑤ 労働者から救貧税を徴収して救貧院の運営にあてたことから、共助の考え方の源となった。

問 3 下線部(b)に関連して、ビスマルクの社会政策3部作の内容として、もっとも適切なものを1つ選びマークしなさい。

① 1889年に労働災害保険法を制定した。

② 1883年に疾病保険法を制定した。

③ 1884年に老齢・障害保険法を制定した。

④ 1884年に国家社会保険法を制定した。

⑤ 1883年に国民扶助法を制定した。

問 4 (ア)から(エ)に入る年号の組み合わせとして、適切なものを1つ選びマークしなさい。

①	ア 1936	イ 1928	ウ 1961	エ 2002
②	ア 1935	イ 1934	ウ 1971	エ 2000
③	ア 1935	イ 1927	ウ 1971	エ 1998
④	ア 1935	イ 1938	ウ 1961	エ 2000
⑤	ア 1936	イ 1937	ウ 1959	エ 2000

問 5 下線部(c)に関連して、ベヴァレッジ報告の内容として、もっとも適切なものを1つ選びマークしなさい。

① 指導原理は原則として夜警国家を目指したものであった。

② 基本原則は新古典派経済学の影響を強く受けた内容であった。

③　社会保障税の創設により社会保障は維持されるべきであるとした。

④　すべての国民の完全に平等な生活水準が保障されるべきとした。

⑤　基本思想として、ナショナル・ミニマムを根幹としていた。

問 6　下線部(d)に関連して、雇用保険の内容として、もっとも適切なものを1つ選びマークしなさい。

①　雇用保険には、育児休業給付と介護休業給付が含まれる。

②　保険料は、厚生労働大臣の指示で5年に1度見直される。

③　保険料の全額を事業主が負担し、働く人が加入する。

④　業務中や通勤中にケガをした場合は、保険金が支給される。

⑤　理由によらず解雇により離職した場合は、保険金が支給されない。

問 7　下線部(e)に関連して、医療費の適正化に向けた政策の内容として、もっとも適切なものを1つ選びマークしなさい。

①　すべての75歳以上の後期高齢者の自己負担割合を3割としている。

②　2012年の改正で被保険者の家族は自己負担割合を2割としている。

③　診療報酬改定を3か月に1度実施し、受診者の多い疾病の医療費を抑制している。

④　新薬と同じ有効成分を使っている後発医薬品の使用を推奨している。

⑤　病床を一般病床に一本化することで柔軟な運用をうながしている。

〔Ⅲ〕 次の文を読んで、下の問に答えなさい。

企業の資金調達には間接金融と直接金融があり、<u>調達した資金</u>(a)は在庫投資の他、設備投資やR&D投資、M&Aなどに充てられる。間接金融では、資金調達者と資金提供者の間に<u>銀行</u>(b)などの金融機関が介在しており、企業は間接的に資金を調達している。一方、直接金融では、企業が社債や株式を発行することにより、個人や企業から直接資金を調達する。社債は、<u>企業が発行する債券</u>(c)であり、投資家はこれに投資することによって<u>収益</u>(d)を得る。また、株式による資金調達では、必要な資金を小口に分割した株式を発行することにより、多くの投資家(株主)から出資してもらう。株価×発行済株式数で計算された値は株式(　A　)と呼ばれ、企業の規模や価値を評価する指標としても用いられる。

資本の種類という観点から整理すると、株式は資金の返済が不要な自己資本に分類され、銀行借入と社債は返済の必要がある他人資本に分類される。他人資本に関しては、比率が高まると企業は資金を返済できずに倒産に陥るリスクが高まることから、企業は一定の自己資本を維持する必要がある。しかし、銀行に関しては、当初の預金を元に貸付を繰り返すことで預金通貨を作り出す(　B　)を行っており、一般的な事業会社より自己資本の比率は低い。

近年では、住宅ローンやオートローンのような将来に一定の収益が見込まれる資産を小口の有価証券にして市場で売却することを証券化といい、有用性が高い資金調達手法として注目されている。また、直接金融と間接金融以外に自社の内部留保や減価償却費による資金調達を用いる方法もあり、これは(　C　)と呼ばれている。

株式を上場している場合、企業には様々な義務が課せられる。なかでも、近年、<u>コーポレート・ガバナンス</u>(e)の強化が求められている。例えば、<u>株式会社の統治</u>(f)においては、社外の人物を一定数参加させることが求められている。こうしたガバナンスが強化される背景には、企業の不祥事防止や企業価値向上の促進があると言われている。なお、東京証券取引所は、2022年4月に新市場区分を導入し、最上位の市場として(　D　)市場を設立した。(　D　)市場では、株式の流動性やコーポレート・ガバナンスの水準、業績や財政状態に一定の基準が設けられており、高い水準を維持できる企業のみが上場できる市場となっている。

問 1 （ A ）～（ D ）にもっとも適切な語句を記入しなさい。

問 2 下線部(a)に関連して、会社の負債や資本の内訳が記載された財務諸表として、もっとも適切なものを1つ選びマークしなさい。

① 貸借対照表　② 損益計算書
③ キャッシュフロー計算書　④ 株主資本等変動計算書
⑤ 包括利益計算書

問 3 下線部(b)に関連して、銀行に関する記述として、もっとも適切なものを1つ選びマークしなさい。

① 貸出業務には、手形貸付や手形割引、内国為替などがある。
② 当座預金は手形や小切手の支払いのための預金であり、普通預金と同様の利息が付く。
③ 金融自由化により、現在では投資信託や保険などの販売が行えるようになっている。
④ 第二地方銀行の当座預金は預金保護の対象とはならない。
⑤ 普通銀行には、都市銀行、地方銀行の他、信託銀行が含まれる。

問 4 下線部(c)に関連して、一般的な社債の特徴として、もっとも適切なものを1つ選びマークしなさい。

① 配当の支払いがある。
② クーポンの支払いがある。
③ 満期がない。
④ 貸倒れリスクがない。
⑤ 流動性がない。

問 5 下線部(d)に関連して、額面100万円の社債（利払いは1年後、年利2％）を96万円で購入し、1年後に償還されたときの利回りとして、もっとも適切なものを1つ選びマークしなさい。

① 2.08％　② 4.00％　③ 4.17％
④ 6.00％　⑤ 6.25％

問６　下線部(e)に関連して，コーポレート・ガバナンスに関する説明として，もっとも適切なものを１つ選びマークしなさい。

①　取引先が不正を行っていないかについてモニタリングする仕組みである。

②　コーポレート・ガバナンスを強化したことにより，ディスクロージャーは簡略化された。

③　社外取締役については業界や企業の知識が必要となるため，その企業の元経営者や従業員から選ばれる。

④　社外取締役は日本では2001年と2002年の商法改正により導入された。

⑤　株主の権利が確立されているアメリカでは，経営者に対する株主からの圧力が日本よりも弱い。

問７　下線部(f)に関連して，監査役の説明として，もっとも適切なものを１つ選びマークしなさい。

①　財務諸表が会計規則に則り作成されているかを確認し，監査意見を述べる。

②　監査役会設置会社では取締役会に参加し議案の決議を行う。

③　監査役は取締役会の決議により選任され，任期は原則として５年である。

④　監査役会設置会社では，監査役の３分の１以上を社外から選ぶ必要がある。

⑤　取締役の仕事を業務面と会計面から監督し検査する。

〔Ⅳ〕 次の文を読んで、下の問に答えなさい。

多くの先進国では資本主義のもとで経済運営がなされている。資本主義体制は、18世紀後半にイギリスで起こった産業革命以降に確立した制度である。産業革命時代にアダム・スミスは『国富論』(『諸国民の富』)を記し、個人や企業が私的な利益を追求しても市場の力が「神の(　A　)」のように調整をして、公共の利益を達成できることを主張した。この考え方は現代における市場メカニズムを理解する基礎となった。その後、(a)様々な経済学者・思想家が市場メカニズムの有効性と欠点を指摘しながら、現在の資本主義経済を形作ってきた。

資本主義体制のもとで、多くの国は経済成長を経験して徐々に豊かになっていった。日本も例外ではない。第二次世界大戦直後の日本は貧しい国であった。そこで、限られた資金や資源を基幹産業に重点的に配分する(　B　)や、GHQ(連合国軍最高司令官総司令部)の指導のもとで、財閥解体・農地改革などを行った。1950年に朝鮮戦争が勃発すると戦争関連物資やサービスに特需が発生し、日本は好景気を迎えた。その後、(b)1955年頃から第一次オイルショックが発生した1973年まで高度経済成長を経験し、先進国の仲間入りをした。

経済がどの程度成長しているかを客観的に把握するためには、なんらかの指標が必要である。経済成長の程度を測る指標としてもっとも重要なものが(c)国内総生産(GDP)である。ただし、経済は単調に右肩上がりで上昇していくわけではなく、(d)景気変動を経験する。近年では、2000年代後半の大不況(the Great Recession)が記憶に新しい。この大不況は、2007年頃にアメリカにおいて住宅バブルが崩壊したことにより(　C　)ローン問題が発生し、2008年に大手証券会社であるリーマン・ブラザーズが破綻したことに端を発する世界的な不況である。

日本経済は、大不況後も東日本大震災や新型コロナウイルス感染症など、様々な負のショックに直面してきた。現在も日本経済には課題が山積している。2021年には内閣総理大臣が菅首相から岸田首相に変わった。岸田首相のもとで、(e)少子化対策など様々な政策に取り組んでいる。2023年には日本銀行の総裁も(　D　)総裁から植田総裁に変わり、(f)金融政策の運営方針も変わる可能性がある。

問1　(　A　)～(　D　)にもっとも適切な語句・人名を入れなさい。

問２　下線部(a)に関連して、経済思想の発展に寄与した著者と著作の組み合わせとして、適切ではないものを１つ選びマークしなさい。

① カール・マルクス　『資本論』

② デヴィッド・リカード　『経済学および課税の原理』

③ ジョン・メイナード・ケインズ　『雇用、利子および貨幣の一般理論』

④ ミルトン・フリードマン　『経済発展の理論』

⑤ トマ・ピケティ　『21世紀の資本』

問３　下線部(b)に関連して、1955年から1973年までの出来事として、適切ではないものを１つ選びマークしなさい。

① 日本のIMF８条国移行

② キューバ危機

③ ソ連のアフガニスタン侵攻

④ 欧州共同体(EC)発足

⑤ プラハの春

問４　下線部(c)に関連して、GDPに関連する説明として、もっとも適切なものを１つ選びマークしなさい。

① GDPは付加価値の合計であるため、固定資本減耗は含まれていない。

② 現在は国民総生産(GNP)に変わり、国民総所得(GNI)という指標が使われている。

③ 2022年時点で、日本の１人あたりGDPは、アメリカ、中国に次いで第３位となっている。

④ アメリカの球団が日本人メジャーリーガーに支払った給与は日本のGDPに含まれる。

⑤ 名目GDP成長率が５％でインフレ率が２％であった場合、実質GDPは７％で成長することになる。

問５　下線部(d)に関連して、景気変動に関する説明として、もっとも適切なものを１つ選びマークしなさい。

① 1929年10月、ロンドンにあるウォール街で株価が大暴落し、世界的な

経済恐慌の原因となった。

② 第一次世界大戦後のドイツは激しい物価の高騰であるハイパーインフレと景気後退であるデフレを同時に経験した。

③ 政府が景気対策のために大量に国債を発行した際、クラウディング・アウトと呼ばれる市中金利の高騰という副作用が存在する。

④ ペティ・クラークの法則によると経済発展とともに第1次産業の割合が高まることから、景気循環は弱まっていく。

⑤ インフレ率が高まってくると現金保有がしにくくなり、お金を借り入れている人が大きな不利益を被る。

問6 下線部(e)に関連して、少子化とそれに関連する女性の働き方の説明として、もっとも適切なものを1つ選びマークしなさい。

① 女性の労働力率はM字型のカーブを描いているとされていたが、近年、M字型は解消しつつある。

② 2022年の出生数は約77万人と前年から回復している。

③ 合計特殊出生率は人口置換水準である2.0を大幅に下回っている。

④ 男女雇用機会均等法は1981年に制定され、1997年と2006年に大きく改正された。

⑤ 2023年時点で女性の管理職の割合はおよそ40％と世界的にも低い水準にある。

問7 下線部(f)に関連して、もっとも適切なものを1つ選びマークしなさい。

① 現在の日本銀行は主に基準割引率及び基準貸付利率(公定歩合)の操作によって景気を安定させている。

② 日本銀行は2008年以降、ゼロ金利政策を取り続けている。

③ 買いオペレーションは貨幣の流通量を増やすことから景気引き締めの効果が期待できる。

④ 日本銀行政策委員会は総裁、2名の副総裁、6名の審議委員の計9名で構成されている。

⑤ 日本銀行はイールドカーブ・コントロールと呼ばれる長短金利操作の導入を検討している。

数　学

(60分)

分数形で解答する場合は、それ以上約分できない形で答えなさい。また、根号を含む形で解答する場合は、根号の中に現れる自然数が最小となる形で答えなさい。

〔Ⅰ〕　次の各問の ［　　］ に入る数値を下の表から選んでアルファベットをマークせよ。同じアルファベットを選んでもかまわない。

1. 自然数 m, n が、$m^2 = n^2 + 8$ を満たすなら

$$m = \boxed{(1)},\quad n = \boxed{(2)}$$

である。

2. $-\sqrt{2} < a < \sqrt{2}$ について、$x + y - a$, $xy = 1$ を満たす x, y について、$x^3 + y^3$ が、最大となるのは、$a = \boxed{(3)}$ のときで、その最大値は $\boxed{(4)}$ である。

3. 集合 $S = \{(a, b) \mid a, b$ は、6 以下の自然数 $\}$ の部分集合を、
$A = \{(a, b) \mid (a, b) \in S$ で、$6a + b$ が、4 の倍数 $\}$,
$B = \{(a, b) \mid (a, b) \in S$ で、$7a + b$ が、3 の倍数 $\}$
とするとき、$A \cup B$ の要素の個数は、$n(A \cup B) = \boxed{(5)}$ で、補集合 $\overline{A \cup B}$ の要素の個数は、$n(\overline{A \cup B}) = \boxed{(6)}$ である。

A. −2	B. −1	C. 0	D. 1
E. 2	F. 3	G. 4	H. 5
I. 6	J. 8	K. 10	L. 11
M. 12	N. 13	O. 15	P. 16

Q. 18　　R. 20　　S. 21　　T. 23

U. 25　　V. $\sqrt{2}$　　W. $\sqrt{3}$　　X. $\sqrt{5}$

Y. $\dfrac{\sqrt{2}}{3}$　　Z. $\dfrac{1}{5}$

〔Ⅱ〕　次のア～テに当てはまる0～9の数字を解答欄にマークせよ。

$f_0(x)=x^2,\ f_n(x)=|f_{n-1}(x)-1|\ (n=1,2,3,\cdots)$ とし、曲線 $y=f_n(x)$ と x 軸で囲まれた図形の面積を、S_n とする。

1. $S_1=\dfrac{\boxed{\text{ア}}}{\boxed{\text{イ}}}$, $S_2=\dfrac{-\boxed{\text{ウ}}+\boxed{\text{エ}}\sqrt{\boxed{\text{オ}}}}{\boxed{\text{カ}}}$

である。

2. 0以上の整数 m とある数 a について、$f_n(a)=m$ かつ $f_{n-1}(a)\neq 0$ とする。

$f_{n-1}(a)<1$ とすると、$f_{n-1}(a)=\boxed{\text{キ}}$ となり矛盾。

従って、$f_{n-1}(a)=m+\boxed{\text{ク}}$ となる。

3. ある数 a について、$f_4(a)=0$ かつ $f_k(a)\neq 0\ (k=0,1,2,3)$ ならば、

$a=\pm\boxed{\text{ケ}}$ である。

$f_n(x)=0$ ならば、$f_{n+1}(x)=\boxed{\text{コ}}$, $f_{n+2}(x)=\boxed{\text{サ}}$ に注意すれば、

$f_4(x)=0$ となる全ての x について、$|x|$ を大きさ順に並べると、

$$|x|=\boxed{\text{シ}},\ \sqrt{\boxed{\text{ス}}},\ \boxed{\text{セ}}$$

(但し、$\boxed{\text{シ}}<\sqrt{\boxed{\text{ス}}}<\boxed{\text{セ}}$)。

4. $S_4=\boxed{\text{ソ}}+\dfrac{\boxed{\text{タチ}}}{\boxed{\text{ツ}}}\sqrt{2}-\boxed{\text{テ}}\sqrt{3}$ となる。

〔Ⅲ〕　xy 平面上で、原点を O とし、円 $x^2+y^2=1$ を C とする。3 以上の自然数 n について、C 上の異なる n 個の点 $\mathrm{P}_1, \mathrm{P}_2, \cdots, \mathrm{P}_n$ を考える。但し、$\mathrm{P}_1(1,0)$ とする。r を正の実数とし、

$$r = \mathrm{P}_1\mathrm{P}_2 = \mathrm{P}_2\mathrm{P}_3 = \cdots = \mathrm{P}_{n-1}\mathrm{P}_n = \mathrm{P}_n\mathrm{P}_1$$

を満たし、P_2 の y 座標は、正とする。

1.　$r = \sqrt{2}, \sqrt{3}$ の場合それぞれについて、n と $\angle \mathrm{P}_2\mathrm{O}\mathrm{P}_3$ を求めよ。

2.　$\mathrm{P}_{n+1} = \mathrm{P}_1, \mathrm{P}_{n+2} = \mathrm{P}_2$ と置くとき、$1 \leqq i \leqq n$ について、$\angle \mathrm{P}_i\mathrm{P}_{i+1}\mathrm{P}_{i+2}$ は、すべて同じである事を示せ。

3.　$n = 5$ のとき、

$$\angle \mathrm{P}_1\mathrm{P}_2\mathrm{P}_3 + \angle \mathrm{P}_2\mathrm{P}_3\mathrm{P}_4 + \angle \mathrm{P}_3\mathrm{P}_4\mathrm{P}_5 + \angle \mathrm{P}_4\mathrm{P}_5\mathrm{P}_1 + \angle \mathrm{P}_5\mathrm{P}_1\mathrm{P}_2$$

をすべて求めよ。

4.　（設問省略）

問八　本文の内容と一致するものを次の1～5の中から一つ選び、その符号をマークせよ。

1　浄蔵はうぐいすの鳴く春に女と何度も和歌を詠みかわした。恋文を贈ってくれた女が高貴な身分だったことで、身分の低い上に修行中の身である浄蔵は泣く泣く諦めたのだった。

2　浄蔵は女に和歌を贈り、「自分は世間を恨んでなどいない、恨むべきはあなたひとりだ」と詠みかけた。浄蔵は自分を差しおいて帝と結婚しようとしていた女を呪ったのだった。

3　浄蔵はもののけを調伏するために雇われた修行僧であった。人々に騒がれたために死んだと見せかけて潜伏していたが、実は仏の教えに背いたことを恥じていたのだった。

4　浄蔵は女が天皇の后妃になるべき身分だとわかっていた。女も身分の低い浄蔵への思いを貫いたために勘当されたので、駆け落ちを決意したのだった。

5　浄蔵は女を忘れられずに泣いていた。そのとき女から突然手紙が届き不思議に感じて、ひとりでふらふらと女のいるところへ向かったのだった。

問九　『大和物語』と同時期に成立したとみられる作品について、最も適切なものを次の1～5の中から一つ選び、その符号をマークせよ。

1　後撰和歌集　2　後拾遺和歌集　3　金葉和歌集　4　千載和歌集　5　新古今和歌集

3　あなたはそう言うけれども、私につらく当たっていたのはあなたの方だろう。うぐいすの鳴く時すなわち私の手紙を読む時ぐらいは、過去の仕打ちを反省しなければならない。

4　あなたはそう言うけれども、私は嫌なことを全部忘れてしまった。うぐいすの鳴く時すなわち私の手紙が届いた時ばかりは、せめて良い思い出を懐かしんでもらいたい。

5　あなたはそう言うけれども、私にとっても苦しい恋だった。うぐいすの鳴く時すなわち手紙を書く時こそ、私は心を乱さずに落ち着いていられる。

問六　傍線部C「よばひ」の解釈について最も適切なものを次の1～5の中から一つ選び、その符号をマークせよ。

1　屋敷に招く
2　のぞき見をする
3　結婚を申し込む
4　女を呼びつける
5　贈り物をする

問七　傍線部D「帝に奉らむ」とあるが、その主語にあたる人物として最も適切なものを次の1～5の中から一つ選び、その符号をマークせよ。

1　女　2　浄蔵　3　上達部　4　親　5　語り手

5　心を支えてくれる者

問四　Ⅱの内容として、最も適切なものを次の1～5の中から一つ選び、その符号をマークせよ。

1　つらく険しい恋を忘れている間は心穏やかに過ごせていて、不快なうぐいすの声ならぬあなたの手紙が届いても心を乱すことはない。

2　やっとのことで忘れかけていたあなたへの思いが呼び起こされてしまい、さかんに鳴くうぐいすの声ならぬあなたの手紙が、恋心をかき立てるのだ。

3　塩からい涙を流してあなたを忘れたと思っていたが、記憶の中のあなたの声を呼び覚ましたのは、思いがけないうぐいすの声ならぬあなたの手紙であった。

4　叶わぬ恋はつらく、その記憶を忘れようとしてもなかなかそうはいかないが、かわいらしいうぐいすの声ならぬあなたの手紙を見ると、早春の美しい山に逃げたくなる。

5　あなたに恋をして悲しい思いをしたことが忘れられず、二度と恋をするまいと決意したこの時に懐かしいうぐいすの声ならぬあなたの手紙が届き、心が苦しいのだ。

問五　Ⅲの内容として、最も適切なものを次の1～5の中から一つ選び、その符号をマークせよ。

1　あなたはそう言うけれども、私のことをあなたはいつも忘れているのだろう。うぐいすの鳴く時すなわち私の手紙が届いた時だけ、私を思い出すのはいかがなものか。

2　あなたはそう言うけれども、私も苦しさのあまりにあなたを忘れようとしていた。うぐいすの鳴く時すなわち私の手紙が届いた時だけでも、優しく返事をしてほしい。

Ⅲ　さても君わすれけりかしうぐひすの鳴くをりのみや思ひいづべき

となむいへりける。また、浄蔵大徳、

Ⅳ　わがためにつらき人をばおきながらなにの罪なき世をや恨みむ

ともいひけり。この女はになくかしづきて、みこたち、上達部C よばひたまへど、D 帝に奉らむとてあはせざりけれど、このこといできにければ、親も見ずなりにけり。

〈注1〉　験者《げんざ》――加持祈祷をして物の怪などを退散させたり、病気を治したりするなどの霊験をあらわす行者をいう。

〈注2〉　なほしもはたあらざりけり――「それでもやはり、（二人の仲は）普通ではなかった」と解釈する。

問一　傍線部A「中興の近江の介がむすめ」について、同じ人物を示す表現を本文中より五字で抜き出して記せ。

問二　Ⅰの和歌の［X］に当てはまる語を本文中よりひらがな三字で抜き出して記せ。

問三　傍線部B「たより」の解釈について最も適切なものを次の1～5の中から一つ選び、その符号をマークせよ。

1　女の家を案内してくれる者

2　和歌を教えてくれる者

3　修行を導いてくれる者

4　手紙を届けてくれる者

問七　次の一文を本文中のある段落の最後に補うとしたらどこか。最も適切な箇所を本文中の［1］～［5］の中から一つ選び、その番号をマークせよ。

彼女はずっと「一人」だったのだ。

(三)

次の文章は「大和物語」の一節である。以下を読んで、後の問に答えよ。

A中興《なかき》の近江の介がむすめ、もののけにわづらひて、浄蔵大徳を験者〈注1〉にしけるほどに、人とかくいひけり。なほし〈注2〉もはたあらざりけり。しのびてあり経て、人のものいひなどもうたてあり。なほ世にあり経じと思ひてうせにけり。くらまといふ所にこもりていみじう行ひをり。さすがにいと恋しうおぼえけり。京を思ひやりつつ、よろづのこといとあはれにおぼえて行ひけり。泣く泣くうちふして、かたはらを見れば文なむ見えける。なぞの文ぞと、思ひてとりて見れば、このわが思ふ人の文なり。書けることは、

Ⅰ　すみぞめの［X］の山に入る人はたどるたどるもかへり来ななむ

と書けり。いとあやしく、たれしておこせつらむと思ひをり。もて来べきBたよりもおぼえず、いとあやしかりければ、またひとりまどひ来にけり。かくて山に入りにけり。さておこせたりける。

返し、

Ⅱ　からくして思ひわするる恋しさをうたて鳴きつるうぐひすの声

問四　傍線部C「しずかの悩みを解決しようとすればするほど、事態は泥沼化していく」とあるが、これはなぜか。最も適切なものを1～5の中から一つ選び、その符号をマークせよ。

1　しずかには話を聞いてくれる他者がいないことにタコピーは気づいていたが、無闇に問題を解決しようとしたため。
2　しずかにとっては語り合う他者が必要であったということをタコピーは理解せず、問題だけを解決しようとしたため。
3　しずかがハッピー道具によって一時的な幸福感を得たことをタコピーは確信し、さらに問題を解決しようとしたため。
4　しずかがタコピーに依存し、タコピーは自分が過ちを犯していることに気づきながらも問題を解決しようとしたため。
5　しずかが困難を克服したように装ったことをタコピーは知らず、ハッピー道具でまた問題を解決しようとしたため。

問五　傍線部D「自分に潜在する可能性を信じられるようになる」とあるが、この結果、可能になるのはどのようなことか。【2】の中の表現を用いて二十六字以上三十字以内（句読点等も一字と数える）で記せ。

問六　傍線部E「伝統的な友情観」の説明として最も適切なものを次の1～5の中から一つ選び、その符号をマークせよ。

1　友達と依存し合うことなく自律的な人間同士が関係を結ぶという考え。
2　信頼する他者からの手助けなしには友情が成立しないという捉え方。
3　自律した者同士の助け合いの精神から友情が導かれるという発想。
4　自律的な人間同士がお互いに依存し合うことを良しとする立場。
5　依存し合う者同士が「対話」をして理解し合う努力をする態度。

問一　傍線部A「善」とは、本文中ではどのようなものとされているか。最も適切なものを1～5の中から一つ選び、その符号をマークせよ。

1　他者から誠実な助言を受け入れ、自分の困難な状況を解決しようとするもの。
2　誰もが納得でき、どのような状況においても最善とされる解決策を含むもの。
3　一般的ではなくとも、その人が大切にし、価値観として重要視しているもの。
4　将来を見通した上で、最も有益とされ、古くから支持されてきているもの。
5　最悪の状況においても正しい選択であり、気持ちが楽になるようなもの。

問二　空欄 X に入る最も適切な表現を1～5の中から一つ選び、その符号をマークせよ。

1　理想化　2　合理化　3　絶対化　4　相対化　5　現実化

問三　傍線部B「友達への依存は必要である」とあるが、このことの例として最も適切なものを次の1～5の中から一つ選び、その符号をマークせよ。

1　「愛」とはどのようなものかなど、概念的なことを友達に説明してもらう。
2　浮気をしたかもしれない恋人への正しい対処方法を友達に教えてもらう。
3　喧嘩をした恋人との間に友達に入ってもらい、仲を取り持ってもらう。
4　恋人の気持ちを取り戻すための効果的な手段を友達に提案してもらう。
5　友達に恋愛に関する相談をし、長い時間をかけて話を聞いてもらう。

【2】

マッキンタイアの友情論は、伝統的な友情観において前提とされてきたような、他者を必要としない自律的な人間による関係から、友情を解放しようとする。むしろ、人間が自律的であるために、自分自身の善を開花させるために、私たちは他者からの手助けを必要とする。そうしたケアに依存することは、むしろ自律の条件なのだ。だからこそ友達に依存することは何も間違ったことではない。彼はそう考える。

しかし、それはどんな依存であっても認められる、ということではない。友達への依存にも、健全な形と不健全な形がありえる。健全な依存とは、それによって依存している人の善が開花するような依存であり、不健全な依存とは、むしろその人の善を塞ぎこませ、可能性を奪うような依存である。マッキンタイアが重視するのはあくまでも前者である。後者のような形で友達に依存することは、やはりよくないことだろう。

私たちが友達に期待するケアとして、もっとも一般的なものは、対話のなかで友達から「私」に関する意見や判断を聞き、それによって「私」が自分のアイデンティティを確立するということである。自律は依存なしには成り立たない。私たちは、自分が何者であるかを知るために、友達の声を必要としている。だからこそ友情において対話は非常に重要な地位を占める営みなのだ。

人間は傷つきやすい存在であり、だからこそ友達を必要としている。そこには、E伝統的な友情観において見過ごされてきた、友情の真理の一端が示されているのではないだろうか。

(戸谷洋志『友情を哲学する　七人の哲学者たちの友情観』による)

〈注1〉　アラスデア・マッキンタイア(一九二九―　)スコットランド出身の哲学者。

〈＊1〜5〉　アラスデア・マッキンタイア『依存的な理性的動物――ヒトにはなぜ徳が必要か』(高島和哉訳、法政大学出版局、二〇一八年)

何もしてあげられなくてごめんっピ
でもいっつも何かしようとしてごめんっピ
しずかちゃんのきもち
ぼく全然わかんなかったのに　ぼく…
いっつもおはなしきかなくてごめんっピ
何もわかろうとしなくてごめんっピ
しずかちゃん
一人にして　ごめんっピ

（タイザン5『タコピーの原罪』下／集英社より）

しずかの代わりに彼女の問題を解決することが、彼女を救うことではなかった。彼女の苦しみの根源は、そうした問題について、語り合うことができる他者が誰もいなかった、という点にあったからだ。タコピーは、彼女の問題を解決しようとはしたが、彼女を理解しようとはしなかった。彼女の声に耳を傾けようとはしなかった。そのことが、彼女をさらに追い詰め、その心をかえって塞《ふさ》がせていた。 3

タコピーがその過ちに気づき、しずかに語りかけることで、彼女はようやく絶望的な孤独から解放されたのである。 4

ここには、友情において対話がいかに重要であるか、また他者との対話の機会を奪われることが、人間のアイデンティティにとっていかに脅威であるかが、示されている。いじめに遭い、声を奪われているしずかに必要だったのは、対話してくれる友達だった。たとえその友達が自分の問題を解決してくれなくても、しずかはその友達と語り合うことで、D自分に潜在する可能性を信じられるようになるはずだ。そしてタコピーは、物語の最後に、そうした友達として彼女に手を差し伸べることができたのではないだろうか。 5

アイロニカルに意見することは、自分の意見を［X］し、そもそも友達にとっての善を真剣に考えようとしない態度を取ることである。そしてそれは、他者に対する誠実な態度を傷つけることになるのだ。

　私たちは、友達との対話を通して、自分自身の可能性を信じ、それを開花させることができる。その限りにおいて、人間の健全な成長に(B)<u>友達への依存は必要である</u>。ただしその関係は、決して、ただ単に友達に自分の世話をさせる、ということを意味するわけではない。タイザン5の漫画『タコピーの原罪』では、そうした友達へのケアのあり方が問い直されている。

　小学生の久世《くぜ》しずかは、生活に困窮する母子家庭で育ち、学校では壮絶ないじめに遭っていた。母親はほとんどしずかと対話することがなく、彼女は誰にも自分の気持ちを話すことができないでいた。そんな彼女のもとに、異星人のタコピーが現れる。タコピーは、ハッピー星の出身であり、不思議な力を発揮するハッピー道具を持っていた。しずかと友達になったタコピーは、何とか彼女の力になりたいと思い、ハッピー道具を使って彼女の困難を解決しようとする。しずかも、そうしたタコピーの手助けに頼るようになる。［1］

　ところが、(C)<u>しずかの悩みを解決しようとすればするほど、事態は泥沼化していく</u>。タコピーは、自分がしずかの問題を解決すれば、それによってしずかを笑顔にできると考えていた。しかし、実際には、タコピーがしずかの問題に介入すればするほど、かえってしずかは追い詰められ、その表情からは笑顔が失われていく。やがてしずかは、タコピーに対して八つ当たりし、自分を傷つけ、そして周囲の人々さえも傷つけるようになっていく。［2］

　悩み抜いたタコピーは、自分が過ちを犯していたことに気づく。物語の終盤、彼はしずかに対して、次のように語りかける。

　ごめんね
　ごめんね　しずかちゃん

る。対話のなかで適当なことを言えば、友達の善を棄損し、友達を望ましくない状態へと陥れることにもなりかねない。友達は赤の他人とは違う。同じことを言うのだとしても、友達の言葉は重く、大きな影響力を持つのである。マッキンタイアによれば、「友人となることの中で、私たちは〔他者の〕代理人の役割をいかに果たすべきかを学んでいることだろう」*3。

ただし、注意するべきことは、「私」が友達の代理人になりうると同時に、友達もまた「私」の代理人になりうる、ということである。「私」と友達は相互に依存しうるからだ。また、このように互いに代理人になりうるということは、「私」と友達が何らかの同質性をもつ、ということを意味するわけではない。「私」には、場合によっては友達自身よりも、友達のことが分かるかも知れない。しかしそれは、友達が「私」と同じ人間だからではない。「私」が友達の声に耳を傾け、友達と対話するからである。

友達の代理人になりうるからこそ、「私」には友達に対して一定の責任が生じる。マッキンタイアはそうした責任として、「誠実さ」を挙げる。誠実さが失われるとき、友情の基礎となる対話は成り立たなくなる。では、どのようなときに誠実さは失われるのだろうか。彼はそうした事態として次の三つを挙げている。

第一に、「不当にも、他者たちが学ぶ必要のあることがらを彼らに学ばせないこと」*4である。友達に必要と思われる助言が思い浮かんでいるのに、あえてそれを言わないことは、不誠実だ。第二に、「他者たちと私たちとの間の関係の本質から目を覆うこと」*5である。友達が何かに困っているのに、関係のないことへと話題を逸《そ》らし、雑談で時間を埋めるような行為が、これにあたる。そして、第三に——マッキンタイアは、この不誠実さをもっとも危険視している——対話においてアイロニカルになることである。

アイロニカルである、ということは、自分が語っていることが、絶対に正しいわけではない、別の意見も可能であると知りながら、それを語ることである。たとえば、前述の例で言うなら、自分の口では「その恋人とは別れた方がいい」と言いながら、頭のなかでは「でも別に付き合っていてもいいだろうな」と思っている、という状態だ。

なくなるくらいなら、目を瞑《つむ》ってしまう方が楽かも知れない」。そうした言葉を聞くことによって、「私」は少しずつ、友達が恋人と自分の関係をどう捉えているのか、そしてその関係が友達のアイデンティティにおいて何を意味しているのかを理解することができる。

　このような対話において、「私」が相手を理解していることの証は、いったい何なのだろうか。マッキンタイアによれば、それは「体系的なしかたでその他者の声で語ること」[*1]、すなわち相手の言葉でものを考えられるようになる、ということである。たとえば右の例において、友達と対話を積み重ねていくことで、「私」は友達にとっての「愛」が何を意味しているのかを理解するようになる。そのようにして、一つ一つの言葉を共有し、考えをわかり合うことで、「私」はその友達が立っている場所から世界を眺め、友達が進もうとしている道の景色を想像できるようになる。

　そうした深い理解に達した後で、はじめて、「私」は友達にとっての善を尊重し、その友達にとっての最善のあり方を語ることができるようになる。たとえば「私」は次のように友達に助言するかも知れない。「あなたが彼を愛していることはわかった。でも、そうだとしたら、あなたの恋人はそれを裏切っていることになる。私も、あなたが思う愛は正しいと思う。共感する。でも、だからこそ、あなたの恋人はあなたを裏切っているし、あなたがその関係に苦しんでいることが、私も辛い」、と。

　マッキンタイアは、このような形で、対話によって友達が相手の善について語るとき、友達はいわばその友達の**「代理人」**の役割を果たすことになる、と指摘する。私たちが何かの間違いを犯しそうになったとき、あるいは何かに迷っているとき、対話をともにすることができる友達は、代理人として、「私」にとっての最善のあり方を示唆できるのだ。ただし、そうした重要な役割を演じられるためには、それにふさわしい程度に、友達の善を理解することができなければならない。マッキンタイアによれば、そのためには、「十分に長期にわたって会話を交わしあい、その話題も十分広範囲なものとなる」[*2]ことが必要である。

　このことが示唆しているのは、友達と対話するとき、私たちは「代理人」として、相応の責任を負っている、ということであ

(二)

次の【1】【2】は戸谷洋志著『友情を哲学する　七人の哲学者たちの友情観』の「友達に依存するのは悪いことか——マッキンタイア〈注1〉」の一部である。これらの文章を読んで、後の問に答えよ。

【1】

人間は、自分のことを知るために、友達を必要とする。では、そのようにアイデンティティを確立させるうえで、私たちは友達とどのように関わればよいのだろうか。マッキンタイアによれば、それは「**対話**」することによってである。私たちは、対話を介することで、友達からの助言を聞き入れることができるからである。

たとえば、「私」が友達から恋愛の相談を受けたとしよう。その友達は恋人の浮気を疑っている。しかし、はっきりと追及するとその恋人は不機嫌になり、今後の関係が著しく悪化してしまう。その友達は恋人と別れたくないと思っている。できることなら穏便に済ませたいが、しかし恋人の浮気はどうしても気になってしまう。そして、もし浮気をしていたとしても、その恋人を強い態度で非難することができないかも知れない。どうしたらよいだろう、と友達が「私」に訊ねてくる。

このような相談を受けたとき、「私」はこの友達になんと答えるべきだろうか。おそらく、最初の一言目に答えを提示することはできないだろう。「そんなやつとは別れろよ」と言っても、それは友達にとってはまったく助言にはならない。なぜなら、そのとき「私」は友達にとっての善A をまったく理解していないからだ。

「私」は、誰にでも当てはまるような一般的な回答を返すのではなく、友達がその恋人との関係において何を大切にしているのか、友達がどんな価値を重視しているのかを、まず把握しなければならない。したがって、「私」はその友達に質問を返すことになる。その恋人のことをどう思っているのか、なぜ、仮に浮気していたのだとしても、恋人を非難できないのか。それに対して、その友達はこう返答するかも知れない。「私はその恋人なしでは生きていけない、もし浮気をされていても、その恋人がい

る経済社会から、モノに付随したコトも消費意欲を喚起する経済社会へと変化する兆しだと考えられるから。

3　消費スタイルが物質的なものから非物質的なものに変化する兆候が見えており、それは、消費者が非物質的なコトを需要すると同時に、物質的なモノを排除した環境負荷ゼロの経済社会へと変化する兆しだと考えられるから。

4　消費スタイルが物質的なものから非物質的なものに変化する兆候が見えており、それは、ＳＤＧｓ教育が現在順調に行われていることを意味するとともに、それが進展した経済社会へと変化する兆しだと考えられるから。

5　消費スタイルが物質的なものから非物質的なものに変化する兆候が見えており、それは、資源を利用するモノから非物質的なコトへと根本的に需要を転換させる経済社会へと変化する兆しだと考えられるから。

問八　本文の内容として最も適切なものを次の1～5の中から一つ選び、その符号をマークせよ。

1　従来の市場原理に基づいた資本主義経済に頼っていては、持続的な経済社会の実現までに時間がかかりすぎると同時に世代間の豊かさにおいて公平性が保たれない。

2　現在では高度経済成長期やバブル期に発生したごみ問題が比較的沈静化しているが、需要の伸び悩みによる経済不況という正反対の問題が大きくなっている。

3　市場のメカニズムを補うためには制度的規範体系が不可欠だと思われるが、静脈物流においてはそれが効率的に行われていると言えないのが現状である。

4　循環経済に関するＥＵのドキュメントの内容は少し虫がよいと感じられるが、そのドキュメントの欠点の一つは有効需要の視点が欠けていることである。

5　「供給が需要を生み出す」と言われるが、それは現在の実体経済とは異なるので循環経済のために失業率改善などの需要の掘り起こしが必要である。

5　清掃工場の建設をめぐる住民間や地域間の対立を誘発し、当事者たちの間に感情的なしこりを残すこと。

問五　傍線部Ｄ「このソフトローが循環経済構築で今後大きな役割を果たすと筆者は見ている」とあるが、循環経済を作るうえでのソフトローの具体例を本文中から二十五字（句読点等も一字と数える）で抜き出して記せ。

問六　傍線部Ｅ「こうした方向での経済の改革」とあるが、ここでの「経済の改革」の本質として最も適切なものを次の１～５の中から一つ選び、その符号をマークせよ。

1　ハードローとソフトローを組み合わせた制度的インフラストラクチャーだけでも早急に整備すること。

2　消費者の支払意思に基づいた需要である有効需要を考慮し、需要構造を資源循環型に転換すること。

3　ＥＵの「循環経済パッケージ」を世界中に広め、あらゆる消費者にその考え方を浸透させること。

4　「分ければ資源、混ぜればごみ」や「３Ｒ」等に代表される概念を経済システムに導入すること。

5　経済システムへの資源の投入量をできるだけ抑制し、資源一単位当たりの付加価値を向上させること。

問七　傍線部Ｆ「悲観的になる必要はない」とあるが、筆者がそのように述べる理由として最も適切なものを次の１～５の中から一つ選び、その符号をマークせよ。

1　消費スタイルが物質的なものから非物質的なものに変化する兆候が見えており、それは、ミクロレベルでの低環境負荷型・資源循環型の財の消費とマクロレベルの有効需要増加が直結した経済社会へと変化する兆しだと考えられるから。

2　消費スタイルが物質的なものから非物質的なものに変化する兆候が見えており、それは、モノが付加価値そのものであ

問一　傍線部①②の漢字の読みをひらがなで記せ。

問二　傍線部A「ごみ」を言い換えた六字の表現を本文中より抜き出して記せ。

問三　傍線部B「この問題をどう解くのか」とあるが、本文で示されている解き方として最も適切なものを次の1～5の中から一つ選び、その符号をマークせよ。

1　「分ければ資源、混ぜればごみ」という標語の意味を人々に理解させる。
2　多くの地域に公平に清掃工場を設け、高水準の焼却率を達成させる。
3　リサイクルできないごみだけを他の市町村の処理施設に搬出する。
4　廃棄物を分別しリサイクルすることで、ごみ処理の容量を削減する。
5　塵芥類や厨芥類の焼却率を上げることでごみの埋立を減らして処理する。

問四　傍線部C「これが循環経済作りの足かせの一つになっている」とあるが、それはどのようなことを指すか。最も適切なものを次の1～5の中から一つ選び、その符号をマークせよ。

1　ごみは焼却すればよいという発想を消費者に持たせるため、リユースやリサイクルの促進を阻害すること。
2　酒類や果汁・清涼飲料類の容器、食品の包装類まで多様化させ、使用済みの容器包装類のごみを増やすこと。
3　自動車や家電製品が使用済みになったとき、効率的に処理・リサイクルするシステムの整備を遅らせること。
4　ICTやAI等を駆使して情報を集め効率的でシステマティックな静脈物流を構築するのを妨害すること。

易ならざることであり、循環経済への道が「狭き門」を通り抜けて初めて可能になることを示しているのだ。

少し経済学的に見てみよう。循環経済が実現するためにはまず、消費者が低環境負荷型・資源循環型の財に支払意思を示す必要がある。支払意思のないところに需要は生み出されない。しかしこれはミクロの話である。あるところに需要が生まれても、それが他の需要を②減殺してしまうようではマクロでの有効需要の増加にならない。つまり、ミクロレベルでの低環境負荷型・資源循環型の財への支払意思の増加がマクロレベルでの有効需要の増加にならないと、経済を循環型にしたからといって雇用が増えるわけでも成長率が上昇するわけでもないということなのである。

しかし、F悲観的になる必要はない。なぜなら、今、消費スタイルが物質的なものから非物質的なものに変化する兆候が見えているからだ。耐久消費財などを始めとする物質的なものが各家庭に普及するにつれて、消費者の嗜好は非物質的なものに変わりつつある。

さらに、モノではなくモノが運ぶサービスや機能、すなわちコトを売りにするサービスＰａａＳ(Product as a Service)や、自動車等の乗り物自体ではなく移動を売りにするサービスＭａａＳ(Mobility as a Service)が特に若者の間でうけており、ビジネススタイルもそれに合わせて変わりつつある。また、ネットニュースなどを見ると、衣料品などの売れ筋は、ストーリー性のあるもの、すなわち手に取ることのできない非物質的なものであるということだ。

こうした消費スタイルの変化がマクロの需要として顕在化するまでには時間がかかるかもしれないが、ＳＤＧｓ教育が初等中等教育から行われている現在、やがて一つの潮流となる可能性は十分ある。ＳＤＧｓには少なからず批判があることも承知しているが、一七の目標それ自体を否定する人は少ないだろう。多様な主体が多様な形で持続可能な経済社会を実現しようとする限り、ＳＤＧｓの目標を自分の行動に紐付けして行動することまで否定することはできないはずだ。ＳＤＧｓ教育が低環境負荷型・資源循環型の製品やサービスの需要創出に貢献する可能性は十分ある。

（細田衛士「ＳＤＧｓ時代に循環経済を実現するための課題」による）

ラクチャーを整備することが循環経済作りの大きなポイントとなる。ここで制度的インフラストラクチャーとはハードロー（通常の法律・条例などで、国や自治体によって強制執行力が担保されている法規範）とソフトロー（国や自治体の強制的執行力が担保されていないが、主体の行動を一定の方向に制約する非法規範）の組み合わさった規範体系のことである。Dこのソフトローが循環経済構築で今後大きな役割を果たすと筆者は見ている。

以上述べてきたように、資源の循環利用を促進するための個別製品のリサイクル法などの整備や、EPRによる生産者責任の遂行、廃棄物処理の優先順位の徹底、さらにICTやAI活用による静脈物流の適正化、効率化によって循環経済の基礎ができあがる。市場と制度的インフラストラクチャーの同期が循環経済作りには不可欠なことは先に説明した通りだ。将来の人々も現在を生きる人々も、等しく豊かな環境と資源の恩恵に与るには、Eこうした方向での経済の改革が必要だ。しかしこれだけでは十分ではない。

何が不足しているのか。それは、ここまで述べてきた循環経済構築の要素が生産面あるいは供給面のみについてであるということだ。つまり、消費者の支払意思に基づいた需要、あるいはよりマクロ経済に則して言えば有効需要について何も触れてこなかった。周知の通り、経済は需要と供給が釣り合うことによって成り立つ。需要を考えない循環経済は、絵に描いた餅に過ぎない。特に、マクロ経済について考える時、有効需要の概念を抜きにして、雇用や成長を考えることはできない。

ところが、驚くべきことに筆者の知る限り、EUの発表するドキュメントにはこの視点が欠けているのだ。生産構造を資源循環型に転換すれば、雇用は増加し、経済成長率もこれまでより上昇するという。有効需要の増加を抜きにしてそのような主張をすることはできないはずだ。確かに、「供給が需要を生み出す」という古典的概念に頼ればそのような主張も可能かもしれないが、経済はそのように動いていない。実際、EUの失業率は改善傾向にあるものの、若年層の失業率はまだ高いままである。

生産構造または供給構造を資源循環型に転換するのと同時に、需要構造を資源循環型に転換する必要がある。実は、これが容在世代の豊かさという側面でも、公平性を考えると資源のフェアな利用という点で市場経済には不備がある。そうだとしたら、新しい持続可能な経済社会像を描こうとする時、資源の高度な循環利用を実現する経済、すなわち循環経済は欠かせない概念ということになる。

循環経済なる概念が世界に広まったのは、二〇一五年、ＥＵの「循環経済パッケージ」の提示によるところが大きいが、ＥＵのドキュメントを読んでみると、経済と環境・資源のウィンウィンの姿勢が明確に見てとれる。経済社会の持続可能性を担保する不可欠な要素として循環経済が捉えられているのだ。少し虫が良いという印象も否めないが、この方向で進むしかないというのが大方の見方で、循環経済への道筋の模索が各国で始まっている。

そこで、循環経済の要点をまとめてみると次のようになる。まず、製品・部品・素材などを使い終わった時、廃棄物処理の優先順位（Waste Hierarchy）、すなわち（一）発生回避、（二）再使用（リユース）、（三）再生利用（リサイクル）、（四）焼却・エネルギー回収、（五）適正処理処分、に従って処理することである。発生回避とは、設計・生産段階からも廃棄物にならない、あるいはなりにくいように製品作りをするということであるが、これを担保する一つの方法が先ほど述べたＥＰＲである。またＥＰＲが生産者に課されることによって、リユースやリサイクルしやすいような製品作りの誘因も与えられる。

次に、使用済になった製品・部品・素材などの分別回収そして収集運搬に関わる物流、すなわち静脈物流を適正化、効率化することである。適正な分別は効率的なリユース・リサイクルを実現するカギである。既に述べた「分ければ資源、混ぜればごみ」の考え方も、静脈物流システムの中に発展的に生かされることによって大きな意味を持ってくる。すなわち、効率的な静脈物流システムの中に組み込まれてこそ、分別は本来の役割を果たすのである。使用済製品・部品・素材は①疎らに発生するので、ＩＣＴやＡＩ等を駆使して情報を集め、効率的でシステマティックな物流を作り上げることが喫緊の課題だ。

そして以上のことを実現するために、市場メカニズムを有効に利用しつつも、市場の機能不全を補うべく制度的インフラストそれに加えて、自動車や家電製品の廃棄が問題になった。自動車や家電製品が使用済になった時、効率的に処理・リサイクルするシステムがなかった、あるいは不十分だったのである。その結果、不適正処理や不法投棄が蔓延した。生産者が製品を作りっぱなしで、使用済になっても処理・リサイクルに対して何の責務・責任がなければ、適正な処理・リサイクルは覚束ない。これは、容器包装類についても言えることである。そこで考えられたのが、使用後の製品の処理・リサイクルについて当該生産者が一定の責任を負うべきだとする拡大生産者責任（Extended Producer Responsibility：略してＥＰＲ）という考え方だ。実際、ＥＰＲを具現化した個別製品のリサイクル法が次々と成立・施行することになる。こうした努力もあり、バブル期に端を発したごみ問題も収束の様相を見せた。

それならば、なぜ今「循環経済」が世界的な潮流になっているのだろうか。「３Ｒでこと足れり」とできないのはなぜなのか。それを説明する前にまず循環経済とは何かについて述べなければならない。論者によって定義に多少の相違はあるものの、概ね、次のようにまとめられるだろう。すなわち、資源の経済系への投入量をできるだけ抑制し、経済系における資源の節約利用・循環利用の度合いを高めることによって資源一単位当たりの付加価値を向上させ、あわせて自然系への残余物の排出を極力抑制する経済、それが循環経済である。注目すべきなのは、「分ければ資源、混ぜればごみ」や「３Ｒ」などに代表される概念にはなかった「経済」の概念が入り込んでいるということだ。循環経済という言葉を使うのだから当たり前だと思う向きもあるかもしれないが、そうでもない。

それを説明しよう。投入資源一単位あたりの付加価値を高めるということは経済システムの根本を変えるということを意味している。もちろん市場原理に基づいた資本主義経済にも、資源効率性を高めるメカニズムが備わっている。しかし、ＳＤＧｓが提示しているような持続的な経済社会の実現に向けての推進力が従来型の資本主義経済にあるかというとそれは違う。市場原理主義者の想定とは異なり、市場経済は将来世代の生活の豊かさを実現するような資源利用を保証しないからである。それに、現

「ごみは出すけれど処理施設が自分の家の近隣にできるのは困る」。これはいわば人情であって、その気持ちをあながち否定することはできない。だが、ごみ処理施設なしに生活することが不可能なのも事実だ。Bこの問題をどう解くのか、これが循環経済構築の鍵となるが、そのヒントが「分ければ資源、混ぜればごみ」という標語にある。当時どの市町村もごみ問題に頭を悩ませていた。特に、最終処分場のない市町村にとっては喫緊の課題であった。

そこで出てきたのが、「分ければ資源、混ぜればごみ」という標語のもと、生活の残余物を分別によってリサイクルしようという考え方である。そうすれば焼却量も埋立量も削減できる。これは、後に広まる3R（リデュース、リユース、リサイクル）につながるアイデアである。但し、塵芥類や厨芥《ちゅうかい》類は焼却処理しないと衛生的でないという見方もあり、清掃工場（焼却施設）の建設は続いた。一般廃棄物（家庭系のごみと一部事業所などから排出されるごみ）の焼却率が八〇%という世界的にも高い水準なのは、当時のごみ処理政策の結果とも言える。高い焼却率はごみ問題の解決の一助にはなったものの、Cこれが循環経済作りの足かせの一つになっている。（中略）

残余物の分別によるリサイクルの推進と焼却施設の整備が重なって、高度経済成長期のごみ問題は収束していった。ところが、問題が違った形で現れるのが平成景気、すなわちバブル期（一九八六～一九九一年頃）である。実体経済から乖離した資産価格の上昇に酔いしれた日本人は、消費の多様化の道を歩み始める。問題は、酒類や果汁・清涼飲料類の容器、そして食品の包装類までもが多様化したことだ。

昔は、日本酒は一升瓶、七二〇mℓ瓶、ビールならば大・中・小の瓶などというように標準化された容器があり、容易に再使用（リユース）ができた。かつてはコーラの瓶なども繰り返し使われていたものだ。しかし、バブル期、容器や包装類を多様化することによる消費の差別化を図る動きが起き、これが再使用や再生利用（リサイクル）を難しくした。分別に手間がかかり、ロットが小さいとリユースやリサイクルしても採算がとれないからである。これでは、使用済みの容器包装類はごみになるばかりだ。

国語

（六〇分）

（一）次の文章を読んで、後の問に答えよ。

太平洋戦争で灰燼に帰した日本がいわゆる先進国の仲間入りをする契機となったのが高度経済成長（一九五五〜一九七〇年頃）である。戦争で資本ストックの四分の一以上が消失した状況からの経済復興は、日本人の心を躍らせ、消費意欲をかき立てた。モノが付加価値そのものであり、三種の神器（白黒テレビ、電気洗濯機、電気冷蔵庫）や3C（自動車、エアコン、カラーテレビ）といった言葉に代表されるようなものが爆発的に売れた時代だ。

消費量が増加すると、それにつれて廃棄物の量も増加した。高度経済成長の時代は、廃棄物の高度成長の時代でもある。A「ごみは豊かさのバロメーター」などという言葉が現れたのもこの頃である。今から考えると驚くべきことなのだが、捨てることが美徳でさえあったのだ。

そのような経済が早晩立ちゆかなくなることは目に見えている。問題は、高度経済成長晩期に「ごみ戦争」という形で現れる。一九七一年、杉並区高井戸の清掃工場の建設反対運動を巡って、当時の美濃部亮吉東京都知事が「ごみ戦争宣言」を出したのである。この問題は、とうとう、最終処分場（埋立処分場）のある江東区が杉並区のごみ搬入を阻止する事態にまで至った。杉並の清掃工場は一九七八年着工し、問題は一応の解決を見るが、このような問題は日本全国で起きていた。

解答編

英語

I 解答

(1)—1　(2)—3　(3)—2　(4)—1　(5)—1　(6)—4
(7)—2　(8)—2　(9)—1　(10)—2　(11)—3　(12)—4
(13)—1　(14)—2

解説

(1) 「タロウはとても運動神経がいい。毎日近所あたりを 10 キロジョギングしている」

on a ～ basis で「～の原則で，～方式で，～ベースで」くらいの訳となる。on a daily basis は「毎日」の意味で，daily という副詞と同じ意味となる。on a regular basis は「定期的に」の意味で，regularly という副詞が同意だ。

(2) 「鉛筆でそのような公式文書に記入してはいけない。黒ペンを使うべきだ」

be supposed to *do*「(予定，決まり，命令などを表し)～することになっている，～するはずだ，(主に you が主語で)～しなければならない」の否定文がポイント。You が主語なので「～してはいけない」の意味だ。fill out ～「～(用紙など）に必要事項を記入する」は重要熟語。with は「～(具体的道具）で，～を使って」の意味。

(3) 「木曜日は会議には早かった。だから公園の中をちょっと散歩して暇つぶしをすることに決めた」

kill time (by *doing*)「(～して）暇をつぶす」の熟語がポイント。kill time で「暇をつぶす」の意味の熟語だが，情報上は「～して」が必要だと考えられるといい。

(4) 「その生徒の宿題は多くの間違いがあったので教師は彼に宿題をやり

直させた」

使役動詞の make は make *A do* で「(強制的に) *A* に～させる」となるので，do it over が正解。do over ～は「～をやり直す」の意味で，「他動詞＋副詞」なので人称代名詞の it は間にはさまないといけない。it は The student's homework だ。

(5) 「申し訳ありませんが，ジョンソン氏は現在オフィスにおりません。伝言を残されますか，それとも1時間後にかけ直していただけますか。その時までには昼食から戻って来ているはずです」

leave a message (for ～) で「(～に) 伝言を残す」の意味。Would you like to *do*? は「～したいですか，～なさいますか」となるので，全体で「彼に伝言を残されますか」の意味となる。ちなみに，take a message は「伝言を受ける」の意味で，主客が逆になる。

(6) 「私は遊園地で財布をなくしました。最終的には1時間くらい探したあとで見つけたのですが」

数詞＋or so で「～かそこら，～くらい」の意味。1は at least「少なくとも」なら可能。3も an hour or less なら「1時間かそれ未満→1時間以内」となり成り立つ。

(7) 「ヴェロニカは定年退職したら永久にハワイに戻るつもりだと言った。彼女はそこでの余生をもっぱら魚釣りやサーフィンをして過ごす計画だ」

for good で「永久に，永遠に」の意味の重要熟語がポイントだ。forever が同意語となる。

(8) 「その会社は，品質のよい製品を作ることに真剣に取り組んでいたので，とても成功した」

be committed to *doing*「～することに真剣に取り組んでいる，～することに献身的である」の表現がポイント。やや難しい表現である。

(9) 「私たちは私たちの惑星が巨大なゴミの山にならないよう努力しなければならない」

prevent *A* from *doing*「*A* が～するのを妨げる，*A* が～しないようにする」の重要表現がポイント。keep *A* from *doing* も同意表現だ。覚えておこう。

(10) 「何年にもわたりオンラインで連絡を取ったあとで，その2人はついにじかに話をすることができた」

in person は「(人にしてもらうのではなく)（Sが）自ら，自分で，(電話などではなく）直接」の意味で，ここは「オンラインではなくじかに」の意味だ。たとえば，I've never seen snow in person before.「私は以前に一度も直接雪を見たことがなかった」の例なら，写真や映像では見たことがあるが，実際自分の目で見たのは初めてだったと言っている。

⑾「私の自転車はパンクしているので，兄に数時間彼のを借りてもいいかたずねた」

borrow が動詞の原形であるのがポイント。let *A do*「*A* が～するのを許可する，*A* に～させてあげる」なのに対して，allow〔permit〕*A* to *do*「*A* が～するのを許可する」は to が必要なので，let が正解となる。ここは間接話法で，直接話法に戻すと，Will you let me borrow yours for a few hours?「私が数時間あなたのものを借りるのを許可してくれませんか」となる。his は所有代名詞で「彼のもの」，つまり彼の自転車ということ。

⑿「フランシスは3年前に雇用されて以来，会社にとって貴重な人材であるが，彼の上司は彼の多くの業績を評価していないので，フランシスは自らの価値に気づいていないのだ」

have no sense of ～ は「～の感覚，意識がない」くらいの意味となる。フランシスは会社にとっては貴重な存在なのだが，上司が評価してくれないので，自分の価値を自覚していないといった文脈が適切であろう。worth には名詞の用法があり，「価値」の意味である。

⒀「大学で英語のスピーチのやり方を学べば，以後の人生でそれを活かせるはずだ」

apply で「～を活用する，活かす」の意味がある。He applied his knowledge of economic to his new job.「彼は経済学の知識を新しい仕事に活かした」

⒁「結婚しているときは，何か高価なものを購入したいなら最初に配偶者と話し合うべきだ」

consult は「～(医師や弁護士などの専門家）に相談する」の意味があるが，「(何かを決めるために)～と話し合う」の意味もある。後者の～は専門家である必要はない。ここは後者の意味だ。

Ⅱ 解答

(1)―2　(2)―1　(3)―4　(4)―1　(5)―4　(6)―3
(7)―1　(8)―4

全訳

《意外なチャンピオン》

1　ほとんど誰もがボビー=フィッシャーのことを聞いたことがあるが，彼は14歳というとても幼いときに1957～1958年度のアメリカのチェスのチャンピオンになった有名なアメリカ人のチェスプレーヤーだ。しかし，多くの人がゲームをして賭けをする場所である，ニューヨークのチェス&チェッカークラブである夜に彼に起きたことを知っている人はほとんどいない。

2　フィッシャーは有名なチェスのチャンピオンで，アマチュアもプロも同様，多くのチェスプレーヤーにとって彼はアイドルだったが，いつもお金が足りない幼いティーンエージャーにすぎなかった。ある夜，彼は映画館に映画を見に行きたかった。より年長に見せてくれるような変装をすれば，彼は成人専用のクラブに潜入しチェスをしてお金を稼げるだろうという考えが思い浮かんだ。しかしながら彼の変装は，大きな帽子と重いコートにすぎなかったので，完全な失敗であった。フィッシャーがクラブのドアから入りクラブのチェスコーナーに向かい始めると，すぐに店のオーナーがまたティーンエージャーがクラブに潜入しようとしているのに気づいた。

3　「そこで止まれ，坊主。このクラブはプロの賭け師だらけなのを知らないのか？　彼らは特にチェスに関して本当にすごいプレーヤーなんだよ。もちろん，チェスのチャンピオンのボビー=フィッシャーのような人には勝てないかもしれないが，それでもかなり技術があるんだ。お前のような幼い子どもは容易に打ち負かすだろうし，お前は結局は負けるしかないだろうよ。わかるか？　さあ，とっととここから出て行け，坊主。大人になるまで戻って来るんじゃないぞ」とオーナーはフィッシャーに実際彼が誰だかわからずに言ったのだった。

4　フィッシャーはクラブに入りゲームをすることを許されなかったので，怒って踵を返しドアをバタンと閉じて出て行った。しかし，クラブのある人間がその少年が誰だかわかっていた。

5　「おい，みんな！　信じられないだろうけど，あの子どもは実はあの有名なボビー=フィッシャーで，有名なチェスのチャンピオンだぜ」とちょうどフィッシャーが出てドアがちょうど閉まった瞬間にその男は叫んだ。

6　失望のうめき声がクラブに広がった。「冗談はよせよ！　彼は世界一のチェスプレーヤーだぜ。俺たち，彼からいくつかのすばらしい駒の動きを学ぶことができたのになあ。実際，ボビー=フィッシャーにチェスの１試合をしてもらうためだけに喜んで大金を払ったのになあ」とプロのギャンブラーの１人が言った。

《今日の英語の授業》

ビリー：やあ，マックス。今日の英語の授業はどうだったの？

マックス：すばらしかったよ。最初にニュース記事を読んだんだ。嵐の中船が沈没したあと小さな島まで泳ぎ着いた漁師の話だったんだ。彼は救出される前に７カ月間そこに１人でいたんだ。

ビリー：それは信じられない！

マックス：そればかりでなく，彼が島で手元に持っていたのは――もちろん彼が着ていた服に加えて――船にあった漁業用網とコーヒーマグカップ，そして歯ブラシだったんだ。記事を読んだあとで，先生に私たちは，もしあの漁師のようにある島から抜け出せなくなった場合，３つのどんなものを手元に持っていたいかを決めるよう求められたんだ。

ビリー：たった３つしか持っているのを許されないの？

マックス：それですべてだよ。

ビリー：たった３つだけ選ぶことができるとは決して思えないよ。持って行きたいと思うものはあまりにも多くあるからね。

マックス：うーん，課題は実際どんなものを持って行ったらよいかを決めることではなかったんだ。あの漁師の立場にあったら，どんなものを所持していたいかを決めるのが問題だったんだ。何しろ，あのように何カ月もの間あのような島で生活する計画を立てる人は決していないからね。一例として，島ではテントがあるといいと思うかもしれない。雨や太陽から守ってくれるだろうから。でも，普通テントを持って旅行はしないよね，どう？

ビリー：ああ，君が言いたいことがわかったよ。そうだね，船でどこかに旅行するとしてもおそらくテントは持って行かないだろうな。うーん，確かにテントは持っているといいだろうけど。僕なら持っていたいも

　　のの１つはスマートフォンかも？
マックス：確かに。でも課題によると，あの漁師がかつてそうだったように，７カ月の間島から脱け出せないと想像しなければならないんだ。だから助けを求めるためにそれを使うことはできないんだよ。

解説

⑴　２．「アマチュアもプロも同様」が正解。both *A* and *B*「*A* と *B* の両方」と *A* and *B* alike「*A* も *B* も同様」はほぼ同じような意味となり，both *A* and *B* alike は冗長な使い方だが存在する。ここは many chess players の直後にコンマがあり，同格的に both amateur and professional alike を使っている。

⑵　１．「ここから出て行け」が正解。前文脈でここは子どもが来るところではないと言っているのがヒント。空所の直前の Now は命令を強調して「さあ」の意味で，空所が強い命令となる。内容としても自然な流れであろう。

⑶　４．「あの有名な」が正解。the one and only ～「唯一無二の，あの有名な～」 クラブの人たちは彼がボビー=フィッシャーであることに気づかなかったのだが，気づいていた唯一の人間が言っている場面だ。actually は「（予想に反して）実は」の使い方があり，「あの子どもは実はあの有名なボビー=フィッシャーだったんだ」という流れになる。

⑷　１．「ボビー=フィッシャーにチェスの１試合をしてもらうためだけに喜んで大金を払った（のになあ）」が正解。空所を含む文とその前の文は if 節のない仮定法過去完了形になっている。どちらも「その子どもがボビー=フィッシャーだとわかっていたら」のような内容の if 節が省略されていると考えよう。「彼からいくつかのすばらしい駒の動きを学ぶことができたのに」に続けて，もう一度仮定法過去完了形で仮定の話をする。彼をチェスプレーヤーとして尊敬していることがわかるような選択肢が正解となるだろう。１が適切だ。

⑸　４．「それですべてだよ」が正解。ビリーが「たった３つしか持っているのを許されないの？」と問いかけたのに対して，３つしか所持できないのは確かで，しかもそれは少ないと考えるのが常識だと思われるので，That's all が適切な選択肢となるだろう。

⑹　３．「あのように何カ月もの間あのような島で生活する計画を立てる

人は決していないからね」が正解。空所の前でマックスは take「～を持って行く」と have「～を持っている」では意味が違うと言っている。「どんなものを持って行くべきか」なら，旅行の前からあらかじめ用意するものという意味になるが，この場合は意思に反して島で1人暮らしをするわけで，あらかじめ用意する類のものではない。図らずもそのような状況になってしまったら，「どんなものを持っていたいか」という問いこそ先生が出した正確な意味での課題だと言っているのだ。

(7)　1.「君が言いたいことがわかったよ」が正解。ビリーが take という語を使ったことに対して，マックスが take という語はこの場合適切ではないと説明したのが空所(6)の前後となる。この説明を理解したことを表したのが空所(7)だ。ついでに，空所の直後の No は，マックスの You usually don't travel with one, right?「普通テントを持って旅行はしないよね，どう？」の問いに対して，「テントを持って旅行はしない」と答えていることになる。

(8)　4.「助けを求めるためにそれを使うことはできないんだよ」が正解。ビリーが「僕なら持っていたいものの1つはスマートフォンかも？」と述べたことに対して，マックスは件の漁師のように7カ月孤島から脱出できないという想定での課題だと述べている。空所はその想定を崩すような選択肢は NG だ，といった内容になるはず。4が正解で，it は your smartphone のこと。

III ― 解答

問1. (A) suggests　(B) associated　(C) chasing　(D) left

問2. (1)― 2　(2)― 1　(3)― 1　(4)― 1　(5)― 4

問3. **A群.** 3　**B群.** 3

全訳

《デジタルで学ぶか紙で学ぶか》

1　インドの現在の人口を知りたい？　インターネットが一番の策だ。月の満ち欠けについて簡単におさらいする必要がある？　さあオンラインで1つ（あるいは2つか3つ）記事を読みなさい。しかし本当に何かを「学ぶ」必要があるなら，おそらく紙のほうがいいだろう。少なくともそれは今，多くの研究が示唆していることだ。

2　多くの研究は，スクリーン上で読むときは，紙で読むときほど読んだ内容をうまく理解していないことを示している。さらに悪いことには，多くの人は自分が理解していないことに気づいていないのだ。たとえば，スペインとイスラエルの研究者たちがデジタルで読むときと紙で読むときを比較する54の研究を綿密に調べた。彼らの2018年の研究には171,000人の読者が関与した。デジタルの文章より紙の文章を読んだときのほうが全般的に理解がよいことがわかった。研究者たちは『教育研究評論』において諸結果を共有したのだ。

3　パトリシア=アレクサンダーはカレッジ・パークのメリーランド大学の心理学者だ。彼女は私たちの学習方法を研究している。彼女の研究の多くは紙で読むのとオンラインで読むのとの違いを精査してきた。アレクサンダーが言うには，学生たちはオンラインで読むほうが多くのことを学んでいると考えることが多いとのことだ。しかし，調べてみると，実際は紙で読むときほど学んでいなかったとわかる。

4　疑問は，それはなぜか？である。

5　読むことは本当に読むことであろうか？　正確にはそうとは言えないのだ。マリアン=ウルフはロサンゼルスのカリフォルニア大学に勤めている。この神経科学者は脳がどう読むのかを専門としている。読むということは生まれながらのものではないと彼女は説明する。私たちは私たちの周りの人々が話すのを聞くことによって話すのを学ぶ。これはかなり無意識に行われるものだ。しかし読むのを学ぶのは現実の作業が必要となる。それは読むことだけのために脳は特別な細胞のネットワークを持っているわけではないからだとウルフは指摘する。

6　文章を理解するには，脳は他のことをするために進化したネットワークを借用するのだ。たとえば，顔を認識するために進化した部位は文字を認識するためにも活性化される。これはある道具を何か新たなことに使うために応用することに似ている。たとえば，コート用ハンガーはクローゼットに服をかけるには最適だ。しかし，ブルーベリーが冷蔵庫の下に転がってしまったら，コート用ハンガーをまっすぐ伸ばして，冷蔵庫の下に入れてそのフルーツを引っ張り出すために使うかもしれない。ある用途で作られた道具を手に取って，新しいものに応用したのだ。これこそ読むときに脳がすることなのだ。

7　脳がこれほど柔軟であることはすばらしいことだ。それは私たちが非常に多くの新しいことを学ぶことができる一つの理由となっている。しかしこの柔軟性はさまざまな種類の文章を読む段になると問題となりうるのだ。オンラインで読むとき，脳は細胞間の一連のつながりを作り出すのだが，これは紙で読むために脳が使う細胞間のつながりとは異なるのだ。脳は基本的にこの新たな作業のために同じ道具を再び応用することになる。コート用ハンガーを手に取って，ブルーベリーを引っ張り出すためそれをまっすぐに伸ばすのではなく，排水管のつまりをとるためそれをねじってワイヤーにするようなものだ。もとは同じ道具だが，二つのとても異なる形となるのだ。

8　その結果，脳はスクリーン上で読んでいるときには流し読みモードになるかもしれない。紙に変わると脳は精読モードに切り換えられるのかもしれない。

9　しかし，モードの切り換えはデバイスだけによるわけではない。文章について想定するものにもよるのだ。ナオミ＝バロンはこのことを心的態度と呼んでいる。バロンは言語と読書を研究している科学者だ。彼女はワシントン D.C.のアメリカン大学に勤めている。バロンは『読書の形の現在』というデジタル読書と学習に関する新書の著者である。彼女が言うには，心的態度が機能する一つは，読書がどれほど簡単かあるいは難しいかを予測することなのだ。簡単だろうと思うのなら，私たちはあまり努力を費やさないかもしれない。

10　私たちがスクリーン上で読むものの多くは携帯メールやソーシャルメディアの投稿である傾向がある。そういったものは通常理解しやすい。だから，「人々がスクリーン上で読むと，速く読むことになる。紙で読んでいる場合より彼らの目はページや単語をざっと見るのだ」とメリーランド大学のアレクサンダーは言う。

11　しかし，速く読むと，ゆっくり読むときほどうまくすべての考えを理解できないかもしれない。このように素早く流し読みをすることは，スクリーン上で読むことに結びつく習慣となりうるのだ，と彼女は言う。学校の宿題を読むためスマホの電源をオンにすると想像してみなさい。あなたの脳は，TikTok の投稿を素早く流し読みするのに使うネットワークを始動させるかもしれない。あの名作『アラバマ物語』のテーマを理解しようとしていているなら，それは役に立たない。周期表のテストの準備をしている場合も，それはうまくいかないであろう。

〈どこまで読んだのか？〉

12　速度だけがスクリーン上で読むことに関する問題ではない。スクロールもある。紙の1ページまたは本全体を読んでいるときは，どこを読んでいるかわかる傾向がある。ある特定のページのどこにいるかばかりでなく，多くのページの中のどのページなのかもわかりうるのだ。たとえば，物語の中で犬が死んだ場面が左側のページの一番上近くにあったと覚えているかもしれない。非常に長いページがスクロールされて通り過ぎていくだけだと，あの場所の感覚がない（ページをめくるのをうまくやってくれる電子書籍デバイスやアプリがあるのだが）。

13　なぜページの感覚が重要なのか？　私たちは何かを学ぶとき頭に地図を作る傾向があると研究者たちは指摘している。頭にあるページの地図のどこかにある事実を「置く」ことができると，それは私たちがその事実を覚えている手助けになるのだ。

14　頭を使う努力の問題でもある。ページをスクロールするのは動かないページを読むよりはるかに多くの知的労働を要する。あなたの目は単語に集中するだけではない。ページを下にスクロールする間，単語を追い続けることもしなければならないのだ。

15　メアリー=ヘレン=インモルディーノ-ヤンはロサンゼルスの南カリフォルニア大学の神経科学者である。彼女は私たちがどう読んでいるのかを研究している。脳がページを下にスクロールするのについていかなければならない場合，読んでいる内容を理解するのに残された処理能力は多くはない，と彼女は言う。このことは特に読んでいる文章が長く複雑な場合に当てはまる可能性がある。ページを下にスクロールする間，脳は視界にある単語の位置を常に把握していないといけない。それゆえ，これらの単語が伝えるはずの考えを同時に理解するのは困難になりうるのだ。

16　アレクサンダーは長さもまた重要であると気づいた。オンラインで読む内容も文章が短ければ，紙で読むときとちょうど同じくらい学生は多くを理解できるのだ。しかし文章が500語より長いと，紙媒体のほうがより多くを学ぶことになる。

〈デジタル読書から最大限のものを得る〉

17　すべての専門家が一つのことで意見がまとまっている。元に戻ることができないということだ。デジタル読書は定着している。だからそれを最大限に活用することは利益になるのだ。

18　最も重要なことはゆっくり読むことだ，とアメリカン大学のバロンは言う。再びこれは心的態度が問題となる。重要なものを読むときは，ゆっくり読んで注意を払いなさい。「デジタル読書をするときでも集中することができる」と彼女は言う。しかし努力をしなければならない。彼女は「30分をかけて読むことしかしないぞ。携帯メールもインスタグラムのアップデートもなしだ」と自分自身に言い聞かせることを提案する。携帯電話やタブレットの通知をオフにしなさい。読み終えたときになって初めてオンに戻しなさい。

19　少し準備することもよい考えだ。バロンは読書をスポーツや曲を演奏することにたとえる。「ピアニストやアスリートを見なさい。彼らはレースを走る前にまたはコンチェルトを演奏する前に，ゾーンに入るのだ。読書も同じだ。本当に集中したい本を読むときはゾーンに入りなさい。読もうとしているもの，そしてそこから得たいと思うことについて考えなさい」と彼女は言う。

20　読書から本当に最大のものを得るために，ページ上の単語に向き合わなければならない，とバロンは言う。このための一つの優れた技術はメモをとることだ。読んだものの要約を書いてもよい。キーワードのリストを作ってもよい。しかし読んでいるものに向き合う最も有益な方法の一つは質問をすることだ。著者と議論しなさい。もし何か理解できなければ，質問を書き留めなさい。のちに答えを調べることができるのだ。賛成しかねるのなら，理由を書き留めなさい。あなたの視点をうまく立証しなさい。

21　ほとんどのものと同様，スクリーン上で読むことから得られるものは，それにどれほどの努力を注ぎ込むかによるのだ。紙とデジタルの区別をする必要はない。アレクサンダーは，紙対デジタルに関しては，一方がもう一方よりよいということはないと指摘している。どちらもそれぞれの役割があるのだ。しかしそれぞれは違うものである。だからうまく学ぶために，それぞれとどう向き合うかは違っていなければならないかもしれない，ということも心に留めておくようにしなさい。

解説

問1． (A)　suggestsが正解。Or at least「少なくとも」は前が言い過ぎ，後ろが妥当な内容を表す。前は「本当に何かを『学ぶ』必要があるなら，おそらく紙のほうがいいだろう」とある。ネットの検索などで学ぶのがいいか，本などで学ぶのがいいかは簡単には答えは出ないであろう。それなのに紙のほうがいいと言っている。やや言い過ぎだと言えそうだ。Or at least の後ろが妥当な内容となるようにするには「それは今多くの研究が示唆していることだ」とするといいだろう。筆者の意見に対して多くの研究による意見のほうが妥当な内容となりそうだ。suggest には「～を提案する」ではなく「～を示唆する」の意味があり，同段はすべて現在形を使っていて，全体的に一般論なので suggests と現在形にするのがいい。

(B)　associated が正解。直後の with がヒントだ。associated with ～ で「～に関連している，かかわる」の意味で，a habit を修飾している。素早く流し読みすることはスマホで読むことにかかわる習慣となりうると言っている。

(C)　chasing が正解。not just ～. also …「～だけではない。…も」は not only ～ but also …「～ばかりでなく…も」の変形バージョン。読む際には単語に焦点を当てるのは当然であろう。そればかりでなく，スクロールする際には単語は静止していないので目で追わないといけない。chase「～を追跡する」を使い，keep *doing*「～し続ける」なので chasing と動名詞にする。

(D)　left が正解。resources for ～ で「～のための資源」とつながるので，resources や for は正解のヒントにはならない。ここは have がヒントで，have ～ left で「～が残っている」となる。他に When she dies, there won't be any speakers of the language left.「彼女が死ぬと，その言語の話し手は1人も残っていないだろう」といった用法もある。ちなみに，ここでの resources は「(決断したり自ら行動したりする) 能力」の意味から，ここは「処理能力」くらいの意味だ。

問2． (1)　1．「奮闘に直面する」　2．「働かされる」　3．「その命令を繰り返す」　4．「取って代わられる」

2が正解。下線部は受動態になっているが，能動態に戻すと call *A* into action で「*A* を活動させる，活性化する」の意味。脳はある目的で使われる部位が他の目的でも使われるといった趣旨の具体例が下線部を含む文だ。顔を認識するための部位が文字を認識するためにも「使われる」といった意味だとある程度は類推できよう。正解選択肢の能動態は put *A* to work で「*A* を働かせる」の意味となる。

(2)　1.「筆者が文章の中で伝えようとしていることを私たちは十分理解できない可能性がある」

2.「文章の中で間接的に述べられていて私たちがきっと理解できない追加の情報がある」

3.「私たちは文章の中で書かれていることは何でも理解するあらゆる機会を逃すであろう」

4.「文章の中で書かれていることは私たちの脳が最終的に理解することほどよくない」

1が正解。下線部前後は以下のような構造となる。when reading fast, we may not absorb all the ideas as well (as when reading slowly)「速く読むとき，ゆっくり読むときほどうまくすべての考えを理解していないかもしれない」 not as ～ as …「…ほど～ない」の as … が省略されていることを見抜く。「速く読む」⇔「ゆっくり読む」が比較対象となる。absorb は「～を吸収する」の意味だが，「～を理解する」の意味になりうるのは類推可能であろう。not ～ all …「すべての…が～なわけではない」は部分否定。ゆっくり読めばすべての考えを理解できるかもしれないが，速く読むときにはそれほどすべての考えをうまく理解できないかもしれないということだ。

(3)　1.「紙のページがめくられる様子をかなりうまくまねる」

2.「ページ番号を使うことなく紙のページをめくることを再現する」

3.「読者をだましてページをめくることは容易なことだと思わせる」

4.「紙の本と同じくらいページをめくることに熱心に取り組む」

1が正解。デジタル媒体はスクロールするので，紙媒体とは違い，左側のページの上にあったなどの記憶の仕方はできないのだが，ページをめくるのをまねることができるアプリなどもあるといった内容の部分だ。pretty は「かなり」の意味の副詞，simulate はシミュレーションの日本語を知っていればわかるであろう。「～をまねる」の意味。turn a page「ページをめくる」の使い方があるが，page turns は「ページをめくること」の意味だ。

(4) 1.「あなたの考え方に賛成する主張を説得力を持ってしなさい」
2.「議論するのはいとわないと他の人たちに示しなさい」
3.「あなたの視点を聞こうとしない人々に無理やり押しつけなさい」
4.「あなたがたずねる質問があると他の人々に示すこの機会を捕らえなさい」

1が正解。著者の意見に賛成できなければその理由を書き留めるよう指摘するのに続いて下線部となる。make a case for ～は「～に賛成の主張をする，～を立証する」の意味で，point of view は「視点，観点」の意味の重要表現だ。頭の中で自分の意見を著者にぶつけてみるのがいいと言っている箇所だ。

(5) 1.「読者だけがどこで読むかを決める権利を持っているべきだ」
2.「人々は紙の本を読むのと同じ場所でデジタル教材を読むべきではない」
3.「読者は紙かデジタルの教材を選ぶ自由があると理解している」
4.「それぞれの読書形態は状況に応じて読者に利点を与えてくれる」

4が正解。Both は紙媒体の本とデジタル媒体の本のこと。また，*one's* place で「役割」くらいの意味がある。どちらがよいかではなく，それぞれがそれぞれの役割，つまり時と場合によってそれぞれ利点があると言っている箇所と考えられる。

問3．A群． 1.「筆者のキッチンで起こる多くの問題ゆえにコート用ハンガーはキッチンに置かれている」
2.「この文章から，紙媒体を読むことに戻らないことは専門家たちに最高額の支払いを提供することは明らかだ」
3.「読者は彼らが読む教材の内容に必ずしも同意しなくてもいいかもしれないと筆者は主張している」
4.「筆者は，読者に読んでいる間にメモをとることの利点に関して自分と議論するよう促している」

3が正解。第20段第9文（If you …）が該当箇所。「賛成しかねるのなら，理由を書き留めなさい」と言っている。賛成しかねるとは当然著者に賛成しかねるということなので，まさに「必ずしも同意しなくてもいいかもしれない」のだ。

1は第6段第4文（For example …）以降にコート用ハンガーの話があるが，少なくともコート用ハンガーがキッチンにあるとは言っていないし，そもそも内容的に意味を成さない選択肢と言える。

2は第17段第3文（So it …）に pays という動詞があるが，これは「得になる，利益になる」の意味であって「支払う」の意味ではない。

4はまず第20段第2文（One great …）で読書から最大のものを得るための技術としてメモをとることを推奨している。それに対して，同段第5・6文（But one …）で「しかし読んでいるものに向き合う最も有益な方法の一つは質問をすることだ。著者と議論しなさい」とある。「メモをとることの利点に関して自分と議論する」わけではない。また，ここの the author は what you're reading「あなたが読んでいるもの」の著者のことで，誰とは特定できない。この本文の筆者のことではないので，選択肢の her は不適切だ。

B群. 1.「パトリシア=アレクサンダーの研究から，デジタル教材は，いったん紙の本を読むのを完全にやめれば，読みやすくなると結論づけるかもしれない」

2.「マリアン=ウルフは，特別な細胞のネットワークを持っている人々のみ努力せず無意識に読むことができるということを発見した」

3.「ナオミ=バロンは，人は集中しているならデジタル形態で読むものを十分理解できると信じている」

4.「メアリー=ヘレン=インモルディーノ-ヤンの研究から，同時に二つを超えた考えを理解するのは困難であることは明らかだ」

3が正解。第18～20段（The most …）でバロンがデジタル読書から最大のものを引き出す仕方について述べている。また，第18段第4・5文（"You can …）に「『デジタル読書をするときでも集中することができる』と彼女は言う。しかし努力をしなければならない」ともある。努力さえすればデジタル読書でも集中できるし，そうすれば理解も十分可能だと言っていると考えていいだろう。

1は第3段（Patricia Alexander …）と第10段（Much of …）にアレクサンダーが出てくるが，選択肢の内容はまったく言っていない。

2は第5段第7文（It's pretty …）に automatic とあるが，これは読むことではなく話すことに関してなのでこれも不可だ。

4は第15段第6文（And this …）が該当箇所。ここでの「同時に」は単語がスクロールによって移動する際の位置と単語が伝える考えの2つを「同時に」理解する，の意味なので，「2つを超えた考え」ではないことがわかる。

Ⅳ　解答

問1．(あ)―2　(い)―3　(う)―4

問2．(A) composed　(B) stimulating　(C) resulting　(D) lowered

問3．(1)―4　(2)―1　(3)―3　(4)―3　(5)―1　(6)―1

問4． **A群．** 2　**B群．** 4

全訳

《新たな資源を求めて》

[1]　資源は世代から世代へさまざまな人類の要求の一部を構成していて，社会がそれらをさまざまに利用できるゆえ評価されていると言われている。資源は人間の評価を表し人間の創意や経験の所産である。天然資源は昔からそれ自体非常に重要なものだが，天然資源は人間がそれらを見つけ出し，採取し開発する技術に対する見返りなのであると常に見なされなければならない。資源の開発は多くの要因に基づくが，それは需要がどれだけあるか，交通機関が十分か，資本がどれほど利用できるか，そして資源それ自体をどれほど入手でき，その質と量がどうなのかによるのだ。

[2]　辞書は“resource”という語を「援助や支援の手段」と定義し，生活や活動を支援するものはどんなものをも意味する。人間は常に自分自身の要求を考慮に入れて自然を評価してきた。そしてこういったさまざまな要求こそが資源というものに有益性を与えているのだ。石油などの化石燃料は長い間地中に堆積してきたが，およそ1900年になって初めて自動車の需要が増えることにより石油が大規模に必要となり，その結果この原料を見つけ出し採取する新たな技術が発展してきたのだ。今日，石油はさまざまな工業製品の製造においても貴重になっているが，その工業製品それ自体が他の産業によって大いに利用される資源であるのだ。

〈資源の性質〉

[3]　資源は2つのグループ，「再生可能」と「非再生可能」に分類されるのが最も有益になりうる。後者は地表または地表近くで見出される，時に

「物理」資源として知られる物質から成り立っている。それらにはウラン，鉄，銅，ニッケル，ボーキサイト，金，銀，鉛，水銀そしてタングステンなどの必須鉱物が含まれている。石油，石炭そして天然ガスは主要な非再生可能燃料でエネルギー資源だが，熱や電力を生み出すために使われたあとは，その有用性はなくなり，3億2,500万年の歴史の地質的資本の一部が永遠になくなってしまうのだ。しかし，鉄やその製品である鋼などの鉱物の中には，リサイクルし再生されることができるものがある。「再生可能」資源は基本的に生物的で，人間の生活を維持するために必要とされる食物や他の植物質のことを言う。土壌の質が維持される限り，よりよい品種の植物やよりよい血統の動物が育てられるにつれて，それらの生産性は増えさえするかもしれない。

[4] 再生可能資源を改善する研究が昔から進行していて，肉の代用として野菜味のたんぱく質を大豆から生産し，葉からたんぱく質を抽出する実現可能な実験を行うことを推進している。ブラジルでは多くの車がさとうきびから抽出されるアルコールでうまく走れるよう改造されてきた。再生可能資源の一つ，木は他の資源と密接に関連する可能性がある。たとえば，環境保護論者たちの中には，アフリカの半乾燥地帯で燃料やエネルギーの源として薪を使いすぎていることに不安を感じている人たちがいる。このことはこの大陸で砂漠が広がる傾向を増す重要な要因になっているかもしれない。そしてそのような状況では，土壌，木材そして漁場のような資源を綿密に管理するという考えが新たに認識されるようになるのだ。これは一部には，私たちが植物の生態系や，気候，土壌，植物そして動物の重要な相互依存をよりはっきりと理解しているからだ。しかし，多くがまだ未達なのである。

〈非再生可能資源の政治問題〉

[5] 今日，私たちは当然天然資源をどれほど利用できるかに関して悩んでいる。石油は最大の懸念材料だ。石油の産出は2020年代中ごろまで増え，新たな石油の埋蔵量が発見されると多くの人が信じているが，需要の拡大とますますの無駄遣いに基づいている，石油不足は今広く受け入れられている。多くの資源同様，石油は不均衡に分布しているので，大きなそして利用可能な供給源を有した国々，たとえばOPEC加盟国は多くの場面で石油の値段を上げるため政治力を利用してきたが，その結果ほとんどの輸

入国の経済に悪影響を及ぼしているのである。皮肉にも，こういったかなりの価格上昇は多くの新たな地域で石油の調査と開発を刺激する効果を及ぼしている。中国ではすでに産出が増加している徴候がある。他の非再生可能資源もまた不均衡に分布しているが，利用できるほどの規模では採掘されていない。つまり，ソ連や中国の石炭の巨大な埋蔵量は，認知されている程度に近い規模では採掘されていないのだ。

〈新たなエネルギー源〉

[6]　石油などの資源がより利用できなくなり，より価格が高くなるにつれて，水，風，波，太陽エネルギーなどの再生可能電源は，現在すべて研究中や開発中であるが，新たに資本が注入されることになろう。より広い範囲にわたる原子力エネルギーの生産にも注意が払われる必要がある。エネルギーは「究極の資源」と呼ばれてきた。そして将来エネルギーをいかに利用できるかに関して賢く準備することが喫緊の課題となっている。

〈将来の資源〉

[7]　スプートニク1号の打ち上げの4年も経たないうちに，宇宙研究から生まれた3,000を超える製品が商業的に生産されたと推計されている。これには新しい合金，セラミックス，プラスチック，合成繊維そして化学化合物が含まれていた。人工衛星の開発は，土地の利用が今や素早く査定され，潜在的な鉱物源が厳密に特定されうることを意味する。太陽光発電を電気に変換し地球のエネルギー不足に貢献することができる人工衛星が広く議論されてきた一方で，月や諸惑星が将来の可能性のある鉱物源として議論されてきた。

〈結論〉

[8]　資源は主に人間の技術，創意そして専門的知識の産物で，船舶建造のための木材や鉄の場合のように，人間が資源を必要とすることが確実になったときになって初めて，資源は明らかにいろいろな状況で使われるようになったのである。私たちの先祖はかつて火打ち石，海藻，石炭，天然ゴムを利用できるか心配していた。国家が香辛料の供給をめぐって戦争を起こすことさえあった。今日，必要とするものは若干違っている。私たちはもはやある地域に資源を頼ることはなく，改善された輸送手段と適切なテクノロジーゆえに，物を作るための素材獲得のコストは下がったのである。

[9]　それにもかかわらず，原理は以前のままと同じだ。開発や幅広い応用が

可能な新たな資源を絶えず探索しないといけないが，同時に，新たな資源の探索において人間を下支えするのに必要な動物や植物などの再生可能資源の価値をしっかり認識していないといけないのだ。おそらく考慮すべき最も重要なことは，依然として地中にある非再生可能資源の確定埋蔵量をどう保全するか，また存在すると知られているあるいは考えられているそのような価値のある埋蔵物を将来にわたってどう慎重に使うか，といった賢明な政策の必要性だ。

解説

問1．(あ) in progress で「進行中で」の意味の熟語がポイント。

(い) be based on ～「～に基づいている」の be 動詞がない形。コンマで挟まれた based on ～ wasteful use は being の省略された分詞構文と考えるといい。

(う) まずは文法的な説明をすると，コンマの後ろが不定代名詞〔数詞〕+ of whom〔which〕の形になっていたら，原則先行詞は不定代名詞〔数詞〕ではなくその前の名詞となる。たとえば，He has many friends from abroad, most of whom are American.「彼には外国の多くの友達がいるが，そのほとんどはアメリカ人だ」の例文は，many friends from abroad が先行詞で，most からすでに関係代名詞節となっている。most がS，are がVだ。先行詞を関係代名詞に挿入すれば元の英語が見えるので，ここは most of many friends from abroad are American となる。ちなみに，不定代名詞とは all，most，some，neither，none など特定のものを受けない代名詞で，数詞とは one，two，three などを言う。そこで本文だが，the renewable resources of power が先行詞，all of which ～ development が関係代名詞節，all が関係代名詞節のS，are がVになっていることを確認してほしい。

問2．(A) 空所の前後の is と of がヒント。*A* be composed of *B*「*A*（全体）は *B*（部分）から成り立っている，構成されている」は重要表現だ。Water is composed of oxygen and hydrogen.「水は酸素と水素から構成されている」は Water の構成部分が oxygen and hydrogen ということになる。本文は The latter ここでは “nonrenewable” の構成部分が materials found at or near the Earth's surface となる。非再生可能資源の一部がウランや鉄などということになる。

(B)　石油の価格が上昇すると，他の地域でも石油が出るのではないかと石油の調査や開発が刺激されるといった内容を押さえる。また，of の後ろなので stimulating と動名詞にすることになる。

(C)　*A* result from *B*.「*A* は *B* から結果として生じる」は *A* が結果，*B* が原因となる表現。more than 3,000 products が結果，space research が原因となる。また，more than 3,000 products がＳ，were put がＶなので，result に-ing をつけて，現在分詞の形容詞的用法にして more than 3,000 products を修飾する形にすればいい。

(D)　「改善された輸送手段と適切なテクノロジー」→「物を作るための素材獲得のコストは下がった」となるであろうから，lowered が正解。have の後ろなので，過去分詞を入れることにより現在完了形にすることも忘れないように！

問３．(1)　them が複数形の名詞を受け，locating, extracting and exploiting の目的語であることがヒント。natural resources が正解となる。

(2)　１．「人間は自然を自らの利益のためにどのように使えるかを判断するために常に自然を観察してきた」

２．「人間は他の動物たちよりはっきりと自然世界を見たいと常に思ってきた」

３．「人間を除いて自然から受ける援助や支援を認識している動物は他にいない」

４．「人間だけが意味ある生活のために自然選択を制御することができている」

assess は「～を評価する，査定する」の意味で，with an eye to ～は「～への目を持って」が直訳。「～を考慮して」くらいの意味だが，直訳でも十分対応できるであろう。人間の要求にかなっているかどうかで自然の有益性を判断してきたという内容だ。１が最も近いと言える。

(3)　resources that are much used by other industries が実際に並んだものとなる。直前の which themselves are は which が関係代名詞・主格，先行詞は a wide variety of industrial products だ。are がＶなので，その後ろにＣを置くことになる。themselves がちょっとしたヒントで，先行詞の「さまざまな工業製品」は完成品だが，今度は「それ自体」がさらなる完成品の部品，つまり「資源」となるといった内容にするため，

resources をＣの位置に持ってくる。that は関係代名詞・主格で，are much used は「大いに使われる」の意味。最後に受動態の動作主を表す by を使って by other industries「他の産業によって」と持ってくれば完成だ。

(4)　1.「～にもかかわらず」　2.「今や～なので」　3.「～する限りは」　4.「～であろうとなかろうと」

provided (that) S V は「(条件を表して)～する限り」の意味。「もし～ならば」と覚えてもいいが，限定的な条件を表すと考えるのが正確だ。so long as S V「(時間や条件を表して)～する限り」の意味なので，これが正解。

(5)　1.「主要な心配の種」

2.「十分強調されていない根本的な重圧」

3.「心配する限られた理由」

4.「あらゆる希望をあきらめることに対する主な言い訳」

prime は「第一の，主要な」の意味。prime minister「総理大臣」の prime だ。cause for ～ は「～の原因」，worry は「心配，懸念」となる。prime ≒ chief，cause for ≒ source of，concern ≒ worry となっていることを確認せよ。

(6)　1.「石炭の莫大な埋蔵量がソ連と中国に存在すると知られているけれど，ほとんど採掘されていない」

2.「ソ連と中国における石炭の莫大な埋蔵量が存在すると考えられているならば，完全に採掘されるであろう」

3.「ソ連と中国の石炭の莫大な埋蔵量の程度はその利用可能な程度と合致していない」

4.「すでに採掘された石炭の莫大な埋蔵量においてソ連と中国で不均衡がある」

下線部の直前にコロンがある。具体例を表す役割があるので，その前の Other nonrenewable resources ～ have not been mined on any scale comparable with their availability を具体化したのが下線部ということになる。そうすると Other nonrenewable resources「他の非再生可能資源」の具体例が石炭ということで，mined と下線部の worked が同意ではないかと考えられるといい。mined も簡単ではないが，「採掘された」の意味で，worked も同じ意味だ。mine に「鉱山」の意味があるのは知っていてもよいだろう。on any scale comparable with their availability と on any scale resembling their known extent も同意表現ということになりそうだ。下線部は「それらの知られた程度に似ているいかなる規模でも」が直訳。石炭が埋蔵されていると知られているほど採掘されていないというのが下線部の内容だ。1が最適な選択肢となる。

問4．A群． 1．「再生可能資源を動力源とした車は1986年にはまだ存在していなかった」

2．「人間は自動車を動かす必要性がますます増えるのに対応して化石燃料を得る新たな方法を開発した」

3．「筆者の意見では，地表または地表近くの非再生可能資源は生物再生可能資源と正確に同じように分布されているにちがいない」

4．「筆者は人間が非再生可能資源より再生可能資源を使うほうが容易だと明らかに信じている」

2が正解。第2段第3文（Fossil fuels …）が該当箇所。「石油などの化石燃料は長い間地中に堆積してきたが，およそ1900年になって初めて自動車の需要が増えることにより石油が大規模に必要となり，その結果，この原料を見つけ出し採取する新たな技術が発展してきた」とある。選択肢と矛盾はないであろう。

1は第4段第2文（In Brazil …）が該当箇所。この本文は1986年に書かれたものだと記されているが，この時点でエタノールを動力源とした車がすでにあったことになる。「まだ存在していなかった」の部分が不可だ。

3は第5段第4文（Because, like …）と第6文（Other nonrenewable …）が該当箇所。「不均衡な分布」のことが書かれている箇所だが，それぞれ前者は石油，後者は石油以外の非再生可能資源のことで，生物再生可能資源との比較はされていない。

4は第3段（Resources can …）全体が該当箇所と思われる。再生可能資源と非再生可能資源を具体的に説明している段落だが，どちらが容易とは書かれていない。第4段以降でも書かれている箇所はなさそうだ。

B群． 1．「筆者によると，薪がアフリカで燃やされれば環境保護論者たちは警告音を聞くはずだ」

2．「中国は，この記事が書かれたときには石油の産出はこの国で増えていたと述べている掲示をすでに投稿していた」

3.「地球の多くの再生可能と非再生可能エネルギー源ゆえに，筆者は私たちには生き残るのに十分なエネルギーはあると確信している」

4.「1986 年までに人工衛星技術の発展は地球の資源管理の助けになっていたことは明らかだ」

4 が正解。第 7 段第 3 文（Satellite developments …）が該当箇所。「人工衛星の開発は，土地の利用が今や素早く査定され，潜在的な鉱物源が厳密に特定されうることを意味する」とある。この本文は 1986 年に書かれたものであり，鉱物も地球の資源の一部なので，矛盾した部分はどこにもないと言えそうだ。

1 は第 4 段第 3 文（One renewable …）が該当箇所。「環境保護論者たちの中には，アフリカの半乾燥地帯で燃料やエネルギーの源として薪を使いすぎていることに不安を感じている人たちもいる」と書かれているが，alarm の意味が違うし，そもそも内容自体が荒唐無稽だと言える。

2 は第 5 段第 5 文（Ironically, these …）が該当箇所。signs of ～ は「～の徴候」の意味で，選択肢の signs とは意味が違うので，そこだけでもこの選択肢は不可となる。

3 は第 5 段（Today we …）全体や最終段（Nevertheless, the …）全体を該当箇所と考えるといいだろう。どちらも資源不足を心配したり，資源をどう保存し使っていくかといった内容なので，「生き残るのに十分なエネルギーはあると確信している」とは言えない。

講評

Ⅰの文法・語彙問題は 14 問の空所補充問題で例年通り。難易度も例年通りと言えそうだ。2024 年度の傾向は，2023 年度と同様例年にも増して文法ではなく語法や熟語がポイントになっていることに注意したい。

Ⅱは，2023 年度と同様 2 つの英文から成り立っている。ただ，2023 年度とは違い，2024 年度はエッセー風の読解問題と会話文問題となっている。2023 年度は 2 つとも会話文問題であった。1 つしかない年度もあるので，この大問は年度によってやや出題傾向が違うと思っておくといい。難易度は例年通りで標準的な問題だ。2024 年度は前後関係，会話独特の表現，難熟語などがポイントであった。

Ⅲの読解問題は，「デジタルで学ぶか紙で学ぶか」がテーマ。紙媒体で読むことのよさを述べた文章だ。MARCH では珍しい超長文読解問題で，これほど長い英文は珍しい。まさに速読が必須だ。難易度は例年通りか。空所補充問題は語形変化で差がつく可能性が高い。ただ，やはり商学部の重要な設問は同意語句と内容説明であろう。下線部だけではまったく解けない。いかに前後の文脈から類推するかがポイントだ。これは商学部の毎年の傾向である。内容真偽は本文の該当箇所がかなり広範囲にわたるのが例年の特徴で，2024 年度も例外ではなかった。

Ⅳの読解問題は，「新たな資源を求めて」というテーマで，再生可能資源と非再生可能資源がテーマ。この大問も内容説明と同意語句はなかなか難しい。ただ，必ず前後のどこかにヒントがあるので，見つける訓練をしてみてほしい。この大問には語句整序問題がある。難関大学の語句整序問題によくある傾向だが，接続詞や関係詞で節をつなげる問題が結構多いことを頭に入れておこう。

明治大学商学部の最大のポイントは，試験時間が 80 分あるとはいえ，読解問題が超長文であることだ。いかに時間内で解き終わるかがポイントとも言える。速読を過剰に意識する必要はないが，一文一文を押さえるのではなく，設問に関係していない箇所は速読の技術を使い，設問にかかわる箇所はぜひ手がかりを探す力をつけていってほしい。

日本史

I 解答 a―③ b―④ c―③ d―③ e―①
1. 神 **2.** 朱雀 **3.** 和気清麻呂 **4.** 池亭記
5. 御霊会

解説

《古代宮都の変遷と政治・文化》

a・1. 壬申の乱を経て飛鳥浄御原宮で即位した天武天皇は，天皇の地位の絶対化を進めるため「大君は神にしませば」ではじまる天皇讃歌をさかんに詠ませて天皇の神格化をはかった。

b. 天武天皇が発願して建設のはじまった薬師寺は，持統天皇のときに藤原京で完成し，718年に平城京の右京に移築された。藤原京から平城京に移築された寺院としては大安寺（大官大寺）や元興寺（飛鳥寺・法興寺）も有名である。

c. 聖武天皇は，740年山背国恭仁京，744年摂津国難波宮そして745年近江国紫香楽宮へと遷都・移動を繰り返した。紫香楽宮は742年に恭仁京の離宮として造営され，翌年この地で大仏造立の詔が発せられて大仏の鋳造が開始された。745年に紫香楽宮を都としたが反対が多く，同年には平城京に還都し，大仏造営事業も東大寺に移された。

d. 藤原種継は式家藤原宇合の孫で，桓武天皇の信任厚く「造長岡宮使」に任ぜられる。薬子の変（平城太上天皇の変）をおこした藤原仲成・薬子は種継の子である。

e.「承和の変で流罪」から橘逸勢を導く。橘逸勢は遣唐使の一員として804年最澄・空海らとともに入唐し，書を学んで帰国すると名書家として嵯峨天皇・空海と並ぶ三筆に数えられた。彼は842年の承和の変で伊豆へ遠流となり，流される途中の遠江国で病死したが，その後無実が明らかとなると従四位下に叙せられ，御霊として祀られた。

2. 平城京の「中央南北」を走る「大路」で朱雀大路とわかる。平城宮の正門である朱雀門から平城京正門の羅城門にいたる大路である。

3.「宇佐八幡宮神託事件」で和気清麻呂とわかる。道鏡の失脚後，清麻呂は中央政界に復帰し，桓武天皇の側近として長岡京の造営にかかわり，また平安京の造営を建議した。

4.『池亭記』は慶滋保胤の漢文随筆で，池のほとりの亭で悠々自適の晩年を送ったことを語ったものである。「右京がいちはやく衰退した」と平安京「西京」の荒廃を知る史料として引用される。

5.「政治的陰謀の犠牲者たちの怨霊」「彼らの霊を慰める」から御霊会とわかる。祇園御霊会（祇園祭）や大宰府で没した菅原道真を祀る北野天満宮の御霊会が有名である。

Ⅱ　解答

A—④　**B**—④　**C**—①　**D**—⑤
あ. 細川頼之　**い.** 春屋妙葩　**う.** 蔭涼軒日録
え. 後亀山　**お.** 宝生　**か.** 坊津

解説

《室町時代の文化と政治・経済》

A. 五山の別格（五山之上《ござんしじょう》）とされる南禅寺に，京都五山の１位から順に天龍寺・相国寺・建仁寺・東福寺・万寿寺と，鎌倉五山の１位から順に建長寺・円覚寺・寿福寺・浄智寺・浄妙寺はしっかり押さえておきたい。

B. 金閣の各層の建築様式は，最上層は禅宗様，第二層は和様，初層は寝殿造である。

C.「世阿弥自身の芸跡を語る芸道論」から『花鏡』とわかる。世阿弥の能楽に関する芸術論書『風姿花伝（花伝書)』を発展させたもので，嫡子元雅に伝えた能楽の秘伝書といわれる。

D.「寒山拾得図《かんざんじっとくず》」は周文の作といわれている。「天橋立図」は雪舟の作，「瓢鮎図」は如拙の作，「周茂叔愛蓮図《しゅうもしゅくあいれんず》」は狩野正信の作である。なお，「渓陰小築図」は画風から明兆の作と考えられている。

あ. 細川頼之は２代将軍の足利義詮の遺命により将軍義満の管領となり幕府政治をつかさどったが，有力大名の反感を買って管領を解任された。その後幕府の全国平定に尽力し，義満のもとで幕府中枢に復帰し，明徳の乱の鎮圧にあたった。

い. 相国寺におかれた「初代の僧録」で春屋妙葩とわかる。

う.「将軍と僧録を仲介する役職者によって記された公用日記」，「加賀の一向一揆について詳しく記されている」から『蔭涼軒日録』を導くことができる。

え. 南朝（大覚寺統）の後亀山天皇から北朝（持明院統）の後小松天皇に譲位されて「南北朝の合一」が達成された。

お. 大和国外山《とび》に本拠をかまえていた外山座が，世阿弥の弟蓮阿弥から宝《ほう》生《しょう》座と称した。

か. 「薩摩」にある「三津の一つ」から坊津とわかる。古代は遣唐使の発着港として栄え，江戸時代は薩摩藩による琉球密貿易の根拠地となった。

Ⅲ 解答

(a)—⑤　**(b)**—④　**(c)**—⑤　**(d)**—④　**(e)**—⑤　**(f)**—④

(1)寛永　**(2)**浅間山　**(3)**白河　**(4)**洗心洞

解説

《近世の飢饉と政治・社会・文化》

(a)　岡山藩主「池田光政」が設けた「郷校」から閑谷学校とわかる。なお，岡山の花畠教場は陽明学者「熊沢蕃山」が設立した最古の私塾である。

(b)　享保の飢饉（1732 年～）におけるウンカなどの被害は甚大で，対策として水田に鯨油などが散布されはじめた。

(c)　「1738 年に陸奥磐城平藩領内」での「全藩一揆」で元文一揆とわかる。なお，全藩一揆の一つである郡上宝暦騒動は 18 世紀半ばの「宝暦」年間に美濃国郡上藩でおこったものである。

(d)　天保の飢饉に「授産事業」を行ったのはお救小屋で，人足寄場は寛政の改革で設置された授産所の一種である。

(e)　金光教の創始者で川手文治郎とわかる。「備中」と「のちに教派神道」もヒントになる。

(f)　難問。1867 年のええじゃないかを「豊穣御蔭参之図」に描いたのは一恵斎芳幾《いっけいさいよしいく》である。歌川広重の『東海道五十三次』にも御蔭参りを題材にしたものがあるが，彼は 19 世紀前半の化政文化を代表する浮世絵画家なので消去する。また，鈴木春信・円山応挙は 18 世紀後半の宝暦・天明文化を代表する画家なので該当しないとして消去する。細かい知識になるが，酒《さか》井《い》抱一《ほういつ》が化政期までの画家であるとわかれば，消去法で正解にたどり着くことができる。

(1)　寛永の飢饉後，3 代将軍徳川家光は飢饉で困窮した小農民を維持する対策として 1643 年に田畑永代売買の禁止令を発した。

⑵ 天明の飢饉の被害を大きくしたのが浅間山の大噴火である。江戸でも火山灰による被害があり，老中田沼意次失脚の一因となった。

⑶ 老中の松平定信は天明期に陸奥国白河藩（福島県）の藩主となった。

⑷ 大塩平八郎の大坂の家塾兼書斎は洗心洞である。ここで著された彼の随想録を『洗心洞箚記《せんしんどうさっき》』という。

Ⅳ ―― 解答

(A)―④ (B)―③ (C)―② (D)―④ (E)―③

ア. 米騒動 **イ.** 寺内正毅 **ウ.** 震災手形

エ. ダイヤモンド **オ.** 田口卯吉

解説

《大正時代の経済史》

(A) アジア市場では第一次世界大戦以降，戦争で後退したヨーロッパにかわって日本からの綿織物の輸入が拡大し，中国で工場経営を行う在華紡も現れた。

(B) 内田信也は内田造船所・内田汽船などを創立し，造船・海運業で巨利を得て船成金となった。その後1924年に総選挙に立憲政友会から出馬して当選し政界に入る。

(C) 福島県の中央部にある猪苗代湖は関東地方に近く，その豊富な水量が電源に利用された。

(D) 「大戦中に急成長」をヒントに鈴木商店を導く。番頭金子直吉が台湾での事業を拡大し，鈴木商店を三井・三菱とならぶ大総合商社に成長させた。

(E) 「貿易収支は赤字に転じた」など日本経済の国際競争力の弱さが露呈し，株式市場が暴落して戦後恐慌に入った。

ア. 「1918年…米価が急騰」「富山県での騒動」などから米騒動とわかる。

イ. 陸軍大将寺内正毅を首相とするビリケン内閣（寺内の頭がビリケン人形に似ていたことと非立憲をかけた呼び方）は米騒動の責任をとって総辞職し，立憲政友会総裁の原敬を首相とする政党内閣が誕生した。

ウ. 「関東大震災」と「割引損失補償令」から震災手形を導く。「金融恐慌の遠因」もヒントになる。

エ. 難問。『経済雑誌ダイヤモンド』は1913年に創刊された経済専門誌で，その出版元であるダイヤモンド社は大戦景気を背景に成長した。

オ.『日本開化小史』を著したのは田口卯吉である。『東京経済雑誌』で自由主義経済を論じ，日本のアダム=スミスと呼ばれた。

講評

Ⅰ　古代宮都の変遷とそれに関連する政治・文化の知識を問う。選択式ａ～ｅは基本問題である。記述式の１～５も基本・標準レベルで，４.『池亭記』で漢字ミスをしたくない。得点を獲得しておきたい大問である。

Ⅱ　室町時代における文化の発展と関連する政治・経済に関する知識を問う。選択式の周文の作品「寒山拾得図」を問うＤと，記述式の『蔭涼軒日録』を問う[う]がやや難問である。記述式の解答で[あ]細川頼之，[い]春屋妙葩，[う]蔭涼軒日録などで漢字ミスによる減点を避けたい。

Ⅲ　近世の飢饉（寛永の飢饉と享保・天明・天保の三大飢饉）とそれに関連する政治・社会・文化の知識を問う。選択式のウンカを問う(b)と元文一揆を問う(c)がやや難で，「豊穣御蔭参之図」の作者一恵斎芳幾を問う(f)が難問である。記述式の(1)～(4)は漢字ミスなく正解したい。

Ⅳ　大戦景気から戦後恐慌・震災恐慌までの経済史に関する知識を問う。『経済雑誌ダイヤモンド』を記述させるエは難問であるが，他の問は全問正解したい。

例年難問の多い戦後史が出題されていないため，全体的には基本・標準レベルの問が大部分で，高得点を確保したい。対策としては難問の多く出題される近現代とくに戦後史を早目にまとめておきたい。そして難問の正答率を上げるために，教科書の精読はもちろん，本シリーズの「傾向と対策」を参考に，過去問学習を徹底しよう。

世界史

Ⅰ　解答

設問1．ア． ゴーガン　**イ．** ド=ゴール　**ウ．** パラオ　**エ．** ビキニ　**オ．** 第五福竜丸　**カ．** ミッドウェー　**キ．** ガダルカナル　**ク．** サイパン　**ケ．** トルーマン　**コ．** アボリジニー

設問2．a． マルコス　**b．** オバマ　**c．** 重慶　**d．** 硫黄島　**e．** パグウォッシュ会議

解説

《太平洋の島々と日本》

設問1．イ． ド=ゴールは第二次世界大戦中，ロンドンで亡命政府を樹立してドイツに抗戦した軍人で，大戦後，臨時政府の首相となったが，第四共和政の樹立後，一時，政界から身を引いた。

ウ． 難。パラオ諸島は第一次世界大戦後に日本の委任統治となった旧ドイツ領の南洋諸島の一部。

エ． ビキニ環礁はマーシャル諸島に点在するサンゴ礁の1つで，現在，世界遺産となっている。

キ． 難。ガダルカナル島はソロモン諸島最大の島で，太平洋戦争中，日本軍が拡大した戦線の最前線となった。

ク． サイパン島は第一次世界大戦後，日本の委任統治となった南洋諸島の1つであったマリアナ諸島の島。

ケ． 第二次世界大戦末期にアメリカ大統領となったトルーマンは，戦後，「封じ込め政策」で反共体制の構築を進めた。

設問2．a． マルコスは独裁の下で政府主導の経済発展を正当化する開発独裁の典型として，長期間，フィリピンを支配した。

b． オバマはアフリカにルーツを持つ初のアメリカ大統領。ノーベル平和賞を受賞。

c． 重慶にむけて東南アジアから蔣介石の国民政府を支援するルートが成立したため，日本軍は東南アジアへの進出をはかった。

d． 難。映画『硫黄島からの手紙』は日本兵の視点で硫黄島の戦いを描いた作品。

e. 1955年のラッセル・アインシュタイン宣言以降核廃絶運動が高まったことで開催されたパグウォッシュ会議は，その後も継続して核廃絶を訴えている。

Ⅱ 解答　**1.** 仰韶　**2.** 彩文土器　**3.** 竜山　**4.** 河姆渡　**5.** 三星堆　**6.** 夏　**7.** 史記　**8.** 殷　**9.** 邑　**10.** 周

解説

《古代の中国》

2. 彩文土器はメソポタミア，エジプト，インドなど世界各地の新石器文化に共通してみられる土器である。

4. 長江流域では河姆渡遺跡や精巧な玉器が出土した良渚遺跡などから，黄河流域の仰韶文化と同じ時期に稲作が広がっていたことがわかった。

5. やや難。三星堆文化の青銅器には殷の技術的影響がみられる。

6. 夏は司馬遷の『史記』では三皇五帝のあとに成立した，中国史上最古の王朝とされている。なお，現在，中国では，夏の実在を確定している。

7.『史記』は紀伝体の形式をとる，中国最初の正史。以後の正史の手本となった。

8. 殷の後期の都とされる殷墟から，甲骨文字が刻まれた獣骨や青銅器などが多数出土した。

10. 周は一族や功臣に封土と人民を与え，支配を任せる封建を行った。

Ⅲ 解答　**問1.** D　**問2.** A　**問3.** C　**問4.** B　**問5.** D　**問6.** C　**問7.** C　**問8.** B　**問9.** D　**問10.** B

解説

《ペストからみた世界史》

問1. D．誤文。クリミア戦争の講和条約はパリ条約。ロンドンでは，第2次エジプト=トルコ戦争の講和会議などが開かれた。

問2. プランタジネット朝はフランスの西半分を支配したアンジュー伯アンリがイギリス王ヘンリ2世として即位し，成立した。

問3. C．誤文。ワールシュタットの戦いでドイツ・ポーランド連合軍を破ったのはバトゥ。モンケは大モンゴル国4代目のハン。

問5． D．誤文。ポルトガルが正式にマカオを植民地としたのは19世紀である。

問6． やや難。C．誤文。マカートニーが乾隆帝と謁見したのは1793年なので，時代があわない。

問7． やや難。Aのパストゥールは狂犬病の予防接種に成功した微生物学者，Bのコッホは結核菌，コレラ菌などを発見した医師，Dのヘルムホルツはエネルギー保存の法則を提唱した物理学者。

問8． B．誤文。審査法では公職就任者を国教徒に限定した。

Ⅳ　解答

問1． 2　**問2．** 3　**問3．** 2　**問4．** 2　**問5．** 1
問6． 1　**問7．** 1　**問8．** 4　**問9．** 1　**問10．** 3

解説

《貨幣からみた古代から中世のヨーロッパ》

問2． 3．誤文。ランゴバルド王国の建国は他のゲルマン人よりも遅く，6世紀半ばであった。アッティラはゲルマン民族の大移動を引き起こした，5世紀のフン人の指導者。

問3． 2．誤文。カール大帝はイベリア半島のイスラーム勢力と戦い，奪った領土にスペイン辺境伯領を設置した。

問4． シュタウフェン朝の歴代皇帝はイタリア領有をめざし，イタリア政策を積極的に行った。

問5． 1．誤文。教皇庁がアヴィニョンに移されたのは，アナーニ事件をおこしたフィリップ4世の時代。

問7． 1．誤文。両シチリア王国はノルマン人のルッジェーロ2世が建国した。

問9． 1．誤り。ラブレーは『ガルガンチュアとパンタグリュエルの物語』を著したフランスの作家。

問10． 3．誤文。キプチャク=ハン国はバトゥが13世紀半ばに建国した。

Ⅴ　解答

印紙法や茶法など課税をめぐって対立したイギリスと北米13植民地は，ボストン茶会事件を契機にアメリカ独立戦争を開始した。植民地側は『コモン=センス』や独立宣言などで独立の機運を高め，フランスなどの支援を受け，1783年，パリ条約でア

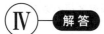

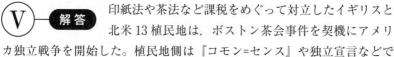

メリカ合衆国として独立を達成した。

解説

《アメリカ独立戦争》

七年戦争で北米のフランス植民地が消滅したことで，13 植民地のイギリスへの依存は弱まっていた。しかし，イギリスは国家の財政赤字を補うために植民地での課税を強化したため，イギリスと植民地の対立が高まった。印紙法は撤回されたが，茶法の制定をきっかけにボストン茶会事件がおこり，イギリスによるボストン港封鎖で対立は決定的となった。戦争が始まった当初は，国王への忠誠を維持する人々も多かったが，トマス=ペインの『コモン=センス』などで独立の機運が高まり，1776 年 7 月 4 日，基本的人権などを掲げた独立宣言が発せられた。ワシントンを総司令官に戦った植民地側にフランスやスペインなどが参戦し，ロシアなども武装中立同盟で間接的に支援を行った。また，ラ=ファイエットやコシューシコなどの義勇兵も相次いだ。こうしたことを背景に，1781 年，ヨークタウンの戦いで植民地側が勝利し，1783 年，パリ条約でアメリカ合衆国の独立が承認された。

戦争の原因，独立に至る過程，植民地側が勝利した理由など，書けることは多岐にわたる。よって，その中から何を書くべきか，具体的には戦争の原因，発端，過程，結末までをいかに簡潔にまとめることができるかがポイントとなる。

講評

Ⅰ　太平洋の島々と日本との関わりを軸に，20 世紀の事柄について問われた。第一次世界大戦後に日本が支配した南洋諸島やフランスの植民地など受験生が手薄になりがちな地域を扱っており，また，オバマ大統領や映画など 2000 年代以降の設問や日本史関連の出題が多く，難易度はやや高い。2022・2023 年度とⅠは現代史が続いており，今後もこの傾向は続くと予想される。

Ⅱ　Ⅰとは逆に，新石器時代から周までの非常に古い時代の中国に関する大問。5 の三星堆以外は基本的な設問だが，4 の河姆渡など漢字で正確に記述できるかどうかが，高得点になるかどうかの分かれ目となる。

Ⅲ　ペストをテーマにして中世から現代まで，地域もアジアからヨーロッパにまたがる，非常に広がりのある大問となった。設問はすべて選択問題だが，問4・問7・問10は文化史関連で，問6・問8は時代を問う設問で，全体としての難易度は高い。

Ⅳ　古代から中世にかけてのヨーロッパに関する出題で，設問は語句選択と文章選択のみであった。問6・問10は時代を問う設問であったが，それ以外は誤文や正文が明確であり，取りこぼしが許されない大問となった。

Ⅴ　アメリカ独立戦争についての論述で，出題形式は例年通りである。非常に知名度の高い戦争なので，受験生にとっては関連する知識は豊富にあったはずである。よって，行数内に収め，かつ正確に記述するために内容をいかに削れるかがポイントとなった。戦争の原因，過程，結末を簡潔に述べれば行数はそれで埋まるはずである。

全体としては，ここ数年続いている傾向で現代史の難易度は高いが，それ以外をきちんと解答できれば高得点を期待できる。

地　理

Ⅰ　解答

問1. D　**問2.** A　**問3.** D　**問4.** A　**問5.** B
問6. D　**問7.** C　**問8.** C　**問9.** A　**問10.** B

解説

《世界と日本のエネルギー資源》

問3・問4. シェール革命は，アメリカ合衆国で頁岩（シェール）層から原油や天然ガスを採取する技術の確立によるエネルギー需給の大きな変化をさす。シェール革命後，アメリカ合衆国は，世界最大の原油と天然ガスの生産国となった。

問5. BのOPECプラスはOPECとその非加盟国で構成され，共同で生産調整を行う。2024年1月時点で23カ国が参加している。

問7. サハリン2プロジェクトではロシアの国営会社と日本の企業が出資し，石油（2008年）と天然ガス（2009年）の供給を開始した。

問8・問9. オーストラリアのイクシスは日本企業によるイクシスLNGプロジェクトとして注目されている。イクシスを知らなくても表中から，クがオーストラリアと判断でき，B．オハ油田とC．サハリン2がロシア，D．カフジ油田がペルシア湾に位置するので，Aを選択できる。

問10. 表中のコ．インドネシアは，世界最大の石炭輸出国である（2019年『日本国勢図会』）。

Ⅱ　解答

問1. A　**問2.** A　**問3.** B　**問4.** D　**問5.** C
問6. D　**問7.** B　**問8.** F　**問9.** A　**問10.** D

解説

《インドの産業・貿易》

問2. 産業別人口の総数は総人口に比例すると考え，人口規模の多い順に①をインド，③をロシア，②を南アフリカ共和国と判断する。

問3. インドは，原材料を輸入して加工し輸出する加工貿易が盛んである。特に近年は原油の輸入と石油製品の輸出が急増している。

問4. インドではダイヤモンド原石を輸入し，加工して輸出することも盛んである。

問6． Dが正解。エは近年「世界の工場」と呼ばれている中国，オは原油の主要な輸出国であるアラブ首長国連邦，カは残ったバングラデシュと判断する。

問7． い．ダモダル川流域であり，石炭に恵まれ近隣で鉄鉱石を産出する。ろ．レグールの分布する綿花栽培が盛んな地域が近く，綿工業が早くから発達していた。は．「インドのシリコンバレー」と呼ばれるバンガロールを含む地域である。

問8． に．ドクラムはブータンと中国の係争地で，ブータンを支援するインド軍と中国軍が対峙している。ほ．カラパニはインドとネパールの係争地である。へ．カシミール地方はインドとパキスタンの係争地である。

問10． リード文の「三次産業の勃興も著しい」をヒントにすれば，アメリカ企業の進出が盛んなD．ソフトウェアが妥当である。B．自動車は生産が増加しているが，先進国向けの高級車や高性能車よりも自国向けや発展途上国向けの大衆車が中心であるので該当しない。

Ⅲ　解答

問1． **ア．** 西アジア　**イ．** 企業的　**ウ．** アメリカ
エ． 飼料用　**オ．** モンスーンアジア

問2． **カ．** 中国　**キ．** インド　**ク．** アメリカ合衆国　**ケ．** ウクライナ
コ． ブラジル

問3． C　**問4．** 大豆　**問5．** 人口

問6． バイオマスエネルギー（バイオエタノールも可）

問7． サトウキビ

解説

《世界の穀物》

問1． イについて，「企業的」農業は，輸出を目的に特定の農畜産物を大量に生産する農業である。

問3・問4． Aはコメ，Bは小麦，Cは大豆，Dはトウモロコシである。

問5． 人口の順位は，2023年にインドが中国を上回り1位となっているが，コメの生産量の順位は人口の順位とおおむね一致している。

問6． 現生する生物に由来する再生可能エネルギーをバイオマスエネルギーという。トウモロコシやサトウキビから得られるものをバイオエタノー

ルと呼ぶ。

Ⅳ 解答 **問1．ア．** ペティ・クラーク **イ．** 加工貿易
ウ． アジア通貨危機 **エ．** 国際通貨基金〔IMF〕
オ． 技能実習〔外国人技能実習〕
問2． オフショアリング **問3．** タックスヘイブン
問4． デジタルデバイド **問5．** 知的財産権 **問6．** メタンハイドレート

解説

《日本の産業構造の変化》

問1．ア．「ペティ・クラークの法則」とは，経済発展に伴って産業構造が高度化するという現象が生じることをいう。

エ． 国際通貨基金は，国際経済において通貨レートの安定を図ることを目的の一つとしており，具体的には財政再建のための短期融資を通して経済危機状況の国家に財政支援を行う。

オ． 技能実習制度は，非合法な外国人労働の利用が社会問題となり，2024年には新たに育成就労制度を設ける方針が決定された。

問2． オフショアリングとは，企業が自社の業務を外国企業や海外現地法人に委託することである。

問3． タックスヘイブンは租税回避地と訳され，企業誘致による外貨獲得が目的であり，バハマ諸島やケイマン諸島などが典型例である。

問5． 知的財産権には著作権や商標権のほか，特許権なども含まれ，先進国間では特許使用料などを取引する技術貿易が拡大している。

Ⅴ 解答 南海トラフを震源とする海溝型の巨大地震は，100年から150年の周期で繰り返し発生している。2024年現在で南海地震・東南海地震とも発生から約80年を経過しているので，巨大地震発生の時期が迫っていると考えられるから。

解説

《南海トラフ地震》

津波の発生を伴う可能性の高い海溝型の巨大地震は，同じ震源域で数十年から数百年と比較的短い間隔で周期的に繰り返し発生していることから，南海トラフを震源域とする巨大地震が発生する確率が高まっている。直近

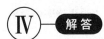

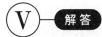

の南海地震は 1946 年，東南海地震は 1944 年に発生している。政府の地震調査委員会は，東日本大震災を予測できなかった反省から地震発生確率の見直し作業を進め，毎年予測を算定し直しているが，年々発生確率の数値は高まってきている。

講評

Ⅰ　世界と日本のエネルギー資源についての標準的な出題。リード文や表中の空欄補充が中心で，ほとんどが教科書と統計資料を参照すれば解答できる。問 7 と問 9 は難問だが消去法で解答できる。

Ⅱ　インドの貿易や産業について，近年の経済発展の状況を踏まえて総合的に出題されている。難易度は標準的である。表中の空欄の国名や品目を判断する設問が中心で，設問ごとに見れば詳細な知識が必要にも見えるが，選択肢が共通の設問を結びつければ，どの設問も解答できる。ただし紛争地域に関する問 8 は難問であった。

Ⅲ　三大穀物に関する標準的な出題。教科書に記載された内容と，主要な穀物の統計を把握できていれば解答可能。しかし記述形式のために，的確な語句を答えなければ正解にならない。

Ⅳ　日本の産業構造の変化をテーマにし，経済分野にもまたがる広範囲な知識を必要とした出題で，難易度はやや高い。問 2 のように新課程の地理探究を意識した出題もみられた。他の設問は教科書を参照して解答できる標準的な設問だが，Ⅲと同様に記述形式のために，やや難易度が高めだったといえる。

Ⅴ　近いうちに必ず発生すると考えられている「南海トラフ地震」をテーマとしたもので，新課程の地理総合を意識した出題だった。「南海トラフ地震」について触れる学習機会があれば難問ではない。

政治・経済

I 解答

問1．A． 通信傍受　**B．** 幸福追求　**C．** 宴のあと
D． 個人情報保護

問2． ⑤　**問3．** ①　**問4．** ④　**問5．** ②　**問6．** ⑤　**問7．** ⑤

解説

《基本的人権に関する重要判例》

問1．A． 通信傍受が適切。薬物事件などの組織犯罪の捜査において，裁判官の発する令状に基づいて電話やメールなどの傍受が認められている。

問2． ⑤適切。ほかはいずれも誤り。学問の自由は憲法第23条に，思想および良心の自由は憲法第19条に，職業選択の自由は憲法第22条に，勤労の権利は憲法第27条にそれぞれ記述がある。

問3． ①正文。
②誤文。第一次訴訟は1965年である。
③誤文。第二次訴訟東京高裁では憲法判断は行われなかった。
④誤文。第二次訴訟で最高裁は高裁に差し戻しの判決を言い渡した。
⑤誤文。家永教科書訴訟は3回にわたって提訴され，第三次訴訟まで行われた。

問4． ④正文。
①・②いずれも誤り。外務省秘密漏洩事件は地方裁判所で無罪判決が出されたが，高裁・最高裁では有罪判決であった。
③誤文。「密約」問題に関する有識者委員会が，外務省の密約を認めたのは，民主党政権下の2010年である。
⑤誤文。沖縄の返還は1972年である。

問6． ⑤正文。
①・③・④いずれも誤文。東京都公安条例事件は，地裁判決の後，跳躍上告が行われたため，高等裁判所での判決が存在しない。よって，これら3つの選択肢は，主語が東京高裁であるため，誤文。
②誤文。条例がデモなどを「許可制」としていたことが争点となった。

問7． ⑤が正文。『石に泳ぐ魚』訴訟は地裁判決で被告（作者側）による

プライバシーの侵害が認められ，出版が差し止められた。その後，作者側は判決を不服として控訴・上告したが，いずれも棄却された。

Ⅱ 解答 **問1．A．**国際労働機関　**B．**社会福祉
C．社会保険料（保険料も可）　**D．**ヤングケアラー

問2．②　**問3．**②　**問4．**④　**問5．**⑤　**問6．**①　**問7．**④

解説

《社会保障制度》

問1．D．ヤングケアラーが適切。ヤングケアラーとは，家族の介護で忙しく，教育を満足に受けられなかったりする若者のことで，近年注目されている存在である。

問2．②が正文。救貧法は，社会保障の観点だけでなく，治安維持の側面もあったとされる。労働能力のある労働者の強制労働については貧しい者からの批判も多かった。

問3．②が適切。1883年の疾病保険法・1884年の労働災害保険法・1889年の老齢・傷害保険法が「ビスマルクの社会政策3部作」と呼ばれる。

問5．⑤正文。

①誤文。ベヴァレッジ報告は福祉国家を目指したものである。

②誤文。ベヴァレッジ報告はケインズ経済学と親和的である。

③誤文。ベヴァレッジ報告は，社会保障の費用を被保険者・国・使用者の三者が維持するものとした。

④誤文。ベヴァレッジ報告は国民に保障する最低水準を示したもので，完全な平等を目指したものではなかった。

問6．①正文。

②誤文。雇用保険料は，法律に基づいて毎年見直しが行われる。

③誤文。雇用保険は事業者と労働者の双方が保険料を支払っている。保険料を全額事業主が負担するのは労働者災害補償保険である。

④誤文。業務中や通勤中のケガは，労働者災害補償保険の対象である。

⑤誤文。理由により支払い日数は変化するが，解雇による離職の場合，保険金は支払われる。

問7．④適切。いわゆるジェネリック医薬品に関する記述である。

Ⅲ 解答

問1．A． 時価総額　**B．** 信用創造　**C．** 内部金融
D． プライム

問2． ①　**問3．** ③　**問4．** ②　**問5．** ⑤　**問6．** ④　**問7．** ⑤

解説

《企業の経済活動》

問1．A．（株式）時価総額が適切。単純に時価総額ということもある。

問3． ③正文。

①誤文。内国為替は為替業務である。

②誤文。当座預金には利息がつかない。

④誤文。当座預金は全額預金保護の対象となり，ペイオフの対象外である。

⑤誤文。信託銀行は，普通銀行の業務に加えて，個人などの財産を運用・管理する信託業務と，相続関連などの業務を行う併営業務を行っているため普通銀行とは異なる。

問4． ②が適切。ここでいうクーポンとは利息のことである。①社債は利息が支払われる。③社債は満期がある。④社債は貸倒れのリスクも存在する。こうしたリスクは，信用リスク（クレジットリスク）と呼ばれる。⑤社債はある程度の流動性がある。

問5． ⑤が適切。96 万円が 1 年後に 102 万円になるので，利回りは 6.25 %となる。

問7． ⑤正文。

①誤文。監査を確認し，監査意見を述べるのは，外部の「会計監査人」である。公認会計士等がその役割を担う。

②誤文。監査役は取締役会に出席する義務があるが，議決権は持たない。

③誤文。監査役は株主総会で選任され，現在，監査役の任期は原則として 4 年である。

④誤文。監査役会設置会社は過半数の社外監査役を含む 3 人以上の監査役で構成される必要がある。

Ⅳ 解答

問1．A． 見えざる手　**B．** 傾斜生産方式
C． サブプライム　**D．** 黒田

問2． ④　**問3．** ③　**問4．** ②　**問5．** ③　**問6．** ①　**問7．** ④

解説

《経済史・経済指標・景気変動》

問1．D． 黒田が適切。黒田東彦は2013年から2023年まで総裁を務めた。

問2． ④が不適切。『経済発展の理論』の著者はシュンペーターである。

問3． ③が不適切。ソ連のアフガニスタン侵攻は1979年である。

問4． ②正文。

①誤文。GDPには固定資本減耗分が含まれている。

③誤文。「1人あたりGDP」ではなくGDPでは，日本は，アメリカ・中国に次ぐ第3位である（2022年時点）。

④誤文。日本人メジャーリーガーに支払われた給与は，日本のGNPに含まれる可能性があるが，日本のGDPには含まれない。

⑤誤文。$\frac{105}{102}\times 100-100 \fallingdotseq 2.9$ より，実質GDPは2.9％の成長である。

問5． ③正文。政府の国債大量発行は，市場の金利を上昇させ，民間の資金調達を妨げることがある。これをクラウディング=アウトという。

問7． ④正文。

①誤文。現在，日本銀行が主に行う金融政策は，公開市場操作である。

②誤文。ゼロ金利政策は1999年より断続的に続いている。2016年からはマイナス金利政策を導入しており，2024年に解除が決定した（2024年3月時点）ため，ゼロ金利政策を取り続けているわけではない。

③誤文。買いオペレーションは景気緩和の効果が期待できる。

⑤誤文。イールドカーブ=コントロールは，すでに導入されている。

講評

2023年度に引き続き，記述式の空所補充問題と正文選択問題が中心である。

Ⅰ 基本的人権に関する重要判例に関する問題。家永教科書訴訟（問3），外務省秘密漏洩事件（問4），東京都公安条例事件（問6），『石に泳ぐ魚』事件（問7）では，判例についての詳細な知識を必要とした。

Ⅱ 社会保障制度について広く問われた。ビスマルクの社会政策3部作を問う問3，雇用保険の中身について深く問う問6などは，詳細な知識が必要であり，難しく感じた受験生も多かったであろう。問５・問７などについては，消去法ではなく，学習した内容をもとに積極的に正解を選ぶ必要がある。

Ⅲ　企業の経済活動についての出題がなされた。教科書でも扱われることが少ない社債や監査役についての詳細な知識を必要とする問３・問７など，全体的に難しい問題が多いが，問２で出題された貸借対照表（バランスシート）については近年教科書等で扱われることが多くなっており，おさえておきたい内容である。

Ⅳ　経済分野について広く問われた。現在の金融政策について深く問う問７などは詳細な知識を必要とするが，その他の問題は落ち着いて文章をよく読めば解答は可能であった。

全体的には例年通り，やや難しい出題が多い構成であったといえよう。

数 学

I 解答

1. (1)—F (2)—D **2.** (3)—B (4)—E
3. (5)—Q (6)—Q

解説

《整数，3次関数の最大，集合と論理》

1. $m^2=n^2+8 \iff m^2-n^2=8$

$\iff (m+n)(m-n)=8$

m，n は自然数なので，$m+n>0$ である。よって，$m-n>0$ であり

$m+n>m-n>0$

となる。また，$m+n$，$m-n$ の偶数，奇数は一致するので

$$\begin{cases} m+n=4 \\ m-n=2 \end{cases} \iff \begin{cases} 2m=6 \\ 2n=2 \end{cases}$$

$\therefore\ m=3,\ n=1 \quad \to$(1)，(2)

2. $x^3+y^3=(x+y)^3-3xy(x+y)$

$=a^3-3\cdot1\cdot a$

$=a^3-3a$

ここで，$f(a)=a^3-3a$（$-\sqrt{2}<a<\sqrt{2}$）とする。

$f'(a)=3a^2-3$

$=3(a+1)(a-1)$

増減表は，右のようになる。

a	$(-\sqrt{2})$	$\cdots$	-1	$\cdots$	1	$\cdots$	$(\sqrt{2})$
$f'(a)$		$+$	0	$-$	0	$+$	
$f(a)$	$(\sqrt{2})$	↗	2	↘	-2	↗	$(-\sqrt{2})$

よって，最大となるのは

$a=-1 \quad \to$(3)

のときで，最大値は2 →(4)

である。

3. $6a+b$ が4の倍数となる自然数 a，b の組 $(a,\ b)$ は，$1\leqq a\leqq6$，$1\leqq b\leqq6$ より

$(a,\ b)=(1,\ 2),\ (1,\ 6),\ (2,\ 4),\ (3,\ 2),\ (3,\ 6),\ (4,\ 4),$
$(5,\ 2),\ (5,\ 6),\ (6,\ 4)$

$7a+b$ が 3 の倍数となる自然数 a, b の組 $(a,\ b)$ は，$1 \leqq a \leqq 6$, $1 \leqq b \leqq 6$ より

$$(a,\ b)=(1,\ 2),\ (1,\ 5),\ (2,\ 1),\ (2,\ 4),\ (3,\ 3),\ (3,\ 6),$$
$$(4,\ 2),\ (4,\ 5),\ (5,\ 1),\ (5,\ 4),\ (6,\ 3),\ (6,\ 6)$$

したがって

$$n(A)=9,\ n(B)=12$$

$A \cap B=\{(1,\ 2),\ (2,\ 4),\ (3,\ 6)\}$ より　　$n(A \cap B)=3$

よって

$$n(A \cup B)=n(A)+n(B)-n(A \cap B)=9+12-3=18 \quad \to (5)$$
$$n(\overline{A \cup B})=n(S)-n(A \cup B)=6 \times 6-18=18 \quad \to (6)$$

Ⅱ 解答

1．ア． 4　**イ．** 3　**ウ．** 8　**エ．** 8　**オ．** 2　**カ．** 3

2．キ． 0　**ク．** 1

3．ケ． 2　**コ．** 1　**サ．** 0　**シ．** 0　**ス．** 2　**セ．** 2

4．ソ． 8　**タ．** 1　**チ．** 6　**ツ．** 3　**テ．** 8

解説

《関数列と面積》

1．　$f_0(x)=x^2,\ f_1(x)=|f_0(x)-1|=|x^2-1|$

$x^2-1 \geqq 0$, すなわち $|x| \geqq 1$ のとき　　$f_1(x)=x^2-1$

$x^2-1 \leqq 0$, すなわち $|x| \leqq 1$ のとき　　$f_1(x)=-x^2+1$

よって

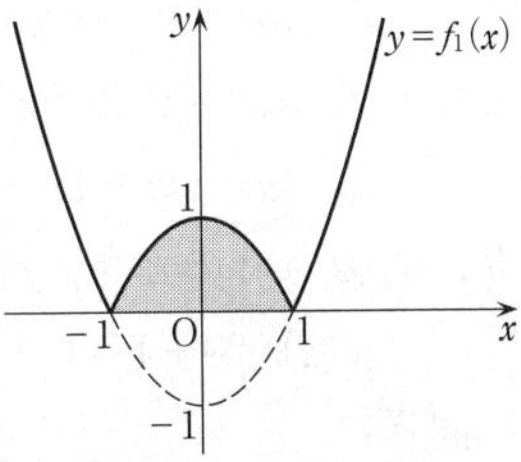

$$S_1=\int_{-1}^{1}(-x^2+1)\,dx$$
$$=\left[-\frac{1}{3}x^3+x\right]_{-1}^{1}$$
$$=\left(-\frac{1}{3}+1\right)-\left(\frac{1}{3}-1\right)$$
$$=\frac{4}{3} \quad \to ア，イ$$

$$f_2(x)=|f_1(x)-1|$$
$$=\begin{cases} |x| \geqq 1 \text{ のとき} & |(x^2-1)-1|=|x^2-2| \\ |x| \leqq 1 \text{ のとき} & |(-x^2+1)-1|=|-x^2|=x^2 \end{cases}$$

したがって

$|x|\geqq 1$ かつ $x^2-2\geqq 0$，すなわち，$|x|\geqq\sqrt{2}$ のとき　　$f_2(x)=x^2-2$

$|x|\geqq 1$ かつ $x^2-2\leqq 0$，すなわち，$1\leqq|x|\leqq\sqrt{2}$ のとき　　$f_2(x)=-x^2+2$

よって，$f_2(-x)=f_2(x)$ となり，$f_2(x)$ は偶関数だから

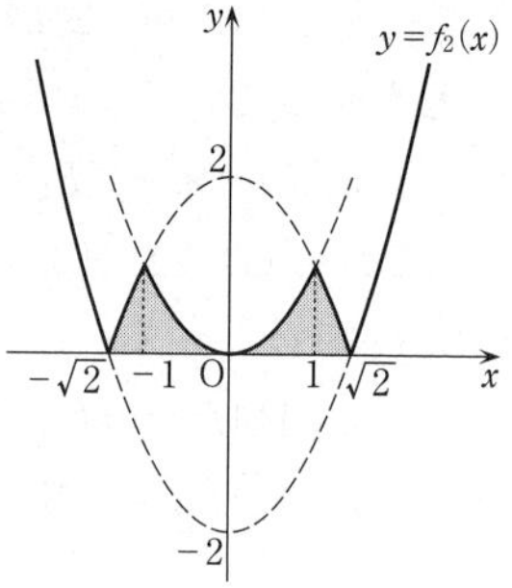

$$S_2=2\left\{\int_0^1 x^2dx+\int_1^{\sqrt{2}}(-x^2+2)\,dx\right\}$$

$$=2\left(\left[\frac{1}{3}x^3\right]_0^1+\left[-\frac{1}{3}x^3+2x\right]_1^{\sqrt{2}}\right)$$

$$=2\left\{\frac{1}{3}-0+\left(-\frac{2\sqrt{2}}{3}+2\sqrt{2}\right)-\left(-\frac{1}{3}+2\right)\right\}$$

$$=2\left(-\frac{4}{3}+\frac{4\sqrt{2}}{3}\right)$$

$$=\frac{-8+8\sqrt{2}}{3}\quad\rightarrow\text{ウ〜カ}$$

2．　$f_n(a)=m\iff|f_{n-1}(a)-1|=m$

$\qquad\qquad\qquad\iff f_{n-1}(a)-1=\pm m$

よって　$f_{n-1}(a)=m+1$

または　$f_{n-1}(a)=-m+1$

$f_{n-1}(a)=-m+1$ のとき，$m=0,\ 1,\ 2,\ 3,\ \cdots$ を代入すると

$\qquad f_{n-1}(a)=1,\ 0,\ -1,\ -2,\ \cdots$

ここで，$f_{n-1}(a)<1$，$f_{n-1}(a)=|f_{n-2}(a)-1|\geqq 0$ より

$\qquad f_{n-1}(a)=0\quad\rightarrow$キ

となり $f_{n-1}(a)\neq 0$ と矛盾。よって

$\qquad f_{n-1}(a)=m+1\quad\rightarrow$ク　……①

3． $f_4(a)=0$ のとき，$f_3(a)\neq 0$ なので①より

$\qquad f_3(a)=0+1=1$

同様に

$\qquad f_2(a)\neq 0$ だから　　$f_2(a)=1+1=2$

$\qquad f_1(a)\neq 0$ だから　　$f_1(a)=2+1=3$

$\qquad f_0(a)\neq 0$ だから　　$f_0(a)=3+1=4$

となる。

よって　　$a^2=4$

ゆえに　$a=\pm 2$　→ケ

また，$f_n(x)=0$ のとき

$$f_{n+1}(x)=|0-1|=1 \quad \to コ$$

$$f_{n+2}(x)=|1-1|=0 \quad \to サ$$

となる。

ここで，$f_4(x)=0$ のとき，上記より

(i) $f_0(x)\neq 0$ かつ $f_1(x)\neq 0$ かつ $f_2(x)\neq 0$ かつ $f_3(x)\neq 0$ ならば　$x=\pm 2$

(ii) $f_0(x)=0$，または $f_1(x)=0$，または $f_2(x)=0$，または $f_3(x)=0$ のときを考える。

$f_0(x)=0$ のとき，$f_2(x)=0$，$f_4(x)=0$ となるから，$f_0(x)=0$ を満たす x は，$f_4(x)=0$ を満たす。

$f_0(x)=x^2$ より　$x^2=0$

よって　$x=0$　$(|x|=0)$

$f_1(x)=0$ のとき，$f_3(x)=0$，$f_4(x)=1$ となり $f_1(x)=0$ を満たす x は，$f_4(x)=0$ を満たさない。

$f_2(x)=0$ のとき，$f_4(x)=0$ となるから，$f_2(x)=0$ を満たす x は，$f_4(x)=0$ を満たす。

$$f_1(x)=1$$

$f_1(x)=1$，$f_0(x)=0$ を満たす x は　$x=0$

$f_1(x)=1$，$f_0(x)\neq 0$ を満たす x は，$f_0(x)=1+1=2$ より　$x^2=2$

よって　$x=\pm\sqrt{2}$　$(|x|=\sqrt{2})$

$f_3(x)=0$ のとき，$f_4(x)=1$ となり $f_3(x)=0$ を満たす x は，$f_4(x)=0$ を満たさない。

以上より，$f_4(x)=0$ となるのは

$$|x|=0,\ \sqrt{2},\ 2 \quad \to シ〜セ$$

4． (i) $|x|\leqq 1$ のとき，$0\leqq x^2\leqq 1$ だから

$$f_1(x)=|x^2-1|=-x^2+1$$

$$f_2(x)=|(-x^2+1)-1|=x^2$$

$$f_3(x)=|x^2-1|=-x^2+1$$

$$f_4(x)=|(-x^2+1)-1|=x^2$$

(ii) $1\leqq|x|\leqq\sqrt{2}$ のとき，$1\leqq x^2\leqq 2$ だから

$$f_1(x)=|x^2-1|=x^2-1$$

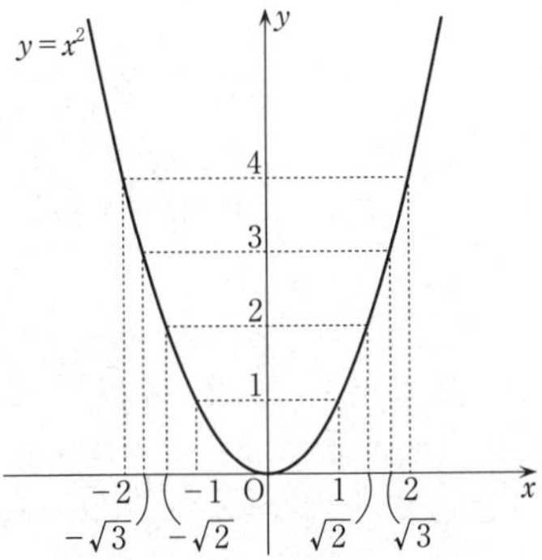

$$f_2(x)=|(x^2-1)-1|=|x^2-2|$$
$$=-x^2+2$$
$$f_3(x)=|(-x^2+2)-1|=|-x^2+1|$$
$$=x^2-1$$
$$f_4(x)=|(x^2-1)-1|=|x^2-2|=-x^2+2$$

(iii) $\sqrt{2}\leqq|x|\leqq\sqrt{3}$ のとき，$2\leqq x^2\leqq3$ だから

$$f_1(x)=|x^2-1|=x^2-1$$
$$f_2(x)=|(x^2-1)-1|=|x^2-2|$$
$$=x^2-2$$
$$f_3(x)=|(x^2-2)-1|=|x^2-3|$$
$$=-x^2+3$$
$$f_4(x)=|(-x^2+3)-1|=|-x^2+2|$$
$$=x^2-2$$

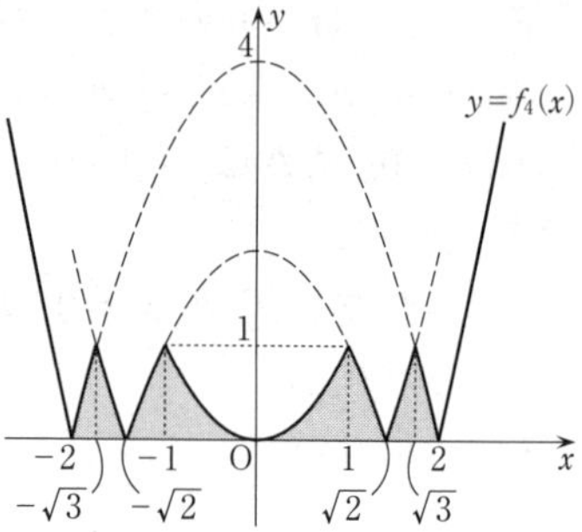

(iv) $\sqrt{3}\leqq|x|\leqq2$ のとき，$3\leqq x^2\leqq4$ だから

$$f_1(x)=|x^2-1|=x^2-1,\ f_2(x)=|(x^2-1)-1|=|x^2-2|=x^2-2$$
$$f_3(x)=|(x^2-2)-1|=|x^2-3|=x^2-3$$
$$f_4(x)=|(x^2-3)-1|=|x^2-4|=-x^2+4$$

(v) $2\leqq|x|$ のとき，$x^2\geqq4$ だから

$$f_1(x)=|x^2-1|=x^2-1,\ f_2(x)=|(x^2-1)-1|=|x^2-2|=x^2-2$$
$$f_3(x)=|(x^2-2)-1|=x^2-3,\ f_4(x)=|(x^2-3)-1|=|x^2-4|=x^2-4$$

$y=f_4(x)$ のグラフは，y 軸について対称なので

$$\frac{S_4}{2}=\int_0^1 x^2dx+\int_1^{\sqrt{2}}(-x^2+2)\,dx+\int_{\sqrt{2}}^{\sqrt{3}}(x^2-2)\,dx+\int_{\sqrt{3}}^{2}(-x^2+4)\,dx$$
$$=\frac{S_2}{2}+\left[\frac{1}{3}x^3-2x\right]_{\sqrt{2}}^{\sqrt{3}}+\left[-\frac{1}{3}x^3+4x\right]_{\sqrt{3}}^{2}$$
$$=\left(-\frac{4}{3}+\frac{4\sqrt{2}}{3}\right)+(\sqrt{3}-2\sqrt{3})-\left(\frac{2\sqrt{2}}{3}-2\sqrt{2}\right)+\left(-\frac{8}{3}+8\right)-(-\sqrt{3}+4\sqrt{3})$$
$$=4+\frac{8}{3}\sqrt{2}-4\sqrt{3}$$

よって　$S_4=8+\dfrac{16}{3}\sqrt{2}-8\sqrt{3}$　→ソ〜テ

Ⅲ 解答

1. (i) $r=\sqrt{2}$ のとき

$OP_1=OP_2=1$，$P_1P_2=\sqrt{2}$ より，$OP_1{}^2+OP_2{}^2=P_1P_2{}^2$ が成り立つので　$\angle P_1OP_2=\dfrac{\pi}{2}$

P_2 の y 座標は正なので，$P_2(0,\ 1)$ となる。同様に $\angle P_2OP_3=\dfrac{\pi}{2}$ で $P_1\neq P_3$ なので，$P_3(-1,\ 0)$ となる。単位円周上を反時計まわりに，$\dfrac{\pi}{2}$ 回転することになるので，$P_4(0,\ -1)$ で，次に $P_1(1,\ 0)$ に戻る。

$\therefore\quad n=4,\ \angle P_2OP_3=\dfrac{\pi}{2}$　……(答)

(ii) $r=\sqrt{3}$ のとき

$OP_1=OP_2=1$，$P_1P_2=\sqrt{3}$ だから，余弦定理より

$$\cos\angle P_1OP_2=\frac{1^2+1^2-(\sqrt{3})^2}{2\cdot1\cdot1}=-\frac{1}{2}$$

ゆえに　$\angle P_1OP_2=\dfrac{2}{3}\pi$

ここでは $P_2\left(\cos\dfrac{2}{3}\pi,\ \sin\dfrac{2}{3}\pi\right)$ で，$P_2\left(-\dfrac{1}{2},\ \dfrac{\sqrt{3}}{2}\right)$ となる。同様に $\angle P_2OP_3=120^\circ$ となることにより，P_1，P_2，… は，単位円周上を反時計まわりに，120° ずつ回転することになる。よって，$P_3\left(-\dfrac{1}{2},\ -\dfrac{\sqrt{3}}{2}\right)$ で，次に $P_1(1,\ 0)$ となる。

$\therefore\quad n=3,\ \angle P_2OP_3=\dfrac{2}{3}\pi$　……(答)

2. $\triangle OP_iP_{i+1}$ と $\triangle OP_{i+1}P_{i+2}$ において

$OP_i=OP_{i+1}$，$OP_{i+1}=OP_{i+2}$

$P_iP_{i+1}=P_{i+1}P_{i+2}$

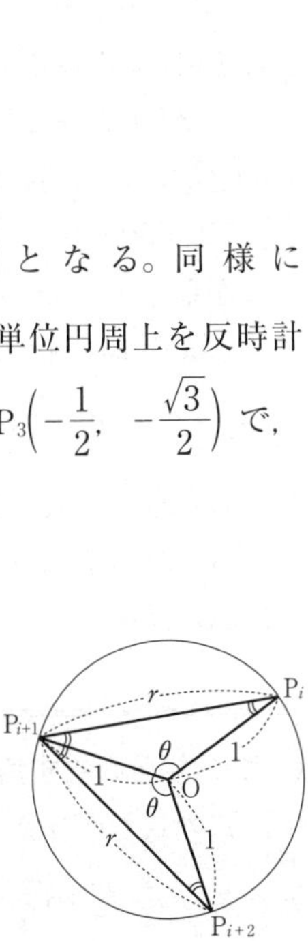

であるから，3辺がそれぞれ等しい。ゆえに

$\triangle OP_iP_{i+1}\equiv\triangle OP_{i+1}P_{i+2}$

$\angle P_iOP_{i+1}=\angle P_{i+1}OP_{i+2}=\theta$ とおくと，$\triangle OP_iP_{i+1}$ と $\triangle OP_{i+1}P_{i+2}$ は二等辺三角形だから

$$\angle OP_{i+1}P_i=\angle OP_{i+1}P_{i+2}=\frac{\pi-\theta}{2}$$

よって

$$\angle \mathrm{P}_i\mathrm{P}_{i+1}\mathrm{P}_{i+2}=\angle \mathrm{OP}_{i+1}\mathrm{P}_i+\angle \mathrm{OP}_{i+1}\mathrm{P}_{i+2}=2\times\frac{\pi-\theta}{2}=\pi-\theta$$

したがって，r が与えられたとき，θ が決まり，$\angle \mathrm{P}_i\mathrm{P}_{i+1}\mathrm{P}_{i+2}=\pi-\theta$（一定）となる。　　　　（証明終）

3．　$\angle \mathrm{P}_1\mathrm{OP}_2=\angle \mathrm{P}_2\mathrm{OP}_3=\cdots=\angle \mathrm{P}_4\mathrm{OP}_5=\angle \mathrm{P}_5\mathrm{OP}_1=\theta_1$ とする。P_2 の y 座標は正なので

$0<\theta_1<\pi$　……①

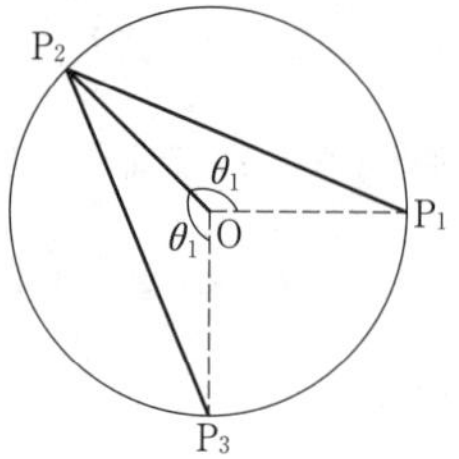

ここで，前問 2 より

$\angle \mathrm{P}_1\mathrm{P}_2\mathrm{P}_3+\angle \mathrm{P}_2\mathrm{P}_3\mathrm{P}_4+\cdots+\angle \mathrm{P}_5\mathrm{P}_1\mathrm{P}_2$

$=5(\pi-\theta_1)$

$=5\pi-5\theta_1$

P_1，P_2，…，P_5 と順に反時計まわりに並んで次は P_1 に戻るので

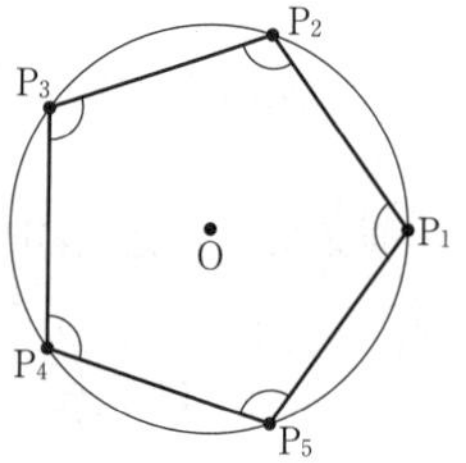

$\angle \mathrm{P}_1\mathrm{OP}_2+\angle \mathrm{P}_2\mathrm{OP}_3+\cdots+\angle \mathrm{P}_5\mathrm{OP}_1=5\theta_1$

$5\theta_1$ は 2π の自然数倍となる。①より

$0<5\theta_1<5\pi$

だから

$5\theta_1=2\pi,\ 4\pi$

ゆえに　　$\theta_1=\dfrac{2}{5}\pi,\ \dfrac{4}{5}\pi$

このとき　　$5\pi-5\theta_1=3\pi,\ \pi$

よって求める角の和は　　$\pi,\ 3\pi$　……(答)

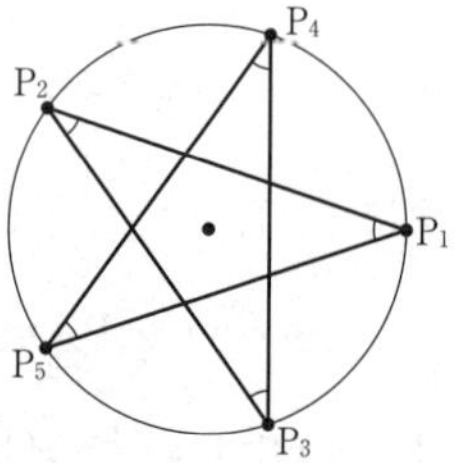

4．（設問省略）

解説

《2つの線分のなす角の和》

1． 弦の長さが与えられているので，その弦に対する中心角が一定（θ）となる。$r=\sqrt{2}$ のとき，$\theta=\dfrac{\pi}{2}$ で，P_1 より，順に P_2，P_3，P_4 となり P_1 に戻る。$r=\sqrt{3}$ のとき，$\theta=\dfrac{2}{3}\pi$ で，同様に考えて，P_1，P_2，P_3 となり P_1 に戻る。

2. P_2 の y 座標が正なので，中心角 θ は，$0<\theta<\pi$ を満たし，$0<\angle P_iOP_{i+2}=2\theta<2\pi$ となる。よって $\triangle OP_iP_{i+1}$ と $\triangle OP_{i+1}P_{i+2}$ は重なることはない。

3. P_1，P_2，… の位置を x 軸の正の方向とのなす角を回転を表す角として考えた。P_1 から出発して，P_1 に戻るので，回転角は，$2\pi\times$（自然数）となる。

講評

大問3題の出題。「数学Ⅰ・A」「数学Ⅱ・B」からの出題が1題ずつ，小問集合として，整数，3次関数の最大，集合と論理を扱った出題が1題であった。

Ⅰ　1では，必要条件を考えることで絞り込むことになる。十分条件にするには，初めの等式にあてはまるものを考えるとよい。2では，対称式は基本対称式で表せるので，a の3次式として考える。a の範囲に注目して考える。3では全事象が $6^2=36$ 通りであることもあり組み合わせを書き出した。規則性もあるがきちんと数え上げるとよい。

Ⅱ　1では，$n=1$，2とし，問題を具体的に把握し，2で「証明」した結果を3での $f_4(x)=0$ となる x を求めるのに生かし，$y=f_4(x)$ を考える。

Ⅲ　頂角が等しい二等辺三角形を反時計まわりに回転して考えることになる。P_1，P_2，… と，隣接した頂点とは限らないことに気付くことが大切となる。

Ⅱ・Ⅲでは設問も多いが誘導となっている。結果を使うことも重要であるが，その考え方を使うことも忘れてはならない。

講評

大問の構成は現代文二題、古文一題と例年通りのものとなっており、本文の長さや設問の特徴、難易度も大きな変化はない。

一は戦後以降のごみ問題の変遷を説明しながら、今後の持続可能な経済社会を構築するために「循環経済」の理念の重要性を説くとともに、それを実現するための条件を指摘する文章が出題された。とくに消費者の需要への配慮の必要性を説いている点で、従来の発想の盲点を指摘する点に特徴がある。

二は人間が自己のアイデンティティを確立し、十分な自己実現を果たすための前提として、友人への依存の必要性を説く文章であった。「自律」を重視する従来の友情観が見落としていたものを指摘するという点で、主題は違うが一の本文との若干の共通性が見られる。

また、一・二ともに、本文中の説明に関する例示について判断させる設問が設けられていた。理念的・概念的内容についての具体的理解が重要である。

三は『大和物語』から、後に「大徳」と呼ばれるようになる高徳の僧の、若き日の恋愛譚が出題された。和歌の解釈がポイントとなる文章であるが、細かい修辞に必要以上に囚われることなく、大意・趣旨の把握がなによりも最優先である。また古語の語義、文学史など基本的な知識は必須である。

ったのでしょう〉、「うぐひすの……」以下を〈私が手紙を送ったときだけ思い出すのはいけません〉という内容と捉えている1が正解ということになる。２・４は「わすれけり」の主語が誤っているし、３の「私につらく当たっていた」、５の「私にとっても苦しい恋」は「わすれけり」の語意と合致しない。

問六　「よばふ」はもともと「呼ぶ＋ふ（反復・継続の意）」で、〝呼び続ける〟という意味から〝（男性が女性に）求婚する〟の意味で用いられるようになった語。ここも、「この女（＝むすめ）」を対象として、「みこ（親王）たち、上達部」を主語として用いられているので〝求婚する〟の意味である。

問七　傍線部は直前の〈親王や上達部が求婚した〉と逆接の関係で、「帝に奉らむとてあはせざりけれど」となっている。「あはす」は〝二つのもの（こと）を調和（あるいは対抗）させる〟という意味の語。〈求婚があったが「あはせ」なかった〉ということなので、ここの「あはす」は〝結婚させる〟という意味である。したがって傍線部の「帝に奉らむ」は親王や上達部の求婚を断る動機あるいは意図で、〝（娘を）帝のもとに入内させよう〟という意味である。したがって主語は「女（むすめ）」の親ということになる。

問八　1と4は浄蔵と「女（むすめ）」との身分差を云々しているが、本文にはそのような記述はなく、３の「仏の教えに背いたことを恥じて」のほうが僧侶という立場という点では自然。ただし、３の「死んだと見せかけて潜伏」は本文にない内容。２は「自分を差しおいて帝と結婚しようとしていた女」が本文と齟齬を来たしている。「帝と結婚」を考えていたのは「女」ではなくその「親」である。５は本文の前半「さすがにいと恋しう……まどひ来にけり」と一致していて、これが正解。

問九　選択肢にならんでいるのはいずれも平安から鎌倉初期の勅撰和歌集。いわゆる「八代集」に含まれるものばかりである。『大和物語』は『後撰和歌集』時代の歌人の逸話が多く載っており、1が正解。「八代集」に関しては成立の順番や勅を下した帝、撰者、入集している主要歌人だけでなく、他のジャンルの作品との関連も確認しておきたい。

「むすめ」のことであると判断できる。また、本文の登場人物で、女性はこの「むすめ」以外にはいないので、末尾の一文「この女は……」の「この女」も同一人物であるが、設問の「五字で」という条件に合わない。

問二　この歌が、「むすめ（女）」が身を隠した浄蔵に贈った歌であること、空欄の直後に「……の山に入る人は」と続くこと、歌の趣旨が相手に〈帰ってきてほしい〉（「かへり来ななむ」の「ななむ」は「な」は完了（強意）の助動詞「ぬ」＋他者に対する願望の終助詞「なむ」）であることから、浄蔵が入った山の名前が正解ということになる。浄蔵は「くらまといふ所にこもりて……」とあるので、「くらま」が正解である。ちなみに、この歌の「すみぞめ（墨染）の」は「くら（暗）」を導き出す序詞として用いられており、「くらま」は山の名の「鞍馬」と「暗」の掛詞となっている。

問三　「たより」は本来「手寄り」で、〝何かの手段・契機となるもの〟を意味する語。「もて来べき」という修飾句を伴っていて、その直前に「たれしておこせつらむ」と疑問を感じていることから何を「もて来」るのかを考えれば、「文（手紙）」ということになるだろう。正解は4である。

問四　この歌が浄蔵から「むすめ」に贈ったものであり、したがって「からくして思ひわするる恋しさ」とは浄蔵の「むすめ」に対する思いであること、また「うたて鳴きつるうぐひすの声」とは「むすめ」がⅠの歌を贈ってきたことについて言っているという事実関係から考えれば、辻褄の合う解釈となっているのは2である。1の「心を乱すことはない」が直前の「またひとりまどひ来にけり」という行動と齟齬を来たしている。3、「からくして」の「からく」は味覚のことではない。4の「忘れようとしてもなかなかそうはいかない」、5の「二度と恋をするまいと決意した」が無根拠である。

問五　Ⅲの歌は浄蔵が贈ってきたⅡの歌に対する返歌であることが解釈の大前提である。Ⅱの〈やっとのことで振り切ったあなたへの思いなのに、無情にも手紙を送ってきた（＝「うたて鳴きつるうぐひすの声」）ものだから思い出してしまったではないか〉という趣旨から考えれば、Ⅲの「さても君わすれけりかし」を〈あなたは私のことを忘れてしま

　きてほしいものです

と書いてある。非常に不審で、誰に託して（この手紙を）よこしたのだろう（＝誰に届けさせたのだろう）と（浄蔵は）思っている。（手紙を）持ってくるはずのつても思い当たらず、本当に不思議だったので、（浄蔵は）また一人で（女のもとへ）我を忘れて戻ってきた。こうして（女と再会してからまた鞍馬）山に入ってしまった。そうして（女のもとへ）よこしてきた（歌）。

　やっとのことで思い忘れた（あなたへの）恋しさを、辛くも鳴いた鶯の声（で情けないことにまた思い出して泣いてしまいました）

（女からの）返事（の歌）、

　それではあなたは（私のことを）忘れていたのですね。（そうでなければ）鶯の鳴いたときだけ思い出すはずがあるでしょうか（そんなはずはありません）

と詠んでいた。また、（あるとき）浄蔵大徳は、

　私に対して薄情な人（＝あなた）を差し置いたままで（陰口を言うぐらいの）何の罪もない（＝大した罪もない）世間を恨むでしょうか（恨むことなどありません。恨めしいのはあなたです）

とも詠んだ。この女は（親が）他にないほど大事に育て、親王たちや、上達部などが求婚なさるが、（親は）帝に差し上げよう（＝帝のもとに入内させよう）と思って結婚させなかったのに、このこと（＝浄蔵との件）が出て来たので、親も（娘を）見限ってしまったのだった。

解説

問一　本文が、この「むすめ」と「浄蔵大徳」の恋愛譚であること（「なほしもはたあらざりけり」の注釈もヒントになる）、また、「……と思ひてうせにけり。くらまといふ……」以下が、身を隠した浄蔵の修行の場面であることが捉えられれば、そこに届いた「文（手紙）」についての「わが思ふ人の文なり」という記述の「わが思ふ人」は傍線部の

三

出典　『大和物語』〈百五段〉

問一　わが思ふ人
問二　くらま

解答

問三　4
問四　2
問五　1
問六　3
問七　4
問八　5
問九　1

全訳

中興の近江の介（「中興」は人名）の娘が、物の怪に（取り憑かれて）病になって、浄蔵大徳を祈禱者にしたときに、人が何かと言った（＝娘と浄蔵との間について何かと噂した）。それでもやはり（二人の仲は）普通ではなかった。ひそかに過ごして（＝人目を忍んで関係を続けて）、世間の噂などにも嫌気が差す。やはり世間に身を置くまいと思って（浄蔵は）姿を隠してしまった。鞍馬（山）という所に籠って熱心に修行している。（しかしそのような修行の中でも）やはり（女が）とても恋しく思われた。（女のいる）都に思いを馳せながら、万事についてとてもやるせなく思われるまま修行していた。（思いに堪えられず）泣く泣く寝入って、（ふと）傍らを見ると（いつの間にか）手紙が（置いてあるのが）見えた。何の手紙だろうと、思って取って見ると、あの自分が思う人（から）の手紙である。書いてあることは、

墨染の（衣の）ように暗い鞍馬山に入る人（＝あなた）は、（暗い中を）手探りしてでも（私のもとへ）ぜひ帰って

係を指摘するという展開となっている（第九段落まで）という点から、「必要」な「友達への依存」の例として適切なのは5である。

問四　「しずか」と「タコピー」の物語は第十五～十九段落で紹介されているが、第十七段落の「タコピー」の言葉の引用「しずかちゃんのきもち……何もわかろうとしなくてごめんっピ」、第十八段落の「彼女の苦しみの根源は……誰もいなかった、という点にあったからだ」、第十九段落「タコピーがその過ちに気づき……解放された」などの記述に鑑みれば2が正解。

問五　傍線部を含む段落の冒頭で「友情において対話がいかに重要であるか……いかに脅威であるか」と指摘した上で、「しずかはその友達と語り合うことで、自分に潜在する可能性を信じられるようになる」となっている点がポイント。本文【1】は冒頭から友達との「対話」を通じた〈アイデンティティの確立〉について語り、第十四段落では「私たちは、友達との対話を通して、自分自身の可能性を信じ、それを開花させることができる」と、この傍線部と明確に対応する記述がある。つまり〈アイデンティティの確立〉と〈自分自身の可能性の開花〉の二点が答案で示すべき内容的条件となる。本文【2】でそれに対応する記述は「『私』が自分のアイデンティティを確立する」（第三段落）、「健全な依存とは、それによって依存している人の善が開花する」（第二段落）で、これを用いて答案を作成すればよい。

問六　「伝統的な友情観」については、本文【2】の冒頭の記述から「他者を必要としない自律的な人間による関係」を前提としたものであることがわかる。それから「友情を解放」するマッキンタイアの友情論は、本文【1】で説明されているように、「健全な依存」（本文【2】第二段落）を重視するものである。したがって正解は1である。

問七　本文で紹介される「しずか」と「タコピー」の物語は論理展開上〈例示〉である。したがって挿入文の「彼女（＝しずか）はずっと『一人』だった」の「一人」とは、本文の趣旨から、対話する相手がいない、したがって自己を理解してくれる相手がいない状態であると判断できる。それに対応するのは第十八段落である。

問五 自分のアイデンティティを確立し、自身の善を開花させること。（二十六字以上三十字以内）

問六 1

問七 3

要旨

相手に依存しない、自律的な個人による関係を是とする伝統的な友情観に反して、マッキンタイアは友情における依存関係の重要性に着目する。対話を通じた相互理解――相互依存によって、人間は自己のアイデンティティを確立し、自分自身の可能性を信じられるようになる。それこそが人間の自己実現の基盤となる条件であり、健全な依存関係は人間に必要なものである。

解説

問一 傍線部直後の第四段落冒頭に「誰にでも当てはまるような……友達がどんな価値を重視しているのかを、まず把握しなければならない」とあり、以下相手との対話を通じて相手を理解し、「相手の言葉でものを考えられるようになる」（第五段落）ことで「はじめて、『私』は友達にとっての善を尊重し、……語ることができるようになる」（第六段落）。その後の第七・八段落の「相手の善」「友達の善」についての記述から判断すれば、3が正解である。

問二 空欄を含む「自分の意見を X し」という記述は「アイロニカルに意見すること」についてのものだが、直前の段落で「アイロニカルである、ということは、自分が語っていることが、絶対に正しいわけではない、別の意見も可能であると知りながら、それを語ることである」と説明されている。この説明の内容と整合性があるのは4、「相対化」である。

問三 傍線部は「その限りにおいて……友達への依存は必要である」という一文の中の記述であり、文頭の「その」の指示対象は直前の一文の「私たちは……開花させることができる」である。本文【1】は冒頭から「人間は、自分のことを知るために……どのように関わればよいのだろうか」で始まっており、「対話」を通じた相互理解－相互依存の関する展開なので、2・3は不適切。第十段落冒頭に「投入資源一単位あたりの付加価値を高めるということは経済システムの根本を変える」とある点から、設問の要求の「『経済の改革』の本質」に一番ふさわしいのは5である。1は「経済の改革」の前提ではあっても「改革」自体ではないし、4の「分ければ資源……」「3R」は「循環経済」構築の「ヒント」である（第四段落参照）。

問七　傍線部の直後に「なぜなら、……いるからだ」と理由が説明されていて、この部分の「物質的なもの」「非物質的なもの」の具体化という点で一番適切なのは、それぞれを「モノが付加価値そのものである」（高度経済成長期についての第一段落の内容と合致する）、「モノに付随したコトも消費意欲を喚起する」（第二十一段落以降の内容と合致する）としている2である。1の「直結した」、3の「排除した」、5の「根本的に需要を転換」はそれぞれ飛躍しており、4では消費スタイルの変化がSDGs教育の結果という論理になる。

問八　1は「資本主義経済に頼っていては……時間がかかりすぎる」、2は「需要の伸び悩みによる経済不況という正反対の問題」、5は「失業率改善などの需要の掘り起こしが必要」がそれぞれ本文中に対応する記述がない。3は「制度的規範体系が不可欠」であることについて「静脈物流においては」と「静脈物流」に限定している点で本文の内容と齟齬を来たしている。第十一段落および第十六段落以降の内容と合致する4が正解。

二

出典　戸谷洋志『友情を哲学する――七人の哲学者たちの友情観』〈第七章　友達に依存するのは悪いことか――マッキンタイア〉（光文社新書）

解答

問一　3

問二　4

問三　5

問四　2

解説

問二　傍線部の「ごみ」は通常の意味とは違ったニュアンスを含めて用いられている言葉でもないので、「六字」という設問の指示を条件に注意深く見てゆくしかない。第五段落冒頭の一文で「分別によってリサイクル」する対象とされている「生活の残余物」が、字数の点でも条件に一致する。

問三　傍線部の「どう解くのか」について直後から「これが循環経済構築の……という標語にある」と説明され、「喫緊の課題」である「ごみ問題」について、次の第五段落冒頭で「そこで出てきたのが、……分別によってリサイクルしようという考え方である。そうすれば焼却量も埋立量も削減できる」と解決策が提示されている。したがって正解は４。

問四　傍線部冒頭の「これ」は「（ごみの）高い焼却率」を指し、それが「ごみ問題の解決の一助にはなった」が、「循環経済作りの足かせ」（傍線部）ともなった、とある。「循環経済」は「リユース」「リサイクル」を重要な柱とするので、１が最も適切。「高い焼却率」は高度経済成長期に実現したもので、２・３・４は平成バブル期以降に顕在化した問題。５、「当事者たちの間に感情的なしこりを残す」は、本文中にそれに触れた記述がない。

問五　「ソフトロー」については傍線部直前で「国や……主体の行動を一定の方向に制約する非法規範」と説明されている。つまり法として明文化されているわけではないが、人々が日常的に従っている規範（道徳や礼儀作法などがその例）のことである。傍線部で筆者はそれが「循環経済構築で今後大きな役割を果たす」とし、直後の第十五段落で「循環経済」実現のために必要なシステムを列挙するも「これだけでは十分ではない」と言う。「不足」しているものとして第十六段落以降で消費者の「需要」を挙げ、第二十段落以降で「循環経済」に寄与しうる消費者の現実の行動を例示するという展開となっていることから、この部分に「ソフトローの具体例」があると当たりがつけられる。二十五字という設問の条件に合うのは、本文末尾近くの「ＳＤＧｓの目標を……行動すること」である。

問六　傍線部の直後に「しかしこれだけでは十分ではない」とあって、「消費者の支払意思」「有効需要」の重要性を強調

国語

一

出典　細田衛士「ＳＤＧｓ時代に循環経済を実現するための課題」（『三田評論』二〇二二年一二月号　慶應義塾大学出版会）

解答

問一　①まば　②げんさい

問二　生活の残余物

問三　4

問四　1

問五　ＳＤＧｓの目標を自分の行動に紐付けして行動すること

問六　5

問七　2

問八　4

要旨

過去のごみ問題は焼却率の向上や拡大生産者責任の概念によるリサイクル法の効果などで収束の様相を見せたが、今後の持続可能な経済社会を考える際、資源の投入量を抑制し節約再利用を進めることによって資源の付加価値を向上させ、残余物の排出を減らす循環経済への志向が必要である。そのためには生産供給構造および需要構造を法的・非法的規範体系の確立を基盤とした資源循環型に転換する必要があるが、非物質的なサービスなどを求める現在の消費傾向は今後への明るい希望である。

//////////////////// · memo · ////////////////////

/////////////////// · memo · ///////////////////

//////////////////// · memo · ////////////////////

2023年度

問題と解答

■学部別入試

問題編

▶試験科目・配点

	教　科	科　　目	配　点
学部別方式	外国語	「コミュニケーション英語Ⅰ・Ⅱ・Ⅲ，英語表現Ⅰ・Ⅱ」，ドイツ語（省略），フランス語（省略）から１科目選択	150 点
	選　択	日本史Ｂ，世界史Ｂ，地理Ｂ，政治・経済，「数学Ⅰ・Ⅱ・Ａ・Ｂ」から１科目選択	100 点
	国　語	国語総合（漢文の独立問題は出題しない）	100 点
英語４技能試験利用方式	外国語	コミュニケーション英語Ⅰ・Ⅱ・Ⅲ，英語表現Ⅰ・Ⅱ ☆英語４技能資格・検定試験のスコアを出願資格として利用	300 点
	選　択	日本史Ｂ，世界史Ｂ，地理Ｂ，政治・経済，「数学Ⅰ・Ⅱ・Ａ・Ｂ」から１科目選択	100 点
	国　語	国語総合（漢文の独立問題は出題しない）	150 点

▶備　考

- 「数学Ａ」は「場合の数と確率，整数の性質，図形の性質」，「数学Ｂ」は「数列，ベクトル」から出題する。
- 英語４技能試験利用方式は，実用英語技能検定（英検），TEAP，TOEFL iBT®，IELTS™（アカデミックモジュールに限る），GTEC（CBT タイプに限る）のいずれかの試験において，所定の基準（詳細は省略）を満たし，出願時に所定の証明書類を提出できる者が対象。「英語」，「国語」，「地理歴史，公民，数学」の３科目の総合点で合否判定を行う。英語については，本学部の試験を受験する必要がある（１科目以上の欠席科目があった場合は，合否判定の対象外となる）。

英語

（80分）

〔Ｉ〕 空欄に入る最も適切なものをそれぞれ１つ選び、その番号をマークしなさい。

(1) It's been a long time since we last met, (　　　)?

1 didn't it　　2 hasn't it

3 isn't it　　4 wasn't it

(2) The new business transaction regulations will come into (　　　) two months from now.

1 effect　　2 offer

3 result　　4 ultimate

(3) My brother and I used to go to our local forest, (　　　) we got fresh air and enjoyed birdwatching.

1 however　　2 whatever

3 where　　4 which

(4) The students were kept (　　　) about their teacher leaving the school.

1 in a bad light　　2 in the dark

3 in the woods　　4 in their way

(5) Once you enter a foreign country, you are (　　　) to its laws. You must be sure to obey them during your stay.

1 deject　　2 object

3 reject　　4 subject

(6) John: I wonder who I should vote for. Have you decided?

Alice: Yes, of course. As you know, I'm not ( ) increasing taxes.

1 along 2 beside

3 for 4 on

(7) There is no Internet or phone service here. So, sending a letter by post is the only ( ) you have to get in touch with your family.

1 ability 2 agent

3 means 4 part

(8) Humans ( ) about 98% of their DNA with chimpanzees.

1 count 2 hold

3 resemble 4 share

(9) The international community demanded that the president ( ) her mind, saying it was not too late.

1 change 2 changed

3 of changing 4 to change

(10) You might feel ( ) you had solved this question before.

1 alike 2 as though

3 to wonder 4 whether

(11) We are very ( ) with our son's performance at school. We wish he had concentrated on his studies as hard as you all have.

1 excited 2 satisfactory

3 satisfied 4 unhappy

(12) The other store down this street sells expensive bags only, and they sell them at unreasonable prices. After seeing that place, I find many things

(　　　) at this store.

1　affordable　　2　easy

3　facilitated　　4　filling

(13) After hatching from their eggs, baby eagles are unable to stand, (　　　) alone fly.

1　go　　2　let

3　raised　　4　released

(14) Please tell me about your work history. Go in chronological (　　　), starting from your first job to your most recent one.

1　order　　2　place

3　series　　4　time

〔Ⅱ〕 空欄(　1　)～(　6　)に入る最も適切なものをそれぞれ1つ選び、その番号をマークしなさい。

< Conversation 1 >

Bobby: Hey, Phil.　I'm sorry I'm late.　I had to go to the police station.

Phil:　The police station?　Why?　Did something happen?

Bobby: Yes.　A robber broke the lock on the door to my apartment and got inside.　I had to inform the police and submit a report about the crime.

Phil:　Wow!　I can't believe that someone entered your apartment.　What did the robber take?

Bobby: Nothing!　Can you believe it?

Phil:　So the robber didn't (　1　) rob you?　That's strange.

Bobby: That's not even the strangest part.　The robber left a note on my kitchen table.　The note said, "Buy some things that are worth stealing."

Phil:　I'm sorry that happened to you, but (　2　): that's both funny and rude at the same time!

Bobby: You're right about that! Anyway, I'm just a university student, and I work two part-time jobs to help pay for my daily expenses. Even though the robber probably just chose my apartment at random, he shouldn't have automatically expected the person who lives there to (3).

(1) 1 actually
 2 intentionally
 3 knowingly
 4 mistakenly

(2) 1 I didn't let it happen again in your neighborhood
 2 I have to say
 3 the police have a job to do
 4 you don't know as much

(3) 1 be a poor student who doesn't have much money
 2 invite the robber to break in while he is busy studying at school
 3 live in a place that is full of expensive possessions
 4 own a table that is unexpectedly sold as a luxury brand

< Conversation 2 >

Ted: Hi, Kenny. How have you been?

Kenny: Not too well, I'm afraid. I'm feeling a bit blue.

Ted: Oh, I'm sorry to hear that. Well, this might cheer you up. You said just now that you were feeling blue, right? It's interesting that in the English language we are able to assign different colors to specific feelings or emotions.

Kenny: What do you mean?

Ted: Well, you said you felt blue. The color blue is often associated with sadness or depression. The color red is connected to the feeling of anger.

Kenny: Oh, I see. And (4) you will tell me that the color yellow and the emotion of fear go together, as would green with jealousy, right?

Ted: That's right. Other colors like pink, white, purple, and grey all have emotions associated with them.

Kenny: That is interesting. What about the color orange?

Ted: I'm not sure. I don't think it typically gets associated with any human feeling or emotion in English.

Kenny: That's too bad. I was wondering what feeling the color orange gets associated with.

Ted: Well, I can imagine what feeling it might be. Many words rhyme, like "cat" rhymes with "hat," "site" with "fight," and "red" with "said," right?

Kenny: You mean like how "rain" rhymes with (5)?

Ted: Exactly! So, the word "orange" is famous for not having any words that rhyme with it perfectly. (6), if I had to assign a feeling to the color, I would say that it would probably be loneliness.

Kenny: That makes sense. Let me know if you ever feel orange. We can go sing karaoke together.

(4)　1　don't you mind
　　2　for all that time
　　3　I bet
　　4　it's up to

(5)　1　"cane"
　　2　"moisture"
　　3　"ring"
　　4　"wet"

(6) 1 Although it is too early to tell
2 Because seeing is believing
3 In a manner of speaking
4 With that in mind

〔Ⅲ〕 次の英文を読み、設問に答えなさい。

At shortly after 9.30 p.m. on Friday 3 December 1926, Agatha Christie[1] got up from her armchair and climbed the stairs of her Berkshire home. She kissed her sleeping daughter, Rosalind, aged seven, goodnight and made her way back downstairs again. Then she climbed into her Morris Cowley and drove off into the night. She would not be seen again for eleven days.

Her disappearance would (1)spark one of the largest manhunts ever mounted. Agatha Christie was already a famous writer and more than one thousand policemen were assigned to the case, along with hundreds of civilians. For the first time, aeroplanes were also involved in the search.

The Home Secretary,[2] William Joynson-Hicks, urged the police to make faster progress in finding her. Two of Britain's most famous crime writers, Sir Arthur Conan Doyle, creator of Sherlock Holmes, and Dorothy L. Sayers, author of the Lord Peter Wimsey series, were drawn into the search. (2)Their specialist knowledge, it was hoped, would help find the missing writer.

It didn't take long for the police to locate her car. It was found abandoned on a steep slope at Newlands Corner near Guildford. But there was no sign of Agatha Christie herself [. . .].

As the first day of investigations progressed into the second and third — and there was still no sign of her — speculation began to mount. The press had a field day,[3] inventing (3)ever more lurid[4] theories as to what might have happened.

It was the perfect tabloid story, with all the elements of an Agatha Christie whodunnit.[5] Close to the scene of the car accident was a natural spring known as the Silent Pool, where two young children were reputed to have died. Some journalists ventured to suggest that the novelist had deliberately drowned herself.

Yet her body was nowhere to be found and suicide seemed unlikely, for her professional life had never looked so optimistic. Her sixth novel, *The Murder of Roger Ackroyd*, was selling well and she was already a household[6] name.

Some said the incident was nothing more than a publicity stunt, a clever ruse[7] to promote her new book. Others hinted (あ) a far more sinister turn of events. There were rumours that she'd been murdered by her husband, Archie Christie, a former First World War pilot and serial philanderer.[8] He was known to have a mistress.

Arthur Conan Doyle, a keen occultist, tried (A) paranormal powers to solve the mystery. He took one of Christie's gloves to a celebrated medium[9] in the hope that it would provide answers. It did not.

Dorothy Sayers visited the scene of the writer's disappearance to search (い) possible clues. This proved no less futile.

By the second week of the search, the news had spread around the world. (4)It even made the front page of the *New York Times*.

Not until 14 December, fully eleven days after she disappeared, was Agatha Christie finally located. She was found safe and well in a hotel in Harrogate, but in circumstances so strange that (5)they (ア) more questions than they (イ). Christie herself was unable to provide any clues to what had happened. She remembered nothing. It was left to the police to piece (う) what might have taken place.

They came to the conclusion that Agatha Christie had left home and travelled to London, crashing her car en route.[10] She had then boarded a train to Harrogate. On arriving at the spa town, she checked into the Swan Hydro — now the Old Swan Hotel — with almost no luggage. Bizarrely, she used the assumed name of Theresa Neele, her husband's mistress.

Harrogate was the height of elegance in the 1920s and filled with fashionable young things. Agatha Christie did nothing to arouse suspicions as she joined in with the balls, dances and Palm Court entertainment. She was eventually recognized by one of the hotel's banjo players, Bob Tappin, who alerted the police. They tipped off[11] her husband, Colonel Christie, who came to collect Agatha immediately.

But his wife was（　え　）no hurry to leave. Indeed, she kept him waiting in the hotel lounge while she changed into her evening dress.

Agatha Christie never（　B　）about the missing eleven days of her life and over the years there has been much speculation about what really happened between 3 and 14 December 1926.

Her husband said that she'd suffered a total memory loss as a result of the car crash. But according to biographer Andrew Norman, the novelist may well have been in what's known as a 'fugue'[12] state or, more technically, a psychogenic trance. It's a rare condition（　C　）on by trauma or depression.

Norman says that her adoption of a new personality, Theresa Neele, and her failure to recognize herself in newspaper photographs were signs that she had（　D　）into psychogenic amnesia.[13]

'I believe she was suicidal,' says Norman. 'Her state of mind was very low and she writes about it later through the character of Celia in her autobiographical novel *Unfinished Portrait*.'

She soon made a full recovery and once again picked（　お　）her writer's pen. But she was no longer prepared to tolerate her husband's philandering: she divorced him in 1928 and later married the distinguished archaeologist Sir Max Mallowan.

We'll probably never know for certain what happened in those lost eleven days. Agatha Christie left a mystery that even Hercule Poirot[14] would have been unable to solve.

（出典：Giles Milton, *When Hitler Took Cocaine and Lenin Lost His Brain: History's Unknown Chapters*, Picador, 2016）

注

1　Agatha Christie：イギリスの推理小説作家

2　Home Secretary：内務大臣

3　had a field day：大騒ぎした、好き勝手に報じた

4　lurid：恐ろしい、扇情的な

5　whodunnit：推理小説(Who done［did］it? から)

6　household：よく知られた

7　ruse：策略、たくらみ

8　philanderer：女たらし

9　medium：霊媒師

10　en route：途中で

11　tipped off：こっそり知らせた

12　fugue：遁走、徘徊症(一時的記憶喪失状態)

13　psychogenic amnesia：心因性の記憶喪失

14　Hercule Poirot：Agatha Christie の創作した名探偵

問1　空欄(　あ　)～(　お　)に入る最も適切なものをそれぞれ1つ選び、その番号をマークしなさい。

(あ)	1　at	2　down	3　out	4　up
(い)	1　for	2　off	3　under	4　way
(う)	1　away	2　down	3　together	4　up
(え)	1　at	2　before	3　in	4　on
(お)	1　for	2　into	3　toward	4　up

問2　空欄(　A　)～(　D　)には、以下の動詞のいずれかが入る。それぞれに最も適切なものを選び、必要な場合は文意が通るように語形を変えて、解答欄に1語で記しなさい。

bring　　fall　　speak　　use

問 3 下線部(1)〜(5)について、最も適切なものをそれぞれ1つ選び、その番号をマークしなさい。

(1) この spark に意味が最も近いのは

1 break
2 flash
3 illuminate
4 trigger

(2) この Their specialist knowledge のもたらした結果について、本文が述べているものは

1 Doyle and Sayers worked together with Christie and were successful in fooling the police.
2 Doyle managed to find one of Christie's gloves with his paranormal powers but failed to locate the missing novelist.
3 Doyle turned out to be a more competent detective than Sayers.
4 Neither Doyle nor Sayers proved as helpful in the search as they had been expected to be.

(3) この ever more lurid theories as to what might have happened として本文に**言及のない**ものは

1 Christie deliberately disappeared to help her new novel sell better.
2 Christie killed herself for some unknown reason.
3 Her husband killed Christie because he loved someone else.
4 Two children died along with Christie when she drowned in the Silent Pool.

(4) この It even made the front page of the *New York Times* とは

1 Christie's disappearance was a matter of interest for Americans as well as the British.
2 Newspaper reporters appeared in front of Times Square in New York.
3 The frontline workers moved from London to New York.
4 The New York Police Department was also involved in the Christie

investigation.

(5) この空欄(ア)(イ)に入る語句の組み合わせとして最もふさわしいものは

1 (ア) discussed (イ) investigated

2 (ア) investigated (イ) discussed

3 (ア) raised (イ) solved

4 (ア) solved (イ) raised

問 4 以下の各群について、本文の内容と一致するものを1つ選び、その番号をマークしなさい。

A群

1 After kissing her daughter, Christie bumped into her old friend, Morris Cowley.

2 Andrew Norman associates Christie's disappearance with her desire to kill herself.

3 Bob Tappin recognized Christie at the hotel in Harrogate because it was fashionable to do so.

4 Christie's loss of memory was caused by her adoption of Theresa Neele as her child.

B群

1 Christie's state of mind caused her to stop writing mystery novels after her disappearance in 1926.

2 It is clear from the article that Christie took her time changing into her evening dress because she wanted to look her best when she arrived back home in Berkshire.

3 The author believes that the mystery of Christie's disappearance could have been solved if Sherlock Holmes and Hercule Poirot had worked

together.

4 The police received no assistance from Christie as they investigated her disappearance because she was unable to recall what had happened to her.

〔Ⅳ〕 次の英文を読み、設問に答えなさい。

Some years ago, Dr. Henry Cohen, the well-known rabbi,[1] asked my opinion of a short manuscript. “A boy sent it from Europe, hoping I could sell it for him,” he said. “I haven’t had time to read it.”

After I had read only a few paragraphs, it was apparent that the article had been copied from a travel folder.[2] But I didn’t say so. I hedged.[3] “I don’t know about this,” I said. “I’ll send it to my agent for you.”

Rabbi Cohen (　A　) the pages as I handed them back. After a minute, he looked at me in surprise. “Do you mean to tell me you’d take the time and trouble to send this to New York and impose on a man there to read it and write you a letter, only to have to return in a week or so to tell me what you can tell me now?” he asked incredulously. My embarrassment must have been apparent, because he smiled gently. “Always remember this,” he said. “Honesty is the world’s greatest labor-saving device.”

I thought about his advice for some time afterward. For how long, I kept asking myself, had I been engaging in deceptions that were squandering[4] precious time and irreplaceable energies — both mine and those of others? And all under the virtuous cloak of diplomacy. Gradually, I came to realize that honesty is more than a labor-saving device: It is the ultimate of economy in all human relations. For example:

[　あ　]. I’m often interrupted by telephone calls from strangers offering everything from “free”(1) dancing lessons to “free” cemetery lots. There was a time when I remained mute during such calls, listening to a memorized speech that took valued minutes and left me frustrated and resentful. Now, however, I interrupt my caller immediately. "It wouldn't be fair to take your time," I say, "when I already know I'm not interested." And I hang up (2).

A couple I know made a New Year's resolution to be completely honest in their social life. "It all began with a friend calling every Monday morning to make plans with us for the following weekend," the wife explained. "I'd say okay — whether we wanted to see them or not — because I could never come up with a quick excuse. Then my husband and I would spend all week trying to figure out a way to cancel. We finally realized that it is all right to refuse any invitation."

[い]. Some months ago, at a club meeting, I heard an exchange student speak glowingly[5] about his year in our country. "But there's one thing I still don't understand," he added. "Americans often promise more than they deliver. 'Come to see me,' they're always saying, or 'We must get together.' Yet, few follow up. Everybody seems to want to be a good guy, but I find their dishonesty unkind. Maybe it's meant to be good manners, but it turns out to be bad manners."

An honest question deserves an honest answer — that's only common courtesy. A neighbor of ours recently acquired a new puppy. She called a veterinarian's[6] office three times, but her calls were not returned. Finally, on the fourth call, she asked the receptionist outright, "Do you think the doctor already has too many patients?" A silence (B) in the air. Then the receptionist said, "You've been frank, so I'll be frank. Yes, I think the doctor has more patients now than he can properly handle. If I were you, I'd call one of the younger doctors at a less-established animal clinic."

Honesty Saves Needless Contriving.[7] A friend of mine recently underwent the chores[8] of moving. As the movers were gathering their barrels and boxes, she realized that she hadn't seen a valuable vase. Carefully, the four men went through every barrel of excelsior,[9] every box of papers, while my friend and her young daughter searched closets and cupboard shelves. After an hour, on the verge of giving up, the woman's eyes caught the gleam of a bit of crystal(3) on the kitchen floor. The girl looked at her mother and burst into tears. "I dropped it early this morning," she confessed. My friend was distressed over the loss of a treasure, naturally. But she was more distressed over the unnecessary trouble her child had caused. "You have wasted an hour for six people," she pointed out. "That's six hours — almost a day's work." The girl wiped her eyes. "But I think I learned a lesson, Mother," she said. "If the truth hurts, putting it off(4) only hurts worse."

[　う　]. A little boy who greatly feared the sight of blood was taken to a dentist to have a tooth pulled. Both his father and the dentist (　C　) him there would be no blood. There was, of course, and the child was outraged. Now an 80-year-old man, he said to me, "I remember it to this day. Parents shouldn't lie to children even if they think it's for their own good. Lies deteriorate relationships, can ruin them permanently."

[　え　]. When she first went to Hollywood, an actress I know posed as a foreigner in an effort to appear more glamorous. "I knew nothing but hectic[10] days and sleepless nights," she told me. "It was a horrible existence — trying to be what you're not(5)." One day a columnist told her he knew the truth and was going to release the story. "The fact that people really believe you're British proves that you're a good actress," he said. "But you can't continue running scared. Because if you do, you won't have energy left for your real profession." The actress said that she would be grateful to the columnist for the rest of her life. "He forced me to admit the truth, and the truth set me free."

A final word of warning about honesty: Solicited[11] or unsolicited, it should never be confused with rude, intrusive[12] comment. "Aggressively outspoken people get satisfaction from saying that they don't like your new dress or your new chair," a minister told me. "Worse, there are those who say they wouldn't be your friend if they didn't tell you something ugly that was said about you. In my work, I sometimes have to tell a hard truth(6). But I don't do it unless I'm absolutely certain it's meant in a loving way. The rule I use — and think anyone could use — is to refuse to employ painful honesty unless the unpleasant task breaks my own heart. Hence, I'll never wound to gain feelings of self-righteousness[13] or superiority. Or to punish someone I really don't like."

From time to time, each of us should step back and take a look at our daily lives. Are we wasting time and energy (D) out deceptions, both polite and impolite? Having stepped back myself, I have learned that being honest is not a talent, not an art, not even a skill. It is a habit. And like the forming of most habits, this one requires concentration and practice. But once formed, it is as rewarding as a good-luck coin — for truth lies on one side, well-being on the other.

(出典：Elise Miller Davis, "A Simple Shortcut That Will Set You Free," *The Best of Reader's Digest*, vol. 2, Reader's Digest, 2021, pp. 155–58)
著作権保護の観点から、設問に必要な空欄、下線などを施す以外、綴字ならびに句読点などに変更、修正を加えず、出典元の表記のまま使用している。

注

1 rabbi：ラビ、ユダヤ人の聖職者、学者
2 travel folder：旅行案内用のパンフレット
3 hedged：即答を避けた
4 squandering：無駄にする
5 glowingly：称賛の気持ちをこめて
6 veterinarian：獣医
7 contriving：手だてを考え出すこと
8 chores：面倒な仕事
9 excelsior：梱包品に詰めものとして使う木の削りくず
10 hectic：多忙な
11 solicited：(何かをするように)求められている
12 intrusive：無遠慮で立ち入った
13 self-righteousness：独善

問 1 下線部(1)～(6)について、最も適切なものをそれぞれ1つ選び、その番号をマークしなさい。

(1) この “free” の引用符に込めた筆者の意味は

1 Freedom is not easily granted in the real world.

2 The services are available anytime.

3 They will charge you some money in the end.

4 Vacancy is not guaranteed.

(2) この hang up とは

1 become irritated by the caller

2 feel fed up with frequent phone calls

3 finish the phone conversation

4 put the call on hold

(3) この a bit of crystal とは

1 a flashing image

2 a fragment of the vase

3 a part of an eyeglass

4 a small jewel

(4) この putting it off とは

1 delaying the confession

2 exposing the secret

3 revealing the truth

4 taking off the burden of telling a lie

(5) この女優の言う what you're not とは

1 American　　2 an actress

3 British　　4 Californian

(6) この to tell a hard truth とは

1 to let another person know that being truthful is more difficult than most people realize

2 to reveal something that is true but that might nevertheless hurt someone's feelings

3 to say what everyone else is thinking at just the right moment

4 to speak your mind but do so in an unnecessarily complicated way

問 2 空欄(A)～(D)には、以下の動詞のいずれかが入る。それぞれに最も適切なものを選び、必要な場合は文意が通るように語形を変えて、解答欄に1語で記しなさい。

assure　　carry　　hang　　scan

問 3 空欄[あ]～[え]には、以下の小見出しのいずれかが入る。最も適切なものをそれぞれ1つ選び、その番号をマークしなさい。

1 Honesty Brings Inner Peace　　2 Honesty Generates Trust

3 Honesty Is Good Manners　　4 Honesty Saves Time

問 4 以下の中から、本文の内容と一致するものを1つ選び、その番号をマークしなさい。

1 A couple that the author knows would always quickly apologize whenever they agreed to make weekend plans with other people.

2 The author believes she had wasted the time and energy of multiple people prior to talking to Dr. Cohen about the manuscript.

3 The author's neighbor was advised to call other animal clinics because their young doctors would be much more patient when properly handling puppies.

4 The exchange student mentioned in the article believes that Americans behave poorly whenever they refuse to follow each other each time they meet.

日本史

（60 分）

〔Ⅰ〕 以下の文章は、古代～中世の東北地方をめぐる情勢について記したものである。文章内における a ～ e の【　　】の中に入る最も適切な語句を①～⑤から選び、マークしなさい。また、[1] ～ [5] の中に入る最も適切な語句を記しなさい。

縄文時代、森林資源に恵まれた東北地方では、多くの人々が居住し、独自の文化を育んでいた。このことは、有名な三内丸山遺跡をはじめとする数多くの遺跡からうかがうことができる。とくに亀ヶ岡遺跡出土の遮光器土偶などは、その個性的な風貌から多くの人たちに今も愛され、東北地方の縄文文化の象徴の一つとなっている。一方で弥生時代前期には、早くも東北地方の北部にまで水田耕作が波及していたことが、青森県の a【① 砂沢遺跡　② 板付遺跡　③ 纒向遺跡　④ 菜畑遺跡　⑤ 荒神谷遺跡】から判明している。

中央でヤマト政権が成立すると、彼らは東北地方に住み中央に従わない人々を「蝦夷」と呼び、自身の支配下に組み込もうとした。7 世紀中頃には日本海側に渟足柵・磐舟柵が築かれ、ついで斉明天皇の時代には武将 [1] の率いる 180 隻の水軍が派遣され、秋田・津軽地方が鎮定された。その後、712 年には日本海側に出羽国が設置され、733 年には秋田城が築かれる。また太平洋側でも、724 年には多賀城が築かれ、それぞれ蝦夷対策や東北支配の拠点となった。こうした動きに対し、蝦夷勢力はたびたび抵抗し、とくに 774 年から 811 年にかけての 38 年間は断続的に中央政府と蝦夷の衝突が繰り返された。とくに 780 年、蝦夷の族長である b【① 阿弖流為　② 紀古佐美　③ 母礼　④ 伊佐西古　⑤ 伊治呰麻呂】の反乱は大規模で、按察使の紀広純が殺害され、多賀城が焼かれている。これをうけて桓武天皇は蝦夷対策の強化に乗り出し、軍兵をたびたび東北地方に派遣している。802 年には多賀城の北に胆沢城、翌 803 年にはさらに北に志波城が築かれ、この時期、北上川の上流地域にまで律令国家の支配は及ぶことになった。しかし、新都平安京の造営と対蝦夷戦争を両立するには困難が多く、805年、ついに桓武天皇は新都造営と蝦夷戦争の中止を決断する。

11世紀、新たに勃興した軍事貴族のなかでも、とくに源氏は、1031年、房総半島を拠点にした平忠常の乱を鎮圧したのを契機に、東日本に基盤を築いていった。1062年には、陸奥守兼鎮守府将軍であったc【① 源頼義　② 源義家　③ 源為義　④ 源頼信　⑤ 源義朝】が、出羽の清原氏の力を借りて、陸奥の豪族である安倍氏の反乱を鎮圧(前九年合戦)すると、その力は東北地方にまで及んだ。さらに1087年には、清原氏の内紛を鎮圧(後三年合戦)し、以後、源氏は東国の武士団との主従関係を深めていき、これが後の鎌倉幕府の存立基盤となった。このとき辺境地域で繰り広げられた武士たちの血みどろの戦いは、都の貴族たちにも大きな関心事であったらしく、前九年合戦の様子は11世紀後半に成立した軍記である『[2]』に、後三年合戦の様子は14世紀に成立した絵巻である「後三年合戦絵巻」に、それぞれ詳しく描写されている。

後三年合戦の後、清原氏にかわって東北地方の実権を握った藤原清衡は、陸奥平泉に本拠を定め、以後、2代基衡、3代秀衡の三代にわたり奥州に独自の文化を築いていく。この時期、中央では浄土教文化が開花していたが、平泉でも3代秀衡が平等院鳳凰堂を模した阿弥陀堂と浄土式庭園をもつ[3]を建立しており、平泉は都に劣らぬ高い文化水準を誇っていた。しかし、その奥州藤原氏も、4代泰衡の代に源義経を匿ったことを理由に源頼朝の攻撃をうけ、滅ぼされている。

奥州藤原氏を滅ぼした頼朝は、陸奥国の御家人の統率や訴訟取次を目的に[4]を設置し、葛西清重と伊沢家景にこれを統括させた。以後、鎌倉時代の東北地方には、関東出身の御家人が次々と地頭として進出し、それぞれの地盤を築いていくことになる。後醍醐天皇の建武政権も、東北地方の勢力を無視できず、義良親王と[5]を陸奥多賀城に派遣して、その支配を委ねた。足利尊氏が建武政権に離反すると、[5]は奥州の軍勢を率いて西上し、尊氏を窮地に陥れており、東北地方の潜在的な軍事力が並々ならぬものであることを世に示した。なお、14世紀には、津軽のd【① 草戸千軒　② 鞆浦　③ 志苔館　④ 坊津　⑤ 十三湊】が当時有数の日本海交易の拠点として繁栄しており、室町時代になっても東北支配の重要性は変わらず、室町幕府も陸奥と出羽にそれぞれ独自の統治機関を設置している。

戦国時代になると、東北地方には大崎氏・最上氏・伊達氏・蘆名氏などの強大な戦国大名が生まれている。なかでも伊達稙宗は、『塵芥集』と呼ばれる分国法を独自に制定したことで知られている。1590年、全国を統一した豊臣秀吉は東北地方の大名たちを支配下に置き、それまでｅ【① 春日山　② 仙台　③ 山形　④ 会津　⑤ 岩出山】にいた伊達政宗を陸奥国中部に国替えし、1598年には上杉景勝をｅに移すなど、東北地方の大名の独立性に大きな規制を加えている。これは、のちの江戸幕府の転封政策の先取りとも言える。

以上のように、東北地方の古代・中世史は、政治と文化をめぐって地元の独自性と中央からの影響のせめぎ合いの歴史であった。

〔Ⅱ〕 以下の文章は、琉球・沖縄史について記したものである。文章内におけるＡ～Ｅの【　　】の中に入る最も適切な語句を①～⑤から選び、マークしなさい。また [あ] ～ [お] の中に入る最も適切な語句を記しなさい。

それまで食料採取を行う [あ] 文化(南島文化)を中心としていた琉球では12世紀ころから農耕生活が始まり、グスクを形成する動きをみせた。グスクは当初は集落や聖地からなっていることもあったが、その首長である [い] の勢力の拡大に伴い、しだいに立派な石垣による城が作られるようになっていった。このグスクを拠点に [い] は自らの支配地域を広げ、やがて三山が成立した。これらの争いのあと、1429年、中山王の尚巴志が三山を統一し、琉球王国を作り上げた。王国は、明の海禁政策、朝貢貿易を背景にジャワ島・スマトラ島・インドシナ半島などに琉球船の行動範囲を広げ、東アジア諸国間の中継貿易で活躍した。下の文章は琉球王国尚清王代の1531年から尚豊王代の1623年にかけて王府によって編纂された琉球・奄美の古代歌謡集である『 [う] 』の歌のひとつである。風を待ち、朝貢貿易を核に東アジア一帯の港に向けて出入港する琉球船、それらが持ち帰る中国や南蛮の産物を王に献上する様が歌われている。

一　真南風鈴鳴りぎや
　　真南風　さらめけば
　　唐　南蛮
　　貢　積で　みおやせ
又　追手鈴鳴りぎや
　　追手　さらめけば

しかし、倭寇や密貿易、欧州諸国のアジア進出によって多様な通商ルートが併存していくと、琉球王国の力は衰え始め、1609年には薩摩の島津家久の軍に征服された。薩摩藩の支配下におかれた琉球は検地を実施され石高制がしかれたものの、独立した王国として中国との朝貢貿易を継続させられ、薩摩藩は琉球に明や清からの物産を送らせた。

琉球の両属関係は幕末にいたっても継続していたが、1871年、維新政府は琉球を鹿児島県に編入し、さらに翌年には一方的に琉球藩を設置し、日本への併合を図った。清は強く宗主権を主張しこれに反対した。1880年には清国から琉球問題の調停依頼を受けた米国前大統領の[え]が、伊藤博文ら政府高官と協議し、日清交渉をとりつけた。先島分島案などが議論されたが、結局は正式調印されることはなかった。最後の国王の尚泰は琉球藩王となり、その後A【① 公　② 侯　③ 伯　④ 子　⑤ 男】爵に列せられた。

しかしながら、一連の琉球処分後も県政はそれまでの人頭税などを残す[お]温存政策がとられたため、地租改正にあたる土地整理事業も衆議院議員選挙の実施も大幅に遅れた。沖縄県で最初の衆議院議員選挙が行われたのも、B【① 1896　② 1900　③ 1904　④ 1908　⑤ 1912】年のことであった。

太平洋戦争時、沖縄列島における地上戦は、アメリカ軍の慶良間列島上陸から始まり、日本軍の組織的な抵抗が終わった1945年C【① 4　② 5　③ 6　④ 7　⑤ 8】月23日まで続いた。沖縄県ではこの日を「慰霊の日」と定めている。

戦後、沖縄には琉球アメリカ軍政府がおかれた。1952年にアメリカ軍政府は琉球列島アメリカ民政府に代わり、その下に琉球政府を作った。この政府には、民裁判所、立法院、行政府があり、三権を司ったが、立法院は公選だが、行政府のトップである琉球政府D【① 代表　② 長官　③ 首相　④ 委員長　⑤ 主席】

はアメリカ民政府長官が任命した。さらに1957年には最高責任者として現役軍人の琉球列島高等弁務官がおかれ、アメリカ民政府が琉球政府の決定を破棄できるという枠組みに変わりはなかった。琉球政府Dが初めて公選されたのは、1968年のことになる。

佐藤栄作首相が衆議院本会議で言明した「非核三原則」を前提とする沖縄返還協定は、1971年に調印され、翌72年に発効したが、アメリカは施政権を日本に返還したものの、軍事基地はあらためて使用権を得たので沖縄県民は強く反発した。非核三原則とは核兵器を「つくらず」、「もちこませず」とE「【① つかわず　② もたせず　③ もちこまず　④ わたさず　⑤ もたず】」からなる。しかし祖国復帰後もアメリカ軍基地施設のほとんどは返還されず、専用施設面積は沖縄県面積の約8％で全国の関連施設面積の約70％が集中する状況に変わりない。

〔Ⅲ〕 以下の文章は、江戸時代中期以降の政治、経済などについて記したものである。文章内における(a)～(e)の【　　】の中に入る最も適切な語句を①～⑤から選び、マークしなさい。また [(1)] ～ [(5)] の中に入る最も適切な語句を記しなさい。

7代将軍徳川家継の死去により、紀伊藩主徳川吉宗が8代将軍の座に就いた。徳川吉宗は、間部詮房や新井白石らを罷免し、それまでの側近政治を改めた。その一方で、徳川吉宗は幕政から遠ざけられていた譜代大名を重用するとともに、新設した(a)【① 勘定吟味役　② 武家伝奏　③ 勘定所御用達　④ 御用取次　⑤ 城代】を通じて幕閣への影響力を行使しながら、政治を主導していった。

また徳川吉宗は、室鳩巣らを侍講とし、幕政改革のために識者に意見を求めながら政治を執り行った。識者の中でも、荻生徂徠は徳川吉宗の諮問に答えるために『 [(1)] 』を著し、幕政改革案を上申した。そして、旗本の大岡忠相や東海道川崎宿の名主 [(2)] ら有能な人材の抜擢も行った。そのほかに、在職中に限り家禄の不足分を支給させたうえで役職に就かせることで、財政支出を抑えながら人材登用を図る足高の制を定めた。

そして、裁判や刑罰などの基準を定め法律に基づいた政治を行うために、司法制度の整備や法典の編纂にも徳川吉宗は務めた。例えば、従来の法令や判例を集大成した公事方御定書を編纂させた。この公事方御定書は、司法・警察関連の法令81条を収めた上巻と(b)「【① 蕃書調所　② 聖教要録　③ 御触書寛保集成　④ 武家事紀　⑤ 御定書百箇条】」と呼ばれる刑法・訴訟法関連の法令103条を収めた下巻から成り立っていた。このほかにも裁判の迅速化を図るために、金銭貸借に関する争いについては、幕府は訴訟を受理せず当事者間で解決させる相対済し令を発令した。

さらに、改革の要であった財政再建についても種々の政策を打ち出した。参勤交代の在府期間の短縮の見返りに、諸大名に石高1万石につき100石を米で献納させる上げ米を実施した。また検見法から、一定期間同じ年貢率を徴収する定免法に切り替え、豊凶に関わらず安定した年貢を徴収することを図った。しかし、徳川吉宗のもとで勘定奉行であった［(3)］が「胡麻の油と百姓は絞れば絞るほど出るものなり」と暴言を放ったとされるように、結果として下層農民にとっては年貢増徴になる傾向にあり、さらに苦境に陥るようになった。

また作物の商品化政策によっても増収を目論んだ。つとに有名なものとして、青木昆陽に研究を命じ、救荒作物として奨励した甘藷の栽培がある。その他にも、甘蔗、櫨、朝鮮人参、菜種などの商品作物の栽培も奨励し、米穀以外の作付け拡大による農政の強化も図った。これに加えて、新田開発の奨励も行われた。新田開発には、代官が適地を見立て農民に開発させる代官見立新田があった。そのほかにも、越後平野の(c)【① 飯沼新田　② 五郎兵衛新田　③ 紫雲寺潟新田　④ 川口新田　⑤ 鴻池新田】に代表されるように有力商人が開発を請け負う町人請負新田があった。

しかし、こうした町人請負新田などは、有力商人の力を増強させ農村への商業資本の拡大や貨幣経済の浸透を招くことにもつながった。またこれに加えて、そもそも年貢増徴によって疲弊した小百姓たちは農地を質流しにする一方で、その農地を集積する質地地主や大規模な土地を所有する農民である豪農が現われた。その結果、農民の貧富の差が拡大し、農民の階層の分化が進んだ。こうしたことから、豪農と小百姓、小作人との対立は深まり、ときには村役人らの富農層の不正に抗議する［(4)］が起きることもあった。また、凶作や飢饉などが発生すると百姓一揆によって農民は抵抗した。初期の百姓一揆には、義民とまつられた下総の(d)【① 多田嘉助　② 木内宗吾　③ 佐野政言　④ 磔茂左衛門　⑤ 松木庄左衛門】の伝承に見られるように、村の代表者が百姓らを代表して領主に直訴する代表越訴型一揆があった。また、広域の村々からなる百姓が団結し領主に強訴する惣百姓一揆や藩全域に及ぶ大規模な一揆である全藩一揆もあった。

そして、都市部でも飢饉などのあおりから米価が高騰し、町民の生活が困窮するようになると打ちこわしが勃発した。とくに、1787年の(e)【① 寛政　② 寛永　③ 天保　④ 天明　⑤ 享保】の打ちこわしでは、江戸では激しい襲撃が起き、大騒動により幕府の威信は地に落ちた。そこで、老中首座に就任した松平定信は、改革を断行した。一揆や打ちこわしのきっかけとなった飢饉への対策として、諸大名に1万石につき50石を備蓄する囲米を命じ、各地には義倉、社倉が設けられた。また江戸では、七分積金の制度を設け、その運営管理にあたる機関として江戸［　(5)　］を設置した。

そして、荒廃した農村の再生に必要な農村人口を確保するために、都市に流入した没落農民に資金を与え、帰村、帰農を奨励する旧里帰農令を出した。また、隅田川河口の石川島に人足寄場を設け、無宿人や軽犯罪者で引き取り手のない者などを収容し職業訓練を行った。

〔Ⅳ〕　以下の文章は、高度経済成長期の社会経済について記したものである。文章内における(A)～(E)の【　　　】に入る最も適切な語句を①～⑤から選びマークしなさい。また、[ア]～[オ]の中に入る最も適切な語句を記しなさい。

1950年代の日本経済を概観すると、電力業では地域別9電力体制への再編、鉄鋼業では川崎製鉄株式会社による千葉県臨海部の埋立地における鉄鋼一貫工場の建設、造船業では計画造船による造船量の世界第1位の実現などといったように、産業振興が展開された。(A)【① 1947　② 1949　③ 1951　④ 1953　⑤ 1955】年には、実質国民総生産と工業生産が戦前水準を超え、日本経済の戦後復興は着実に進んでいた。

1955年から1957年にかけて神武景気と呼ばれる好景気が現出した。翌1958年にかけて、[ア]と呼ばれる景況悪化に陥ったものの、その後も大型景気を繰り返した。1956年度の『経済白書』では「もはや戦後ではない」と記され、日本経済は戦後復興から高度経済成長へと舵を切った。

大企業による膨大な設備投資は、「投資が投資を呼ぶ」と言われた。先進国の技術導入を通じた積極的な設備投資は経済成長を促し、石油化学や合成繊維などの新しい産業を創出させた。また、中小企業の構造改革が図られ、1963年には中小企業基本法とともに、中小企業をめぐる経済事情の変化に対処し、成長発展を促すことなどを目的とした中小企業[イ]法が制定された。

1955年には日本生産性本部が設立され、(B)【① スイス　② イギリス　③ ドイツ　④ オランダ　⑤ アメリカ】で起こった生産性向上を図る運動が、わが国においても展開された。先進技術は、生産過程だけでなく品質管理、流通・販売分野にまで波及し、日本独自のものに改良された。終身雇用、年功賃金、労使協調を特徴とする日本的経営はこの頃に確立することになる。

工業生産額の3分の2を重化学工業が占めるようになると、それまで主流だった石炭からのエネルギー源の転換が進んだ。1960年1月から同年11月にかけて三井鉱山三池鉱業所では炭鉱の整理にともなう大量の指名解雇に反発した労働者が282日間にわたる大争議を起こしたものの、最終的には労働側の敗北となった。

工業部門では、1955年に始まった春闘方式による労働運動の展開などによって労働者の賃金は大幅に上昇した。1964年には池田勇人首相と総評議長の(C)【① 屋良朝苗　② 西尾末広　③ 伊井弥四郎　④ 太田薫　⑤ 鈴木安蔵】が、公務員給与を民間に準じることに合意し、労働者の賃金上昇に貢献した。

国民所得倍増計画(1960年)を策定するための経済審議会産業立地小委員会報告において、既存の四大工業地帯への過度の集中による弊害が発生していたことから、京葉から北九州にかけて新たな工業地帯を形成する、いわゆる［ ウ ］ベルト地帯構想が提唱され、その後新産業都市建設促進法なども制定された。

高度経済成長期には国民の消費生活のあり方も大きく変容した。「消費は美徳」という考えのもと、耐久消費財の需要が上昇した。小売業ではスーパーマーケットが急成長し、中内㓛が設立したダイエーは、1972年に百貨店の(D)【① 大丸　② 松坂屋　③ 三越　④ 伊勢丹　⑤ 高島屋】を抜いて売上高で第1位となった。

しかしながら、高度経済成長が達成される一方で、社会問題が深刻化した。地方では過疎化の進行による地域社会の衰退、大都市では過密化による交通渋滞、騒音、大気汚染が問題視されるようになった。1967年に［ エ ］法が制定されたことで、事業者、国、地方自治体の責任が明らかにされた。1971年には環境庁が発足し、公害行政と環境保全政策の一本化が図られた。高度経済成長のひずみに直面するなかで、大都市では(E)【① 革新　② 中道　③ 共和　④ 復興　⑤ 保守】自治体が成立した。1967年には経済学者で日本社会党や日本共産党が推薦した［ オ ］が東京都知事に当選した。横浜市などの大都市の市長にも(E)首長が誕生した。こうした(E)自治体では、公害規制や高齢者福祉の充実など、福祉政策で成果を上げたのである。

世界史

(60分)

〔Ⅰ〕 次の文章をよく読み、下記の設問に答えなさい。

第二次世界大戦末期からアメリカとソヴィエト連邦の対立は激化し、世界の国々が東西陣営に分かれて対立する冷戦といわれる状態が続いた。冷戦は、1989年地中海の島で開催された [ア] 会談で米ソ首脳[a]が終結に合意し、東西の対立は解消された。その2年後にソ連が解体する。

[ア] 会談の直前、東西ベルリンを分断していたベルリンの壁が壊され、人々が自由に往来できるようになった。ベルリンの壁は冷戦を象徴する建造物だったので、その崩壊は冷戦終結の象徴的出来事となった。1961年ベルリンでは、東ドイツが管理する東ベルリンから、西ドイツが管理する西ベルリンへ越境しようとする人々を防止するために、コンクリートの強固な壁が張り巡らされた。この壁によって居住地を分断された家族や恋人たちは、検問を経ず壁を越えようとして射殺されるなど、壁の周辺では様々な悲劇が起きた。ベルリンの壁の建設を担当したホネカーは、長く東ドイツの社会主義統一党中央委員会書記長や国家元首の地位に就いて、権力を一身に集めていたが、1989年に失脚した。

同年末、ユダヤ系アメリカ人の著名指揮者レナード・バーンスタインは、ベルリンの壁崩壊を記念して、米ソ、東西ドイツの音楽家を結集させ、ベートーヴェン第九交響曲を演奏するコンサートをベルリンで開いた。合唱団とソリストによって歌われる第四楽章は、歌詞の「フロイデ(歓喜)」部分を「フライハイト(自由)」に置き換えての大合唱となった。1990年にはドイツ統一が成り、ドイツ連邦共和国が成立した。

米ソの二大国が対立した冷戦時期、両国は直接戦火を交えなくとも実質的な代理戦争が、幾度となく繰り返された。アジアにおいては、朝鮮戦争、ベトナム戦争などが典型的な冷戦構造下の代理戦争として挙げられる。

第二次世界大戦が終結し、日本軍がベトナムを去ると、ホー＝チ＝ミンは北ベトナムのハノイでベトナム民主共和国樹立を宣言し、初代大統領に就任した。ところが、フランスはベトナムの再植民地化を企て、［イ］を擁立して南部に傀儡国家ベトナム国を建設し、これがインドシナ戦争に発展した。ベトナム民主共和国にディエンビエンフーの戦いで敗れたフランスは、1954年ジュネーヴ休戦協定を締結して、ベトナムから撤退することを決め[b]、インドシナ戦争は終結した。

ところが、フランスが去ると1955年、フエの貴族階級出身であった［ウ］が、アメリカの強力な援助を背景に南部にベトナム共和国を建国する。北ベトナムやホー＝チ＝ミンを支持する南ベトナムの人々は1960年に［エ］を結成し、南北ベトナムの統一をめざして内戦をはじめた。

1964年に北ベトナムの魚雷艇がアメリカの駆逐艦を攻撃したとされる［オ］事件を口実に、1965年からアメリカが派兵し、北ベトナム側へ本格的な軍事攻撃をおこなった。いわゆる「北爆」である。

ベトナム戦争[c]に従軍取材した日本人フォトジャーナリスト沢田教一は、アメリカ軍の爆撃を受けていた村から生き延びるために、増水した川を渡って逃れる母子を撮影した写真「安全への逃避」で、卓越した報道に関わったジャーナリストに授与されるピューリッツァー賞を受賞した。被写体となった母子の住んでいたベトナム中部の村は、［エ］の基地と見なされ、米軍の攻撃対象となっていた。

多くの犠牲者が出て、いつ終わるかも分からない泥沼の戦争に、アメリカでは厭戦世論が形成され、アメリカ大統領［カ］は1973年に米軍撤退を実行した。アメリカという後ろ盾をなくした南ベトナムは急激に弱体化し、1975年サイゴンが北ベトナム軍と［エ］によって陥落して、ベトナム戦争は終結する。そして1976年に、現在のベトナム社会主義共和国が成立した。

サイゴン陥落をもたらした北ベトナムの勝利は、「ホー＝チ＝ミン・ルート」と呼ばれた輸送路によって、ラオスやカンボジアを経由し、軍事物資が密かに［エ］まで供給されていたことも大きかった。このようにベトナム戦争は、周辺国にも飛び火した。

1970年、カンボジア王国の親米派ロン＝ノルは、クーデタを起こして国王 [キ] を追放し、政権掌握後は「ホー＝チ＝ミン・ルート」を破壊しようとした。国王 [キ] は中華人民共和国で亡命生活をおくることになる。

しかし、1973年にアメリカ軍がベトナムから撤退を始めると、親米ロン＝ノル政権も同時に弱体化していった。そして、毛沢東を信奉するポル＝ポトらの勢力 [ク] が次第に勢力を拡大し、ロン＝ノル政権を追いつめていった。

このような内戦下のカンボジアへ取材に入った日本人フォトジャーナリスト一ノ瀬泰造は、1973年友人への手紙に「地雷を踏んだらサヨウナラ」の言葉を残し、 [ク] の支配地域であったアンコール・ワット周辺に潜入し消息を絶った。 [ク] に処刑されたことが後に判明する。

1975年中華人民共和国から武器供与を得たポル＝ポトらの勢力は、ロン＝ノル政権を崩壊させカンボジア全土を掌握し、政権を奪取して民主カンプチアを樹立した。ところが、毛沢東の政治手法に影響を受けたポル＝ポト政権は高等教育を受けた者、旧政権下で働いていた者、富裕層らを徹底的に虐殺し、貨幣経済も廃止させるなどの政策をとったことで、全土で飢餓や疫病が蔓延し、国家として危機的状況になっていった。こうした政情不安を背景に、ポル＝ポト政権内部には離反者が多く出て、離反者は粛清を恐れ、隣国ベトナムに逃れていった。

1978年に反ポル＝ポト派が結成したカンプチア救国民主統一戦線を、ベトナムは支援して、同年末にベトナム軍はカンプチア救国民主統一戦線と共にカンボジアに侵攻して、ポル＝ポト政権を瓦解させた[d]。カンプチア救国民主統一戦線を率いていた反ポル＝ポト派の戦線議長によって作られた [ケ] 政権は、親ベトナムのカンボジア人民共和国を樹立し、ポル＝ポトらをタイ国境に近い辺境地に追いやったが、ポル＝ポト派残党との内戦は長く続いた。

ソ連でペレストロイカが始まると、ベトナムも市場経済の導入を図り、ベトナム語で刷新を意味する [コ] を進めた。東西対立の緩和をうけて、1989年ベトナム軍はカンボジアから撤退した。1991年にパリでカンボジア和平協定が締結されると、1993年には国連監視下で総選挙がおこなわれ[e]、新憲法が制定され、立憲君主国カンボジア王国として再出発した。

設問 1　文中の空欄(ア～コ)にもっとも適する語句を記入しなさい。

※空欄キは設問省略。

設問 2　文中の下線部(a～e)に関する下記の質問に答えなさい。

a　この会談に出席したソ連共産党書記長の名を書きなさい。

b　フランスのベトナム撤退後、東南アジアの国々を共産主義化させないことを目的に、いわゆる西側諸国の主導によって1954年に結成され、1977年まで続いた組織を何というか、その名称を書きなさい。

c　ベトナム戦争にアメリカが参戦した後、アメリカに次いで大韓民国も多くの兵を南ベトナムに派遣したが、その時の韓国大統領の名前を書きなさい。

d　ベトナム軍のカンボジア侵攻と、ポル＝ポト政権の崩壊を原因として、発生した戦争の名称を書きなさい。

e　国連カンボジア暫定統治機構の要請を受けて、この時、日本は初めて陸上自衛隊を停戦監視員として派遣した。国連は紛争地の治安維持や、平和的紛争解決のために監視団を派遣する活動を行なっているが、それを何と呼ぶか、その名称を書きなさい。

〔Ⅱ〕 次の文章をよく読み、文中の空欄（1～10）にもっとも適する語句を記入しなさい。

台湾に漢族が移住を開始したのは1621年のこととされる。1624年にはオランダが台湾に貿易拠点を築き、スペインも台湾に勢力を伸ばした。16世紀前半の台湾では、漢族、オランダ人、スペイン人の三つの勢力が割拠する状況が生じたのである。台湾における漢族の頭領 [1] は、台湾ではオランダと共存しつつ、明国の沿岸を支配下におこうと、1626年から厦門《アモイ》、広東などを攻略した。 [1] は、福建沿岸などの武装集団を取り込み、実質的な台湾海峡の支配者へと成長した。

一方オランダは、台湾先住民を武力によって攻め従えつつ、漢族農民を組織してサトウキビを栽培し、砂糖や鹿皮を日本などへ輸出することで利益をあげた。また、大陸での戦乱を逃れて台湾に渡ってきた漢族を、開拓や生産に当たらせた。台湾での開発と貿易を進めたのは、 [2] であるが、そのアムステルダムの本社へ送られた報告書には、当時の台湾での戸籍調査記録もあった。1642年には、オランダ人が台湾でスペイン人を降伏させ、オランダが台湾全土の支配権を握った。

そのころ大陸では、李自成の反乱軍が北京を占領して明朝が滅亡した。明の武将 [3] は清軍に降伏して、清が山海関から長城を越えて北京を占領した。清は現在の遼寧省にある盛京から北京に遷都し、 [3] らを藩王として雲南、広東、福建にも支配を拡げた。明朝の遺臣らは明朝の皇族であった福王を頂く政権を南京、続いて福州に樹立し、 [1] を味方につけた。しかし、福州が陥落すると [1] は清朝に帰順した。一方で、 [1] の子息 [4] は、日本の長崎の平戸生まれながら明朝治政下に儒家の学問を修めており、特に顧憲成を中心とする [5] 派の影響を受けていたとされる。 [4] は父と袂を分かち、1645年に反清復明のため挙兵し、厦門に拠点を築いた。 [4] は海上貿易の利権を握ることで実力を蓄え、1659年には南京にまで攻め上ったが、清軍に敗れ厦門まで撤退した。この間台湾はオランダ人が支配していたが、台湾住民への重税などにより1652年には大規模な漢族の反乱も起こった。清に敗退した [4] は、部下の提言を容《い》れて台湾占領を企図し、1661年に台湾に上陸した。オランダ人は現在の台南市にあったゼーランディア城に籠城したが、翌年には投降し、[2] の船でバタヴィアへと撤収した。[4] は台湾を拠点に大陸反攻に出るはずであった。しかし、台湾占領直後の1662年に病死した。

[4] の死後はその後継者争いで混乱し、その隙に清軍は台湾方面へ侵攻し、[4] の子孫らは1683年清軍に投降した。清朝は、[3] らの反乱を平定した [6] の治世であった。1684年には福建省に台湾府が置かれ、台湾は清国の版図に組み込まれたのである。

清と日本が朝鮮半島を巡って戦争を行っていた頃、ハワイのホノルルでは、満族の清朝を打倒し漢族の政府を樹立することを意味する「駆除韃虜《くじょだつりょ》、恢復《かいふく》中《ちゅう》華《か》」を掲げて、孫文が [7] を組織した。日清戦争の結果、下関条約が結ばれ、台湾は清から日本に割譲された。その後孫文は、華南地区において何度も武装蜂起したが、いずれも失敗した。20世紀初めには [7] 以外にも、湖南や浙江などで反清革命を目指す団体が成立しており、1905年には日本の宮崎滔天の斡旋により、それらの団体が結集して東京で中国同盟会が組織され、孫文が代表に就任した。

1911年10月、武昌蜂起が発端となって、湖北省をはじめ華中・華南の諸省が清からの独立を宣言した。同年末には南京で孫文が臨時大総統に選出され、1912年1月1日に中華民国の成立を宣言した。翌2月、中華民国政府と清朝の妥協により、宣統帝が退位すると共和制の中華民国北京政府が成立した。北京政府が成立すると、中華民国は五族共和を掲げ、清の版図を維持することを企図した。中華民国最初の国会議員選挙に備えて、中国同盟会は国民党を組織し、宋教仁が実権を握った。しかし、国民党が圧勝した選挙の直後、宋教仁は暗殺された。

その後の中華民国政府は、清朝から新政府入りした袁世凱が主導権を握り、共和制をないがしろにし独裁を強めるようになった。これに反発する華中・華南の諸省が独立を宣言すると、袁世凱はこれを弾圧し、孫文は台湾経由で日本に亡命した。孫文は再び東京で同志を結集し、1914年に [8] を結成した。1916

年に袁世凱が死去すると、中華民国は軍閥割拠の状況となった。広東では、孫文が［ 8 ］を中国国民党に改組した。孫文は国際社会での生き残りをかけてコミンテルンに接近し、ソヴィエト連邦および1921年に成立していた中国共産党との協調路線を打ち出した。1924年には、広州で中国国民党第一回全国代表大会を開いたが、中国共産党との協調路線により、国民党中央執行委員会には李大釗や毛沢東らが名を連ねていた。

第二次世界大戦が終結すると、1945年10月10日に中国国民党と中国共産党は政治協商会議の開催などを約束する双十協定を結んだが、アメリカの支援を受けた国民党は翌年6月に華中で共産党統治地区を攻撃し、内戦が始まった。当初軍事的に劣勢であった共産党は、次第に戦局を逆転させて1949年9月には長江を越えて南京を掌握し、同年10月1日には北京で中華人民共和国の成立を宣言した。国民党は台湾へ撤退し、アメリカの支援のもと中華民国政府を存続させた。中国国民党の蔣介石は、台湾を拠点に大陸反攻に出るはずであった。しかし、1971年の国連総会で中華人民共和国の国連における代表権が決議されると、国際社会における台湾の中華民国政府の地位は低下した。蔣介石は1976年に死去した。

中国国民党も中国共産党も創立当初はコミンテルンの指導と援助を受けた独裁型の政党であるが、1988年に中華民国総統に就任した［ 9 ］は台湾における民主化改革を進め、1996年には中華民国総統の直接選挙制を実施した。2000年の総統選挙の結果、台湾独立を掲げる民進党の［ 10 ］が中華民国総統に就任した。

〔Ⅲ〕　次の文章をよく読み、下線(1～10)に関連するそれぞれの問(1～10)にもっとも適するものを(A～D)の中から一つ選び、解答欄にマークしなさい。

19世紀末から20世紀初頭のヨーロッパでは、各国は自国の権益をまもるために、さまざまな同盟関係を構築した。まず、フランスの孤立化をはかるビスマルク[1]は、1879年、オーストリアと同盟を結び、さらにフランス[2]のチュニジア占領に反発を示したイタリアを引き込んで、1882年に独・墺・伊間で三国同盟という軍事的相互援助同盟を成立させた。これに対して、フランスは1894年に露仏同盟を締結してロシアとの政治・軍事同盟を実現し、国際的孤立からの脱却をはかった。また、イギリスは「光栄ある孤立」を標榜していたものの、1902年には日英同盟[3]を締結してロシアの太平洋岸への進出を牽制するとともに、1904年にはフランスとの間で英仏協商を結び、さらに1907年に英露協商を成立させた。こうして、ヨーロッパでは英・仏・露の間に三国協商という同盟関係が成立し、独・墺・伊の三国同盟と対立することとなった。列強の二極分化が生じたのである。

こうした状況のもとで、「ヨーロッパの火薬庫」[4]と形容されたバルカン半島で、民族紛争が激化し、これが第一次世界大戦への導火線となっていくのである。1914年6月、オーストリア皇帝位継承者フランツ＝フェルディナント大公がサライェヴォで暗殺されたことにより、第一次世界大戦[5]が勃発した。大戦は1914年7月のオーストリアの対セルビア戦線布告をかわきりに同盟国側と協商国(連合国)側にわかれて参戦し、ヨーロッパ諸国ばかりでなく、日本・アメリカ・中国等の諸国も参戦したため、世界に広がる帝国主義戦争となった。

科学・技術の発達により兵器の開発が進み、大量の破壊兵器が導入されたため、多数の死傷者を生み出すこととなった。また、戦いは実際の戦闘[6]から、銃後の備えとしての武器の製造、物資の輸送、食料の確保など、国家を挙げての総力戦という様相を呈した。軍需工場では女性が生産体制の一翼をにない、それが戦後の女性参政権獲得への布石となっていくのであった。この時イギリス史上初めて徴兵制が導入されたが、それは一面では、愛国心の高まりの中で、兵器生産に欠かせない熟練工までが大量に志願兵に応募したことへの対応でもあった。常勝将軍キッチナーへの憧れから志願した若者も多かったが、ろくに訓練も受けずに前線に投入された彼らは、大量破壊兵器の餌食となって死んでいった。それは、ドイツや他の参戦国でも同様であった。ヨーロッパ各地にある無名戦死者の墓碑は、戦いの無常さを思い起こさせ、彼らの無念の死を追悼する場所となっている。

また、参戦した当事国ばかりでなく、その植民地の人々も戦争に巻き込まれた。イギリスでは、カナダ、7オーストラリア、ニュージーランド、インドなどの自治領や植民地から大量の兵士が動員された。英仏艦隊によるダーダネルス海峡突破作戦や、ガリポリ上陸作戦では、オスマン帝国の軍事力を侮っていたために壊滅的な失敗をおかした。とくにガリポリ上陸作戦では、オーストラリアとニュージーランドの兵士によるアンザック隊からも大量の死傷者を出したのであった。当時、海軍相であった8チャーチルは、この責任を一身に負わされることとなった。

戦争はアメリカ合衆国の参戦、9ロシアにおけるソヴィエト政権の成立と戦線からの離脱などの過程を経て、1918年、ドイツ軍の最後の攻勢も失敗に終わり、10 11月11日に終結した。

問1　下線部1に関連して、ビスマルクにかかわる事柄について述べた次の文章のうち、もっとも適切なものを選びなさい。

A　彼が首相の時代にプロイセン欽定憲法が発布された。

B　ドイツ関税同盟を成立させ、「鉄と穀物の同盟」を実現させた。

C　イギリスとの建艦競争に乗りだし、海軍の大拡張をおこなった。

D　ロシアと再保障条約を結んだ。

問2　下線部2に関連して、第三共和制期のフランスでおきた事柄について述べた次の文章のうち、**誤っているもの**を選びなさい。

A　ブーランジェ事件を契機に、急進共和諸派が団結して急進社会党を結成した。

B　ドレフュス事件に衝撃を受け、ヘルツルがシオニズムを提唱した。

C　政教分離法が制定された。

D サンディカリズムがおこった。

問 3 下線部3に関連して、20 世紀第1四半期(1901 ～ 25 年)の日本にかかわる事柄について述べた次の文章のうち、もっとも適切なものを選びなさい。

A ウッドロー＝ウィルソン大統領の斡旋で、日露戦争の講和条約であるポーツマス条約に調印した。

B 東アジアの現状維持に関して、ロシアと日露協約を締結した。

C 第1次日韓協約で韓国を保護国化した。

D 日英同盟はワシントン会議の九カ国条約の発効と同時に解消された。

問 4 下線部4に関連して、20 世紀初頭から第一次世界大戦までのバルカン半島の情勢にかかわる事柄について述べた次の文章のうち、もっとも適切なものを選びなさい。

A サライェヴォはセルビアの首都であった。

B セルビア・ブルガリア・モンテネグロ・ギリシアの四カ国でバルカン同盟が結成された。

C 第1次バルカン戦争ではオスマン帝国が勝利した。

D 第2次バルカン戦争は、ギリシアとほかの同盟国との戦争であった。

問 5 下線部5に関連して、第一次世界大戦にかかわる事柄について述べた次の文章のうち、**誤っているもの**を選びなさい。

A ロマン＝ロランが第一次世界大戦に対し反戦・平和を訴えた。

B イギリス・フランス・ロシア・イタリアの四カ国でロンドン秘密条約を結んだ。

C イギリスでロイド＝ジョージによる挙国一致内閣が成立した。

D フランスでド＝ゴールによる挙国一致内閣が成立した。

問 6 下線部6に関連して、第一次世界大戦の戦闘にかかわる事柄について述べた次の文章のうち、もっとも適切なものを選びなさい。

A マルヌの戦いで、ドイツ軍がはじめて毒ガスを用いた。

B　フランスは、ドイツのヴェルダン要塞を攻撃した。

C　ソンムの戦いで、イギリス軍ははじめて戦車を投入した。

D　アメリカの大型客船ルシタニア号がドイツの潜水艦の攻撃で沈没し、アメリカ参戦のきっかけとなった。

問 7　下線部7に関連して、19世紀後半の太平洋諸地域にかかわる事柄について述べた次の文章のうち、**誤っているもの**を選びなさい。

A　ニュージーランドのマオリ人がイギリスに対してマオリ戦争をおこした。

B　ドイツはフランスからマリアナ諸島を買収した。

C　アメリカはスペインからフィリピンの割譲を受けた。

D　ハワイではリリウオカラニが退位し、カメハメハ朝が滅んだ。

問 8　下線部8に関連して、チャーチルにかかわる事柄について述べた次の文章のうち、もっとも適切なものを選びなさい。

A　ジョゼフ＝チェンバレンの宥和政策を批判した。

B　第二次世界大戦でイギリスを勝利に導き、1945年の総選挙で勝利して第2次チャーチル内閣を組織した。

C　ノーベル文学賞を受賞した。

D　スエズ派兵をおこない、国際的に非難を浴びた。

問 9　下線部9に関連して、ロシア革命と第一次世界大戦に関する次の文章のうち、もっとも適切なものを選びなさい。

A　ロシア十月革命によって、ロマノフ朝は滅亡した。

B　社会革命党のトロツキーが、臨時政府の首班となった。

C　社会革命党左派は、ブレスト＝リトフスク条約に反対した。

D　1917年の普通選挙で選出された憲法制定会議では、ボリシェビキが第一党となった。

問10　下線部10に関連して、連合国と敗戦国との講和条約にかかわる事柄について述べた次の文章のうち、もっとも適切なものを選びなさい。

A　サン＝ジェルマン条約で、オーストリアはイタリアへ南チロルを割譲した。

B　ヌイイ条約で、ハンガリーはスロヴァキア・クロアティア・トランシルヴァニアを失った。

C　トリアノン条約で、ブルガリアは大戦中に奪った領土をルーマニアに返還した。

D　ローザンヌ条約に不満をもったオスマン帝国は、1923 年に連合国とセーヴル条約を結んだ。

〔Ⅳ〕　次の文章をよく読み、下線（1～10）に関連するそれぞれの問（1～10）にもっとも適するものを（1～4）の中から一つ選び、解答欄にマークしなさい。

　一般に西洋の歴史は、古代・中世・近世・近代・現代に区分されている。しかしこの時代区分は、ルネサンス[1]期の人々が、模範となるべき時代を古代[2]とし、そのあとの彼らから見て衰退していた時代を自分たちの時代とは異なるものとして区別したことから発したもので、絶対ではない。

　たとえば 3 世紀から 8 世紀までを「古代末期」[3]として、単なる過渡期や衰退期ではなく独自の価値のある時代としてとらえる見方がある。また、16～18 世紀を指す「近世」という言葉は、ヨーロッパ言語にはないもので、英語の初期近代 early modern の翻訳が、「近世」である。かつては近代の前段階と考えられていたが、現在では、近代とは異なる独自の時代であると認識されている。近世が一つの時代として認められたのは 1970～80 年代なので、時代区分としてはかなり新しい。一方で、16 世紀[4]に大きな変化は起きていないとして、近世まで含んで中世を考えようという「長い中世」論もある。ル＝ゴフという研究者は、この「長い中世」を、4～9 世紀の中世初期、10～14 世紀の中世中期[5]、14～16 世紀の中世後期、17～18 世紀[6]のアンシャン＝レジーム期の 4 つに分けることを提案している。

　イギリス史には、17 世紀から 19 世紀初めまでを「長い 18 世紀」[7]として捉える考え方がある。始まりと終わりにはぶれがあるが、名誉革命[8](1688年)からワーテルローの戦い[9](1815年)までという説がある。一方、ヨーロッパ全体の歴史を考えた「長い19世紀」[10](フランス革命勃発から第一次世界大戦の勃発まで)という考え方もある。このように、時代区分は、何に焦点を当てるかによっても変化するもので、完全に固定化されたものではないのである。

問1　下線部1に関連して、ルネサンスについて述べた文として、もっとも適切なものを選びなさい。

1　13世紀のイタリアで始まった。

2　「ルネサンス」は、イタリア語で「再生」を意味する。

3　ヒューマニストたちは、スコラ学の研究を重視した。

4　ミラノでは、スフォルツァ家のミラノ公の庇護下で、ルネサンスが花開いた。

問2　下線部2に関連して、古代ギリシアの学芸について述べた文として、**誤っているもの**を選びなさい。

1　フェイディアスが、「アテナ女神像」を作成した。

2　ソフォクレスが、『オイディプス王』を執筆した。

3　ゼノンが、ストア派を創始した。

4　プラクシテレスが、「ラオコーン」を作成した。

問3　下線部3の時代に起きた出来事について述べた文として、**誤っているもの**を選びなさい。

1　ディオクレティアヌス帝が、キリスト教を公認した。

2　テオドシウス帝が、キリスト教を国教とした。

3　ピピンが教皇に、ラヴェンナやウルビーノなどを献じた。

4　レオン3世が、聖像禁止令を出した。

問4　下線部4に起きたことついて述べた文として、もっとも適切なものを選びなさい。

1 アンリ4世が、カトリック教徒によって暗殺された。

2 オランダとスペインとの間で休戦条約が結ばれ、オランダは実質的に独立した。

3 グーテンベルクが、活版印刷術を実用化させた。

4 コペルニクスが、『天球回転論』で地動説を唱えた。

問5 下線部5の時期に起きた出来事について述べた文として、**誤っているもの**を選びなさい。

1 クリュニー修道院が、設立された。

2 メルセン条約によって、ドイツ・フランス・イタリアの原型が成立した。

3 ノルマン=コンクェストが行われた。

4 フランスで、ヴァロワ朝が開始された。

問6 下線部6の時期に起きた出来事について述べた文として、もっとも適切なものを選びなさい。

1 マニラが、スペインによるフィリピン支配の拠点となった。

2 オランダにより、ケープ植民地が建設された。

3 バンテン王国が、ジャワ島西部に建てられた。

4 マタラム王国が、ジャワ島中・東部に建てられた。

問7 下線部7に関連して、18世紀に起きた出来事について述べた文として、**誤っているもの**を選びなさい。

1 ステンカ=ラージンが、農民反乱を指導した。

2 ピョートル1世が、ペテルブルクに遷都を行なった。

3 ラクスマンが、日本への通交を求めた。

4 アラスカが、ロシア領となった。

問8 下線部8に関連して、17世紀のイギリスで起きた出来事について述べた文として、もっとも適切なものを選びなさい。

1　全非国教徒に信仰の自由を与える寛容法が制定された。

2　正当な理由のない逮捕・拘禁の防止を目的とした人身保護法が制定された。

3　スウィフトの『ガリヴァー旅行記』が出版された。

4　デフォーの『ロビンソン＝クルーソー』が、出版された。

問9　下線部9に関連して、ナポレオンが行った遠征や戦争について述べた文として、**誤っているもの**を選びなさい。

1　エジプト遠征でオスマン軍とイギリス軍に勝利をおさめた。

2　イタリア遠征で勝利をおさめ、第1回対仏大同盟を崩壊させた。

3　トラファルガーの海戦で、ネルソン率いるイギリス艦隊に大敗した。

4　大陸封鎖令に違反したロシアに対して起こしたロシア遠征は、失敗に終わった。

問10　下線部10に関連して、19世紀のドイツやオーストリアにかかわる出来事について述べた文として、**誤っているもの**を選びなさい。

1　プロイセンとオーストリアが、デンマークに対して戦争を起こした。

2　プロイセン＝オーストリア戦争で、イタリア王国はオーストリアに味方した。

3　フランツ＝ヨーゼフ1世が、ハンガリーとのアウスグライヒを締結した。

4　ダイムラーが、ガソリン自動車を完成させた。

〔Ｖ〕　スペイン継承戦争に関して、4行以内で説明しなさい。

〔解答欄〕1行16.6cm

地理

（60分）

〔Ⅰ〕 赤道や回帰線付近を中心としたアフリカ大陸の自然とくらしについて述べた次の文および**表**をみて、設問に答えなさい。

アフリカ大陸の多くは標高1000 m以上の台地からなり、低地は10％にも満たない。山地は、北西部の [ア] や南部のドラケンスバーグ山脈が代表的なものであるが、アフリカ大陸の最高峰は火山、a)キリマンジャロ山である。

アフリカ大陸は、赤道を境に大きく南北に二分される。赤道は、西から、[X] 、コンゴ共和国、 [Y] 、 [イ] 、 [ウ] の順に各国を通過している。赤道付近は熱帯気候が展開し、南北の回帰線の周辺は乾燥帯気候となり、北回帰線沿いには [エ] が広がっている。 [エ] では、b)縦穴式の井戸を横穴の水路でつないだ地下水路が掘削され、人々の生活を支えてきた。こうした水の得られるオアシスを辿りながら、この地域のイスラム系の人々の中には1200年以上前からキャラバンと呼ばれる隊商で商業を営む人々がみられた。彼らは地中海沿岸の港から運ばれた様々な物品を、c)ニジェール川沿いの市場で交易した。

[イ] とタンザニア、 [ウ] の国境の [オ] 付近を水源とするナイル川も、 [エ] を貫流して流域の大地を潤すだけでなく、肥沃な土壌を供給して古代から農耕を発達させてきた。しかし、同時に洪水の頻発に悩まされてきたため、いくつもの d)ダムの建設によって流域の治水と利水が図られてきた。

注： [X] および [Y] は設問にはない。

表　東・中部アフリカの国の比較

国名	主な輸出品	言語
イ (2020 年)	金(43.87 %) コーヒー豆(12.4 %)	スーダンニグロ種族
タンザニア (2017 年)	金(36.8 %) カ (13.0 %)	バンツーニグロ種族
ウ (2020 年)	茶(20.3 %) 野菜と果実(10.8 %)	アフロアジア語族
エチオピア (2018 年)	コーヒー豆(24.3 %) ごま(18.2 %)	アフロアジア語族

出所：『データブック　オブ・ザ・ワールド 2022』二宮書店

問 1　空欄 ア に当てはまる適当な地名を次の A ～ D からひとつ選び、その記号を解答欄にマークしなさい。

A　アトラス山脈　　B　アンデス山脈
C　エチオピア高原　　D　キリニャガ山

問 2　空欄 イ に当てはまる適当な国名を次の A ～ D からひとつ選び、その記号を解答欄にマークしなさい。

A　ウガンダ　　B　ガボン共和国
C　ケニア　　D　コンゴ民主共和国

問 3　空欄 ウ に当てはまる適当な国名を次の A ～ D からひとつ選び、その記号を解答欄にマークしなさい。

A　ウガンダ　　B　ガボン共和国
C　ケニア　　D　コンゴ民主共和国

問４　空欄 **エ** に当てはまる適当な地名を次のＡ～Ｄからひとつ選び、その記号を解答欄にマークしなさい。

Ａ　カラハリ砂漠　　Ｂ　サハラ砂漠
Ｃ　ナミブ砂漠　　Ｄ　ルブアルハリ砂漠

問５　空欄 **オ** に当てはまる適当な地名を次のＡ～Ｄからひとつ選び、その記号を解答欄にマークしなさい。

Ａ　ヴィクトリア湖　　Ｂ　タンガニーカ湖
Ｃ　チャド湖　　Ｄ　ナセル湖

問６　**表**中の空欄 **カ** に当てはまる貿易品として適当なものを次のＡ～Ｄからひとつ選び、その記号を解答欄にマークしなさい。

Ａ　カシューナッツ　　Ｂ　牛肉
Ｃ　ダイヤモンド　　Ｄ　天然ガス

問７　下線部ａ)に関連する語句として最も適当なものを次のＡ～Ｄからひとつ選び、その記号を解答欄にマークしなさい。

Ａ　アルプス―ヒマラヤ造山帯　　Ｂ　紅海
Ｃ　サヘル　　Ｄ　大地溝帯

問８　下線部ｂ)のようなアフリカにある地下水路の名称を次のＡ～Ｄからひとつ選び、その記号を解答欄にマークしなさい。

Ａ　カナート　　Ｂ　カレーズ　　Ｃ　フォガラ　　Ｄ　マンボ

問 9　下線部c)で交易された物品のうち、アフリカ大陸に持ち込まれた代表的なものとして最も適切なものの名称を次のA～Dからひとつ選び、その記号を解答欄にマークしなさい。

A　金　　B　塩　　C　象牙　　D　布地

問10　下線部d)について、ナイル川流域のダム建設によって生まれた人造湖の名称を次のA～Dからひとつ選び、その記号を解答欄にマークしなさい。

A　ヴィクトリア湖　　B　タンガニーカ湖
C　チャド湖　　D　ナセル湖

〔Ⅱ〕　日本の貿易に関する次の文および表をみて、設問に答えなさい。

現代の国際社会においてはナショナリズムの高揚や国家のイデオロギー、新型コロナウィルス感染拡大防止対策、脱炭素エネルギー経済に向けた方針などに国・地域間で相違があるものの、大きく捉えると、人類の生活は地球規模での生産(供給)と消費(需要)の２つの活動の循環を基盤として成り立っている。貿易はこの２つの活動を結びつける重要な駆動源となっている。そのような構造下では、自国で生産できない財を他国から輸入し、自国で生産したものを他国に輸出することで自国と他国の必要な財の不足を補う目的で国際貿易が展開されており、近年にかけては加工貿易(a)も存在感を示している。しかし、この国際貿易においては懸念される側面もある。それは輸出国における産業の空洞化(b)と、輸入国における過度な輸入依存による国内の食料自給率(c)の低下である。双方とも、自国経済の自立と独立に向けて看過できず、それらのことは日本経済の持続的繁栄(d)に向けて目下の大きな課題となっている。

表　日本のおもな貿易相手国・地域の輸出入状況（2020年）

貿易相手国	輸出入額（億円）	主要輸出入品と輸出・輸入に占める割合（%）上段：輸出／下段：輸入		
ア	150.819	一般機械（22.6）	電気機器（21.2）	エ（6.0）
	174.931	電気機器（29.2）	一般機械（19.5）	衣類（8.4）
アメリカ	126.122	エ（27.1）	一般機械（22.5）	電気機器（14.3）
	74.369	一般機械（13.7）	電気機器（12.1）	オ（7.5）
イ	47.392	電気機器（27.0）	一般機械（18.1）	プラスチック（5.7）
	28.591	集積回路（40.1）	一般機械（8.5）	プラスチック（3.9）
オーストラリア	12.954	エ（45.8）	一般機械（12.4）	カ（9.8）
	38.211	液化天然ガス（33.8）	石炭（26.8）	鉄鉱石（14.1）
ドイツ	18.752	電気機器（27.4）	一般機械（18.3）	エ（10.6）
	22.660	オ（21.2）	エ（15.4）	一般機械（14.3）
ウ	4.526	エ（47.1）	一般機械（11.6）	カ（10.4）
	19.696	原油（93.2）	揮発油（2.1）	金属鉱と金属くず（1.2）

出所：『データブック　オブ・ザ・ワールド2022』二宮書店

問1　ア　に当てはまる国・地域名を次のA～Dのうちから1つ選び、その記号を解答欄にマークしなさい。

A　台湾　　B　サウジアラビア

C　ロシア　　D　中国

問2　イ　に当てはまる国・地域名を次のA～Dのうちから1つ選び、その記号を解答欄にマークしなさい。

A　台湾　　B　サウジアラビア

C　ロシア　　D　中国

問３ ［ウ］ に当てはまる国・地域名を次のA～Dのうちから１つ選び、その記号を解答欄にマークしなさい。

A　台湾　B　サウジアラビア
C　ロシア　D　中国

問４ ［エ］ に当てはまる品目を次のA～Dのうちから１つ選び、その記号を解答欄にマークしなさい。

A　牛肉　B　乗用車
C　医薬品　D　バスとトラック

問５ ［オ］ に当てはまる品目を次のA～Dのうちから１つ選び、その記号を解答欄にマークしなさい。

A　牛肉　B　乗用車
C　医薬品　D　バスとトラック

問６ ［カ］ に当てはまる品目を次のA～Dのうちから１つ選び、その記号を解答欄にマークしなさい。

A　牛肉　B　乗用車
C　医薬品　D　バスとトラック

問７　下線部ａ)について述べた**説明文として適当なもの**を次のA～Dからひとつ選び、その記号を解答欄にマークしなさい。

A　政府が輸入品に輸入関税をかけたり、輸出品に輸出奨励金をかける等、国内産業の保護を目的とした貿易

B　国家間の商品・サービスの取引に際して、政府が関税や数量制限、輸出

補助金等の手段により貿易を制限することなく自由な輸出入を許容した貿易

C　原材料や燃料を輸入し、これらを製品や半製品にして輸出する貿易

D　垂直貿易の対語であり、主として工業製品が相互に輸出入されるような先進国相互間の貿易

問 8　下線部ｂ)について述べた**説明文として適当なもの**を次のA～Dからひとつ選び、その記号を解答欄にマークしなさい。

A　国内にある企業が安い労働力や用地、市場の拡大等を求めて海外に生産拠点を移すことで、その企業が立地する地域の産業が衰退する現象

B　出生率の低下、平均寿命の伸び等が原因で先進工業国に多く見られる、総人口に対する65歳以上の老年人口の割合が大きくなる現象

C　都心部の地価高騰により、郊外に住居を求め中心市街地の人口が空洞化する現象

D　農山村地域から人口が流出し、商店・学校・医療機関等が閉鎖され、活力が乏しくなる現象

問 9　下線部ｃ)について述べた**説明文として適当なもの**を次のA～Dからひとつ選び、その記号を解答欄にマークしなさい。

A　食用や飼料に用いられる穀物のうち、国内生産でまかなえる比率

B　国民が消費する食料のうち、国内生産でまかなえる比率

C　農産物の量に食料の生産地から食卓までの距離を掛けて算出される値

D　牛肉・卵等の畜産物から接取するカロリーを、それが含有するカロリーではなく、これらを生産するのに要した飼料の持つカロリーで計算した値

問10　下線部ｄ)には、「すべての人がいかなる時にも活動的で健康的な生活に必要な食生活上のニーズと嗜好を満たすために、十分で安全かつ栄養ある食料を、物理的、社会的及び経済的にも入手可能であるときに達成される状況」

が求められる。**この課題に関連する語として適当なもの**を次のA～Dからひとつ選び、その記号を解答欄にマークしなさい。

A　セーフガード　　B　緑の革命
C　白い革命　　D　食料安全保障

〔Ⅲ〕 ヨーロッパの経済・政治・地理的統合の歴史について述べた次の文章を読み、問に答えなさい。

ヨーロッパにおいては、大きく北西部の大半の国々に居住する［ a ］系、南西部や地中海沿岸ではラテン系、東部ではスラブ系が大半を占めているが、このような民族的な分類を基盤としつつも、近年にかけては、ヨーロッパの民族的一体性のみならず経済的・政治的な結びつきが着実に進んでいる。

経済的な結びつきの出発点は、1952年に発足した［ ア ］がある。これは当時の経済活動の血液ともいうべき石炭と鉄鋼を、フランス、旧西ドイツ、イタリア、ベネルクス3国の6か国の域内で融通するという目的で始まった共同体である。とりわけ、ドイツ北西部に位置する［ b ］工業地帯では、炭田と水運を背景に鉄鋼・機械・化学工業が発達した。第2次世界大戦後、ヨーロッパ諸国の復興に向け、各国の個別利益を捨てて大同につくことに諸国が同意し、各国の関税主権撤廃や、域内での物流の自由化などを図る関税同盟が形成された。この結果、フランス、旧西ドイツ、イタリア、ベネルクス3国の6か国から成る経済が統合された共同体、すなわち［ イ ］が1958年に発足し、ヨーロッパ単一市場が出現した。また、同年、これら6か国の加盟国は原子力の利用と開発を共同で行う組織としての［ ウ ］を結成した。単一市場内の物流をさらに円滑にするためには支払い決済に各国が自国の通貨を使っていたのでは関税同盟の利益を十分に享受できない。1992年に締結したマーストリヒト条約によって、ヨーロッパ中央銀行の設立や通貨統合、非関税障壁の撤廃等の経済統合の強化が図られ、域内を自由に流通する通貨としての［ エ ］が創設された。このような展開に伴い、ヨーロッパ議会、ヨーロッパ委員会、閣僚委員会、ヨーロッパ裁判所が中心となり、これまでの地域的経済統合が［ オ ］に改組された。一方で、域内諸国を束ねる当組織と域外諸国との繋がりもそれまでに形成されてきており、経済的な繋がりとして1995年1月1日には、同年度に発足した国連の機関である［ カ ］に加盟し、世界貿易の自由化の流れに加わってきた歴史がある。

次に経済的な側面で達成された成果が政治的な側面での協力を促してきた経緯である。経済的な結びつきによって、ヨーロッパの政治的統合の起点となるヨーロッパ議会やヨーロッパ委員会、ヨーロッパ連合理事会等の成立が促され、政治的結びつきが強化された。政治的な側面での協力体制は、域内で暮らす人々の暮らしに直結した農業の保護と食料の安定供給を目的とした政策においても整備され、域内諸国が農業の共同市場を運営するためにとる政策としての［ キ ］が発令されたことにより、ヨーロッパ各地域の農業の伝統的な特性に大きな変化をもたらした。また、域内の人々の暮らしに大きく関わる教育にも協力体制が敷かれ、加盟国間の学生・教員の流動化を図り、人材育成と教育の質の向上を目指す［ ク ］計画が1987年に設立している。近年ではイギリスによる加盟国からの離脱、いわゆる［ ケ ］の問題も浮上し、ヨーロッパ諸国の政治的な繋がりの在り方についての議論が絶えない状況である。さらには、域外諸国との繋がりは経済的・政治的な繋がり以外に、軍事的な繋がりとしての［ コ ］があり、1949年にアメリカ合衆国、カナダ、西ヨーロッパ諸国によって形成された。

ヨーロッパをまたがる経済的、政治的な結びつきは、諸外国に対する貿易推進の原動力となった。域内国と域外国の貿易を支える海の大動脈としては、バルト海、ヨーロッパとアジアに挟まれ、漁業等が盛んな［ c ］や、紅海と地中海を結んだことでヨーロッパとアジア、アフリカ間での交易を促進させた1869年に開通した［ d ］運河等がある。また、域内諸国とアジア諸国の貿易の玄関口としても捉えられる［ e ］は、小アジア半島を中心としたアジアと、ダーダネルス海峡やボスポラス海峡を隔てたヨーロッパにまたがる国であり、ヨーロッパ諸国にとって、政治経済両側面において戦略的に重要な国家の1つともなっている。

問1　空欄［ a ］～［ e ］に当てはまる適当な語を解答欄に記入しなさい。

問2　空欄 ア ～ コ に当てはまる適当な語を英語の略称表記で解答欄に記入しなさい。

※空欄エおよびケは設問省略。

〔Ⅳ〕 日本経済の発展と余暇について述べた次の文章と**表**をみて、設問に答えなさい。

第2次世界大戦によって日本の国土は大きなダメージを受けたが、1950年代後半からの高度経済成長は日本を先進国の地位に押し上げた。日本の高度経済成長を牽引したのは、鉄鋼・石油化学などの素材工業と、電気機械・精密機械などの機械工業であり、工業地域は関東南部から九州北部にかけての ア とよばれる地域に集中していた。1960年に発足した池田勇人内閣は「所得倍増計画」を掲げ、日本国民の生活の質は大幅に向上した。しかし、1970年代に イ を契機とした石油危機(オイルショック)によって物価が高騰し、高度成長期は終わりを告げた。エネルギー価格の上昇により鉄鋼・石油化学などの素材工業から ウ ・機械工業へと産業構造の転換が進んだ。1970年代後半からは ウ や半導体などの輸出拡大に伴い、アメリカ合衆国やヨーロッパ諸国との貿易摩擦が深刻化した。1980年代後半には土地の価格や株価が高騰するバブル経済が発生し、東京への一極集中が進んだ a) 1990年代には国内景気は後退した。2000年代以降は低成長期が続いているが、戦後の混乱期を経て経済成長を遂げた日本では総じて国民の生活は豊かになった。また、政府の労働政策によって大企業を中心に労働時間の短縮が進み、1980年代以降は週休2日制も普及した。余暇時間の増加によって人々の消費活動は活発になり、余暇を楽しむためのレジャーへの支出も増加した。**表**は2020年の日本とヨーロッパの主要国の休日日数の数値をまとめたものである。これを見ると、日本の年間休日数はヨーロッパの国々の値とほぼ変わらない。しかし、日本はヨーロッパの国々と比較して エ が少ないことが特徴である。ヨーロッパでは夏に長期の オ を取ってリゾート b) で過ごすのが一般的であるが、これがヨーロッパの国々の エ の長さに表れていると言える。一方、日本の余暇の過ごし方 c) としては、これまでは日帰りまたは一泊程度の短期間の観光が多いとされてきたが、祝日の多さもこのような観光スタイルと関連していると考えられる。日本の今後の観光産業のあり方については、少子化による人口減少が見込まれるため、より積極的な外国人観光客を誘致するための施策も必要である。例えば、ムスリム観光客の増加に対応して、［　カ　］を得た食品を提供するなどの配慮も必要になってくるだろう。

表　2020年の日本とヨーロッパ主要国の休日日数

	週休日[1]	週休日以外の休日[2]	年次有給休暇[3]	年間休日数(計)
日本	104	16	17.9	137.9
イギリス	104	8	20	132
ドイツ	104	9	30	143
フランス	104	9	25	138
イタリア	104	9	25	138

※データは2020年の値

注1）　年間の「日曜日」及び「土曜日」の日数(週休2日制を想定)。

2）　日本は土日に当たる祝日を除き、振替休日を含む。欧州は日曜日の祝日を除く。

3）　繰越日数を含まない。日本は平均付与日数。常用労働者が30人以上の民営法人が対象。
イギリス、フランスは法定の最低付与日数。ドイツ、イタリアは労使協約で合意した平均付与日数。

出所：労働政策研究・研修機構「データブック国際労働比較2022」を元に作成

問 1　文中の空欄［　ア　］～［　カ　］にあてはまるもっとも適当な語を解答欄**ア～カ**に記入しなさい。

問 2　下線a)について、大都市の都心地域において官公庁や大企業の本社・支店が集まっている地域一帯の名称として適当な語を日本語で解答欄**キ**に記入しなさい。

問 3　下線b)について、映画祭が開催されることで有名なフランスのリゾート地で、コートダジュール地方にある都市名を解答欄**ク**に記入しなさい。

問 4　下線c)について、持続可能な環境保全を考えながら、自然環境、および文化・歴史などを学び体験することを主な目的とした観光のありかたの名称として適当な語を解答欄**ケ**に記入しなさい。

問5 下線c)について、洞爺湖や有珠山などのユネスコが認定する自然公園で、地球科学的に重要な地形や地質を保全し、科学教育の場として活用することで持続可能な地域発展を目指すことを目的とする取り組みの名称として適当な語を解答欄**コ**に記入しなさい。

〔V〕 日本の降水中のpH値を示した次の地図をみて問に答えなさい。

問 図中のそれぞれの地点の数値は、日本の降水中のpH(水素イオン濃度)の平成28年度～令和2年度までの各年度の値で、( )内の数値は5年間平均値である。下記の①と②について、解答欄に4行以内で述べよ。

① 日本の酸性雨の状況とその地域的特徴。

② 図に示された5年間のpHの推移とその理由として考えられること。

〔解答欄〕1行 13.7cm

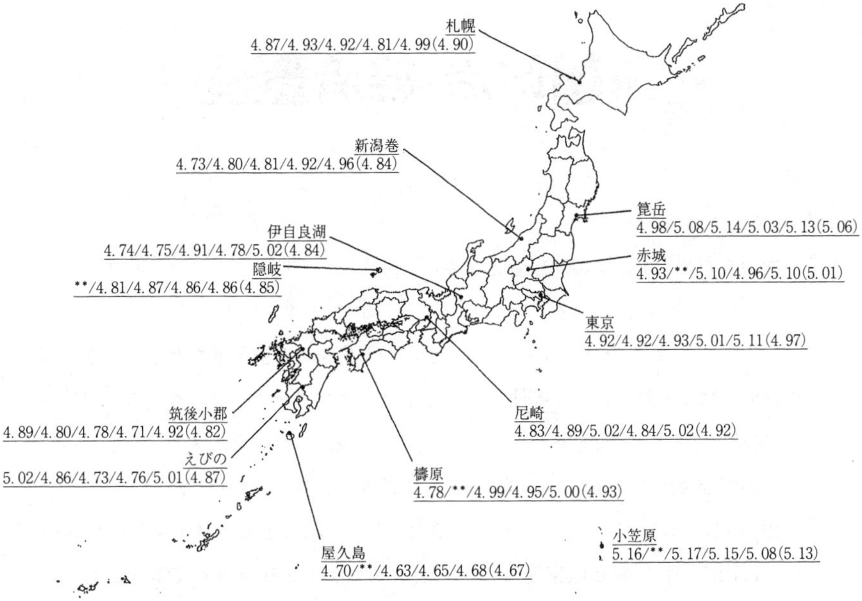

図　降水中の pH の分布図
平成 28 年度/平成 29 年度/平成 30 年度/令和 1 年度/令和 2 年度(5 年間平均値)

** 当該年平均値が有効判定基準に適合せず、棄却された。
注：平均値は降水量加重平均により求めた。
出所：令和 4 年版環境白書を改変
令和 2 年度のデータならびに 5 年間のうち 3 年分のデータが示されていない地点(計 6 地点)を除いた。

政治・経済

(60分)

〔Ⅰ〕 次の文を読んで、下の問に答えなさい。

三十年戦争はドイツを中心にヨーロッパの覇権を巡る国際的な戦争となり、17世紀の半ばに終結した。国際法(a)の父と呼ばれるグロティウスは、戦中の(　ア　)年に『戦争と平和の法』を著した。(　イ　)年に調印されたウェストファリア条約は、国際社会が主権国家を基本単位として構成されることを示した。

18世紀初頭のサン＝ピエールによる『(　A　)案』などは、戦争を起こさないために国際平和機構と国家連合の構想を説いた。アメリカの大統領ウィルソンは、(　ウ　)年に平和原則14カ条を提唱し、その後、国際連盟(b)が設立された。

しかし、第二次世界大戦が勃発するなど、国際連盟は世界平和の維持という機能を十分に果たさなかった。このため新たな国際機関として、戦後に国際連合(c)(以下、国連)が設立され、1946年にロンドンで第1回の総会が開催された。

2022年現在、国連の代表的な組織である総会は全加盟国で、(　B　)は15カ国でそれぞれ構成されており、必要に応じて特別総会や緊急特別総会(d)が開催されることがある。国連の総会による設立機関には、国連児童基金(UNICEF)や国連世界食糧計画(WFP)、(　C　)(UNCTAD)などが挙げられる。また、専門機関には、国際労働機関(ILO)や国連食糧農業機関(FAO)、(　D　)(WHO)などが挙げられる。

国連は設立以来、平和的に紛争解決と停戦維持をするよう努めてきた。(　エ　)年の「平和のための結集」決議などがその例である。これまで軍備の削減と規制を行うために、軍縮に関連した条約(e)が発効された。

問1　(　A　)〜(　D　)にもっとも適切な語句を省略せずに記入しなさい。

問2 （ ア ）、（ イ ）、（ ウ ）、（ エ ）に入る数字の組み合わせとして、適切なものを1つ選びマークしなさい。

①	(ア) 1625	(イ) 1648	(ウ) 1918	(エ) 1950
②	(ア) 1624	(イ) 1649	(ウ) 1919	(エ) 1950
③	(ア) 1624	(イ) 1648	(ウ) 1919	(エ) 1949
④	(ア) 1625	(イ) 1649	(ウ) 1918	(エ) 1949
⑤	(ア) 1626	(イ) 1649	(ウ) 1919	(エ) 1950

問3 下線部(a)に関連して、もっとも適切なものを1つ選びマークしなさい。

① 日本において全権委任状は国会の承認を経て、内閣総理大臣が認証する。

② 国際法の存在形式として認められているのは、国家間が同意する条約だけである。

③ 国際司法裁判所は、判決を自ら執行する権限を認められている。

④ 外交特権を規定する外交関係に関するウィーン条約は、1961年に採択された。

⑤ 公海自由の原則は、国連海洋法条約が発効したことで成立した。

問4 下線部(b)に関連して、もっとも適切なものを1つ選びマークしなさい。

① 設立当時の常任理事国は、イギリス、フランス、ドイツ、日本である。

② アメリカはベルサイユ条約を批准し、国際連盟に加盟した。

③ 設立当時、理事会は10カ国で構成され、非常任理事国は6カ国であった。

④ 総会は全会一致制をとっていたが、理事会は多数決制をとっていた。

⑤ 日本とドイツは1933年、イタリアは1937年に国際連盟を脱退した。

問5 下線部(c)に関連して、もっとも適切なものを1つ選びマークしなさい。

① 中華民国は創設メンバーとして国連に加盟し、1975年まで中国を代表していた。

② 設立当時の加盟国数は61であり、2022年現在の加盟国数は218であ

る。

③　初代事務総長を務め、世界秩序維持に貢献したリーはノルウェー出身である。

④　重要問題に関する事項は、総会で投票する構成国の４分の３以上で表決される。

⑤　日本は1958年に国連に加盟し、その当時の総理大臣は鳩山威一郎である。

問６　下線部(d)に関連して、もっとも適切なものを１つ選びマークしなさい。

①　1982年にイスラエルによるレバノン領ゴラン高原併合を侵略行為と断定した。

②　1981年にナイロビを不当に統治する南アフリカを非難する決議案を採択した。

③　1958年にヨルダンとレバノンからの外国軍の早期撤退を要請する決議案を採択した。

④　1965年にイスラエルに対してエルサレム併合中止と難民救済の決議案が成立した。

⑤　1956年にイギリス、ドイツ、イスラエル軍の即時撤退を要求する決議案を採択した。

問７　下線部(e)に関連して、条約の採択年と条約名の組み合わせで、もっとも適切なものを１つ選びマークしなさい。

①　2008年　クラスター弾に関する条約

②　1989年　化学兵器禁止条約

③　1972年　核拡散防止条約

④　1981年　部分的核実験禁止条約

⑤　1988年　弾道ミサイル削減条約

〔Ⅱ〕 次の文を読んで、下の問に答えなさい。

日本では、第二次世界大戦後に農地改革(a)が実施された。しかし、高度成長期以降、労働力が農村部から都市部へと移動し、工業所得の伸びが農業所得の伸びを上回るようになった。その結果、農家の世帯数が減少することとなった。また、販売農家の中で年間 60 日以上自営農業に従事している 65 歳未満の世帯員がいない(　A　)が増加した。

政府は 1961 年に農業基本法(b)を制定した。その後、農家世帯と勤労者世帯の所得格差は縮小したが、それは主に農外所得の増加によるものであった。主食である米は、(　B　)制度の生産者米価に基づいて政府が買い上げたために、生産が増え続けた。しかし、食生活の変化などによって大量の余剰米が発生し、巨額の赤字を生むこととなった。

このような政府による介入が、市場に与える効果を分析してみよう。図は米の市場をあらわしている。はじめに政府が介入しない状況を考えると、需要曲線と供給曲線が交差するところが市場均衡点となり、均衡価格は p_2 となる。このとき、消費者が市場取引によって得られる便益をあらわした消費者余剰は、(　ア　)の面積で測られる。一方で、生産者の利潤をあらわす生産者余剰は、(　イ　)であらわされる。ここで、政府が生産者から一定の価格 p_3 ですべて買い入れて、買い入れ価格よりも安い価格 p_1 で消費者に独占的に販売する場合、$(x_2 - x_1)$だけ生産が過剰となる。このときの消費者余剰は(　ウ　)、生産者余剰は(　エ　)であらわされる。しかし、政府がこのような政策をおこなうためには、米の買い入れにかかる費用と売上の差を補助金として支出することとなる。米の買い入れにかかる費用は $p_3 \times x_2$ であるのに対して、米の販売による売上は $p_1 \times x_1$ となる。よって、社会的余剰は(　オ　)だけ減少する。このように、政府による市場への介入は経済厚生を損失させる可能性がある。

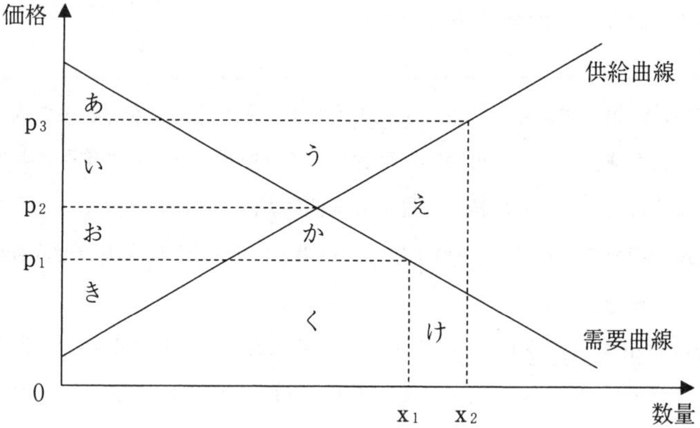

1970年以降、政府は米の過剰生産を抑制するために(　C　)政策をとった。また、1990年代には米の部分輸入自由化に踏み切った。1999年には、食料・農業・農村基本法が制定された。その後、残留農薬などの食品の安全性に対する不安に対して、2003年には(　D　)が制定された。気候変動や国際情勢の変化で食糧の安定的確保(c)がたびたび議論されるようになっている。

問1　(　A　)〜(　D　)にもっとも適切な語句を省略せずに記入しなさい。

問2　下線部(a)に関連して、農地改革に関する説明として、もっとも適切なものを1つ選びマークしなさい。

① 政府の主導により実施され、1町歩を超える貸付地に対して在村地主による小作料の上限を設定した。

② 政府の主導により実施され、2町歩を超える不在地主の貸付地を政府が買い上げて小作農に売り渡した。

③ GHQの指令により実施され、不在地主の貸付地全部を政府が買い上げて小作農に売り渡した。

④ GHQの指令により実施され、1町歩を超える不在地主の貸付地をGHQが買い上げて小作農に売り渡した。

⑤ 政府の主導により実施され、地方自治体による農業の大規模化を推奨し

た。

問３　下線部(b)に関連して、1961年の農業基本法に関する説明として、もっとも適切なものを１つ選びマークしなさい。

① 農地を細分化して多くの農家に独立をうながした。
② 農業の近代化を促進し生産性の向上をはかった。
③ 食料自給率の目標値を示し農業への参入を推奨した。
④ 食糧の安定的確保を目指して輸入量と備蓄量を調整した。
⑤ 自然環境の保全など農業の多面的機能を発展させることとした。

問４　(　ア　)と(　ウ　)に入る組み合わせとして、適切なものを１つ選びマークしなさい。

① ア：あ＋い　　　ウ：あ＋い＋お＋か
② ア：あ＋い＋お　　ウ：あ＋い＋う
③ ア：あ＋い　　　ウ：あ＋い＋お
④ ア：あ＋い＋お　　ウ：あ＋い＋お＋か
⑤ ア：あ＋い　　　ウ：あ＋い＋う

問５　(　イ　)と(　エ　)に入る組み合わせとして、適切なものを１つ選びマークしなさい。

① イ：い＋お＋き　　エ：お＋き
② イ：い＋お＋き　　エ：い＋お＋か＋き
③ イ：い＋お＋き　　エ：い＋う＋お＋き
④ イ：お＋き　　　エ：い＋お＋き
⑤ イ：お＋き　　　エ：い＋う＋お＋き

問６　(　オ　)に入るものとして、適切なものを１つ選びマークしなさい。

① え
② え＋け
③ い＋う＋お＋か

④ い＋う＋え＋お＋か

⑤ い＋う＋え＋お＋か＋け

問 7 下線部(c)に関連して、2000年以降の各国の食糧(料)自給率の説明として、もっとも適切なものを1つ選びマークしなさい。

① 生産額ベースの食糧自給率において、日本は100％を超えている。

② カロリーベースの食糧自給率において、カナダは200％を超えている。

③ 魚介類の自給率において、日本は100％を超えている。

④ 生産額ベースの食糧自給率において、イギリスは100％を超えている。

⑤ カロリーベースの食糧自給率において、アメリカは100％を超えている。

〔Ⅲ〕 次の文を読んで、下の問に答えなさい。

株主とは、株式の持ち主であり、会社(a)のオーナーである。株主には様々な権利が認められているが、特に重要な三大権利として議決権、利益配当請求権(b)、(A)請求権がある他、株主代表訴訟を提起する権利や株主優待を受け取る権利もある。また、株主が受け取るリターンには配当以外に株価の値上がり益がある。株価が上昇して株主の資産価額が増えると、その分消費支出の増加につながる。逆に株価が下落した場合、株主の資産価額が低下し、個人消費支出が減少することがある。後者を特に(B)という。

一方、企業が株式を上場させると上場企業になり、株式市場で株式が売買されるようになる。上場企業になると、企業の信用度やステータス、ブランド力が上昇するというメリットを享受できるが、デメリットも存在する。その一つに敵対的買収のリスクが挙げられる。こうしたことから、買収防衛策(c)を導入する企業も見られるが、敵対的買収からの防衛には企業業績を高く保ち、株価を高めることが有効である。そこで、業績を向上させるために、企業はM&Aや広告宣伝投資、デジタル投資などを積極的に行っている。

例えば、M&Aはシナジーを得ること、事業規模の拡大、シェアの拡大などを目的に行われる。生産規模を大きくして大量生産を行えば、製品1単位当たりの生産コストを低減でき、(　C　)を得ることができる。しかし、日本では原則として、競争を実質的に制限するような一定規模を超えるトラストは独占禁止法(d)により禁止されており、こうした行為は公正取引委員会(e)により監視されている。

また、広告宣伝投資を積極的に行うことで、非価格競争により売上を伸ばす戦略をとる企業もある。さらに、デジタル投資では近年、金融と情報技術を融合した新しいサービスや事業領域である(　D　)が注目されており、大企業や金融機関だけでなくベンチャー企業なども担い手となっている。しかし、株価は業績や企業戦略といった企業固有の要因以外に、金利や為替相場(f)、政治、国際情勢、天候など企業外部の要因の影響も受ける。こうしたことから、株主と企業の双方にとって実際の株価の動きを予想することはかなり難しいといえる。

問1　(　A　)～(　D　)にもっとも適切な語句を入れなさい。

問2　下線部(a)に関連して、現行の会社法で新設することができない会社企業の形態を1つ選びマークしなさい。

①　株式会社　　②　有限会社　　③　合資会社

④　合名会社　　⑤　合同会社

問3　下線部(b)に関連して、配当せずに企業に蓄積される利益として、もっとも適切なものを1つ選びマークしなさい。

①　引当金　　②　減価償却費　　③　固定資産

④　内部留保　　⑤　キャッシュフロー

問4　下線部(c)に関連して、もっとも適切な用語と説明の組み合わせを1つ選びマークしなさい。

①　ポイズンピル：買収対象企業に友好的な別会社や投資家に買収してもらう。

②　ホワイトナイト：既存株主に時価を大幅に下回る価格で株式を引き受ける権利を与え、買収を仕掛けられた際に発動させ買収者の議決権割合を下

げる。

③　スコーチドアースディフェンス：優良な資産・事業を売却し、買収の魅力を低下させる。

④　パックマンディフェンス：買収される企業の経営陣が退職する際、多額の退職金を払うことにより現金を流出させ買収コストを引き上げる。

⑤　ゴールデンパラシュート：買収しようとしている企業に対し、逆に買収を仕掛ける。

問５　下線部(d)に関連して、1997年の改正の内容として、もっとも適切なものを１つ選びマークしなさい。

①　売上が一定額以上の会社に対する年１回の事業報告の義務付け。

②　事業支配力が過度に集中する持株会社の設立の禁止。

③　金融持株会社設立の禁止。

④　カルテルなどの不当な取引、不公正な取引方法の禁止。

⑤　有力企業が競合他社の事業活動を支配または排除する私的独占の禁止。

問６　下線部(e)の説明として、もっとも適切なものを１つ選びマークしなさい。

①　経済産業省管轄の独立行政機関であり、６名の委員で構成される。

②　建設業界の入札談合の摘発は業務の対象外である。

③　証券市場において公正な価格形成が行われているか監視している。

④　内部統制についてのディスクロージャーが十分か監視している。

⑤　委員長と委員は両議院の同意を得て内閣総理大臣が任命する。

問７　下線部(f)に関連する記述として、もっとも適切なものを１つ選びマークしなさい。

①　為替相場が円安になると、海外からの輸入品の価格競争力が向上する。

②　１ドル＝100円から１ドル＝120円に変化すると、輸出先での販売価格が１ドルの日本の輸出品の売上は、円ベースで換算すると20％下落する。

③　円安の進行は、企業の生産拠点の海外移転を促進するため、国内の産業

空洞化につながる。

④　円高ドル安の進行は、日本の不動産価格を相対的に下落させるため、アメリカから日本への資金流入を加速する。

⑤　変動相場制移行後、ドル円相場が最高値の1ドル＝75円32銭を記録した当時、日本は民主党政権下であった。

〔Ⅳ〕　次の文を読んで、下の問に答えなさい。

技術革新によって、私たちの生活は、便利なものになっている。「イノベーション」を経済の発展を作り出す革新ととらえたのは、オーストリア出身の経済学者シュンペーター(a)である。21世紀に入ってからも技術革新は続いていて、私たち消費者は、技術革新の産物としての商品・サービスを享受している。

近年は、特に、金融分野で技術革新が進んでいる。ITの進展に伴い、金融商品・サービスにも変化が生じている。(　A　)とは、複雑な技術を使って送金や取引情報を記録するもので、新しい金融商品やサービスなどの信頼性を支える仕組みとして利用されている。仮想通貨ともよばれる、ビットコインに代表される(　B　)は、現在1500種類とも3000種類とも言われているが、投機対象となることがあり、価値の乱高下が起こりやすい。2021年には、(b)世界で初めて法定通貨としてビットコインを認めた国も出てきた。

(　C　)は、インターネットを通じて、自分のやりたいことやアイデアを具体的に発表し、趣旨に賛同する支援者から資金を募ることを可能にした。これにより、プロジェクト起案者と支援者が世界中で直接つながることが可能になってきている。また、これまでも利用されていた、クレジットカードやデビットカードなどに加えて、電子マネーや携帯端末上に表示するＱＲコードなど、決済方法の多様化も進んでいて、(c)金融を取り巻く状況も変わってきている。また、資産運用を支援するための制度も導入されるなど、(d)日本の家計の資産運用をめぐる状況も変化しつつある。

しかし、技術革新に伴い、望ましくない事態が生じることもある。例えば、企業と消費者の間には商品・サービスについての情報の非対称性があるが、技術革新が進展すると、ここから生じる問題が深刻になることがある。そこで、消費者問題(e)が生じないように、消費者保護基本法が改正されて、消費者基本法(f)となるなど、各種の法律や制度の整備が進められている。また、金融分野では、国際的な対応が迫られる中、利用者保護や犯罪によって得られた資金の出所をわからなくする（　D　）を防止するため、2019年に資金決済法や金融商品取引法などが改正された。

問１　（　A　）～（　D　）にもっとも適切な語句を入れなさい。

問２　下線部(a)の人物の著作として、適切なものを１つ選びマークしなさい。

①　経済学及び課税の原理

②　経済発展の理論

③　危険と不確実性理論

④　国民経済学原理

⑤　政治経済学の国民的体系

問３　下線部(b)に関連して、もっとも適切な国を１つ選びマークしなさい。

①　エルサルバドル　②　グアテマラ　③　エクアドル

④　ホンジュラス　⑤　サンサルバドル

問４　下線部(c)に関連して、もっとも適切なものを１つ選びマークしなさい。

①　キャッシュレス決済の進展に伴い、マネタリーベースは大きく減少している。

②　財務省造幣局が発行する１万円札は、流通高において通貨の50％以下である。

③　2022年現在において、日本銀行は、中央銀行デジタル通貨を導入していない。

④　マイナス金利政策の導入によって、多くの消費者が、マイナス金利で住宅ローンを組むことができるようになった。

⑤　クレジットカードとは、決済時に機械でカードを読み取ると、指定の銀行口座から即時に代金が引き落とされるものである。

問 5　下線部(d)に関連して、もっとも適切なものを1つ選びマークしなさい。

① iDeCo(企業型確定拠出年金)とは、確定拠出年金法に基づいて実施されていて、加入は強制である。

② NISAは、正式には少額投資非課税制度という。

③ 12歳未満の者の口座名義によるジュニアNISAが、2024年1月に始まる予定である。

④ 日本の家計貯蓄率は、ドイツ、フランス、アメリカと比較しても一貫して高い水準を保っている。

⑤ 近年の日本の家計における金融資産構成は、現金・預金の比率がアメリカ、ユーロエリアと比べて低い。

問 6　下線部(e)に関連して、もっとも適切なものを1つ選びマークしなさい。

① 多重債務が問題となる中、改正出資法で、総借入額は、年収の半分までとなった。

② 製造物の欠陥で身体や財産に損害が生じた場合、製造者が消費者に対する賠償責任を負うことを規定した製造物責任法(PL法)が、1985年に施行された。

③ 消費者トラブルの続出を受けて、消費者安全法が1976年に制定された。

④ 民法、割賦販売法などの規定では対応できないようなトラブルでも消費者を救済できるように2009年に新たに制定されたのが特定商取引法である。

⑤ 消費者庁は、消費者行政の司令塔を目指し、2009年に内閣府の外局として設置された。

問 7　下線部(f)に関連して、この法律が制定された時の内閣総理大臣を選びマークしなさい。

① 小渕恵三　② 麻生太郎　③ 森喜朗

④ 小泉純一郎　⑤ 安倍晋三

数学

（60分）

分数形で解答する場合は，それ以上約分できない形で答えなさい。また，根号を含む形で解答する場合は，根号の中に現れる自然数が最小となる形で答えなさい。

〔Ⅰ〕　次の各問の [　　] に入る数値を下の表から選んでアルファベットをマークせよ。同じアルファベットを選んでもかまわない。

1.　平面上の点 O, A, B, C について、$\vec{u}=\overrightarrow{\mathrm{OA}}, \vec{v}=\overrightarrow{\mathrm{OB}}, \vec{w}=\overrightarrow{\mathrm{OC}}$ とするとき、$|\vec{u}|=|\vec{v}|=|\vec{w}|=5,\ \vec{u}\cdot\vec{v}=15,\ \vec{u}\cdot\vec{w}>0,\ \vec{v}\perp\vec{w}$ を満たすならば、

$$\vec{w}=\boxed{(1)}\,\vec{u}-\boxed{(2)}\,\vec{v}$$

と書ける。

2.　A グループが 3 人、B グループが 2 人の 2 つのグループに分かれて、A のメンバー 1 人対 B のメンバー 1 人で、テニスの試合を何試合か行う。但し、どの人も、必ず 1 試合以上は対戦し、同じ相手とは、1 試合しか対戦しないものとする。このとき、総試合数が、3 の場合の対戦の組合せは、[(3)] 通りであり、4 の場合の対戦の組合せは、[(4)] 通りである。

3.　$0<\theta<\dfrac{\pi}{2}$ のとき、$\sin\theta+\cos2\theta=\sin3\theta$ を満たすならば、

$$\theta=\boxed{(5)}\,\pi \quad \text{または、} \theta=\boxed{(6)}\,\pi$$

である。(但し、[(5)] $\leqq$ [(6)]。)

A. 0　　B. 1　　C. 2　　D. 3

E. 4	F. 6	G. 8	H. 10
I. 12	J. 14	K. 18	L. 20
M. $\frac{1}{2}$	N. $\frac{1}{3}$	O. $\frac{1}{4}$	P. $\frac{1}{5}$
Q. $\frac{1}{6}$	R. $\frac{3}{4}$	S. $\frac{5}{4}$	T. $\frac{3}{2}$
U. $\frac{2}{5}$	V. $\frac{3}{5}$	W. $\frac{4}{5}$	X. $\frac{5}{6}$
Y. $\frac{6}{5}$	Z. $\frac{7}{5}$		

〔Ⅱ〕 次のア～チに当てはまる0～9の数字を解答欄にマークせよ。

$y = x^3 - 2x + 1$ で定まる曲線を C とする。a を実数とし、$y = x + a$ で定まる直線を、ℓ とする。C と ℓ が、2つの共有点を持つならば、$a = -\boxed{\text{ア}}$ または、$a = \boxed{\text{イ}}$ である。

$a = -\boxed{\text{ア}}$ のとき、ℓ は、$x = \boxed{\text{ウ}}$ で、C に接し、もう1つの共有点は、$\left(-\boxed{\text{エ}}, -\boxed{\text{オ}}\right)$ である。

$a = \boxed{\text{イ}}$ のとき、ℓ は、$x = -\boxed{\text{カ}}$ で、C に接し、もう1つの共有点は、$\left(\boxed{\text{キ}}, \boxed{\text{ク}}\right)$ である。

$-\boxed{\text{エ}} < b < \boxed{\text{キ}}$ を満たすどの b についても、$a = b^3 - \boxed{\text{ケ}}\,b + 1$ とすれば、ℓ は、$x = b$ で、C と共有点を持つ。

このとき、ℓ は、$b = -\boxed{\text{コ}}, \boxed{\text{サ}}$ 以外の場合に、C と3つの共有点を持ち、

$$x = b,\ \frac{-b \pm \sqrt{\boxed{\text{シス}} - \boxed{\text{セ}}\,b^2}}{\boxed{\text{ソ}}}$$

で、C と交わる。

このとき更に、$b = \sqrt{3}$ とすると、ℓ と C で囲まれた図形の面積は、$\dfrac{\boxed{\text{タ}}}{\boxed{\text{チ}}}$ である。

〔Ⅲ〕　xy 平面上で、$x \geqq 0, y \geqq 0$ の範囲を考える。この範囲の点で、x, y 座標が共に整数であるものを、整数点と呼ぶ。(以下では、整数点といったら、x, y 座標は、0 以上の整数とする。) 整数点 A について、次の条件 (P) を考える。

(P)　A と原点 $(0, 0)$ を結ぶ線分上に、整数点は、A と原点しかない。

更に、自然数 n に対して、直線 $x + y = n$ 上の条件 (P) を満たす整数点の個数を、a_n とする。このとき、次の問に答えよ。

1.(1)　a_5, a_6 を求めよ。

(2)　整数点 $A(a, b)$ について、A が、条件 (P) を満たすための必要十分条件を、(a, b を用いて) 述べよ。

2.　p, q を異なる素数とするとき、

$$pq + 1 = a_{pq} + a_p + a_q + a_1$$

を示し、a_{pq} を、p, q の式として表せ。

3　あなたが言ったからといって、私は昼間に通うのをやめることができません。

4　あなたは文句を言うのをやめて、私の言うとおりに昼間に私の邸に来なさい。

5　あなたが不愉快だと言っても、私は昼夜を問わずあなたに命令できるのです。

問九　本文の内容と一致するものを次の1～5の中から一つ選び、その符号をマークせよ。

1　宮が突然昼間に訪問してきたときに、女は宮の女房として恥ずかしくない立ち居振る舞いをしようと決意した。あたかも女房のように応対しようとする女に、宮は女との身分差を感じて自らの軽率さをはしたなく思った。

2　宮邸で暮らして毎日宮に会えることになっても、どうせ悲しい思いをするのではないかと女は宮に伝えた。しかし、顔を合わせればこそ恋しさがまさるという、宮の思いは変わらなかった。

3　宮が高欄に寄りかかりながら歌を読みかけると、女はすぐに素晴らしい歌を返した。宮は女の歌に風情や情緒を感じないわけではなかったけれども、どこか物足りなく感じたのだった。

4　宮が少し色づいた檀の枝を折り、女の歌の力量を試そうとして歌を詠みかけた。女はその意図を理解し、宮の命が白露のように消えてゆくことを予感しつつ返歌した。

5　世間から身分違いの恋を非難されて、女は恋を貫くことに疲れてしまった。女が二人の将来への不安を和歌に詠んで別れをほのめかしたところ、宮は別れを拒否した。

問六　傍線部D「目さへあだあだしきにや」の解釈について最も適切なものを次の1～5の中から一つ選び、その符号をマークせよ。

1　女を見る目までも浮ついているのではないか
2　宮を見る目までもまがまがしいのではないか
3　宮を見る目までも恨みがましいのではないか
4　女を見る目までもずうずうしいのではないか
5　宮を見る目までも色めいているのではないか

問七　Ⅲの和歌の内容として、最も適切なものを次の1～5の中から一つ選び、その符号をマークせよ。

1　美しくもない私が宮様と昼間に逢うのは恥ずかしいのです。とても決まりが悪く落ち着かなく思われます。
2　美しくもない私のもとに宮様が昼間に来られるのは思いやりがありません。これからは少し距離を置きませんか。
3　美しくもない私に宮様が軽い気持ちで昼間からお声をかけるのはおやめください。心が揺れ動いて仕方ありません。
4　美しくもない私を宮様は昼間からどこに連れて行こうとなさるのでしょう。行き先がわからず不安に思われます。
5　美しくもない私を宮様は昼間に御覧になって幻滅されたようですね。つらいので姿を隠そうと思います。

問八　Ⅳの和歌の内容として、最も適切なものを次の1～5の中から一つ選び、その符号をマークせよ。

1　あなたが心苦しいと言うならば、私は昼夜の訪れをやめようと思います。
2　あなたも言うとおり、私は昼間にあなたをどこにでも連れて行けるのです。

惑いを宮はどのように表現しているか。該当する箇所を本文中から十一字で抜き出して記せ。

問三　傍線部B「うひうひしう」の解釈について最も適切なものを次の1～5の中から一つ選び、その符号をマークせよ。

1　恋わずらいのために苦しいと
2　眠れないためにつらいと
3　思慮が浅いために迷惑だと
4　慣れないために気恥ずかしいと
5　世間ずれしていないために美しいと

問四　傍線部C「スイガイ」を漢字に改めよ。

問五　Iの内容について、最も適切なものを次の1～5の中から一つ選び、その符号をマークせよ。

1　檀の葉が濃くなっていくように、私とあなたの詠む言葉は世の人々の胸に深く刻まれてゆきます。
2　檀の葉が濃く色づいていくように、私とあなたの詠み交わす言葉も愛情深いものとなってゆきます。
3　檀の葉が濃くなり秋も深まっていくように、私とあなたの詠み合う言葉にも恨みがつのってゆきます。
4　檀の葉が濃くなる秋が冬に近づくように、私とあなたの詠み交わす言葉もいつか枯れて散ってゆきます。
5　檀の葉が濃く紅葉するように、私とあなたの交わす言葉も紅の涙を流すほど悲しいものになってゆきます。

る、あらまほしう見ゆ。D目さへあだあだしきにや、とまでおぼゆ。

またの日、「昨日の御気色の、あさましうおぼいたりしこそ、心憂きもののあはれなりしか」とのたまはせたれば、

Ⅲ　葛城〈注3〉の神もさこそは思ふらめ久米路にわたすはしたなきまで

「わりなくこそ思ひ給うらるれ」と⑤聞こえたれば、立ち返り、

Ⅳ　行ひのしるしもあらば葛城のはしたなしとてさてやみなん

など言ひて、ありしよりは、時々おはしましなどすれば、こよなくつれづれもなぐさむ心地す。

〈注1〉　のたまふさま――女が、宮の自邸に出仕するよう宮に誘われていたことをさす。

〈注2〉　塩焼き衣――「伊勢の海人の塩焼き衣なれてこそ人の恋しきこともしらるれ」（古今六帖・第五・塩焼き衣・三二八五・読み人知らず）の第二句を引用している。

〈注3〉　葛城の神――奈良県葛城山の神をいう。役行者《えんのぎょうじゃ》に命ぜられて葛城山と吉野の金峰山《きんぶせん》との間に岩橋をかけようとした葛城の神が、容貌の醜いことを恥じて夜の間だけ仕事をしたという伝説がある。

問一　傍線部①～⑤の敬語のなかに、一つだけ敬意の方向が**異なるもの**がある。その敬語の敬意は誰から誰に向けられたものか。次の1～5の中から一つ選び、その符号をマークせよ。

1　語り手から宮　　2　女から葛城の神　　3　伊勢の海人から女　　4　宮から女　　5　女から宮

問二　傍線部A「昼などはまだ御覧ぜねば、恥づかしけれど」は宮の訪問を受けた時の女の戸惑いが表現されている。その女の戸

4　他人の痛みを確認することはできなくても、まず痛みを訴えている人のために行動すべきではないだろうか。

5　懐疑論者は、知識というものが確実性を持たないという立場から、他人を情報として扱う傾向がある。

（三）

次の文章は「和泉式部日記」の一節である。女（和泉式部）のもとに宮（敦道親王）がひそかに通うようになり、二人の仲は親密になった。以下を読んで、後の問に答えよ。

二日ばかりありて、女車のさまにて、やをら①おはしましぬ。A昼などはまだ御覧ぜねば、恥づかしけれど、さまあしう恥ぢかくるべきにもあらず。また、〈注1〉のたまふさまにもあらば、恥ぢ聞こえさせてやはあらんずるとて、ゐざり出でぬ。日ごろのおぼつかなさなど語らはせ給ひて、しばしうち臥させ給ひて、「この聞こえさせしさまに、はやおぼし立て。かかる歩きの、つねにBうひうひしうおぼゆるに、さりとて参らぬはおぼつかなければ、はかなき世の中に苦し」とのたまはすれば、「ともかくも、のたまはせんままに、と思ひ給ふるに、見ても嘆く、と言ふことにこそ、思ひ給へわづらひぬれ」と聞こゆれば、「よし、見②給へ。〈注2〉塩焼き衣、にてぞあらん」とのたまはせて、出でさせ給ひぬ。

前近きCスイガイのもとに、をかしげなる檀《まゆみ》の紅葉の、すこし紅葉ぢたるを折らせ給ひて、高欄におしかからせ給ひて、

Ⅰ　ことの葉ふかくなりにけるかな

と③のたまはすれば、

Ⅱ　白露のはかなくおくと見しほどに

と聞こえさするさま、なさけなからずをかしと④おぼす。宮の御さま、いとめでたし。御直衣に、えならぬ御衣、出し袿にし給へ

した。

2　目前で暴力事件が起き、被害者のみならず加害者も怪我をした。ためらいながらも被害者と同時に加害者も介抱する手伝いをした。

3　友人がたびたび腹痛で登校することができなくなった。この本当の原因を探るべく担任教師と何度も話し合ったが、根本解決には至らなかった。

4　路上でうずくまっている高齢者に出くわした。救急救命士の知識を生かすべく用意をしていたところ、警察官が通りかかったので後の処置を委ねた。

5　体育の授業で持久走をしたところ、友人が胸の痛みを訴えながら走り続けた。虚言癖のある友人だったので、真偽を確認するためゴールまで並走した。

問七　次の一文を本文中に補うとしたらどこか。直前の一文の文末六字（句読点等も一字と数える）を本文中から抜き出して記せ。

確信がないことには黙っておくというのは、ある意味で知的には誠実なのだろうと思う。

問八　本文の論旨に**合わない**ものを次の1～5の中から一つ選び、その符号をマークせよ。

1　哲学者とは目の前の人のことを度外視してでも、みずからの知的好奇心を満足させようとしがちである。

2　体調不良を訴える人の多くは、必ずしもスケジュール変更などの具体的対応を要望しているわけではない。

3　私たちは具体的な人間だから、コミュニケーションにおいても具体的な行動を前提としておかなければならない。

てもらえないから。

4　懐疑論者に痛みを訴え、その痛みに共感してもらうためには、まずこちらが具体的な人間であることを理解してもらうことが必要だから。

5　懐疑論者と痛みを訴えている人の間には日常的な感覚のズレがあるため、痛みを訴える人の何とかして欲しいという思いは受け入れてもらえないから。

問五　空欄［ア］〜［ウ］に当てはまる言葉の組み合わせとして最も適切なものを次の1〜5の中から一つ選び、その符号をマークせよ。

1　ア　思考　　イ　方針　　ウ　同情
2　ア　協議　　イ　理解　　ウ　疑念
3　ア　発言　　イ　知識　　ウ　共感
4　ア　表現　　イ　立場　　ウ　感情
5　ア　表出　　イ　賛同　　ウ　尊重

問六　傍線部D「知識よりも倫理を重視するならば、不確実性に由来する不安を引き受けつつも、ともかくまずは目の前のひとに向き合い、何かをしなくてはならない」とあるが、それを実践した例として最も適切なものを次の1〜5の中から一つ選び、その符号をマークせよ。

1　SNS上で山岳遭難者の救助要請を発見した。フェイク情報の可能性もあるが、即刻警察に通報し、自らも現場に急行せよ。

1　例に挙げて　　2　言葉を尽くして　　3　埒外として　　4　疑問視して　　5　問題にして

問三　傍線部B「われ思う、ゆえにわれあり」とあるが、本文中の意味として最も適切なものを次の1～5の中から一つ選び、その符号をマークせよ。

1　すべての物事は疑うことができるが、その疑いを持つ自分の存在だけは疑うことが出来ない。

2　私たちの尊厳はすべて考えることの中にあり、その尊厳の中にこそ私たちの存在意義がある。

3　自分自身を反省し向上していくものは、自身の変化の足跡をかえりみることで自分を確認できる。

4　生きる意味を考えても答えは出ないが、すでに生きているということは確かであり変えられない。

5　人の気持ちは不確実だと考えてしまうが、人に囲まれて自分が存在していることは確実なことである。

問四　傍線部C「懐疑論者の前で痛みを訴えているそのひとは、とても辛かろうな」とあるが、筆者がそのように考える理由として最も適切なものを次の1～5の中から一つ選び、その符号をマークせよ。

1　懐疑論者に痛みを理解してもらうためには、どの程度の演技までが許容されるか、痛みと戦いながら深く悩まなければならないから。

2　懐疑論者が理解できるのは自分の心だけで、他人の心など存在すら疑わしく、そうした心の声を理解してもらうには時間がかかるから。

3　懐疑論者は何もかも疑うことが仕事であるため、その疑いを吹き飛ばすくらいの大袈裟な表現をしないと痛みを理解し状況よりも、自分の知識を重視したのだ、と私には見えた。

私も以前は、哲学者とはそういう存在なのだ、むしろ誰よりもそのように知を重視することにこそ意義があるのだ、と考えていたことがある。けれどいまはそれを疑っている。それはただ、確実な根拠なしに動き出すことを恐れているだけなのではないか、その不安ゆえに目の前の相手に向き合うことを避けているだけではないのか。

自分が確実な知識を得るということを、目の前の相手そのひとよりも重視したりしないような哲学者になりたいと思う。そして、そういう哲学のありかたを語りたいと思う。……けれど、とりあえずは寝込んだりしないように、もっと体力をつけないといけませんね。

（三木那由他「言葉の展望台」による）

問一　本文中の空欄 X ・ Y を補う適切な語の組み合わせとして最も適切なものを次の1～5の中から一つ選び、その符号をマークせよ。

1　X　なにしろ　　Y　わずかに
2　X　すくなくとも　　Y　たしかに
3　X　いったん　　Y　しばしば
4　X　ともあれ　　Y　それなりに
5　X　かろうじて　　Y　そうとうに

問二　傍線部A「俎上に載せて」と同じ意味を表す表現として最も適切なものを次の1～5の中から一つ選び、その符号をマーク知識の問題と、目の前のひととの関係における倫理の問題とをきちんと区別し、後者も意識するということには、単に哲学における新たな視点の可能性を示唆するだけでなく、現実のこの社会における意義もあるかもしれない。「ＶＯＧＵＥ　ＪＡＰＡＮ」の２０２０年5月22日のオンライン記事「『正しいと思うことを言い続けたら、それが定説になるのです』――女性外来のパイオニア、天野恵子。【世界を変えた現役シニアイノベーター】」では、従来の男性中心の医療の現場では女性患者が多く訴える痛みが顧みられず、それにより女性たちの医療へのアクセスが制限されていたことが語られている。これに対し天野は「はっきりとした症状がなくてもＱＯＬ(Quality Of Life：生活の質)が阻害されていると本人が感じれば、医師の診察を受けることができる」という方針を述べている。本当に相手が痛みを持っているかどうかを確かめることに焦点が当てられると、それが確かめられなかった痛みは「なかった」ことにされてしまう。だが確実な知識を絶対視せず、ともかく相手が痛みを訴えていて、それにきちんと対応しなければならないという観点からは、確かめられない痛みを訴える相手にも向き合わなければならない。

たぶん私も含め多くのひとにとって、確実でない何かを当てにして行動を起こすことは、不安を誘うのだろう。だから、確実な知識を求めたくなってしまう。けれども、現に痛みを訴えているひとのほうは、それを聞く側が確実な知識を得るまで待っている余裕など、ないことも多い。いま、痛いのだ。いま、助けがほしいのだ。D知識よりも倫理を重視するならば、不確実性に由来する不安を引き受けつつも、ともかくまずは目の前のひとに向き合い、何かをしなくてはならない。ひょっとしたら自分の行動があまりうまくいかないかもしれないという可能性を引き受けつつ。

以前、こんなことがあった。私も含む性的マイノリティをターゲットにしたような差別に関して、問題提起をおこなうような宣言がネット上で出された。私の知っている哲学者の何人かはすぐさまそれに賛同の意思を示した。だが何人かは「これが本当に善であると言えるか確信がない」と述べ、意見を保留にした。後者には何度か一緒に食事をしたようなひともいた。でも、私が今後何か苦境に立たされたとき、そのひとたちを頼ることはないだろうとも思った。そのひとたちは、いま私が置かれているてをしてほしい」だとか、とにかく私とあなたがこれまでやってきたことを続けるのに支障が生じているから、何かしら軌道修正をしたいということを伝えているのではないか。その際、相手がこちらの痛みについて確実な知識を得られるかどうかなどということは究極的には問題でなく、ただ私とあなたとのあいだでの物事の進めかたの変更だけが問題となる。別に確信など持ってくれなくていいのだ。ただ、スケジュールの変更の可否について考えてみたり、不可能だったら不可能だったで、無理の生じないように少し物事の進めかたを変えてみたりしてほしいのである。「痛い」という言葉が日常のコミュニケーションにおいて用いられるとき、私たちはこれをそのようなことを求めるための言葉として用いているのではないだろうか？　そこにはそもそも確実な知識への憧れなどなく、それゆえに他者の心の懐疑論だってなかったはずなのだ。私たちはただ、誰かが「痛い」と言い出したのをきっかけにして、ともにやっていくやりかたを再考しているだけなのだから。

　スタンリー・カヴェルという哲学者は、他者の心の懐疑論に関して同様のズレをかぎ取っている。カヴェルが１９６９年に出した論文集『言った通りを意味しなければならないか』(*Must We Mean What We Say?:A Book of Essays*, Cambridge University Press)に、「知ることと認めること」("Knowing and Acknowledging")という論文が収められている。カヴェルがその論文で注目するのは、「君が痛みを感じていると私は知っている」のような言い回しだ。これは哲学の議論ではふつう知識の表明と見なされ、「果たしてその知識は確実なのか？　その知識に根拠はあるのか？」と問われることになるが、カヴェルはそれに疑問を呈する。日常の会話においてそのような［ア］がなされたとき、話し手は確実な［イ］を表明しているわけではなく、むしろ痛みを訴えるひとへの［ウ］を表明しているのではないか、と言うのだ。「いまどれだけ辛いか、ちゃんとわかっているよ」と。痛みを訴えるひとを前にしたとき、単に「このひとは痛みを抱えているのだ」と確実に知ることは重要でも必要でもない。むしろ相手が痛みを抱えていることを認め、それにきちんと反応して何かをするということが重要なのではないか。カヴェルはそのように論じる。

そのひとが本当に痛みを持っているかどうかは、確かに懐疑論者の言う通りわからない。けれどそのひとは確かに脂汗をにじませたり呻いたりしながら、「痛い」と言っているのだ。それなのに目の前にいる哲学者は「果たしてこのひとが本当に痛みを経験していると言うだけの根拠はあるのか？」と考え続けるばかりで、何をしてくれるわけでもない。私がその痛みを訴えているひとだったなら、思うだろう。「疑ってくれても構わないから、とりあえず手当てをしてください」と。

想像してみてほしい。例えば学校の授業中にお腹が痛くなり、担任に「痛い」と訴えたとしよう。不幸なことに、この担任は哲学者だった。哲学者である担任は、「果たしてこの生徒が痛みを持っているというのは確実だろうか？」と考え始める。あなたはうまく伝わらなかったのかと、あえて苦し気に「痛いんです」と言い直す。担任は「これはひょっとしたらよくできた演技かもしれないから、やっぱりこの生徒が痛みを持っていると確実にはわからない」とよりいっそう深く悩み始める。めちゃくちゃ冷たく感じないだろうか？　こんなひとが担任では、あまり安心して学校に通えなそうに思える。

こうしたあたりに、私は哲学者の感覚と日常的な感覚のズレを感じる。哲学者というのはよほど知識が好きなのか、「痛い」という訴えにも知識の問題を見出してしまうようだ。「これに関連する確実な知識を私は得ることができるのか？」という方向にすぐに進んでしまう。濱口竜介の映画『親密さ』（２０１２年）の第二部で、交際相手が自分を情報として見ているように感じたと語る女性が登場するが、哲学者の感覚はそれをどこか思い起こさせる。「痛い」と語るそのひとや、そのひとが置かれている具体的な状況を離れ、「痛い」という言葉やそれに伴う動作からいかにして、そしてどの程度まで正しい情報を獲得できるかと頭を悩ませているように思えるのだ。だが『親密さ』の女性が言うように、私たちは情報ではない。具体的な人間なのだ。

具体的な人間である私たちが日常において「痛い」と訴えるとき、私たちはそれによって自分が痛みを覚えていると相手に確実に知ってもらうことを求めているわけではなさそうに思える。むしろ、「通常の仕方で授業を受け続けることはできない」だとか、「約束通りに事を進めることができない」だとか、「仕事のスケジュールの変更が必要だ」だとか、「いまの作業を止めて手当したり感情を抱いたりしていると、私たちは確実に知っていると言えるだろうか？　「実はきのうこの世界は存在しなかったのかもしれない」と悩む機会はそれほど多くなさそうだが、「本当にほかのひとにも心はあるのだろうか？　ひょっとして私だけがこの世界で唯一の心を持つ存在なのでは？」と悩んだ覚えがあるひとは［　Y　］いるのではないか。他者の心の懐疑論は、そうした悩みと繋がる懐疑論だ。

　私が布団に横たわりながら思い浮かべたのも、他者の心の懐疑論だった。なぜかと言うと、他者の心の懐疑論を語るときに頻繁に持ち出される例が他者の痛みだからだ。

　誰かが「痛い」と言っているとする。でも、そのひとが本当に痛みを感じていると私たちは確実に知ることができるだろうか？　単に言っているだけなら嘘である可能性もあるから、「『痛い』と言っている以上は痛いに違いない」とは言えない。では、脂汗をにじませながらお腹を押さえ、呻くように「痛い」と言っていたらどうか？　その場合でもその脂汗も仕草も、すべては非常に上手な演技である可能性があるから、そうした事柄に基づいて「このひとは本当に痛いんだ」と確実に知ることはできない。ではほかに何か他者の痛みに関する根拠となるようなものはあるだろうか？　検査によって怪我を見つけたとしても、そのひとはひょっとしたら特殊な訓練によって怪我から痛みを感じないようになっていて、それにもかかわらず痛いふりをしているだけかもしれない。結局、他者の痛みについて確実に知る手段などないのではないか。懐疑論者はそのように言う。

　ベッドに横たわってスマホを手に持ち、方々に「すみません、ちょっと体調を崩しておりまして……」などとメールを送っていると、ついつい「果たして私が本当に体調不良で苦しんでいると、相手はわかってくれるだろうか？」などと考えてしまう。ひょっとしたらもっといかにも苦しそうな文面にしたほうが伝わりやすい？　でも、あまりやりすぎると逆に嘘っぽくなってしまう？　そんなふうに試行錯誤していて、ふと思ったのだ。C懐疑論者の前で痛みを訴えているそのひとは、とても辛かろうな、と。

（二）　次の文章を読んで、後の問に答えよ。

さて、体調を崩しているときに哲学者が考えることといったら何か？　それは何といっても懐疑論の問題だろう。いや、ほかの哲学者に「体調を崩しているとき、どんな哲学的問題に取り組みますか？」などと訊いたことはないので、そうでもないかもしれないが……。[X]、私は布団にくるまりながら懐疑論に想いを馳せていたのだった。

懐疑論というのは人間の持つ知識が確実性を持たないことを主張する立場で、「このくらい明白な知識ならさすがに確実だろう」と思われるような種類の知識をA俎上に載せて、それが実際には確実でないと論じるのをその基本的なスタイルとする。

例えば「きのうもこの世界は存在していた」というのは、このうえなく確実に正しい知識に思える。でも、「なんできのうもこの世界は存在していたと思うの？」と訊かれたらどう答えるだろう？　「だって、きのうのことを覚えているから」と言ったところで、「あなたはその記憶ごと今朝いきなり生まれたのかもしれない」などと返されそうだ。「きのう以前の日付の新聞や手紙があるよ」と言っても、「それも今朝まとめてそんなふうに生まれた可能性は否定できないよね？」と来る。こういうふうに続けているうちに、実は「きのうもこの世界は存在していた」というのが絶対に正しいと言うだけの根拠はないのだと感じられていく。

懐疑論はだいたいこんなふうにして進み、懐疑論に取り組む哲学者の多くは、「それでも何か確実な知識があるはずだ」と知識に関する考察をおこなったり、「懐疑論の議論にはどこか変なところがあるはずだ」と懐疑論の批判的な検討を試みたりする。デカルトの有名なB「われ思う、ゆえにわれあり」も、懐疑論が成り立たない絶対確実な知識として提唱されたものだ。

いま見た懐疑論はどこか空想的でちょっとしたSF物語のように見えるかもしれないが、もう少し身近な懐疑論として、他者の心の懐疑論というのがある（中略）。自分が心を持っていて、いろいろなことを考えたり感じたりしているということを自分ではっきりと疑いの余地なくわかっている、と多くのひとは思っているはずだ。だが、自分以外のひとが心を持っていて、思考その符号をマークせよ。

1　たとえテレワークが制度化されていても、周囲の目を気にする傾向が続く限り、自らテレワークを実践することは容易なことではない。

2　対面による業務はプレッシャーを伴うもののそれなりの利点が存在し、半ば強制的にはじまったテレワークはコロナ禍の収束とともに縮小することになる。

3　「承認欲求の呪縛」はむしろ承認欲求が強いことから生じるものであるため、テレワークは承認欲求の問題に対する完全な解決とはならない。

4　テレワークが続くにしたがい、職場で味わったストレスの記憶が薄れ、会社へ「行きたい」という気持ちと「離れたい」という気持ちとの間を行き来することになってしまう。

5　「認められたい」という積極的な承認願望はテレワークでは充足されることがないので、テレワークを選ぶ人と会社に行くことを選択する人が対立するようになる。

1　テレワークを続ける中で、アイデンティティの一部は隠し、見せたい部分だけを認めてもらう。
2　自分のパーソナリティを効果的に知ってもらうために、無理をしても自分の見せたいところを見せる。
3　リモート会議の時に、見られたくないものを画面から外し、自分の好きなところだけをアピールする。
4　見せたくないところを隠し、見せたい部分だけ見せればよいので、目元や眉の魅力を強調する化粧をする。
5　マスクをかけることにより、顔の大半を覆うことで欠点を隠し、見せたいところだけをさらに見栄え良くする。

問五　傍線部C「そこに盲点がある」とあるが、ここでいう「盲点」の説明として最も適切なものを次の1～5の中から一つ選び、その符号をマークせよ。

1　個人主義の思想があまり広く定着していない日本では、これ以上分割できない個人という発想が希薄だということ。
2　パーソナリティは、長所も短所も含めた全体として成立しており、その均衡を失うと崩壊してしまうということ。
3　テレワークやマスク掛けなどによって隠された部分にこそ、その人の実存的な問題の本質が存在するということ。
4　若者など多くの人が部分的承認だけを求めるようになると、アイデンティティの危機につながるということ。
5　自己開示を行うことができないと承認欲求の大切な部分が満たされず、信頼関係も深まらないということ。

問六　傍線部D「承認欲求の大切な部分」を本文中の表現を用いて二十五字以内（句読点等も一字と数える）で説明せよ。（解答欄のマス目が一部太線になっているが、気にせずに解答すること）

問七　傍線部E「テレワークの限界」について筆者はどのように考えているか。最も適切なものを次の1～5の中から一つ選び、

問二 空欄 X に入る最も適切な表現を次の1～5の中から一つ選び、その符号をマークせよ。

1 情報の交流
2 感情の変化
3 仕事の分担
4 責任の範囲
5 対応の幅

問三 傍線部A「煩わしさからも逃れられる」とあるが、筆者が考える「煩わしさ」の内容として、最も適切なものを次の1～5の中から一つ選び、その符号をマークせよ。

1 発言する時に緊張して手が震えるのを、相手に覚られないように隠さなければならないこと。
2 発言しなければならないというプレッシャーを絶えず感じながら、会議に出席し続けること。
3 自分の感情が意図せず相手に伝わることや、他人の感情にあわせて反応しなければならないこと。
4 表情の微妙な変化を相手に見られないように、大きめのマスクで顔の大部分を隠したりすること。
5 窓口業務や接客の仕事で、公衆衛生上の理由からマスクを掛けたいのに掛けられないということ。

問四 傍線部B「切り詰めた生活を送り、つらい日々を過ごしながらインスタグラムに晴れ姿をアップしたり、ユーチューブに自慢の動画を投稿したりする」とあるが、これと**類似しない**行動はどれか。次の1～5の中から一つ選び、その符号をマークせよ。

気を悪くしないか心配になるからである。その意味でも、コロナ禍による半強制的なテレワークの実施は好都合だったといえよう。

ついでにいえば、コロナ禍による各種行事の中止や冠婚葬祭の簡素化も、承認欲求のしがらみを断ちたいという心理がいくらかは後押ししているように思える。

ところがテレワークを続けていくうちに、だんだんと職場で味わったストレスの記憶が薄れ、「承認欲求の呪縛」が解かれてくる。いっぽうで「認められたい」という積極的な承認願望が大きくなる。同じ承認欲求でも会社（内実は上司や同僚）から離れたいという気持ちと、会社に行きたいという気持ちが正反対の方向に表れ、双方のバランスが変化して後者が前者を上回るようになるのだ。

考えてみれば、それは必然的だといえよう。なぜなら離れたいという気持ちの原因になっている「呪縛」は、承認を失いたくないという心の中の承認欲求に基づくものだからである。理屈としては、会社から「離れたい」という気持ちが強い人ほど会社に「行きたい」という気持ちも強いわけであり、承認欲求が捨てられないものである以上、最終的には「行きたい」という気持ちが「離れたい」という気持ちを凌駕するはずである。

このように考えれば、会社に「行きたい」という感情だけでなく、会社から「離れたい」という感情のなかにも、E テレワークの限界を究明する上で大切な要素が隠れている可能性がありそうだ。

（太田肇『日本人の承認欲求　テレワークがさらした深層』による）

問一　傍線部①〜②のカタカナを漢字に改めよ。

関わる重要な意味を持っている。少し長くなるが、大事なポイントなので詳しく説明しよう。

　人には承認欲求があり、他人から認められることを願う。ところがいったん認められると、その承認を失いたくないと思うようになる。一般に同じものでも獲得するときの価値より、失うときの価値のほうが大きく感じられるからである。そのため、無意識のうちに承認欲求にとらわれるようになるのだ（太田肇『「承認欲求」の呪縛』新潮社、二〇一九年）。

　上司に信頼されて責任ある仕事を任されたのが負担になり、体調を崩した例や、社内表彰を受けた人が期待に応えなければならないというプレッシャーからつぎつぎに退職していったケースなどはその典型だ。そこには（中略）、日本企業特有の濃密な人間関係や期待の重みを下ろしにくい空気も働いていると考えられる。とりわけ日本人に多いまじめで几帳面な「メランコリー親和型」の人がストレスを招きやすいという研究もある（岩田一哲『職場のストレスとそのマネジメント――ストレス蓄積の過程に注目して』創成社、二〇一八年）。

　周囲の人が残っていると帰りづらいとか、上司がよい顔をしないので休暇が取りづらいという気持ちの背景にも、自分の評価を下げたり、がっかりさせたりすることへの恐れがある。テレワークなら、そうした無用なプレッシャーを感じなくてもよいので仕事に集中できる。対面では消極的で目立たなかった社員が、リモートでは堂々と発言するようになったのも同じ理由である。もっといえば、リモートでは化粧や服装にも対面の場合ほど気を遣わなくてもよい。要するに、リモートなら気が楽なのだ。先にリモートやマスク掛けは好きなところだけアピールできることを指摘したが、同時に「守り」の面でもリモートは都合がよいのである。

　すなわちテレワークを望む背景には、自分の内面にある「承認欲求の呪縛」から逃れたいという意識が働いている可能性がある。しかし、かりに以前からテレワークが制度化されていて自分の意思でそれを選択できたとしても、自らテレワークを始めることは、周りが残っていても先に帰ったり、上司がよい顔をしなくても休暇を取ったりするのと同じように難しい。周囲の人のかせていたというような例が少なくない。「自己開示」が自然と行われていたわけである。

要するに人間には背伸びをしたい、自分のよいところを見せて認められたいという欲望があるいっぽうで、ありのままの自分を丸ごと認めてほしいという欲求もあるのだ。後者を満たすにはリモートだと限界があるといえよう。

そもそも緊張感やストレスはある面で承認欲求と深く関わっていて、緊張感やストレスを感じない環境では承認欲求も十分に満たされないのが普通だ。ドキドキしない代わりにワクワクもしないのである。そしてコロナ下でテレワークが続くと、仕事や人間関係などに自信が持てなくなってきたとか、孤独感を覚える人やメンタルに不調をきたす人が増えてきたとかいうのも、無意識のなかでD承認欲求の大切な部分が満たされていなかったからだと考えられる。

承認とメンタルヘルスの関係について、裏付けとなる研究もある。

慢性疾患患者のストレスと自己効力感の関係についての先行研究では、自己効力感の高い人は低い人よりストレスが低く、うつ状態や不安が少ない傾向がみられた（鈴木伸一「ストレス管理」坂野雄二・前田基成編著『セルフ・エフィカシーの臨床心理学』北大路書房、二〇〇二年）。また自己効力感がバーンアウト（燃え尽き）の抑止に効果があるという先行研究もある（久保真人『バーンアウトの心理学――燃え尽き症候群とは』サイエンス社、二〇〇四年）。そして、他人からの承認が自己効力感を高めることも明らかになっている（小野公一「働く人々の生きがい感の構造について――看護師のデータに拠る分析の試み」亜細亜大学経営学会『経営論集』第四二巻第一・二号、二〇〇七年　ならびに太田肇『承認とモチベーション――実証されたその効果』同文舘出版、二〇一一年）。

要するにテレワークによって承認される機会が減ると自己効力感が低下し、それがメンタルの不調をもたらす原因になっていると考えても不自然ではなかろう。

ところで、ここに表れた「隠したい」という気持ちと「認められたい」という気持ちの葛藤は、テレワークへの向き合い方にまでたしかに短期的には、見せたいところだけ見せ、認めてもらうという部分的承認は都合がよいし、手軽に承認欲求を満たせる。ただ、そこで承認されているのはあくまでも自分のごく一部分であり、自分そのものではないのだ。

そもそも個人の人格、パーソナリティというものは、その人の長所も短所も含めた全体として成り立っている。だからこそ「個人」のことを英語でindividual、すなわちこれ以上分割できない単位というわけである。

アメリカなどでは新型コロナウィルスが①モウイを振るっている最中でも、マスクをつけることを拒否する人が多かった。なぜ感染のリスクを冒してまでマスクを拒否するのか理解に苦しむ人が多いかもしれないが、彼らにとってはマスクで口元を隠しながら社交することは、個人のアイデンティティを損なう重大問題なのである。リモートにしても、マスク掛けにしても、そこで隠れているのは一部分だが、人間を一つのパーソナリティとしてとらえた場合、見えない部分には面積の比率を遥かに上回る大切なものが覆い隠されているといえよう。

個人主義の思想がそれほど広く定着していない日本では、そこまで個人のアイデンティティにこだわる人は多くない。しかし丸ごとの自分を認められているか、自分の一部分だけを認められているかは、いわば実存的な問題であり、人の精神面に大きな差をもたらす。たとえばカウンセリングではクライアントに自己開示、すなわち自分自身の個人的な情報をありのまま話させることが重視される。ありのままの自分を包み隠さず話すなかで自分自身について深く知ることができ、それが自信にもつながる。また丸ごとの自分が受け入れられたら、互いの信頼関係も深まる。

職場の「飲みニケーション」や合宿研修も、飲んで素の自分をさらけ出したり、合宿で寝食を共にしたりすることで、仲間から受け入れられているという安心感が得られる。実際に若手社員の合宿研修に講師として参加していると、一泊しただけで彼らの態度がガラッと変わり、リラックスし積極的に発言するようになるのをたびたび目にする。日帰りの研修を一週間続けた以上の変わりようだ。彼らに聞いてみると一晩中、恋愛②ヘンレキの話題で盛り上がっていたとか、互いに包み隠さず身の上話に花を咲人間の感情は口元に多く表れる。とくに会話をしていると感情を隠すのが難しい。そのためマスクを掛けていると自分の感情を他人に読み取られない。感情だけでなく個人を識別する情報も与えないので偶然知人と出会っても、ときには気づかないふりができるし、面識がなければ匿名で会話をすることもできる。

コロナ禍がまだ広がる前の二〇一九年初頭、役所の窓口で職員がマスクを掛けることの是非について、ちょっとした論争が起きた。インフルエンザ予防など公衆衛生上の理由からマスクを掛けたがる職員がいるいっぽう、市民からはマスクを掛けて応対するのは失礼だという声が上がったのだ。

公衆衛生上の理由が第一であることは事実だろうが、一般企業でも客の前ではマスクを掛けたいという社員が少なくなかった。窓口業務や単純な接客の仕事は、できるだけ人格から切り離して機械的にこなしたいものだ。個人の感情を商品として売る「感情労働」（A・R・ホックシールド〈石川准・室伏亜希訳〉『管理される心――感情が商品になるとき』世界思想社、二〇〇〇年）への抵抗ともいえる。

このようにテレワークもマスク掛けも、自分が見せたくない部分を隠して適当に自己アピールできるので都合がよい。実際にテレワーク用に画像映りをよくするアイテムや、マスクで隠さない目元や眉の魅力を強調する化粧品が人気を集めた。それはB切り詰めた生活を送り、つらい日々を過ごしながらインスタグラムに晴れ姿をアップしたり、ユーチューブに自慢の動画を投稿したりするのと通じるところがある。

自分の見せたい部分だけを見せて認めてもらうというのは手軽だし、背伸びもできる。そして自分の一部しか見せていないのだから、批判されても人格的に傷つくことがない。そのため若者をはじめとする多くの人が、このような「部分的承認」を求めるようになる。

しかし、Cそこに盲点がある。

国語

（六〇分）

(一)　次の文章を読んで、後の問に答えよ。

テレワーク経験者がしばしば口にするのが「気楽さ」である。またテレワークは対面と違って緊張しないし、ストレスを感じないともいわれる。リモート講義やリモート会議だと対面ほどプレッシャーを感じないので、ふだん発言しない人が堂々と意見をいうようになった。

その理由は、対面の場合に比べて［X］がかぎられているからである。リモート会議では、発言するときに周りの視線を感じない。また対面と違って表情の微妙な変化、手の震えなどを相手に覚られなくてすむし、相手の感情の起伏もはっきりと伝わってこない。そして見られたくない部分は画面の外に出すことができるし、いざとなったら画面をオフにすればよい。

とくに日本の職場では仕事の分担が不明確で集団的な業務が多く、場の空気やあうんの呼吸で仕事が進められるため、互いに相手が発する微妙な情報に対して敏感に反応する。したがってリモートだと不都合が生じやすい反面、A煩わしさからも逃れられるわけである。

マスクを掛けていると気楽だというのも、本質的な理由はリモートと同じだ。

解答編

英語

I **解答**　(1)—2　(2)—1　(3)—3　(4)—2　(5)—4　(6)—3　(7)—3　(8)—4　(9)—1　(10)—2　(11)—4　(12)—1　(13)—2　(14)—1

◀解　説▶

(1)「最後に私たちが会ってから長く経ちますよね？」

付加疑問文の問題。肯定文の付加疑問文は，否定の疑問文の短縮形を続ける。本問は現在完了形なので，現在完了の疑問文の短縮形である２が正解。

(2)「今から２カ月後に，新しい事業取引規定が有効になります」

come into effect で「有効になる」という意味。

(3)「兄と私は以前，地元の森へと出かけたものだが，そこで私たちは新鮮な空気を吸い，バードウォッチングを楽しんだ」

空欄の後には完全な文が続いているので，不完全な文が後続する関係代名詞の２と４は不可。場所（our local forest）を先行詞とする関係副詞 where が正解。１の however は副詞で，文と文を接続しないので不可。

(4)「その先生が学校を去ることについて，生徒には秘密にされていた」

in the dark で「秘密で」という意味。

(5)「いったん外国に入ったら，そこの法律の支配下にあります。滞在中は必ずその法律に従わなければなりません」

be subject to ～ で「～の支配下にある」という意味。ここでの subject は形容詞であることにも注意。

(6)ジョン：誰に投票しようかと思っているんだ。もう決めた？

アリス：うん，もちろん。あなたも知ってるとおり，増税には賛成じゃないの。

for には「～に賛成で」という意味がある。「～に反対で」は against であることも知っておきたい。

(7)「ここにはインターネットや電話のサービスはありません。だから，郵便で手紙を出すことが家族と連絡を取るための唯一の手段です」
means は「手段」という意味。単複同形であることも知っておきたい。

(8)「人間は DNA の約 98％をチンパンジーと共有している」
share *A* with *B* で「*A* を *B* と共有する」という意味。

(9)「その国際共同体は，遅すぎることはないと言って会長が気持ちを変えるように要求した」
提案，要求を表す動詞は後続する that 節内で should *do* を用いるが，アメリカ英語ではこの should *do* の代わりに *do* を用いる。

(10)「あなたはこの問題を以前に解いたことがあるかのように感じるかもしれません」
as if〔though〕S had *done* で「まるで S が～したかのように」という意味。仮定法過去完了を用いた表現。

(11)「私たちは息子の学校での成績にとてもがっかりしています。あなたたち皆さんと同じくらい息子が学業に専念してくれていたらなあと思っています」
後半文から，息子の学業が芳しくないことが読み取れる。よって，4.「残念な，不幸な」が正解。

(12)「その通りの先にある別の店で売っているのは，高価なカバンのみで，しかもそれを法外な値段で売っています。そこを見た後では，この店の多くのものが手頃に思えます」
affordable は「(値段が) 手頃な，購入しやすい」という意味。

(13)「卵から孵った後，ワシのひなは飛ぶことは言うまでもなく，立つこともできない」
let alone ～ で「～は言うまでもなく」という意味。

(14)「あなたの職歴について私に話してください。最初の仕事から始めて，直近の仕事まで年代順に進めてください」
order は「順番」という意味。chronological order で「年代順」という意味になる。

II　解答　(1)―1　(2)―2　(3)―3　(4)―3　(5)―1　(6)―4

◆全　訳◆

＜会話1＞

ボビー：やあ，フィル。遅くなってごめんね。警察署に行かなければならなかったんだ。

フィル：警察署？　どうして？　何か起こったの？

ボビー：うん。泥棒が僕のアパートのドアの鍵を壊して中に入ったんだ。警察に知らせて，この件について報告書を出さなければならなかったんだ。

フィル：え！　あなたのアパートに誰かが入ったなんて信じられないよ。そいつは何を盗ったの？

ボビー：何も盗ってないんだよ！　信じられる？

フィル：じゃあ，盗人のくせに実際には盗んでないってこと？　それは奇妙だね。

ボビー：奇妙なのはそこじゃないんだよ。泥棒は台所のテーブルにメモを残していたんだよ。そのメモには「盗む価値のあるものを買いなさい」と書いてあったんだ。

フィル：あなたにそんなことが起こって残念だと思うけど，言わなければ。これはおもしろいけど，それと同時に無礼なことだって！

ボビー：君の言うとおりだよ！　とにかく，僕はただの大学生で，日々の出費の足しになるように2つアルバイトをしているんだ。そいつはおそらく適当に僕のアパートを選んだだけなのに，ここに住んでいる人が高価なものであふれるところに住んでいる人だと勝手に思うべきじゃなかったんだ。

＜会話2＞

テッド：やあ，ケニー。どうしていた？

ケニー：残念ながらあまりよくなくて。ちょっとブルーなんだ。

テッド：え，それは残念だな。えっと，これで君を励ませるかな。ちょっとブルーだって今言ったよね？　英語ではいろんな色を特定の気持ちや感情に当てはめることができるって興味深いよね。

ケニー：どういう意味？

テッド：うん，君はブルーだって言ったでしょ。ブルーという色は悲しさや落ち込みを連想させることが多いんだよ。赤色は怒りの感情と結びつけられるよ。

ケニー：あ，わかったよ。それで，緑色が嫉妬と結びつくように，黄色は恐れの感情と結びつくって君はきっと言うんだよね？

テッド：そのとおりだよ。ピンク，白，紫，灰色，全部にその色から連想する感情があるんだよ。

ケニー：それは面白いね。オレンジ色はどう？

テッド：わからないな。英語でオレンジ色が一般的に人の感情や気持ちを連想させるとは思えないんだ。

ケニー：それは残念だな。オレンジ色がどんな感情を連想させるのかなと思っていたんだ。

テッド：そうだな，それがどんな感情か想像できるよ。cat と hat，site と fight，red と said が韻を踏んでいるように，多くの言葉が韻を踏んでいるよね？

ケニー：rain と cane が韻を踏んでいるみたいなことを言っているの？

テッド：そのとおりだよ！　それで，orange という言葉はどんな言葉とも完璧に韻を踏んでいないことで有名なんだ。それを踏まえると，もしこの色にある感情をあてはめなければならないとしたら，それはおそらく孤独になると言えるね。

ケニー：その意味はわかるな。君がオレンジと感じたら教えてね。一緒にカラオケに行こう。

◀解　説▶

やや難。

(1)直前でボビーは泥棒が何も盗まなかったと述べている。よって，1.「実際に」を入れると，「泥棒は実際には何も盗まなかったんだね」となり，流れに合う。他の選択肢はそれぞれ，2.「意図的に」，3.「知ったかぶりをして」，4.「間違えて」という意味。

(2)空欄の後でフィルは「これはおもしろいけど，それと同時に無礼なことだ！」と泥棒についての感想を述べている。フィルはこの感情をボビーに伝えなければならないと推察できるので，2.「言わなければならない」が正解。他の選択肢はそれぞれ，1.「私はあなたの近所で二度とそんなことが起こらないようにした」，3．「警察にはするべき仕事がある」，4．「あなたはそんなには知っていない」という意味。

(3)泥棒が狙いそうな人を表しているものを選ぶ。3．「高価なものであふれているところに住んでいる」が正解。他の選択肢はそれぞれ，1．「大してお金を持っていない貧しい学生である」，2．「学校で勉強が忙しい間に押し入る泥棒を招く」，4．「高級なブランドとして予想外に売れるテーブルを所有している」という意味。

(4) I bet S will *do* で「Sはきっと～と思う」という意味。bet は「賭ける」という意味で，直訳すると「私はSが～することに賭ける」という意味。

(5) rain と韻を踏んでいる単語を選ぶ。

(6)空欄の前の文で，orange は，どんな単語とも韻を踏んでいないことで有名だと述べられている。4．「それ（オレンジがどんな単語とも韻を踏んでいないこと）を踏まえると」を入れると，後続する「もしその色（オレンジ）にある感情をあてはめなければならないとしたら，それはおそらく孤独になると言えるね」という流れに合う。他の選択肢はそれぞれ，1．「言うのは早すぎるけど」，2．「百聞は一見にしかずなので」，3．「話す方法において」という意味。

III　解答

問1．(あ)―1　(い)―1　(う)―3　(え)―3　(お)―4

問2．A．using　B．spoke　C．brought　D．fallen

問3．(1)―4　(2)―4　(3)―4　(4)―1　(5)―3

問4．A群―2　B群―4

◆全　訳◆

≪アガサ=クリスティの失踪≫

1926年12月3日金曜日の午後9時30分を少し過ぎたとき，アガサ=クリスティは自分のひじ掛けイスから立ち上がり，バークシャーの自宅の階段を上がった。彼女は眠っている7歳の娘のロザリンドにおやすみのキスをし，再び階段を降りた。そして自分のモーリスカウリーに乗り込み，夜の中へと消えた。彼女は11日間，再び目撃されることはなかった。

彼女の失踪は，それまでに実行された最大の捜索の一つを引き起こすことになった。アガサ=クリスティはすでに有名な作家だったので，数百人の民間人とともに千人以上の警察官がこの事件を担当した。飛行機も初めてこの捜索に加わった。

内務大臣のウィリアム=ジョンソン=ヒックスは，彼女の発見を急ぐように警察に促した。シャーロック=ホームズの著者であるアーサー=コナン=ドイルとピーター=ウィムジィ卿シリーズの著者であるドロシー=L. セイヤーズというイギリスで最も有名な推理小説家の２人がこの捜索に招かれた。この専門家たちの知識が行方不明の作家の発見に役立つのではないかと期待された。

警察が彼女の車を発見するまで大して時間はかからなかった。それはギルフォードの近くのニューランズコーナーの急な坂道で乗り捨てられていた。しかし，アガサ=クリスティ自身の痕跡はなかった（中略）。

捜索の初日が，２日目，３日目と進んでいったが，依然として彼女の痕跡はなく，憶測が高まり始めた。報道は大騒ぎし，何が起こったかについて一層恐ろしい説をでっち上げた。

これはアガサ=クリスティの推理小説の要素をすべて取り込んだ完全に煽情的な話であった。車の事故現場の近くにサイレントプールとして知られている天然の水源地があり，そこで２人の幼い子どもが亡くなったとされていた。この小説家はわざとおぼれ死んだと憶測で話すジャーナリストもいた。

しかし，彼女の死体はどこにも見つからず，彼女の職業生活はこれほど楽観的に思えたことはなかったので，彼女の自殺はありそうもなかった。彼女の６作目の小説『アクロイド殺し』はよく売れていて，彼女の名前はすでによく知られていた。

この事件は宣伝行為に過ぎず，自分の新しい本を販売するための巧妙な策略であると言う人もいた。さらに悪質な事件の展開をほのめかす人もいた。第一次世界大戦ではパイロットで，常々女たらしであった彼女の夫アーチー=クリスティに殺害されたといううわさもあった。彼には情婦がいることが知られていた。

熱心な秘術信仰者であったアーサー=コナン=ドイルは，この謎を解くために超常的な力を試しに使ってみた。彼は答えが手に入ることを期待して，クリスティの手袋の片方を有名な霊媒師のところに持って行った。だが，それは答えを出してくれなかった。

ドロシー=セイヤーズは，ありうる手がかりを探すためにこの作家の失踪現場を訪れた。これもやはり無駄に終わった。

この捜索の2週目までに，このニュースは世界中に広まった。これはニューヨークタイムズの第一面にさえなった。

彼女が失踪した後，丸11日間，12月14日までアガサ=クリスティの居場所はついにわからなかった。彼女はハロゲートのホテルで無事に発見されたが，状況はとても奇妙だったので，解決した以上に疑問が持ち上がった。クリスティ自身は何が起こったかに対する手がかりを何も与えることができなかった。彼女は何も覚えていなかったのだ。何が起こったのかの全貌を明らかにすることは警察に任された。

アガサ=クリスティは家を出て，ロンドンまで旅をし，途中で車をぶつけたという結論に至った。それから彼女はハロゲートまで列車に乗ったのだ。温泉町に到着するとすぐに，現在のオールドスワンホテルであるスワンハイドロにほとんど荷物を持たないでチェックインした。奇妙なことに，彼女はテレサ=ニールという夫の情婦の名前を偽名として使った。

ハロゲートは1920年代においては優美さの極みであり，おしゃれで若々しいものであふれていた。アガサ=クリスティは，舞踏会，ダンスパーティー，パームコートの娯楽に加わったときも，疑念を引き起こすようなことは何もしなかった。彼女は結局，ホテルのバンジョーの演奏者の一人であるボブ=タッピンに正体を見抜かれ，この人物が警察に通報した。警察は彼女の夫であるクリスティ大佐にこっそりと知らせ，彼はアガサ=クリスティを引き取るためにすぐにやって来た。

しかし彼の妻は急いで去ろうとはしなかった。実際に，彼女は彼をホテルのラウンジに待たせておいて，その間にイブニングドレスに着替えた。

アガサ=クリスティは11日間の失踪生活について決して語ることはなく，何年間にも渡って1926年12月3日から14日の間に実際に何が起こったのかについては多くの推測がなされてきた。

彼女は車の衝突の結果で完全な記憶喪失になったと彼女の夫は話した。しかし，伝記作家のアンドリュー=ノーマンによると，この小説家は徘徊症状態，つまりより専門的に言うと心因性催眠として知られている状態になっていたのかもしれない。それは心的外傷やうつによって引き起こされる珍しい状態である。

彼女がテレサ=ニールという新しい人格を取り入れ，新聞の中の自分の写真を認識できなかったことは，彼女が心因性の記憶喪失に陥っていたことの表れであるとノーマンは言う。

「彼女は自殺するつもりだったと思います」とノーマンは話している。「彼女の心の状態はとても落ち込んでいて，彼女は後に自伝的小説である『未完の肖像』でセリアという役を通してこのことを描いています」

まもなく彼女は完全に回復し，再び作家として執筆を始めた。しかし，彼女はもう夫が女たらしであることをがまんする気はなかった。彼女は1928年に彼と離婚し，後に有名な考古学者であるマックス=マローワンと結婚した。

この失われた11日間の間に何が起こったのか明確にはわからないだろう。アガサ=クリスティは，エルキュール=ポアロでさえも解けない謎を残したのである。

◀解　説▶

問1．(あ) hint at ～で「～をほのめかす」という意味。

(い) search for ～で「～を探す」という意味。

(う) piece together ～で「～をつなぎ合わせる，～の全体像を掴む」という意味。

(え) in hurry で「急いで」という意味。

(お) pick up ～で「～を拾い上げる，（中断後に）また始める」という意味。ここでは目的語が her writer's pen「作家のペン」なので，執筆を始めたことを意味している。

問2．A．失踪の謎を解決するためにアーサー=コナン=ドイルが試みたことを考える。直後に paranormal powers「超常的な力」という名詞があるので，これを目的語として取る動詞は use だとわかる。空欄は tried の後にあるので，try *doing*「試しに～する」の形だと判断し，動名詞にした using が正解。

B．空欄の後に about があるので，自動詞が入ると判断できる。speak を過去形にして spoke を入れると文意が通る。

C．bring on ～で「～を引き起こす」という意味。ここでは前の名詞を修飾する過去分詞にすると「心的外傷やうつによって引き起こされる珍しい状態」となり，文意が通る。

D．fall into ～で「～に陥る」という意味。ここでは過去完了形で用いられているので fall の過去分詞である fallen が正解。

問3．やや難。(1) spark は他動詞で「～の引き金となる，～を引き起こす」という意味。よって，4．「～の引き金となる」が正解。2は「ぴかっと光る」，3は「～を照らす」という意味。

(2)下線部の専門家とは，捜索のために招かれた推理小説作家の2人（ドイルとセイヤーズ）を指している。第9・10段で，事件解決に向けたこの2人の試みがいずれもうまくいかなかったことが述べられているので，4．「ドイルとセイヤーズのどちらも期待されていたほど捜索には役に立たないと判明した」が正解。他の選択肢はそれぞれ，1．「ドイルとセイヤーズはクリスティと協力し，警察をだますことに成功した」，2．「ドイルは自分の超常的な力でクリスティの手袋の片方を見つけたが，この行方不明の小説家を見つけることはできなかった」，3．「ドイルはセイヤーズよりも優秀な探偵だと判明した」という意味。

(3)アガサ=クリスティの失踪に関する説として本文で述べられていないものを選ぶ。

1．「自分の新しい小説がよく売れるようにするために，クリスティはわざと行方を消した」 第8段第1文（Some said …）で述べられている。

2．「クリスティはよくわかっていないある理由で自殺した」 第6段最終文（Some journalists ventured …）で述べられている。

3．「クリスティの夫は他の人を愛していたので，彼女を殺した」 第8段第3・4文（There were rumours … have a mistress.）で述べられている。

4．「サイレントプールで彼女が溺死したとき，彼女は2人の子どもと一緒に亡くなった」 第6段第2文（Close to the …）に関連するが，彼女が2人の子どもと一緒に亡くなったとは述べられていない。

(4)下線部は「これはニューヨークタイムズの第一面にさえなった」という意味。イギリスの小説家失踪事件についてアメリカ人も関心があったことを表している。よって，1．「クリスティの失踪は，イギリス人と同様にアメリカ人にとっても関心事であった」が正解。他の選択肢はそれぞれ，2．「新聞記者がニューヨークのタイムズスクエアの前に現れた」，3．

「最前線の労働者がロンドンからニューヨークに移動した」，4．「ニューヨーク警察署もクリスティの捜索に関わった」という意味。

⑸下線部の文の主語である they は，直前にある複数名詞の circumstances を指している。空欄アの後にある more questions という名詞を目的語に取る動詞を考える。クリスティが発見された状況があまりにも奇妙だったので，多くの疑問が持ち上がったと考え，空欄アには raised を入れると文意が通る。ここでの raise は「～(問題や疑問など)をもたらす，～を提起する」という意味で用いられている。また，空欄イは raised more questions と比較対象になっていることに着目し，solved を入れると「解決した以上の疑問をもたらした」となり，文意が通る。

問4．A群：1．「クリスティは，娘にキスをした後で旧友のモーリスカウリーに偶然出会った」 第1段第3文（Then she climbed …）の内容と一致しない。モーリスカウリーは人名ではなく車の名前だが，もちろんこのことを知っている必要はなく，climbed into や drove off という表現からこれが車の名前だと判断したい。

2．「アンドリュー=ノーマンはクリスティの失踪と彼女の自殺願望を結びつけて考えている」 第19段の内容と一致する。

3．「ボブ=タッピンがハロゲートのホテルでクリスティに気がついたのは，そうするのが流行していたからだ」 本文中に記述なし。

4．「クリスティの記憶喪失は，テレサ=ニールを自分の子どもとして受け入れたことによって引き起こされた」 本文中に記述なし。

B群：1．「クリスティの精神状態が原因で，1926 年の失踪以来，彼女はミステリー小説を書くのをやめた」 第20段の内容と一致しない。

2．「クリスティがバークシャーの自宅に着いたときに最もよく見せたいと思ったので，イブニングドレスに着替えるのに時間がかかったということは，この記事から明らかである」 本文中に記述なし。

3．「クリスティが失踪した謎は，シャーロック=ホームズとエルキュール=ポアロが協力していれば解決できただろうとこの著者は信じている」 最終段最終文（Agatha Christie left …）にエルキュール=ポアロでも解けなかったであろう謎とあるが，シャーロック=ホームズと協力すれば，という記述はない。

4．「警察がクリスティの失踪を調べるとき，彼女からの援助を受けなかったのは，何が彼女に起こったのかを彼女が思い出せなかったからである」 第12段第3～5文（Christie herself was … have taken place.）の内容と一致する。

IV **解答** 問1．(1)―3 (2)―3 (3)―2 (4)―1 (5)―3 (6)―2

問2．A．scanned B．hung C．assured D．carrying

問3．あ―4 い―3 う―2 え―1

問4．2

◆全 訳◆

≪正直であることの利点≫

数年前，有名なラビであるヘンリー=コーエン博士が，ある短い原稿について私の意見を求めた。「ある少年がこれをヨーロッパから送ってきて，私が彼のために売ってくれることを望んでいるのです」と彼は言った。「私はこれを読む時間を取れていないのですが」

私がほんの数段落を読むと，その記事はある旅行案内用のパンフレットから転用したものなのは明らかだった。しかし私はそう言わなかった。私は即答を避けた。「これについてはわかりません」と私は言った。「あなたのためにこれを私の代理人に送りましょう」

私がそれを返すと，ラビのコーエンはそのページにざっと目を通した。1分後，彼は驚いて私を見た。「あなたは時間を取ってわざわざこれをニューヨークに送り，そこの人にこれを読ませてあなたに手紙を書かせるつもりだと本気で言っているのですか？ あなたが今話せることを私に伝えるために，結局は1週間やそこらでまた戻ってこなくてはならなくなるのに」と彼は信じられないといった様子で尋ねた。私の当惑がはっきりわかったのだろう，彼はおだやかに微笑んだ。「常にこれを覚えておいてください」と彼は言った。「正直であることは世界で最も素晴らしい労働節約のための方策なのです」

その後しばらくの間，私は彼の助言について考えた。私自身と他の人たちの両方の，貴重な時間とかけがえのないエネルギーを無駄にする欺きに，どれくらい長い間私が携わってきたかを自らに問い続けた。すべて，駆け引きという独善的な口実のもとにである。次第に，正直であることは労働節約の方策以上のものであることがわかり始めた。正直であることは，すべての人間関係において究極の節約なのだ。例を挙げてみよう。

正直であることは時間を節約する。私は「無料の」ダンス教室から「無料の」墓地まであらゆるものを提供する知らない人からの電話で邪魔されることが多い。そのような電話の間，無言のままで，貴重な時間を費やし，私をいらいらさせ，気分を害することになる，相手が暗唱している話を聞いていた頃があった。しかし今は，すぐに電話をかけてきた人をさえぎることにしている。「私には興味のない話だとわかっているのに，あなたに時間を取らせるのはよくないでしょう」と私は話すのだ。そして，電話を切る。

私の知り合いの夫妻は，彼らの社会生活において完全に正直でいようという新年の決断をした。「これはすべて，毎週月曜日の朝に次の週末の予定を私たちと立てるために電話をかけてくる友だちがきっかけで始まったのです」とその妻は説明してくれた。「私たちが彼らに会いたいかどうかに関係なく，即座に言い訳が思い浮かばなかったので，いいよと私は言っていたのです。それから，夫と私は断る方法を考え出そうとしてその週の間ずっと時間を費やすようになったものでした。最終的に，どんな誘いも断ってかまわないのだと気がついたのです」

正直であることは礼節である。数カ月前，あるクラブの会合で，私はある交換留学生が私たちの国での彼の1年について称賛の気持ちを込めて話すのを聞いた。「しかし，私にはまだ理解できないことが1つあるのです」と彼は付け加えた。「アメリカ人は自分が果たすことができる以上の約束をすることが多いのです。『私に会いに来て』とか『集まらないといけないね』というようなことを彼らはいつも言います。しかし，それに続いて行動する人はほとんどいません。誰もがいい人でありたいと思っているようですが，正直でないことは不親切だと思うのです。礼儀正しくあることを意図しているかもしれませんが，結局は無礼になってしまうのです」

正直な質問は正直な返答に値するが，それはごく当たり前の礼儀にすぎないのだ。私たちの近所の人が最近新しい子犬を手に入れた。彼女は獣医に3回電話したが，その電話はつながらなかった。ついに4回目の電話で，彼女は受付の人に対して単刀直入に「先生はもうたくさんの患者を抱えすぎていると思いますか？」と尋ねた。沈黙が漂った。そして，受付は答えた。「あなたが率直なので，私も率直に言いましょう。確かに先生は適切に対応できる以上の患者を抱えていると思います。もし私があなたなら，まだあまり評価されていない若い医者がいる動物病院に電話するでしょう」

正直であることで，不必要に手立てを考え出さなくてもよい。最近，私の友だちのひとりが引っ越しという面倒な仕事を経験した。引っ越し業者が入れ物や箱をまとめているとき，彼女は貴重な花瓶を目にしていないことに気がついた。注意しながら，４人の男がすべての木の削りくずが入った入れ物，すべての紙の箱を調べ，私の友だちと彼女の幼い娘はクローゼットや食器棚を調べた。１時間後，あきらめようとしたとき，彼女は台所の床にガラスの破片が光るのを目にした。女の子は母親を見て，急に泣き出した。「私が今朝早くに落としたの」と彼女は白状した。当然のことながら，私の友だちは宝物を失ったことで悲しんだ。しかし彼女は自分の子どもが引き起こした不必要な手間をもっと悲しく思った。「あなたは６人の人の１時間を無駄にしたのよ」と彼女は指摘した。「全部で６時間，ほとんど１日分の仕事よ」女の子は涙をぬぐった。「だけどお母さん，私には教訓になったと思うの」と彼女は言った。「もし本当のことが痛みとなるなら，本当のことを後回しにするのは痛みがひどくなるだけなのね」

正直であることは信頼を生み出す。血を見るのをとても怖がる小さな男の子が，歯を抜いてもらうために歯医者につれて行かれた。その子の父親も歯医者も彼に血は出ないと言って安心させた。もちろん出血はあったので，その子はひどく怒った。現在 80 歳のその男性は「今でもそのことを覚えています」と私に話した。「たとえそれが子どものためだと思っても，親は子どもにうそをつくべきではない。うそは関係を悪化させ，ずっとその関係を台なしにすることがあるのです」

正直であることは内面の平穏をもたらす。私の知っている女優が初めてハリウッドに行ったとき，より魅力的に見せようとして外国人であるふりをした。「多忙な日々と眠れない夜ばかりでした」と彼女は私に話してくれた。「それはひどい生活でした。自分ではないものになろうとしていたのです」ある日，ひとりのコラムニストが自分は本当のことを知っていて，その話を公表しようと思っていると彼女に話した。「人々があなたを本当にイギリス人だと思っているという事実が，あなたがいい女優であることを示しているのですよ」と彼は言った。「だけど，あなたはおびえたままでい続けることはできません。もしそうするなら，あなたには本当の仕事のためのエネルギーが残されていないことになるからです」 その女優はこの先一生，そのコラムニストに感謝するだろうと話しました。「彼は私に本当のことを認めさせ，その真実が私を自由にしてくれたのです」

正直であることについての最後の警告の言葉。求められていようがなかろうが，これは無礼で，無遠慮で立ち入った発言と混同されるべきではない。「攻撃的なまでに遠慮なく話す人は，あなたの新しい服や新しいイスのことが好きじゃないと話すことで満足を得ているのです」とある牧師が私に話してくれた。「さらに悪いことに，あなたについて話されている何かひどいことを彼らがあなたに話さなかったら，あなたの友だちではないと言う人がいるのです。私の仕事では，ときにつらい真実を話さなければならないことがあります。しかし，愛情のこもった方法で伝えられると完全に確信しなければ，私はその真実を伝えません。私が使っている，そして誰でも使うことができると思うルールは，その不愉快な仕事が私自身の心を傷つけるのでない限り，痛みを伴うような正直さを用いないようにすることです。こうすると，独善や優越感といった感情を得ようとして傷つけることはありません。また，自分が好きではない人に罰を与えようとして傷つけることもです」

時々，私たちのそれぞれが一歩下がって自分の日常生活を見つめるべきである。丁寧であっても，そうでなくても，私たちは欺くことで時間やエネルギーを無駄にしていないだろうか？　私自身も一歩下がって，正直であることは才能ではなく，技術でもなく，技能ですらないということを学んだ。それは習慣なのだ。そして大半の習慣を身につけるのと同じように，この習慣には集中と練習が必要である。しかし，いったん身につけると，それは幸運のコイン――一方の面には真実があり，もう一方の面には幸福がある――と同じくらい価値があるのだ。

◀解　説▶

問1．(1)ここでの free は「無料の」という意味。最初は無料という売り文句で提案されるが，最終的には有料で何らかの商品を購入させられるということを筆者は述べている。よって，3．「彼らは結局いくらかのお金をあなたに請求するだろう」が正解。他の選択肢はそれぞれ，1．「自由は現実の世界では容易に手に入れることができない」，2．「サービスはいつでも利用できる」，4．「空室は保証されていない」という意味。

(2) hang up は「(電話を）切る」という意味。よって，3．「電話での会話を終える」が正解。他の選択肢はそれぞれ，1．「電話をかけてきた人にいらいらさせられる」，2．「頻繁に電話がかかってくることにうんざりする」，4．「電話を（切らずに）保留する」という意味。

(3) a bit of crystal は「ガラスの破片」という意味だが，ここでは筆者の友だちの娘が割ってしまった花瓶の破片のことを指している。よって，2．「花瓶の断片」が正解。他の選択肢はそれぞれ，1．「ひらめくイメージ」，3．「レンズの一部」，4．「小さな宝石」という意味。

(4) put off ～ で「～を延期する」という意味。ここでの it は the truth「本当のこと」を指しているが，これは筆者の友だちの娘がガラスの花瓶を割ってしまったことを意味しており，下線部は「本当のことを（話すのを）延期する」という意味になる。よって，1．「白状するのを遅らせること」が正解。他の選択肢はそれぞれ，2．「秘密を暴露すること」，3．「真実を明らかにすること」，4．「うそをつく重荷を取り去ること」という意味。

(5)下線部は「あなた自身でないもの」という意味。第11段第2文（When she first …）の内容から，ここで述べられている女優は自分が外国人であると装っていたことがわかる。さらに同段第6文（“The fact that …）の内容から，この女優は自分がイギリス人であると装っていたことがわかる。よって，3．「イギリス人」が正解。

(6)下線部は「つらい真実を話す」という意味。つらい真実とは，真実ではあるが気分を害することを表している。よって，2．「真実ではあるが，それでも人の感情を傷つけてしまうかもしれないことを明らかにする」が正解。他の選択肢はそれぞれ，1．「正直でいることは大半の人が思っているより難しいことを他の人に知らせる」，3．「他のみんながちょうどその瞬間に考えていることを言う」，4．「自分の気持ちを話すが，不必要なまでに込み入った話し方をする」という意味。

問2．A．空欄の後の the pages に着目し，この語を目的語に取る動詞を考える。scan は「～をざっと読む」という意味。ここでは過去形になるが，n を重ねて ed をつけることに注意。

B．空欄の前に A silence があるので，この語を主語にする自動詞を考える。hang は「ただよう」という意味。ここでは過去形の hung が正解。

C．空欄の後に him there would be no blood と続いており，him と there の間には接続詞の that が省略されている。よって，第4文型を取る動詞を選ぶ。assure *A* (that) S V で「*A* に～ということを言う，確信させる」という意味。ここでは過去形の assured が正解。

D．空欄の後の out に着目し，carry out ～「～を実行する」になると判断する。空欄を含む文では waste *A doing*「*A* を～して無駄にする」という表現が使われているので，carrying が正解。

問3．あ．第5・6段では，正直に話すことで無駄な時間を使う必要がない事例が述べられている。よって，4．「正直であることは時間を節約する」が正解。

い．第7・8段では，正直に話すことは礼儀正しいことである事例が述べられている。よって，3．「正直であることは礼節である」が正解。

う．第10段では，うそをついた父が子どもからの信頼を失ったことが述べられている。よって，2．「正直であることは信頼を生み出す」が正解。

え．第11段では，うそをついていた女優が心穏やかに暮らせなかったことが述べられている。よって，1．「正直であることは内面の平穏をもたらす」が正解。

問4．1．「筆者の知り合いの夫婦は，他の人と週末の予定に同意したときはいつもすぐに謝った」 本文中に記述なし。

2．「コーエン博士に原稿について話す前，多くの人の時間とエネルギーを無駄にしたと筆者は思っている」 第4段第1・2文（I thought about … those of others?）に，筆者がコーエン博士と原稿について話した後にもらった助言について考え，これまで自分が，自分自身と他の人たちの時間とエネルギーをどれほど無駄にしてきたかと考えたことが述べられているので，一致している。

3．「若い医者の方が子犬を適切に扱う際にずっとがまん強いという理由で，筆者の近所の人は他の動物病院に行くように助言された」 本文中に記述なし。

4．「アメリカ人がお互いに会って，相手に従うのを拒むときはいつでも，行動の取り方が下手だと，この記事で述べられている交換留学生は信じている」 本文中に記述なし。

❖講　評

Ⅰの文法・語彙問題は例年通りの出題となっている。基本的な文法や語彙の知識を問うもので，高得点を狙いたい。

Ⅱでは2022年度までエッセーが出題されていたが会話文に変わった。会話文が2つ出題され，それぞれ3カ所の空所補充が問われている。会話の流れを正確に読み取らなければならず，やや難しい。

Ⅲの読解問題は，「アガサ=クリスティの失踪」がテーマの英文で，比較的読みやすい。問1の空所補充は一部難しい問題がある。問3の内容説明は複数の箇所と照合して解答を出さなければならないのでやや難しい。問4の内容真偽は，誤りの選択肢の内容が本文中に記述されていないものが多いので正解を絞りやすいが，細部まで正確に読み込む力も求められている。

Ⅳの読解問題は，「正直であることの利点」がテーマの英文で，難易度は例年通りで標準的である。第1～5段までの内容がつかみづらいと感じた受験生が多かったと思われるが，第6段以降は読みやすくなるので，粘り強く英文を読み進める力が求められていると言える。問1の内容説明は，直訳だけではない意味内容を把握しなければならず，真の読解力を試す良問である。問3の空所補充は，小見出しを選ぶ問題なので，後続する段の要旨をしっかり把握する必要がある。

日本史

I　解答

a－①　b－⑤　c－①　d－⑤　e－④
1．阿倍比羅夫　2．陸奥話記　3．無量光院
4．奥州総奉行　5．北畠顕家

◀解　説▶

≪古代～中世の東北地方史≫

b．光仁朝の780年に反乱を起こした蝦夷の族長は伊治呰麻呂である。呰麻呂は多賀城に火をかけ攻め落として引きあげたが，その後の消息は不明である。桓武朝になって蝦夷対策が強化され，坂上田村麻呂が征夷大将軍に就任して蝦夷の族長阿弖流為を降伏させた。

c．源頼義は平忠常の乱では父頼信とともに忠常の追討に成功し，前九年合戦では陸奥守兼鎮守府将軍となって陸奥の俘囚長安倍氏の反乱を鎮圧した。

d．「津軽」と「日本海交易の拠点」で十三湊とわかる。十三湊は中世の三津七湊の一つにあげられる。

e．難問。会津は，蘆《あし》名《な》氏を破った伊達政宗の城下となるが，1598年に豊臣秀吉の五大老の一人である上杉景勝の領地となる。「伊達政宗」から仙台を選択してしまいそうだが，伊達政宗が仙台に城下を構えて仙台藩の礎を築いたのは関ヶ原の合戦後の江戸時代のことである。

1．「斉明天皇の時代」「秋田・津軽地方が鎮定」から阿倍比羅夫とわかる。東北遠征後，阿倍比羅夫は百済復興の救援軍の将軍として出陣したが，663年に白村江の戦いで大敗した。

2．「前九年合戦の…軍記」から『陸奥話記』とわかる。これは，源頼義の戦功を中心に，合戦の経過を和風の漢文体で記した軍記物である。

3．やや難。「秀衡が平等院鳳凰堂を模した阿弥陀堂」から無量光院とわかる。奥州藤原氏の保護のもと，平泉には藤原清衡による中尊寺，藤原基衡による毛越寺，藤原秀衡による無量光院などの大寺院が建立されたが，現存するのは中尊寺金色堂のみである。なお，1952年の発掘調査で，平等院鳳凰堂よりやや大ぶりの無量光院遺構が検出されている。

4．源頼朝は，1189年に奥州藤原氏を滅ぼした直後，「陸奥国の御家人の統率や訴訟取次」のため平泉に奥州総奉行を設置した。

5．北畠顕家は北畠親房の長男で，義良親王（のちの後村上天皇）を奉じて陸奥に下り，多賀城（多賀国府）に旧幕府機構に似た構造の陸奥将軍府を置き，陸奥・出羽の2国を統治した。

II　解答

A―②　B―⑤　C―③　D―⑤　E―⑤

あ．貝塚　い．按司　う．おもろさうし　え．グラント　お．旧慣

◀解　説▶

≪琉球・沖縄史≫

A．難問。1872年に琉球藩王となった尚泰は，1879年の琉球処分に際して首里城を明け渡し，東京に居を移して侯爵に列せられた。

B．難問。沖縄県での最初の衆議院議員選挙は1912年であったが，宮古・八重山地域は除かれていた。なお，これらの地域を含む沖縄全体が選挙区となって総選挙が実施されたのは1920年である。

C．難問。1945年4月1日，アメリカ軍は沖縄本島に上陸し，激しい地上戦のなか，多くの島民が巻き込まれ（死者の数は10万人とも言われる），日本守備軍も約10万人が玉砕し，6月23日には日本軍の組織的な戦闘は終了した。沖縄返還後の1974年，沖縄県は沖縄の戦没者追悼と平和を祈る日として6月23日を慰霊の日と定めた。

D．1952年4月28日のサンフランシスコ平和条約発効直前の4月1日，琉球列島アメリカ民政府のもとに琉球政府が設立され，そのトップが主席である。なお，その行政権は主席に属していたが，実際の権限は琉球列島アメリカ民政府が掌握していた。ここでリード文をわかりやすくするために若干の補足をする。アメリカ軍が沖縄本島に上陸した1945年4月1日に琉球列島アメリカ軍政府が設置されて軍政が敷かれ，1950年12月に琉球列島アメリカ民政府と改められて軍政から民政に移行し，1972年5月に沖縄が祖国に復帰するまで存続した。ちなみに，1968年に初めて実施された琉球政府主席公選で当選したのは屋良朝苗である。彼は沖縄復帰後初の県知事にも就任した。

い．12世紀頃から琉球に登場する地域の政治的支配者を按司と呼ぶ。軍

事的拠点ともみられるグスクを中心に琉球各地に成長し，中には中国・東南アジアとの交易を行って勢力を拡大するものが出た。
う．やや難。「琉球・奄美の古代歌謡集」から『おもろさうし』とわかる。「おもろ」とは呪術性・抒情性を含む叙事詩のことであるが，その編纂には琉球王国尚氏の王権強化とそれにともなう政教一致の支配体制確立が関わっていると考えられる。
え．難問。グラントは，アメリカ軍人で南北戦争中の北軍最高司令官となって北軍を勝利に導き，戦後は第18代大統領となった。在任中の1872年にワシントンを訪れた岩倉遣外使節団と会見し，任期終了後は世界視察に旅立ち，その途中の1879年に訪日して明治天皇に謁見すると，琉球問題に関し日清両国間を斡旋した。
お．やや難。琉球王国以来の古い慣習や制度を残す政策を旧慣温存政策と呼び，1903年まで続いた。

Ⅲ　**解答**

(a)—④　(b)—⑤　(c)—③　(d)—②　(e)—④
(1)政談　(2)田中丘隅　(3)神尾春央　(4)村方騒動
(5)町会所

◀解　説▶

≪江戸時代中期以降の政治・経済≫
(a)8代将軍徳川吉宗は側用人を廃止した代わりに，将軍と幕閣の取り次ぎなどを職務とする御用取次を設け，側衆の中より任命した。
(b)公事方御定書の「法令103条を収めた下巻」をヒントに御定書百箇条を導く。
(c)「越後平野」と「町人請負新田」から紫雲寺潟新田とわかる。なお，飯沼新田は下総国飯沼周辺の農民によって開かれた新田，五郎兵衛新田は信濃国の市川五郎兵衛によって開かれた新田，そして川口新田は摂津国に，鴻池新田は河内国に開かれた町人請負新田である。
(d)「義民」「下総」から佐倉藩領百姓一揆（代表越訴型一揆）を想起し，首謀者となった木内宗吾を導く。なお，木内宗吾は佐倉惣五郎とも呼ばれる。多田嘉助は信濃国松本藩領百姓一揆の首謀者として，磔茂左衛門は上野国沼田藩領百姓一揆の首謀者として，松木庄左衛門は若狭国小浜藩領百姓一揆の首謀者として処刑されたが，いずれも義民として祀られている。

佐野政言は田沼意知を刺殺した旗本で，「世直し大明神」ともてはやされた。

(e)「1787 年」は 1782 年から続いた天明の飢饉が終わる年で，全国の主要都市で打ちこわしが発生した。特に江戸の打ちこわしは前年の関東地方での洪水による大凶作の影響で激しさを増した。

(1)徳川吉宗の諮問に答えるために荻生徂徠が著したのは『政談』である。その内容で，「旅宿ノ境界」にいる武士の土着論はおさえておきたい。

(2)正解は田中丘隅。「東海道川崎宿の名主」がヒントになる。丘隅が著した農政書『民間省要』が町奉行大岡忠相を通じて 8 代将軍徳川吉宗に献上されたことをきっかけに登用された。

(3)「勘定奉行」と本多利明著『西域物語』に引用された「胡麻の油と百姓は絞れば絞るほど出るものなり」の文が神尾春央のヒントになる。

(4)農民の貧富の差の拡大，農民の階層分化，豪農と小百姓，小作人との対立などを背景に，村役人らの富農層の不正に抗議する運動を村方騒動と呼ぶ。18 世紀後半から増大した。

Ⅳ　解答

(A)―③　(B)―⑤　(C)―④　(D)―③　(E)―①

ア．なべぞこ不況　イ．近代化促進　ウ．太平洋

エ．公害対策基本　オ．美濃部亮吉

◀解　説▶

≪高度経済成長期の社会経済≫

(A)サンフランシスコ平和条約を調印した 1951 年，日本経済は朝鮮戦争の特需景気により実質国民総生産と工業生産が戦前水準を超えた。

(B)難問。「生産性向上を図る運動」は，第二次世界大戦後，アメリカによる対外援助政策の一環として開始され，資本主義諸国の国際的運動として展開された。その目的に，経済発展を通じて国民の生活水準を上昇させ，社会主義化の拡大を防ぐことがあった。日本においてもアメリカからの働きかけで，1955 年に日本生産性本部が設立された。

(C)難問。1958～66 年に総評の議長をつとめた太田薫は，東京オリンピック開催の 1964 年，国民所得倍増計画を掲げる池田勇人首相と会談し，公務員給与を民間に準じることを合意させ，日本の労働者全体の賃金水準などを決定する春闘を構想した。

(D)難問。三越は江戸時代に始まる百貨店の老舗であったが，スーパーマーケットのダイエーが1972年に百貨店の三越を抜いて売上高で第1位となった。これは，高度成長期の大量生産と大量消費を背景とした流通革命の一例である。

ア．難問。米ソ冷戦の緊張緩和の影響もあり，1955年は世界経済が好況を続け，日本も輸出を伸ばした。さらに1956年には日ソ国交回復と国連への加入が実現し，国際社会に日本が正式に復帰したことによって，貿易が拡大した。この神武景気は1957年に終わり，翌年にかけてなべぞこ不況を迎えるが，1959年には設備投資の増加などにより，岩戸景気といわれる好況に転じた。戦後の景気の循環はしっかり整理しておきたい。

イ．難問。1963年，中小企業基本法とともに中小企業近代化促進法が制定された。前者は国が実施すべき中小企業政策の基本的な枠組みを定めた法律，後者は中小企業の生産性・設備・技術開発力などの近代化を促進することを目的とする法律で，高度経済成長を支える中小企業の生産性の向上と国際競争力の強化をはかった。

ウ．東京湾沿岸の京葉から東海・近畿・瀬戸内そして北九州へ連なる帯状の地域を太平洋ベルト地帯と呼ぶ。新幹線や高速道路の整備によって，京浜・中京・阪神・北九州の四大工業地帯と結ばれていった。

オ．美濃部亮吉は，憲法学者美濃部達吉の長男で，1938年には東京帝国大学在学中に師事した大内兵衛とともに人民戦線事件で検挙された。1967年には革新統一候補として東京都知事に当選し，3期12年にわたって都政につとめた。1980年に無所属で参議院議員に当選したが，任期途中で死去した。

❖講　評

Ⅰ　弥生時代の遺跡，古代の東北経営・反乱・合戦などに関連する人物，さらに中世の東北に設置された機関などの知識を問う。eの伊達政宗・上杉景勝の領地に関する問いは難問で，3．無量光院の問いはやや難である。これらの問いは教科書に加えて用語集を用いた学習で正確な知識を習得していないと正解は難しい。

Ⅱ　貝塚時代・グスク時代・尚氏王朝時代の琉球の歴史と，明治から戦後の沖縄県の歴史に関する知識を問う。頻出テーマではあるが，A～

Cは消去法が使いづらく難問である。『おもろさうし』を解答させる[う]，旧慣温存政策に関する[お]がやや難であり，グラントを記述させる[え]は難問である。この大問での難問の正解率を上げるには，教科書だけでなく用語集の解説なども精読しなければならない。

Ⅲ　教科書に準じた文章で，享保の改革から寛政の改革までの政治や経済に関する基本・標準レベルの知識を問う。この大問は全問正解を目指したい。

Ⅳ　高度経済成長期の社会経済に関する知識を問う。受験生が苦手とする時代とテーマであり，難問も多く点数に結びつきにくいと思われる。(B)生産性向上運動を起こしたアメリカ，(C)太田薫，(D)三越，ア．なべぞこ不況，イ．中小企業近代化促進法は難問である。これらは「政治・経済」の科目でも習う内容であり，その知識も活用したい。2022年度にも戦後の経済史が出題されているように，明治大学は戦後史を大問で出題することが多いので，はやめに戦後史をまとめておきたい。

全体的に難問が多くみられたが，まずは基本・標準レベルの設問をミス無く正解したい。そして難問の正答率を上げるために用語集・図説を用いながら教科書を精読し，過去問をはじめとする問題演習を重ねたい。

世界史

I 解答

設問1．ア．マルタ　イ．バオダイ
ウ．ゴ=ディン=ジエム　エ．南ベトナム解放民族戦線
オ．トンキン湾　カ．ニクソン　キ．（設問省略）
ク．赤色クメール〔クメール=ルージュ〕　ケ．ヘン=サムリン
コ．ドイモイ
設問2．a．ゴルバチョフ　b．東南アジア条約機構〔SEATO〕
c．朴正熙　d．中越戦争　e．国連平和維持活動〔PKO〕

◀解　説▶

≪冷戦期のベトナム≫

設問1．ア．マルタ会談が行われたマルタ島はシチリア島の南に位置し，十字軍期に結成されたヨハネ騎士団が本拠をおいた島としても知られる。

イ．バオダイは阮朝最後の皇帝で1945年に退位していたが，1949年，フランスによってベトナム国の国家元首とされた。

オ．やや難。トンキン湾事件はアメリカがベトナムに介入するための捏造事件。

カ．ニクソンは，ベトナム戦争終結を模索する中で1972年に訪中し，翌年，ベトナム（パリ）和平協定でベトナムからの撤退を実現した。のちにウォーターゲート事件で大統領を辞任した。

ク．赤色クメールはクメール=ルージュとも呼ばれ，文化大革命の影響を受けて中国に接近し，民主カンプチアを樹立後，ポル=ポトを中心に極端な共産主義政策を実施して，国民の大虐殺を行った。

コ．ドイモイはベトナム語で刷新を意味し，ゴルバチョフのもとでペレストロイカを推進するソ連との関係が改善したことでベトナムでも経済再建政策が進められた。

設問2．a．ペレストロイカで国内改革を進めたソ連の指導者ゴルバチョフは，外交面では新思考外交を展開し，アメリカとの協調を進めた。

b．東南アジア条約機構は米・英・仏を中心とする反共軍事同盟。東南ア

ジアの加盟国はタイ・フィリピンのみであった。

c．朴正熙は，1961 年，クーデタで権力を握り，63 年に大統領となった軍人。以後，開発独裁によって韓国の経済発展を促した。

d．親中国派のポル=ポト政権がベトナム軍のカンボジア侵攻で崩壊すると，懲罰を行うとして中国がベトナムに侵攻して中越戦争が勃発したが，短期間で中国軍が撤退して終了した。

e．国連平和維持活動は，1956 年のスエズ戦争で派遣された平和維持軍に始まり，冷戦後は紛争解決のために実施されることが多くなった。

Ⅱ 解答

1．鄭芝竜　2．オランダ東インド会社　3．呉三桂　4．鄭成功　5．東林　6．康熙帝　7．興中会　8．中華革命党　9．李登輝　10．陳水扁

◀解　説▶

≪近世以降の台湾≫

1・4．問題文中から 1 と 4 が親子で，台湾を拠点に反清復明活動を展開した鄭氏であると判断できる。父の鄭芝竜が清に恭順した後も息子の鄭成功は抵抗を続け，明王朝の姓である朱姓を与えられたことから国姓爺と呼ばれた。

2．オランダ東インド会社は台湾南部に要塞を築き，ゼーランディア城と名付けて拠点とした。

5．顧憲成を中心とする東林派と，宦官と結びついた非東林派による官僚の党派争いは，明衰退の一因となった。

6．清の第 4 代皇帝の康熙帝は遷界令で沿岸住民を移住させ，鄭氏の台湾を経済的に孤立させた。

8．孫文が結成した中華革命党は，1919 年の五・四運動後，大衆的な中国国民党に改編された。

9．1949 年以降の台湾では，大陸出身者（外省人）が主流派を形成したが，李登輝は台湾生まれ（本省人）として初めて総統となった。

III 解答

問1．D 問2．A 問3．B 問4．B 問5．D
問6．C 問7．B 問8．C 問9．C 問10．A

◀解　説▶

≪帝国主義と第一次世界大戦≫

問1．D．正文。ロシアとオーストリアの対立から三帝同盟が崩壊すると，ドイツのビスマルクはロシアとの関係を維持するため，密かに再保障条約を結んだ。

問2．A．誤文。急進社会党結成のきっかけとなったのはドレフュス事件。ブーランジェ事件は1880年代のクーデタ未遂事件。

問5．D．誤文。第一次世界大戦期にフランスで挙国一致内閣を率いたのはクレマンソー。ド=ゴールは第二次世界大戦中，亡命政府を樹立してドイツに抵抗した軍人。

問6．難問。A．誤文。ドイツ軍が初めて毒ガスを用いたのはイープルの戦い。

B．誤文。ヴェルダン要塞はフランスの要塞で，第一次世界大戦中，ドイツの攻撃を受けた。

D．誤文。大戦中にドイツの攻撃を受けたルシタニア号はイギリスの客船。Cを正文と判断するのは難しいが，消去法で判断できる。

問7．B．誤文。ドイツはマリアナ諸島をスペインから購入した。Bを誤文と判断するのは難しいが，A・C・Dが正文と判断できるので，消去法で解答できる。

問8．A．誤文。宥和政策をチャーチルに批判されたのはネヴィル=チェンバレン。ジョゼフ=チェンバレンはその父で，19世紀末に植民相として帝国主義政策を推進した政治家。

B．誤文。チャーチルは1945年の総選挙に敗北して退陣した。1951年の総選挙で勝利し，第2次内閣を組織した。

D．誤文。チャーチルはスエズ戦争の前年に引退している。

問10．A．正文。イタリアはサン=ジェルマン条約で「未回収のイタリア」であった南チロル，トリエステを獲得した。

B・C．誤文。ヌイイ条約はブルガリア，トリアノン条約はハンガリーとの講和条約。

D．誤文。セーヴル条約に不満を持ったトルコ共和国のムスタファ=ケマルが，ローザンヌ条約を結んだ。

Ⅳ 解答

問1．4　問2．4　問3．1　問4．4　問5．2
問6．2　問7．1　問8．2　問9．1　問10．2

◀解　説▶

≪古代から近代までのヨーロッパ≫

問1．難問。1．誤文。ルネサンスは14世紀のイタリアで始まった。

2．誤文。ルネサンスはフランス語で再生を意味する。

3．誤文。ヒューマニストはスコラ学のようなキリスト教的価値観ではなく，人間的な価値観や本質を追求した。

4を正文と判断するのは難しいが，誤文を判断して消去法で判断できる。

問2．4．誤文。プラクシテレスは前4世紀のアテネの彫刻家なので，ヘレニズム期の彫刻である「ラオコーン」を作製できない。

問3．1．誤文。キリスト教を公認したのは，ローマ皇帝コンスタンティヌス。ディオクレティアヌスはキリスト教の大迫害を行ったローマ皇帝。

問5．2．誤文。メルセン条約は870年に成立した。

問7．1．誤文。ステンカ=ラージンは17世紀後半に反乱を起こした。

問9．1．誤文。ナポレオンはエジプト遠征でオスマン軍に勝利したが，アブキール湾の海戦ではイギリスに敗北した。

問10．2．誤文。プロイセン=オーストリア戦争でイタリア王国はプロイセン側につき，ヴェネツィアを獲得した。

Ⅴ 解答

18世紀初め，スペイン=ハプスブルク家の断絶後，フランス王ルイ14世が孫をスペイン王としたことで，スペイン継承戦争が勃発した。ユトレヒト条約でフランス，スペインが合併しないことなどを条件にフェリペ5世の王位が承認されたが，ルイ14世は多くの海外領土を失った。

◀解　説▶

≪スペイン継承戦争≫

18世紀初頭に起こったスペイン継承戦争は，スペイン=ハプスブルク家の断絶を契機に，フランス王ルイ14世が孫のフェリペ5世をスペイン王に即位させたことでオーストリア=ハプスブルク家と対立し，戦争に発展した。イギリス，オランダ，プロイセンなどはフランスのブルボン家の勢力拡大を阻止するためにオーストリアを支援したため，フランス・スペイン側は次第に劣勢となった。1713 年のユトレヒト条約で，フランスとスペインが将来にわたって合併しないこと，また，フランスはニューファンドランドなどアメリカ大陸の領土の一部をイギリスに割譲することでフェリペ 5 世の王位が承認され，フランスの勢力拡大は阻止された。一方，イギリスはスペインからジブラルタルを獲得するなど，国力を大きく伸ばすことになった。

戦争の原因となったスペイン=ハプスブルク家の断絶，ブルボン家とハプスブルク家によるヨーロッパの覇権をめぐる対立，ユトレヒト条約による結果について言及できるかがポイントとなる。

❖講　評

Ⅰ　冷戦期という短い期間のベトナムとそれに関連した事柄が問われた。現代史であり，また，ベトナム以外にカンボジアなど東南アジアからの出題が多かったが，設問 1 のオのトンキン湾事件以外は教科書レベルで，現代史の対策をしておけば十分解答できる。

Ⅱ　近世以降の台湾の動向を問題文に，関連する内容が問われた。大半の空欄は教科書レベルだが，空欄 9・10 の台湾の総統については冷戦期以降の内容であり，特に空欄 10 はまだ存命の人物名なので，戸惑った受験生も多かったと思われる。現在，国際的に注目されている台湾を扱い，また，2000 年代の内容を含んでいることから，メッセージ性の強い設問であった。

Ⅲ　帝国主義と第一次世界大戦を軸に，問 6 のように大戦中の戦いの内容に関する出題など，やや細かい内容まで問われた。ただし，消去法で正文や誤文を選択することは可能であり，難度はそれほど高くない。

Ⅳ　2022 年度と同様，古代から近代まで幅広い時代のヨーロッパについて問われた。設問は正文・誤文選択のみである。文化史が含まれており，また，「～世紀の○○」という年代に関連した設問は微妙な年代が含まれているため，深い学習が必要となる大問であった。年代に関連した設問の出来が，明暗を分けることになった。

Ⅴ　スペイン継承戦争についての論述問題。戦争に関して，まずはその原因，そしてその過程，最後に結末について述べればよいので，それほど難しくはない。

全体では，ここ数年続いている傾向として現代史の割合が多く，難度は高めといえる。

地理

I　解答

問1．A　問2．A　問3．C　問4．B　問5．A
問6．A　問7．D　問8．C　問9．D　問10．D

◀解　説▶

≪アフリカ地誌≫

問1．Aのアトラス山脈は，地中海に面してモロッコ，アルジェリア，チュニジアにまたがっている。

問4．Bのサハラ砂漠はアフリカ大陸の赤道以北の大部分を占めている世界最大の砂漠である。Aのカラハリ砂漠とCのナミブ砂漠はアフリカ大陸の赤道以南に位置し，Dのルブアルハリ砂漠はアラビア半島に位置する。

問5．Aのヴィクトリア湖からは白ナイル川が流れ出し，スーダンでエチオピアのタナ湖から流れ出した青ナイル川と合流してナイル川となる。

問6．やや難。Aのカシューナッツのアフリカでの生産は世界の約半分を占めており（2019年），タンザニアの生産量は世界の10位以内に入る。

問7．キリマンジャロ山は，アフリカ大地溝帯に形成された成層火山で，タンザニアとケニアの国境付近に位置している。

問8．Cのフォガラは伝統的な地下水路の北アフリカでの呼称である。Aのカナートはイラン，Bのカレーズはアフガニスタンでの呼称。Dのマンボは日本の同様の地下用水路である。

問9．やや難。Aの金，Bの塩，Cの象牙はいずれもアフリカ大陸に現在も産出し，古くからの交易品としても知られる。したがって持ち込まれたのはDの布地と判断する。

II　解答

問1．D　問2．A　問3．B　問4．B　問5．C
問6．D　問7．C　問8．A　問9．B　問10．D

◀解　説▶

≪日本の貿易≫

問1．日本にとって，最大の輸出入金額の貿易相手国は中国である。輸入品目に衣類があることに注意する。

問2．原油輸入先であるサウジアラビアは該当せず，集積回路の輸入先としてロシアは該当しない。残った2つのうち最大の貿易相手国である中国はアなのでイは台湾となる。なおサウジアラビアはウである。

問4．日本からイ以外の5カ国すべてに共通して輸出していることに着眼して乗用車と判断する。

問5・問6．オはアメリカとドイツから輸入している品目であり，エの乗用車を除くと，医薬品が該当する。サウジアラビアへの輸出品のカは，問4・問5より乗用車と医薬品を除くと，牛肉とバスとトラックが残り，この2つの選択肢の中ではバスとトラックが適当である。

問7．Aは保護貿易，Bは自由貿易，Dは水平貿易について述べたもの。

問8．Bは少子高齢化，Cはドーナツ化，Dは過疎化について述べたもの。

問9．Aは穀物自給率，Cはフードマイレージ，Dはオリジナルカロリーについて述べたもの。

III 解答

問1　a．ゲルマン　b．ルール　c．黒海
d．スエズ　e．トルコ

問2．ア．ECSC　イ．EEC　ウ．EURATOM
エ．（設問省略）　オ．EU　カ．WTO　キ．CAP
ク．ERASMUS　ケ．（設問省略）　コ．NATO

◀解　説▶

≪ヨーロッパの地域統合≫

問1．b．ルール工業地帯は，ルール炭田とライン川の水運を基礎に発達した工業地域である。

問2．キ・クは難問。アのECSCはヨーロッパ石炭鉄鋼共同体，イのEECはヨーロッパ経済共同体，ウのEURATOMはヨーロッパ原子力共同体である。1967年に，これらの原加盟6カ国で，オのEU（ヨーロッパ連合）の前身となるEC（ヨーロッパ共同体）が発足している。キのCAPはCommon Agricultural Policyの略で，意味は「共通農業政策」である。クのERASMUSはEuropean Region Action Scheme for the Mobility of University Studentsの略で，一般に「エラスムス計画」と呼ばれる。

Ⅳ 解答

問1 ア．太平洋ベルト イ．第4次中東戦争
ウ．自動車 エ．年次有給休暇 オ．バカンス
カ．ハラール認証

問2．中心業務地区 問3．カンヌ 問4．エコツーリズム

問5．ジオパーク

◀解 説▶

≪日本経済の発展と余暇≫

問1．イの第4次中東戦争は1973年に勃発したが，これを契機とした原油価格の大幅高騰が世界的な不況である第1次石油危機をもたらした。不況にあえぐ先進諸国は，機械工業などのより付加価値の高い部門の比重を高めていき，日本ではウの自動車などが輸出品の主力となっていった。オのバカンスはフランス語で長期休暇やその過ごし方を意味する。フランスでは連続5週間の有給休暇を取得できる。カのハラール認証のハラールとはイスラム教で「許されている事象」をさし，食べることを許された食物をハラールフードという。豚肉や異教徒が処理した肉はハラールフードではないのでイスラム教徒は食べない。

問5．設問の文中の洞爺湖や有珠山は2009年に世界ジオパークに認定されている。

Ⅴ 解答

酸性雨は全国で見られる。北西の季節風や偏西風の風上になる日本海側が太平洋側に比べて酸性度が強いため，大陸由来の汚染物質が風で運ばれてきた可能性が高い。中国の環境対策による大気汚染物質排出量の減少により，酸性度は低下傾向にある。

◀解 説▶

≪日本の酸性雨の状況≫

酸性雨の原因となる硫黄酸化物や窒素酸化物は大気汚染の原因物質である。大気汚染対策が進んだ現在の日本では，原因物質の多くが中国から運ばれてくるので，日本海側の酸性度が太平洋側よりも高くなる。近年，中国での大気汚染対策も進みつつあり，大気汚染物質排出量が減少傾向にあるので，日本に運ばれる大気汚染物質も減少傾向を示している。

❖講　評

Ⅰ　アフリカの地形，東・中部アフリカ諸国の貿易についての標準的な出題。リード文や表中の空欄補充が中心で，ほとんどが教科書と地図帳を参照すれば解答できる。問6や問9はやや難問だが消去法で解答できる。

Ⅱ　日本の貿易やそれに関連する事項についての標準的な出題。表中の空欄の国名や品目を判断する設問が中心で，設問ごとに見れば詳細な知識が必要にも思えるが，選択肢が共通の設問を結びつければ，どの設問も解答できる。基本的な輸出入品目を把握しているかどうかを問う設問である。問7～問10はいずれも基本的な語句の意味を問う平易な設問である。

Ⅲ　ヨーロッパの地域統合の進展過程をテーマにした地誌的な出題。記述形式のため，正確な知識が求められることから，やや難問に感じた受験生も多いだろう。問2のキ・クは資料集などを通じて掘り下げた学習が前提の難問だった。しかし，それ以外は教科書を参照して解答できる基本事項であった。

Ⅳ　日本の経済発展の過程をテーマにし，都市，生活・文化にまたがっての幅広い出題。個々の設問は教科書を参照して解答できる標準的な設問だが，Ⅲと同様に記述形式のため，やや難度が高めだった。

Ⅴ　酸性雨の原因である大気汚染原因物質が中国から運ばれてくることと，中国の環境問題対策の変化を理解していれば書けるので難問ではない。しかし，地図の数値と矛盾しないような文章表現をできたかどうかが問われる。

政治・経済

I

解答　問1．A．恒久平和　B．安全保障理事会
C．国連貿易開発会議　D．世界保健機関

問2．①　問3．④　問4．⑤　問5．③　問6．③　問7．①

◀解　説▶

≪国際政治・安全保障≫

問1．A．恒久平和が適切。「ヨーロッパ恒久平和」「永久平和論（案）」などの表記も用いられる。

問2．①が適切。イ．三十年戦争が開戦年（1618年）から三十年後に終結したことを想起する。ウ．ウィルソンの平和原則14カ条（1918年）の翌年にパリ講和会議があり，さらにその翌年の1920年に国際連盟が成立した。

問3．④正文。

①誤文。全権委任状は内閣が発行し，天皇が認証する。

②誤文。国際慣習法なども国際法として認められる。

③誤文。国際司法裁判所は判決を強制的に履行させる権限を持たない。

問4．⑤正文。

①誤文。国際連盟の設立当初の常任理事国はイギリス・フランス・イタリア・日本であった。

②誤文。アメリカは上院の反対があり，国際連盟には加盟しなかった。

③誤文。設立当初の理事会は①でみた4カ国の常任理事国のほか，4カ国の非常任理事国で構成されていた。

④誤文。総会・理事会とも全会一致制を採用していた。

問5．③正文。

①誤文。中華民国は1971年に国連を追放され，中華人民共和国が加盟した。

②誤文。設立当時の加盟国数は51カ国，2022年での加盟国数は193カ国である。

④誤文。総会での重要事項は，出席投票国の3分の2の賛成が必要である。

⑤誤文。日本が国連に加盟したのは1956年，鳩山一郎内閣のときである。

II 解答

問1．A．副業的農家　B．食糧管理　C．減反
D．食品安全基本法

問2．③　問3．②　問4．①　問5．⑤　問6．②　問7．⑤

◀解　説▶

≪食糧・農業問題，消費者余剰と生産者余剰≫

問1．B．食糧管理（制度）が適切。主食を意味する食「糧」で，食「料」ではないことに注意したい。

D．食品安全基本法が適切。「食品の安全性」「2003年」から判断したい。

問2．③正文。まず，農地改革はGHQの指令によって実施されたのだから，①・②・⑤は誤文。また，買い上げたのは日本政府であるため，④が誤文とわかる。

問3．②正文。農業基本法はサラリーマンと同程度の収入を得る自立経営農家の育成を目指したが失敗に終わった。

問4．①適切。消費者余剰は，需要曲線とその財の価格の平行線で囲まれる領域の面積で表すことができる。そのため，アには「あ＋い」，政府の販売価格がp_1となった時の消費者余剰を示すウには「あ＋い＋お＋か」が入る。

問5．⑤適切。生産者余剰は，供給曲線とその財の価格の平行線で囲まれる領域の面積で表すことができる。そのため，イには「お＋き」，政府の買い入れ価格がp_3の時の生産者余剰を示すエには「い＋う＋お＋き」が入る。

問7．難問。⑤正文。

①誤文。日本の生産額ベースでの食料自給率は65％前後。

②誤文。カナダのカロリーベースでの食料自給率が200％を超えるようになったのは2008年以降であり，「2000年以降」とはいえない。

③誤文。日本の魚介類の食料自給率は57％程度（2021年）。

④誤文。イギリスの生産額ベースの食料自給率は100％を超えていない。

III　解答

問1．A．残余財産分配　B．キャピタル・ロス
C．スケールメリット〔規模の利益〕
D．フィンテック（FinTech）
問2．②　問3．④　問4．③　問5．②　問6．⑤　問7．⑤

◀解　説▶

≪株式市場・公正取引委員会≫

問1．A．残余財産分配（請求権）が適切。会社が解散などをした際に，残った資産を分配して受け取ることができる権利のこと。

D．フィンテック（FinTech）が適切。Finance と Technology をかけ合わせた造語であり，近年注目されている分野である。

問4．③正文。

①誤文。ホワイトナイトの記述である。

②誤文。ポイズンピルの記述である。

④誤文。ゴールデンパラシュートの記述である。

⑤誤文。パックマンディフェンスの記述である。

問5．②正文。1997年の独占禁止法改正により，持株会社が解禁されたが，その状況にあっても，事業支配力が過度に集中する持株会社の設立は禁止された。

問7．⑤正文。民主党政権下の2011年10月，東日本大震災後の日本では，保険会社の戦略などを見越して投資家が円を大量に購入し，異常な円高となっていた。

①誤文。円安時は輸入に不利になり，価格競争力は低下する。

IV　解答

問1．A．ブロックチェーン　B．暗号資産
C．クラウドファンディング
D．マネーロンダリング〔資金洗浄〕
問2．②　問3．①　問4．③　問5．②　問6．⑤　問7．④

◀解　説▶

≪金融分野の技術革新≫

問3．①が適切。しかし，エルサルバドルではビットコインの価値の暴落もあり，当初予定されていた金融都市の建設は進んでいない。

問4．③正文。

④誤文。マイナス金利は預金金利や住宅ローンに適用されない。

⑤誤文。デビットカードの説明である。

問５．②正文。

①誤文。iDeCoの加入は任意である。

③誤文。未成年を対象としたジュニアNISAは，2023年でその役割を終える予定である。

④誤文。バブル崩壊以降，日本の家計貯蓄率は世界的に低い水準である。

⑤誤文。日本の金融資産における現金・預金の割合は他国と比べて高い。

問６．⑤正文。

①誤文。貸金業法で，総借入額は年収の３分の１までとなった（総量規制）。

②誤文。PL法の制定は1994年である。

③誤文。消費者安全法は2009年に制定された。

④誤文。2000年に訪問販売法が改正され，特定商取引法となった。

問７．④が適切。消費者保護基本法が改正され，2004年に消費者基本法となった。2001年から2006年までは小泉純一郎内閣である。

❖講　評

記述式の空所補充問題と正文選択問題が中心である。

Ⅰ　国際政治・安全保障に関する問題。問１は基本的事項中心であったが，問４・問５は国際連盟・国際連合に関する丁寧な学習が必要であった。過去の緊急特別総会の内容について聞く問６には，戸惑った受験生も多かったであろう。問７の軍縮条約もやや詳細な知識を必要とした。

Ⅱ　食糧問題を中心とした出題がなされた。問１・問３は基本的な内容であり，問２も基本的な知識をもとに落ち着いて解けば解答は可能である。問４～問６は大学の経済学で学ぶ内容であるが，文章を注意深く読み込んで粘り強く対処したい。問７は近年の知識だけでは正解を絞り込むことができず，難しかった。

Ⅲ　株式市場・公正取引委員会について出題された。問１のＡは教科書等ではあまり触れられることのない内容だった。一方，Ｄのフィンテック（FinTech）は近年の重要用語としておさえておきたい。問４は企業の買収防衛策についての詳細な知識を必要とした。

Ⅳ　金融分野の技術革新について問われた。問１についてはいずれも，Ⅲの問１．フィンテック同様，おさえておきたい時事用語である。問２・問６・問７は基本的事項についての理解が十分あれば解答は可能だが，問３は詳細な知識を必要とした。問４・問５などは金融に関する現代的な諸問題について総合的な理解が求められていた。

数学

I　解答

1．(1)—S　(2)—R　2．(3)—F　(4)—I
3．(5)—Q　(6)—O

◀解　説▶

≪平面ベクトル，順列・組合せ，三角方程式≫

1．実数 p，q を用いて

$$\vec{w}=p\vec{u}+q\vec{v}$$

と表す。$|\vec{u}|=|\vec{v}|=|\vec{w}|=5$，$\vec{u}\cdot\vec{v}=15$ より

$$|\vec{w}|^2=|p\vec{u}+q\vec{v}|^2$$

$$|\vec{w}|^2=p^2|\vec{u}|^2+2pq\vec{u}\cdot\vec{v}+q^2|\vec{v}|^2$$

$$25=25p^2+30pq+25q^2$$

$$5p^2+6pq+5q^2=5 \quad \cdots\cdots①$$

$\vec{v}\perp\vec{w}$ より，$\vec{v}\cdot\vec{w}=0$ だから

$$\vec{v}\cdot(p\vec{u}+q\vec{v})=0$$

$$p\vec{u}\cdot\vec{v}+q|\vec{v}|^2=0$$

$$15p+25q=0$$

$$3p+5q=0 \quad \cdots\cdots②$$

$\vec{u}\cdot\vec{w}>0$ より

$$\vec{u}\cdot(p\vec{u}+q\vec{v})>0$$

$$p|\vec{u}|^2+q\cdot\vec{u}\cdot\vec{v}>0$$

$$25p+15q>0$$

$$5p+3q>0 \quad \cdots\cdots③$$

②より　$p=-\dfrac{5}{3}q$

①，③に代入して

$$\begin{cases} 5\left(-\dfrac{5}{3}q\right)^2+6\cdot\left(-\dfrac{5}{3}q\right)q+5q^2=5 \\ 5\cdot\left(-\dfrac{5}{3}q\right)+3q>0 \end{cases}$$

$$\begin{cases} q^2=\dfrac{9}{16} \\ q<0 \end{cases}$$

$$q=-\frac{3}{4}$$

よって，$p=\dfrac{5}{4}$ となる。

$$\therefore \quad \vec{w}=\frac{5}{4}\vec{u}-\frac{3}{4}\vec{v} \quad \to(1),\ (2)$$

2．A グループの 3 人を a_1，a_2，a_3，B グループの 2 人を b_1，b_2 とする。総試合数が 3 のとき，a_1，a_2，a_3 はそれぞれ 1 試合ずつ b_1 または b_2 と対戦するが，3 人とも b_1 ばかり，b_2 ばかりと対戦することはないので，求める組合せは

$$2^3-2=6\text{ 通り} \quad \to(3)$$

次に総試合数が 4 のとき，a_1，a_2，a_3 のうち 1 人のみが 2 試合 b_1 と b_2 と対戦し，他の 2 人は b_1 または b_2 と対戦することになる。求める組合せは

$${}_3\mathrm{C}_1\cdot 2^2=12\text{ 通り} \quad \to(4)$$

3．$\sin 3\theta-\sin\theta-\cos 2\theta=0$ として

$$2\cos 2\theta\cdot\sin\theta-\cos 2\theta=0$$

$$2\cos 2\theta\left(\sin\theta-\frac{1}{2}\right)=0$$

$$\therefore \quad \sin\theta=\frac{1}{2},\ \cos 2\theta=0$$

$0<\theta<\dfrac{\pi}{2}$，$0<2\theta<\pi$ より

$$\theta=\frac{\pi}{6},\ 2\theta=\frac{\pi}{2}$$

$$\therefore \quad \theta=\frac{1}{6}\pi,\ \frac{1}{4}\pi \quad \to(5),\ (6)$$

Ⅱ　解答

ア．1　イ．3　ウ．1　エ．2　オ．3　カ．1
キ．2　ク．5　ケ．3　コ．1　サ．1　シ．1
ス．2　セ．3　ソ．2　タ．9　チ．2

◀解 説▶

≪3次方程式の解の配置，面積≫

$C: y=x^3-2x+1$，$l: y=x+a$ より

$$x^3-2x+1=x+a$$

$$x^3-3x+1=a \quad \cdots\cdots ①$$

$f(x)=x^3-3x+1$ とする。C と l が2つの共有点をもつとき，①は異なる2つの実数解をもつ，すなわち，$y=f(x)$ と $y=a$ が2つの共有点をもつ。

$$f'(x)=3x^2-3=3(x+1)(x-1)$$

増減表は右の表のようになり，求める a の値は

$a=-1$ または $a=3$ →ア，イ

x	$\cdots$	-1	$\cdots$	1	$\cdots$
$f'(x)$	$+$	0	$-$	0	$+$
$f(x)$	↗	3	↘	-1	↗

(i) $a=-1$ のとき，①より

$$x^3-3x+1=-1$$

$$x^3-3x+2=0$$

$$(x-1)^2(x+2)=0$$

$\therefore \quad x=1,\ -2$

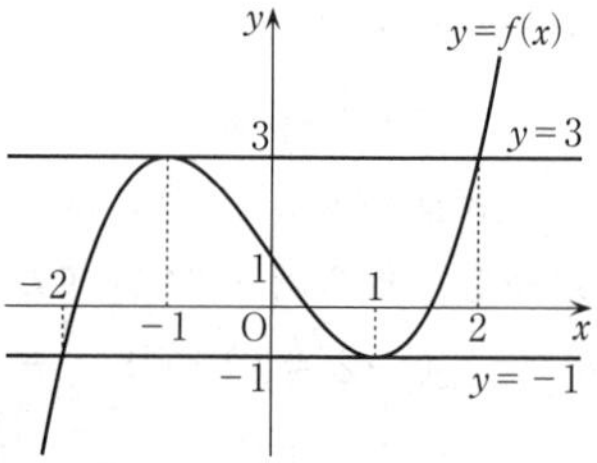

よって，l は $x=1$ で C に接し，もう1つの共有点は $(-2,\ -3)$ である。 →ウ～オ

(ii) $a=3$ のとき，①より

$$x^3-3x+1=3$$

$$x^3-3x-2=0$$

$$(x+1)^2(x-2)=0$$

$\therefore \quad x=-1,\ 2$

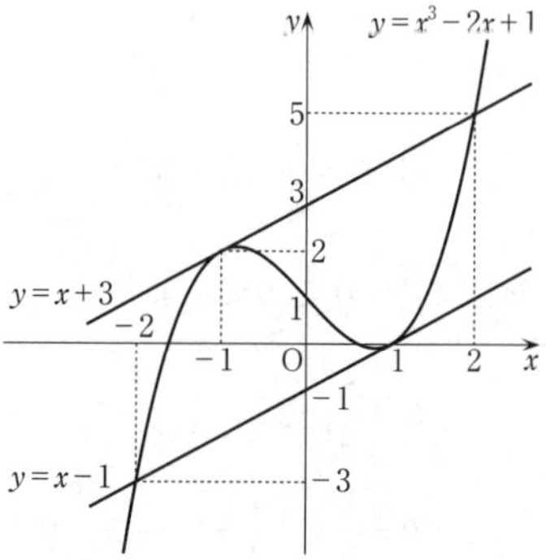

よって，l は $x=-1$ で C に接し，もう1つの共有点は $(2,\ 5)$ である。

→カ～ク

次に，①は

$$x^3-3x+1=b^3-3b+1$$

とすると $x=b$ を解にもつ。よって，次図より，$-2<b<2$ のとき

$a=b^3-3b+1$ →ケ

とすれば C と l は共有点を3つもてるが，(i)，(ii)により

$b=-1,\ 1$ →コ，サ

のときは共有点が 2 つとなるので，$b \neq \pm 1$ のとき，3 つの共有点をもつ。このとき，共有点の x 座標は

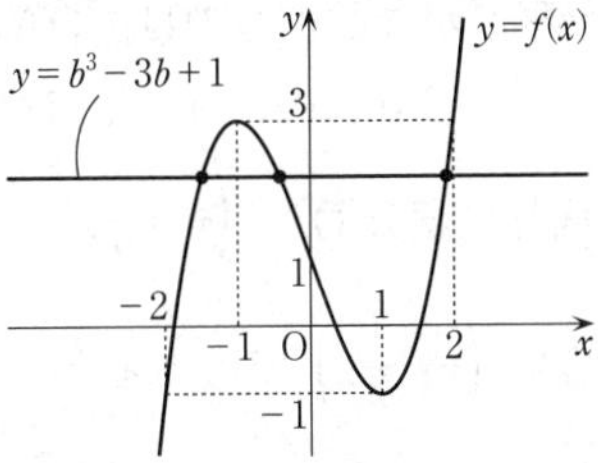

$$x^3-3x+1=b^3-3b+1$$

$$x^3-b^3-3(x-b)=0$$

$$(x-b)(x^2+bx+b^2-3)=0$$

$$\therefore\quad x=b,\ \frac{-b\pm\sqrt{12-3b^2}}{2}\quad \rightarrow シ〜ソ$$

また，$b=\sqrt{3}$ のとき，C と l は $x=\sqrt{3}$，0，$-\sqrt{3}$ で，交わることになる。このとき

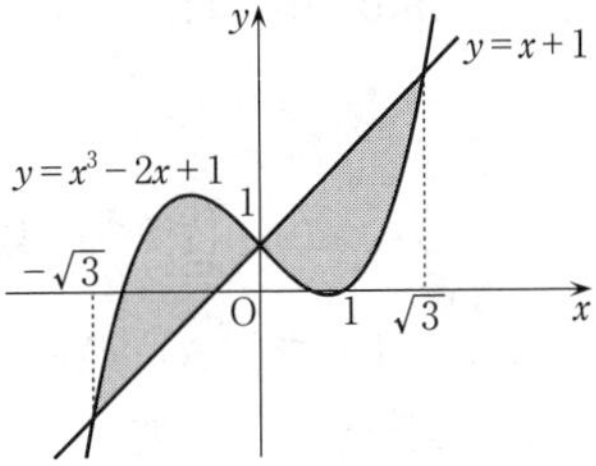

$$a=f(\sqrt{3})$$

$$=(\sqrt{3})^3-3\sqrt{3}+1$$

$$=1$$

求める面積 S は

$$S=\int_{-\sqrt{3}}^{0}\{(x^3-2x+1)-(x+1)\}dx+\int_{0}^{\sqrt{3}}\{(x+1)-(x^3-2x+1)\}dx$$

$$=\int_{-\sqrt{3}}^{0}(x^3-3x)\,dx-\int_{0}^{\sqrt{3}}(x^3-3x)\,dx$$

$$=\left[\frac{1}{4}x^4-\frac{3}{2}x^2\right]_{-\sqrt{3}}^{0}-\left[\frac{1}{4}x^4-\frac{3}{2}x^2\right]_{0}^{\sqrt{3}}$$

$$=0-\left(\frac{9}{4}-\frac{9}{2}\right)-\left\{\left(\frac{9}{4}-\frac{9}{2}\right)-0\right\}$$

$$=\frac{9}{4}\times 2$$

$$=\frac{9}{2}\quad \rightarrow タ，チ$$

III 解答

1．(1)　a_5：$x+y=5$ 上の条件（P）を満たす整数点の個数。

$x \geqq 0$，$y \geqq 0$ で，$x+y=5$ 上の整数点は 6 個あり

$A_0(0,\ 5)$，$A_1(1,\ 4)$，$A_2(2,\ 3)$，$A_3(3,\ 2)$，$A_4(4,\ 1)$，$A_5(5,\ 0)$ とする。線分 OA_0，OA_5 上には，それぞれ整数点（0，1），（1，0）などが存在する。よって，A_0，A_5 は条件（P）を満たさない。線分 OA_1 上で，

x 座標が整数のものは，OA_1：$y=4x$ なので

　　$O(0,\ 0)$，$A_1(1,\ 4)$　…条件（P）を満たす

同様に線分 OA_2 $\left(y=\dfrac{3}{2}x\right)$，$OA_3$ $\left(y=\dfrac{2}{3}x\right)$，

OA_4 $\left(y=\dfrac{1}{4}x\right)$ で考えると

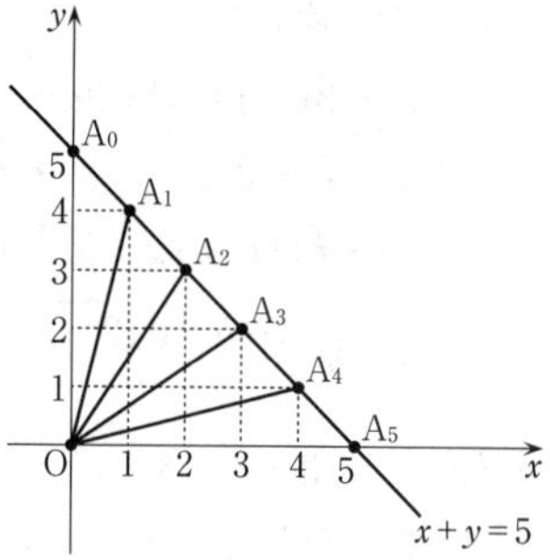

　　$O(0,\ 0)$，$\left(1,\ \dfrac{3}{2}\right)$，$A_2(2,\ 3)$

　　$O(0,\ 0)$，$\left(1,\ \dfrac{2}{3}\right)$，$\left(2,\ \dfrac{4}{3}\right)$，

　　　　　　　　　　$A_3(3,\ 2)$

　　$O(0,\ 0)$，$\left(1,\ \dfrac{1}{4}\right)$，$\left(2,\ \dfrac{1}{2}\right)$，$\left(3,\ \dfrac{3}{4}\right)$，$A_4(4,\ 1)$

となる。よって，A_1，A_2，A_3，A_4 は条件（P）を満たすことになり

　　$a_5=4$　……(答)

a_6：$x+y=6$ 上の条件（P）を満たす整数点の個数。

$x+y=6$（$x\geqq 0$，$y\geqq 0$）上の整数点は 7 個あり

　　$B_0(0,\ 6)$，$B_1(1,\ 5)$，$B_2(2,\ 4)$，$B_3(3,\ 3)$，$B_4(4,\ 2)$，$B_5(5,\ 1)$

　　$B_6(6,\ 0)$

とする。線分 OB_0，OB_6 上には，それぞれ整数点（0，1），（1，0）などが存在する。よって，B_0，B_6 は，条件（P）を満たさない。ここで，線分 OB_1（$y=5x$），OB_2（$y=2x$），OB_3（$y=x$），OB_4 $\left(y=\dfrac{1}{2}x\right)$，$OB_5$ $\left(y=\dfrac{1}{5}x\right)$ で，x 座標が整数であるものを考えると

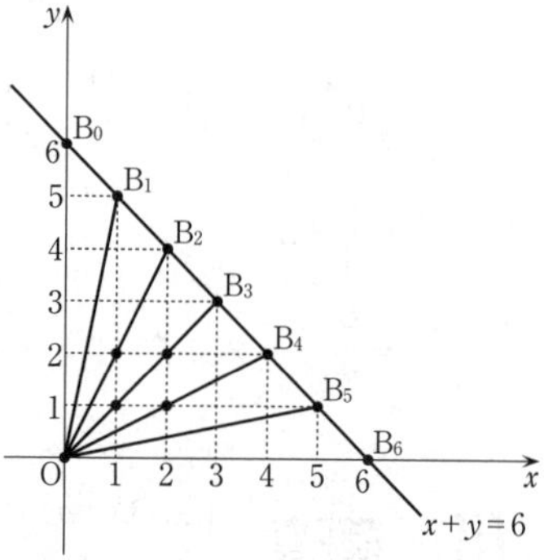

　　$O(0,\ 0)$，$B_1(1,\ 5)$

　　$O(0,\ 0)$，$(1,\ 2)$，$B_2(2,\ 4)$

　　$O(0,\ 0)$，$(1,\ 1)$，$(2,\ 2)$，$B_3(3,\ 3)$

　　$O(0,\ 0)$，$\left(1,\ \dfrac{1}{2}\right)$，$(2,\ 1)$，$\left(3,\ \dfrac{3}{2}\right)$，$B_4(4,\ 2)$

$$\mathrm{O}(0,\ 0),\ \left(1,\ \frac{1}{5}\right),\ \left(2,\ \frac{2}{5}\right),\ \left(3,\ \frac{3}{5}\right),\ \left(4,\ \frac{4}{5}\right),\ \mathrm{B}_5(5,\ 1)$$

となる。よって，B_1，B_5のみが条件（P）を満たすことになり

$a_6=2$　……(答)

(2)　整数点 A$(a,\ b)$ について

$a=0$のとき，条件（P）を満たすのは　　$b=0$または1

$b=0$のとき，条件（P）を満たすのは　　$a=0$または1

$a=1$のとき，bは0以上の整数，$b=1$のとき，aは0以上の整数であれば条件（P）を満たす。

$a\geqq 2$，$b\geqq 2$のとき，a，bの最大公約数をgとして

$a=a'g$，$b=b'g$　（a'，b'は自然数）

と表すと線分OA：$y=\dfrac{b}{a}x \iff y=\dfrac{b'}{a'}x$ 上に点（a'，b'）はある。したがって，$g=1$なら条件（P）を満たし，$g\geqq 2$なら条件（P）を満たさない。

以上より，求める必要十分条件は，「$(a,\ b)=(0,\ 0)$，$(1,\ 0)$，$(0,\ 1)$」または，「$a\geqq 1$かつ$b\geqq 1$でa，bは互いに素」である。　……(答)

2．pは素数なので，$p\geqq 2$だから，$x+y=p$上の整数点（a，b）について，$a=1,\ 2,\ \cdots,\ p-1$のものを考える。a，bの最大公約数をgとして

$a=a'g$，$b=b'g$　（a'，b'は自然数）

とおくと

$a+b=p \iff (a'+b')g=p$　……①

$a'+b'\geqq 2$，pは素数だから

$g=1$

よって，aとbは互いに素であるから

$a_p=p-1$

同様に，$a_q=q-1$である。また，$x+y=1$上には（1，0），（0，1）が条件（P）を満たすので，$a_1=2$である。

$x+y=pq$上の整数点は，①と同様にして，$(a'+b')g=pq$とすると，a，bが互いに素にならないのは，2以上のgが存在するときで，それは

$g=p$またはq

の場合である。$g=p$のとき，$a'+b'=q$となるa'は$q-1$通り，$g=q$のとき，$a'+b'=p$となるa'は$p-1$通りあり，これらはすべて異なる。これ

以外は互いに素となるので，条件（P）を満たす。よって

$$a_{pq}=pq-1-(q-1)-(p-1)=pq-p-q+1 \quad \cdots\cdots(答)$$

となり

$$a_{pq}+a_p+a_q+a_1=pq-p-q+1+(p-1)+(q-1)+2$$

$$a_{pq}+a_p+a_q+a_1=pq+1 \qquad (証明終)$$

◀解　説▶

≪直線上の整数点（格子点）≫

1．(1)では，$n=5$，6として，グラフを利用して，具体化して求めると(2)へとつながる。(2)では，(1)で，$n=6$ のとき，$(a,\ b)=(2,\ 4)$，$(3,\ 3)$，$(4,\ 2)$ すなわち，a と b が，互いに1以外の公約数をもつとき（互いに素でないとき），条件（P）を満たさないことから類推できる。最大公約数を g とおいて，$g=1$ でなければならないことを示す。

2．1の(2)を利用する。$(a,\ b)=(1,\ pq-1)$，$(2,\ pq-2)$，…，$(pq-1,\ 1)$ より，a と b が互いに素なものをみつけること，逆に，互いに素でない，共通の因数をもつものを考え，全体の個数より引くことで示した。

❖講　評

大問3題の出題で，「数Ⅰ・A」，「数Ⅱ・B」からの出題が1題ずつ，小問集合として，平面ベクトル，順列・組合せ，三角方程式を扱った出題が1題であった。

Ⅰ　1では，$\vec{w}=p\vec{u}+q\vec{v}$ として，定数 p，q の方程式を求めるとよい。2では「人」を扱っており区別できるので，a_1，a_2，a_3，b_1，b_2 とおいて考える。どちらのグループに注目して考えるかを決め，組合せの数を求める。3では，因数分解などを利用して積にすることになる。

Ⅱ　「C，l の共有点の x 座標」$\Longleftrightarrow$「方程式①の実数解」となることに注目する。だから，①を変形して，$y=f(x)$ と $y=a$ との交点としても解はつねに，C と l の共有点の x 座標である。

Ⅲ　否定を基盤とした条件（P）の理解が大切である。

1．(1)　$n=5$，6と実験することで，条件（P）を満たすAの x 座標，y 座標の関係を考えて，(2)につなげることになる。

(2)　a と b の最大公約数を g とおいて，$g=1$ でなければならないことを

示せばよい。

2．$p=2$，$q=3$ とすると，「$2\cdot3+1=a_6+a_2+a_3+a_1$」は，1．より $a_6=2$，$a_3=2$，$a_2=1$，$a_1=2$ より明らかである。まずは，a_{pq} すなわち，$x+y=pq$ 上の整数点 $(a,\ b)$ を考え，1．の(2)より，a と b が互いに素となるものを数え上げることになる。

文単語といった基礎の学習をしっかりした上で読解力を磨くことが求められる。設問の形式と難易度は、例年とあまり変わらない。

〝やめよう〟の意。全体としては、「あらば」の「ば」が未然形に接続して仮定であるから、〝修行の霊験があるならば、昼間見ないままにしておこうか、いや、そうはいかない〟となる。女がきまりわるがるからと言っても昼間に通わないことはできない、と解釈できる。正解は3である。

問九　1は全体が誤り。選択肢に当たる記述は本文にはない。2は傍線部Bの宮の会話の後の女の言葉とそれを受けた宮の言葉の内容ととれるので正解。女の「のたまはせんままに」は〈注1〉、そして宮の言葉の中の〈注2〉と二つの〈注〉をそれぞれ参照する。3は和歌ⅠとⅡのやりとりだが、「すぐに」と「物足りなく」の内容が本文にない。4も和歌ⅠとⅡのやりとりだが、「女の歌の力量を試そうとして」が本文からは読み取れない。5は和歌ⅢとⅣのやりとりを指しているが、「世間から身分違いの恋を非難され」がない。また、女の歌は「別れをほのめかした」ものではない。

❖講　評

例年通り、現代文二題、古文一題の構成であり、文章の長さや設問数、難易度も例年並みである。

一は、コロナ禍によってテレワークが実施されたことによって承認欲求をめぐる問題がさまざまな形で表面化し、テレワークに携わる人々の心に影響を与えたと述べる。近現代の日本社会における価値観の再検討の必要を論じた二〇二一・二〇二二年度の出題に通じる問題意識に立っていると言える。

二は、哲学の一つの分野である懐疑論の説明が目の前で痛みを訴える人を例になされ、そこに哲学者の感覚と日常的な感覚のズレを感じると指摘する。そして、知識を重視する懐疑論と、目の前の人との関係における倫理の問題とは区別するべきで、目の前の相手を重視する哲学者になりたいと述べる。

三は、日記『和泉式部日記』からの出題である。自邸に出仕するよう誘っていた女の元に、宮が昼間に訪問して女との歌のやりとりをし、その後の手紙のやり取りをする場面からの出題であった。助詞・助動詞・敬語・和歌の修辞・古そういう状況を踏まえて傍線部の語義に合致するのは4である。その他の選択肢は宮のそのときの状況を言っているのではない。1の「恋わずらい」も、二人は会っているので誤りである。

問五　連歌の短句であるⅠは「ことの葉」が掛詞で、一つは宮と女が交わす言葉、もう一つは直前の、宮が手折った檀の紅葉を言う。紅葉が色濃くなるように、宮と女が交わす言葉も深くなっているという意味である。よって2が正解。

1は「世の人々の胸に」、3は「恨み」、4は「冬に近づくように」「枯れて散ってゆきます」、5は「涙を流すほど悲しいものに」がそれぞれ誤り。

問六　傍線部Dは、「とまでおぼゆ」（＝〝とさえ思われた〟）に続き、尊敬語がないので、女の感想である。日記で「見る」「聞く」「思ふ」などの知覚語が出てきたら、主語は筆者（本文では女）となることが多い。ここで、選択肢は2・3・5に絞られる。傍線部の解釈だが、「あだあだしき」は〝①不誠実でいいかげんな態度である、②移り気である・好色がましい、③中身がなく、いいかげんである・内容が空虚である〟の意味であるが、傍線部の直前で宮の様子を「あらまほしう見ゆ」（＝〝理想的に思われる〟）とあり、宮を非難する①や③の意味ではなく、②の意味でとり宮のことを女が好色めいた目で見る、と解釈する。正解は5である。

問七　和歌Ⅲは難解だが、上の句は〝葛城の神も私のように思っているでしょう〟と直訳できる。「葛城の神」とは〈注3〉に、容貌の醜いことを恥じて夜の間だけ仕事をしたとある。下の句は「はしたなき」が「橋た無し」（＝〝橋がない〟）と「はしたなし」（＝〝体裁が悪い、みっともない〟）の掛詞で、「まで」が程度を表す。要するに、容貌に自信のない女が昼間に顔を見られた決まり悪さを訴えている。よって1が正解。2と3の強い非難は読み取れず、4・5は状況把握が誤っている。

問八　和歌Ⅳの「行ひのしるし」は〝修行の霊験〟であるが、女への誠意を認めてもらえることを暗示する。「葛城のはしたなし」は、問七の〔解説〕にあるように、葛城の神のように顔を見られるのをきまりわるく思う女の気持ちを言う。「さて」は〝そのまま〟の意。「や」は疑問・反語の係助詞。「やみ／な／ん」の「な」は強意、「ん」は意志でる橋が架けられないようなみっともなさくらいに（＝醜い私にとっては、昼間にお逢いするのは体裁の悪いことでございました）。

「ひどくきまりわるく思われます」と申しあげると、折り返し（宮から）、

役の行者のような行力が私にあるならば、葛城の神が橋を架けられなかったように昼間を恥じておいでのあなたを、そのままにしておきましょうか。

などと詠んで、今までよりは、しばしばおいでになったりするので、格別に手持ち無沙汰のわびしさも慰むような気持がする。

◀解　説▶

問一　傍線部②以外は会話文ではなく地の文なので、筆者（＝女）からの敬意であり、敬意の方向は宮である。②だけは会話文で、会話文の後に「のたまはせて」とある。登場人物は宮と女しかいないので、尊敬語が使われる会話主は宮であり、「給ふ」は尊敬語で、女に話しかけているので、敬意の方向は宮から女である。よって4が正解。

問二　宮が女のもとを訪ねた日の言葉・連歌には問いに該当する部分はない。傍線部②の下の「塩焼き衣、にてぞあらん」は十一字だが、引き歌は逢い慣れれば人恋しくなるという内容で、設問にある「女の戸惑い」には当たらない。翌日にきた「昨日の……あはれなりしか」の手紙の後に「のたまはせたれば」とあるので、宮の手紙とわかり、ここの「あさましうおぼいたりし」が正解。「あさましう」は〝驚きあきれて〟、「おぼい」は「思ふ」の尊敬語「おぼす」の連用形「おぼし」のイ音便、「たり」は完了の助動詞、「し」は過去の助動詞で、〝あきれていらっしゃったご様子〟の意となる。昨日の女の様子を述べた言葉である。

問三　傍線部B「うひうひしう」は「初々しい」であり、初心で物慣れない様子を言う語である。傍線部は会話文の中で、その末尾に「のたまはすれば」とあるから宮の会話である。傍線部の後に「さりとて参らぬはおぼつかなければ」（＝〝そうかといってお伺いしないと気がかりですので〟）とあるから、女への昼間の訪問について言ったのである。

なっていないので、（女は明るいところで姿を見られるのが）恥ずかしいけれど、（来訪してくれた宮に対して）みっともなく恥ずかしがって隠れるのもふさわしくない。それに、宮が（お邸に出仕するよう）お誘いになったとおりにでもなれば、（いつまでも）恥じらい申し上げていられるだろうかと思って、（居所から）にじり出た。（宮は）この数日間の御無沙汰のことなどお話しになって、しばらく横におなりになって、「私の申しあげたとおりに、早く決心をしなさい。今日のような忍び歩きは、いつも慣れないために気恥ずかしく思われるのですが、そうかといってお伺いしないと気がかりですので、頼りないあなたとの仲に苦しんでいるのです」とおっしゃるので、（女は）「いずれにしろ、お言葉どおりにと存じておりますが、見ても嘆くということが（ありますので）、（そのために）思い悩んでおります」と申しあげると、（宮は）「よし、見ていらっしゃい。塩焼き衣（のように逢い慣れてこそ人は恋しくなる）、（の通り）でしょう」とおっしゃって、お帰りになった。

（帰り際に宮は）庭先の透垣のもとに、いかにも美しい檀《まゆみ》の紅葉が、少しだけ色づいているのを折りなさって、欄干に寄りかかりなさって、

　私たちの言葉の情は檀の葉の紅葉のように濃やかになったものですね。

とおっしゃるので、

　白露がはかなげに置くように、宮様のかりそめの愛情をいただいたと思っておりましたうちに

と申しあげる（女の）様子を、物の趣を心得ていてすばらしいと（宮は）お思いになる。宮のご様子は、じつに立派である。御直衣（の下）に、なんともいえない美しいお召物を、出し袿《うちぎ》にして着ていらっしゃるのが、理想的に思われる。（女は）自分の目まで色めいているのではないか、とさえ思われた。

　次の日、（宮から）「昨日のあなたのご様子が、（出仕後の私の心変わりを悲観して）嘆かわしいとお思いになっていらっしゃったのが、うらめしかったもののしみじみといとしく思った」と御文があったので、（女は、）

（容貌の醜いことを恥じて夜の間だけ仕事をしたという）葛城の神も私のように思っているでしょう。久米路に架け

ある。「知的」とあるが、「知識」は本文後半で、懐疑論者がこだわるポイントとして使われる言葉であり、筆者はその態度には反対しているので、この脱落文は後で否定されなければならない。挿入直後に「でも」と否定の言葉がくると考えると、この段落の3行目「ひともいた。」が正解である。

問八　1は第八段落の「痛みを経験……根拠はあるのか?」と考え続けるという内容と合致する。2は第十一段落の「物事の進めかたの変更だけが問題」という内容と合わない。3は第十一段落の内容と合致する。4は傍線部Dの段落とその前段落の内容と合致する。5は第十段落の内容と合致する。よって、本文の論旨と合わないのは2である。

三

出典　『和泉式部日記』

解答

問一　4

問二　あさましうおぼいたりし

問三　4

問四　透垣

問五　2

問六　5

問七　1

問八　3

問九　2

◆全　訳◆

二日ほどたって、（宮は）女車のいでたちで、そっとおいでになった。昼間のうちなどはまだ（宮は女の姿を）ご覧にもない」、痛みを訴える人は「とりあえず手当てをしてください」と思うだろう、と述べられている。1は「演技」が「許容されるか」とあるが、「演技が理解されるか」とならなければならない。また、2は「時間がかかる」が、3は「大袈裟な表現をしないと……理解してもらえない」が誤り。4は「具体的な人間」は傍線部の三段落後にあるが、理解してもらうのはどんな人間かではなく痛みである。5の「日常的な感覚のズレ」は三段落後にあり、「痛みを訴える人の……受け入れてもらえない」が適するので、これが正解。

問五　空欄アは、直前の「そのような」の指示内容、つまり空欄の二行前、哲学者カヴェルの「『君が痛みを……』のような言い回し」をまとめた言葉で、3「発言」、4「表現」、5「表出」が入る可能性がある。空欄イと空欄ウは、「〜ではなく、…ではないか」という、対義の関係にある。「確実な［イ］を表明」は、前の「知識の表明」のことなので、イには3、「知識」が入る。「知識」は本文後半で懐疑論者がこだわるポイントとして使われる言葉である。空欄ウは二行後の「相手が痛みを抱えていることを認め、……」を指すので、1の「同情」、3の「共感」が入る可能性がある。空欄ア〜ウに適切に当てはまるのは3である。

問六　本文全体の内容を受け、本文の「痛み」を訴える人の例で傍線部Dを説明すると、「知識」とは「痛み」の根拠を疑うことで、「倫理」とは、痛がっている目の前の人に反応して何かをしなければいけないということ、「不確実性に由来する不安を引き受け」るとは、「痛み」の根拠は結局わからないのだが、それはそれとして受け入れて目の前の人のために行動するということである。その例として正しいのは1である。2は「加害者も」、4は「後の処置を委ねた」がともに余分な内容であり、3は「原因を探る」、5は「真偽を確認する」が傍線部の「不安を引き受け」と矛盾する。

問七　脱落文の「確信がない」をキーワードに本文をたどると、「確信がないことには黙っておく」という内容は、傍線部Dの次段落の性的マイノリティをターゲットにした差別に問題提起を行い、賛同の意見を保留にした人もいたという話題を指すとわかる。脱落文は、そういう人に「ある意味で知的には誠実なのだろうと思う」と理解を示した文で

問七　ひともいた。
問八　2

◆要　旨◆

懐疑論は人間の持つ知識が確実性を持たないことを主張する。例えば他者の心の懐疑論は、自分以外の人が心を持っていて、思考したり感情を抱いたりすることを疑う。誰かが「痛い」と言うとその痛みを疑うのである。しかし、痛がる人を目の前にしてその根拠を考え続ける哲学者は日常的な感覚がずれていると言える。痛がっている具体的な人間なら、痛みについて確実な知識を得られるかどうかが問題ではなく、痛みに反応して何かをするということが重要なのである。知識を重視するということは、確実な根拠なしに動くことを恐れているだけで、その不安ゆえに目の前の相手に向き合うことを避けているのではないだろうか。

▲解　説▼

問一　第一段落は、体調を崩したときの哲学者の考えることとして、普通は懐疑論だろうと推測するが、そうではないかもしれないと述べ、空欄Xを経て懐疑論に思いを馳せる。この文脈から〝どちらにしても〟という意味の4、「ともあれ」が入る。空欄Yを含む一文は、筆者が読者に他人に心があるかどうか悩んだことがないかを問いかけている。空欄Yでそういう人の度合いを推測するが、空欄の前の「それほど多くなさそうだが」と対応していることに気づけば、2、「たしかに」か、4、「それなりに」が相当する。よって正解はX・Yの組み合わせが適する4である。

問三　傍線部Bの段落は、すべての知識を疑う懐疑論の説明をした後、懐疑論に取り組む哲学者の方向として、確実な知識を探す考察をするか、懐疑論そのものを疑う批判的な試みをすると述べる。そして傍線部Bのデカルトの言葉は、直後に「懐疑論が成り立たない絶対確実な知識」とあることから、1が正解である。2は「尊厳」、4は「生きる意味」、5は「人に囲まれて自分が存在している」が話題からそれる。3は懐疑という全体の話題から外れる。

問四　傍線部Cの理由については、次段落に「痛みを訴えているひと」を目の前にして哲学者は「何をしてくれるわけで

問六　傍線部D「承認欲求」の説明は、前段落の「ありのままの自分を丸ごと認めてほしいという欲求」と言い換えることができる。ただ、ここだけでは傍線部の「大切な」が表現されていない。その説明は、二つ後の段落の「他人からの承認が自己効力感を高める」である。自分を認められると自己効力感が高まり、そして、自己効力感が低下するとメンタルに不調をきたす。だから大切なのである。解答は、この両者を字数制限内で要領よくまとめる。傍線部が名詞で終わっているので、名詞で終えるようにする。

問七　傍線部E「テレワークの限界」については、傍線部の四段落前からまとめがある。テレワークによって「承認欲求の呪縛」から逃れたとしても、テレワークを続けていくうちに積極的な承認願望が大きくなる。「呪縛」は承認欲求に基づいているからで、その結果テレワークに「限界」が生じると述べる。以上の説明に合致するのは3である。1は「たとえテレワークが制度化されていても」の前提が本文になく、2は本文が述べる「承認欲求」とは関係ないので誤り。4は「行き来する」が誤り。行きたいという気持ちが強まるのである。5は「対立」が本文にない内容である。

二

出典　三木那由他「言葉の展望台」（『群像』二〇二二年五月号）

解答

問一　4
問二　5
問三　1
問四　5
問五　3
問六　1

◀解　説▶

問二　この段落のキーセンテンスが、空欄Xを含む一文であり、リモート会議では何が「かぎられている」のかを、段落全体の内容から押さえる。それは、「周りの視線」「表情の微妙な変化」「手の震え」「相手の感情の起伏」、そして「見られたくない部分」である。これらをまとめたのは1である。ほかの選択肢であるが、2は「感情」が、3は「分担」がそれだけでは段落全体をカバーできず、4・5は本文と関係のない内容である。

問三　直前の「互いに相手が発する微妙な情報に対して敏感に反応する」ことが「煩わしさ」である。この内容を言い換えた選択肢は3でこれが正解。1・2・4は「互いに」という要素がない。5は全体的に内容が外れている。

問四　傍線部Bは、同じ段落の「自分が見せたくない部分を隠して適当に自己アピールできる」ことの、「テレワーク」「マスク掛け」以外で当てはまる例として取り上げられた部分である。設問条件の「類似しない」行為は2である。「自分のパーソナリティを効果的に知ってもらうため」が傍線部と類似しない。これは本文の後半、傍線部C以降で書かれる話題であり、傍線部Bは自己のパーソナリティを一部隠すわけで、2のようにすべてを知ってもらおうとするのではない。ほかの選択肢は、自己の一部を隠して自己アピールするという内容に合致する。

問五　傍線部Cの指示語「そこ」は、前段落の「自分の一部しか見せ」ない「部分的承認」を指す。だから傍線部の「盲点」は、一部しか見せないために隠れてしまった部分であり、傍線部の二つ後の段落の「長所も短所も含めた全体」の「パーソナリティ」のことである。それ以降は全体のパーソナリティを認めてもらわなければならない理由の説明が続いている。そして、傍線部②の次段落で「要するに」とまとめられており、「自分のよいところを見せて……欲望」のいっぽうで「ありのままの自分を丸ごと認めてほしいという欲求」もあると説明され、後者は、その次の段落で「承認欲求の大切な部分」と提示されている。よって正解は5である。1は「個人という発想が希薄」、2は「均衡を失うと」、3は「隠された部分にこそ」「問題の本質が存在する」が「盲点」の説明と食い違う。4は全体が「盲点」の説明ではない。

国語

一

出典 太田肇『日本人の承認欲求――テレワークがさらした深層』〈第一章「テレワークうつ」の正体は承認不足〉（新潮新書）

解答

問一 ①猛威 ②遍歴

問二 1

問三 3

問四 2

問五 5

問六 ありのままの自分が認められ自己効力感が高まること。（二十五字以内）

問七 3

◆要 旨◆

テレワークが始まると、対面と違って情報の交流が限られ「気楽さ」を感じることができる。そして、テレワークでは自分が見せたくない部分を隠して適当に自己アピールすることができる「部分的承認」を求めるようになる。ただ、人にはもともとその人の全体を認めてほしいという承認欲求があり、そして、それは自己効力感を高めることにもなる。承認欲求がいったん認められるとそれを失いたくないと思うようになる。この「承認欲求の呪縛」はテレワークで一旦解放されるが、この「呪縛」はもともと承認欲求に基づくものなので、再び、承認されたいという願望が上回るのである。

2022年度

問題と解答

■学部別入試

問題編

▶試験科目・配点

	教　科	科　　　目	配　点
学部別方式	外国語	「コミュニケーション英語Ⅰ・Ⅱ・Ⅲ，英語表現Ⅰ・Ⅱ」，ドイツ語（省略），フランス語（省略）から１科目選択	150 点
	選　択	日本史Ｂ，世界史Ｂ，地理Ｂ，政治・経済，「数学Ⅰ・Ⅱ・Ａ・Ｂ」から１科目選択	100 点
	国　語	国語総合（漢文の独立問題は出題しない）	100 点
英語４技能試験利用方式	外国語	コミュニケーション英語Ⅰ・Ⅱ・Ⅲ，英語表現Ⅰ・Ⅱ ☆英語４技能資格・検定試験のスコアを出願資格として利用	300 点
	選　択	日本史Ｂ，世界史Ｂ，地理Ｂ，政治・経済，「数学Ⅰ・Ⅱ・Ａ・Ｂ」から１科目選択	100 点
	国　語	国語総合（漢文の独立問題は出題しない）	150 点

▶備　考

- 「数学Ａ」は「場合の数と確率，整数の性質，図形の性質」，「数学Ｂ」は「数列，ベクトル」から出題する。
- 英語４技能試験利用方式は，実用英語技能検定（英検），TEAP，TOEFL iBT®，IELTS™（アカデミックモジュールに限る），GTEC（CBT タイプに限る）のいずれかの試験において，所定の基準（詳細は省略）を満たし，出願時に所定の証明書類を提出できる者が対象。「英語」，「国語」，「地理歴史，公民，数学」の３科目の総合点で合否判定を行う。英語については，本学部の試験を受験する必要がある（１科目以上の欠席科目があった場合は，合否判定の対象外となる）。

英語

（80分）

〔Ⅰ〕 空欄に入る最も適切なものをそれぞれ1つ選び，その番号をマークしなさい。

(1) Do you remember (　　　) the lights off before we came out?

1 switching　　2 that you switch

3 to have switched　　4 to switch

(2) I have two cars: one is made in Japan and (　　　) in Germany.

1 another　　2 others

3 the other　　4 the others

(3) I should be obliged if you wouldn't interfere (　　　) my private concerns.

1 at　　2 for

3 in　　4 on

(4) It was a little boy who pointed out the fact (　　　) the king in the story was naked.

1 that　　2 what

3 which　　4 whose

(5) I understand you were wondering whether I'd be (　　　) of making enough room for someone else on stage.

1 capable　　2 feasible

3 possible　　4 practicable

(6) Because the students have been busy preparing for their high school festival after school, they are very happy to have (　　) they had last week.

1 fewer homeworks than　　2 less homework than

3 little assignment　　4 many assignments

(7) You might instinctively know that singing a great song will (　　) better.

1 be felt for your　　2 change your feeling

3 make you feel　　4 repair you to

(8) Guests are (　　) their own travel arrangements to and from Haneda Airport.

1 advised to make　　2 followed up by

3 requesting to the show　　4 sold to

(9) Going over 160 kilometers per hour may (　　) you your life.

1 consume　　2 cost

3 pay　　4 spend

(10) I keep my fingers (　　) that you will succeed in your new business.

1 bathed　　2 crossed

3 manicured　　4 pointed

(11) Our teacher did not go (　　) on us when we failed to hand in our homework.

1 easy　　2 fulfilling

3 leisure　　4 painless

(12) Before he became famous as an actor, Teddy had been living on a (　　) income.

1 little　　2 rare

3 several　　4 small

(13) This vending machine is now out of (　　　), so can you please buy a bottle of water inside the shop?

1 arrangement　　2 design
3 order　　4 work

(14) Katy was at a loss for words when she read the (　　　) about her favorite actor dying in a car accident.

1 article　　2 diagram
3 picture　　4 prescription

(15) Did you know he is one of the most famous Olympic skiers? For him, skiing down that mountain is a (　　　).

1 bunch of flowers　　2 forest of trees
3 piece of cake　　4 slice of bread

(16) Bob and Ken (　　　) about money for an hour before they got into a quarrel.

1 discussed　　2 had been talking
3 have been discussing　　4 have talked

(17) Health care workers are always hard-pressed to (　　　) with the need for care when a pandemic hits.

1 demand　　2 keep up
3 make up　　4 supply

(18) We often (　　　) people good luck when they are about to give a speech.

1 hope　　2 praise
3 say　　4 wish

〔Ⅱ〕 空欄(　1　)〜(　3　)に入る最も適切なものをそれぞれ1つ選び，その番号をマークしなさい。

In the late 1980s, a few years after the introduction of the Macintosh computer (and many, many years before the iPhone), Steve Jobs, the co-founder of Apple, was scheduled to give a presentation at a fancy hotel in southern California. The manager of the hotel was by nature a very calm man. He was used to celebrities like Mr. Jobs (who, by this time, was already quite famous) staying at his hotel and using its facilities. However, he was also a huge fan, and this made him uncharacteristically nervous. He was very worried that Mr. Jobs' presentation would not go according to plan.

On the day of Mr. Jobs' presentation, the manager went to the hotel's conference room early in the morning because he wanted to personally double-check that (　1　). When he opened the conference room door he found a technician already there, half hidden under a table, connecting computers and projectors and other equipment together.

At first, the manager was relieved because someone was already there making preparations for the presentation. But then he realized that no one had come to him to ask for permission to check or connect the equipment, especially at such an early hour. He was the hotel manager, (　2　). He was the one in charge of everything that happens in the hotel.

"Excuse me!" he called out to the technician in annoyance.

"Yes?" the technician answered, popping his head out from under the table for the first time. It was at this moment when the hotel manager realized that the technician was (　3　).

"Excuse me," the manager repeated slowly. His eyes were wide with shock, and he started to visibly sweat and shake. Not knowing what to say next, he said the first thing that popped into his head.

"I like computers," said the manager, almost in a whisper.

"I'm glad to hear that," came the reply as the man crawled back under the table, disappearing completely from view.

(1)　1　anything had its proper place

2　everyone was properly seated

3　everything was in order

4　something would go wrong if it could

(2)　1　after all

2　by all means

3　for all he knows

4　once and for all

(3)　1　anybody but the one and only Steve Jobs

2　more talented than the real Steve Jobs

3　none other than Steve Jobs himself

4　unable to find the presenter Steve Jobs

〔Ⅲ〕 次の英文を読み，設問に答えなさい。

On the streets of Manhattan and Washington, D.C., in neighborhoods in Seoul and parks in Paris, ginkgo[1] trees are gradually losing their bright yellow leaves in reaction to the first bout of frigid winter air.

This leaf drop, gradual at first, and then suddenly, carpets streets with golden, fan-shaped leaves every year. But around the world, scientists are documenting evidence of the event happening later and later, a possible indication of climate change.

"People would ask us, 'When should I come out to see peak ginkgo color?' and we would say the 21st of October," says David Carr, the director of the University of Virginia's Blandy Experimental Farm, which is home to The Ginkgo Grove, an arboretum[2] with over 300 ginkgo trees.

Carr, who's been at The Ginkgo Grove since 1997, says the trend toward warmer falls and later-in-the-season leaf color is a noticeable one. "Nowadays it seems to be closer to the end of October or the first week of November."

But this is not the first time the ancient species has confronted major climatic changes. And the story of ginkgos is not the familiar one of human carelessness with nature.

Thanks to fossils found in North Dakota, scientists know the species *Ginkgo biloba* has existed in its current form for 60 million years; it has genetically similar ancestors dating back 170 million years to the Jurassic Period.

In its nearly 200-million-year timeline, "they gradually were whittled down.(1) They almost went extinct. Then they have this renewal that comes from their association with (　　　)(2)," says Peter Crane, author of the book *Ginkgo* and one of the world's foremost Ginkgo experts.

The International Union for the Conservation of Nature, an organization that tracks the survival of Earth's species, classifies the tree as endangered in the wild. Only a few rare populations are thought to potentially exist in China.

When you walk on those bright golden fans (A) on some rain-darkened sidewalk this fall, you're having a close encounter with a rare thing — a species that humans rescued from natural oblivion[3] and spread around the world. It's "such a great evolutionary story," Crane says, "and also a great cultural story."

On Earth today there are five different types of plants that produce seeds: flowering plants, the most abundant; conifers[4], plants with cones; gnetales[5], a diverse group of about 70 species including desert shrubs, tropical trees, and vines; cycads[6], another ancient group of palm-like trees — and the lonely ginkgo. In the plant kingdom's Ginkgoaceae family, there is just one living species, *Ginkgo biloba*.

Scientists think the world once contained many different species of ginkgo too. Fossilized plants found in a coal mine in central China that date back 170 million years show ginkgo-like trees with only slight variations in the shape of their leaves and number of seeds.

The species is often (B) to as a living fossil — a category that also includes horseshoe crabs[7] and royal ferns[8], among others — because it's a remnant of a once diverse group that existed millions of years ago. Because ginkgo is such an ancient species, it retains characteristics not often seen in more modern trees.

Ginkgo trees are either male or female, and they reproduce when a sperm from a male tree, carried by grains of pollen[9] floating on the wind, connects with a seed on a female tree and fertilizes it, not unlike the human fertilization process. They also show signs of potentially switching sex, from male to female. The phenomenon is rare to observe in ginkgos and not entirely understood, but it's thought males sometimes produce female branches (3) as a failsafe to ensure reproduction.

One theory for the demise of the world's ginkgo species begins 130 million years ago, when flowering plants began diversifying and spreading. There are now more than 235,000 species of flowering plants. They rapidly evolved and proliferated, growing faster and using fruit to attract herbivores[10] and petals to attract more pollinators than ginkgos.

"It's possible that [ginkgos] (4)were elbowed out of the way, that they faced competition from more modern plants," says Crane.

Already competing to survive, ginkgos began to disappear from North America and Europe during the Cenozoic Era, a time of global cooling that began around 66 million years ago. By the time the last ice age ended 11,000 years ago, the remaining survivors were relegated to China.

Ginkgo trees are notoriously stinky. Females produce seeds with an outer fleshy layer that contains butyric acid[11], the signature scent of human vomit.

As to why they evolved such a pungent stench, Crane says, "My guess is they were eaten by animals that liked smelly things. They then pass through the gut and germinate[12]."

Those same seeds may have helped ginkgo find favor with humans 1,000 years ago. Once (C) of their outer layer, ginkgo seeds resemble pistachios. It's then, when the trees had long since disappeared elsewhere, that people in China may have begun planting them and eating their seeds, Crane says. (Ginkgo seeds are edible only after the outer toxic layer is removed.)

It wasn't until German naturalist Engelbert Kaempfer took a late-17th-century trip to Japan, thought to have acquired ginkgos from China, that the plant was brought to Europe. Today, ginkgo is one of the most common trees along the U.S. East Coast. It's seemingly naturally resistant to insects, fungi[13], and high levels of air pollution, and has roots that can thrive under concrete.

The species was thought to be extinct in the wild until the early 20th century when a supposedly undomesticated (5)population was found in western China. A paper published in 2004 disagreed, suggesting instead that those trees had been cultivated by ancient Buddhist monks — but suggesting that other ginkgo havens might be found in the southwest of the country.

Then in 2012, a new paper cited evidence that a wild population did indeed exist in southwestern China's Dalou Mountains.

"I think there may [also] be some wild Ginkgo populations in the refugia area[14] of subtropical China. But it needs more exploration," says Cindy Tang, an ecologist at Yunnan University and author on the 2012 paper. Those wild populations are a potential treasure trove of genetic diversity for breeders (D) to improve the domesticated species.

Crane isn't worried about its future, though: The popularity of the species will help it survive. "Though its status in the wild may be precarious and difficult to access, it's a plant that's unlikely to ever go extinct," Crane says.

(出典：Sarah Gibbens, "Ginkgo Trees Nearly Went Extinct. Here's How We Saved These 'Living Fossils,'" *National Geographic*, 1 Dec. 2020)

注

1 ginkgo：イチョウ
2 arboretum：樹木園
3 oblivion：(ここでは)絶滅
4 conifers：球果植物
5 gnetales：グネツム目の植物
6 cycads：ソテツ科の植物
7 horseshoe crabs：カブトガニ
8 royal ferns：ロイヤルゼンマイ
9 pollen：花粉
10 herbivores：草食動物
11 butyric acid：酪酸
12 germinate：発芽する
13 fungi：菌類
14 refugia area：気候変化の影響を受けずに動植物群が残存している地域

問１　空欄(　A　)～(　D　)には，以下の動詞のいずれかが入る。それぞれに最も適切なものを選び，必要な場合は文意が通るように語形を変えて，解答欄に１語で記しなさい。

clean　　refer　　scatter　　seek

問２　下線部(1)～(5)について，最も適切なものをそれぞれ１つ選び，その番号をマークしなさい。

(1)　この whittled down に意味が最も近いのは

1　recorded　　2　reduced

3　rejected　　4　reproduced

(2)　この空欄に入る語句としてふさわしいものは

1　ancestors　　2　endangered species

3　experiments　　4　humans

(3)　この as a failsafe to ensure reproduction とは

1　as an irregular failure on the part of nature

2　for the protection of their female offspring

3　in order to guarantee that they breed

4　so as to reflect their gender diversity

(4)　この were elbowed out of the way に意味が最も近いのは

1　inevitably evolved　　2　turned the corner

3　were cut down　　4　were pushed away

(5)　この population とは

1　a certain people in China　　2　a group of ginkgos

3　mankind　　4　wild animals

問３　以下の各群について，本文の内容と一致するものを１つ選び，その番号をマークしなさい。

A群

1　There were more ginkgo trees alive worldwide at the end of the last ice age than there were 130 million years ago.

2　Ginkgo trees are still in danger of extinction because humans have been too careless with nature.

3　The trees found in ginkgo havens in southwestern China were actually cultivated by ancient Buddhist monks.

4　According to the article, scientists believe that it is possible for a single ginkgo tree to reproduce without the help of any other ginkgo trees.

B群

1　Peter Crane wrote the book *Ginkgo* because he was fascinated with the many ginkgo trees at David Carr's Blandy Experimental Farm.

2　Cindy Tang argued that climate change might have had a great influence on the leaf drop of ginkgo trees.

3　Peter Crane is clearly optimistic about ginkgo trees continuing to survive as a species.

4　According to David Carr, the seeds of ginkgo trees distracted animals that liked smelly food.

〔Ⅳ〕 次の英文を読み，設問に答えなさい。

Sometime toward the end of the last ice age, a gray wolf gingerly[1] approached a human encampment. Those first tentative steps set his species on the path to a dramatic transformation: By at least 15,000 years ago, those wolves had become dogs, and neither they nor their human companions would ever be the same. But just (あ) this relationship evolved over the ensuing millennia has been a mystery. Now, in the most comprehensive comparison yet of ancient dog and human DNA, scientists are starting to fill in some of the blanks, revealing where dogs and humans traveled together — and where they may have parted ways(1).

"It's a really cool study," says Wolfgang Haak, an archaeogeneticist[2] at the Max Planck Institute for the Science of Human History. "We're finally starting to see how the dog story and the human story match up."

Dogs are one of the biggest enigmas[3] of domestication. Despite decades of study, scientists still haven't (A) out when or where they arose, much less how or why it happened. A 2016 study concluded that dogs may have been domesticated twice, once in Asia and once in Europe or the Near East, but critics said there wasn't enough evidence to be sure. A few years later, researchers reported signs of dogs in the Americas as early as 10,000 years ago, yet those canines[4] appear to have vanished (い) a genetic trace. Other studies have found evidence of ancient dogs in Siberia and elsewhere, but scientists don't know how they got there or how they're related.

To fill in some of the blanks, two big names in dog and human genetics teamed up: Greger Larson, an evolutionary biologist at the University of Oxford, and Pontus Skoglund, a paleogenomicist[5] at the Francis Crick Institute. Larson, Skoglund, and colleagues sifted through[6] more than 2000 sets of ancient dog remains dating back nearly 11,000 years from Europe, Siberia, and the Near East. In the process, they added 27 ancient dog genomes to the five already on record.

They then compared those with the genomes of 17 humans living in the same places and times as the dogs.

The dog DNA alone revealed some surprises. As early as 11,000 years ago, there were already five distinct dog lineages; these gave rise to canines in the Near East, northern Europe, Siberia, New Guinea, and the Americas, the team reports today in *Science*. (う) dogs had already diversified so much by that time, "domestication had to occur long before then," Skoglund says. That fits with archaeological evidence: The oldest definitive dog remains come from Germany about 15,000 to 16,000 years ago.

Remarkably, pieces of these ancient lineages are still present in today's pooches[7]. Chihuahuas[8] can trace some of their ancestry to early American dogs, for example, (え) Huskies[9] sport genetic signatures of ancient Siberian dogs, the team found. "If you see a bunch of different dogs in a dog park," Skoglund says, "they may all have different ancestries that trace all the way back 11,000 years" [. . .].

When the researchers compared their dog DNA with modern and ancient wolf DNA, they got another surprise. Most domesticated animals pick up genetic material from their wild relatives — even after domestication — because the two species often live in close proximity and can still mate (think pigs and wild boars). But dogs show no such "gene flow" from wolves. Instead, the wolves gained new DNA from the dogs — a one-way street.

Larson (2)chalks this up to the intimate relationship between dogs and humans. If your pig or chicken becomes a bit wilder thanks to an infusion of feral[10] DNA, it doesn't matter, because you're going to eat them anyway, he explains. But dogs that go native make bad guards, hunting companions, and friends. "If you're a dog and you have a bit of wolf in you, that's terrible," Larson says. People will "get (お) the dog."

The wolf-dog analysis also suggests dogs evolved only once, from a now-extinct wolf population. Still, Larson, who led the 2016 study on multiple domestication events, says (3)more data are needed to seal the deal.

Then the scientists brought humans into the mix. They selected human DNA samples from the same places and eras for which they had ancient canine DNA, and traced the genetic history of each. "It's like you have an ancient text in two different languages, and you're looking to see how both languages have changed over time," Skoglund says.

In many places, the team found a strong overlap between human and dog genomes. For example, farmers and their pups in Sweden about 5000 years ago both trace their ancestry to the Near East. This suggests early farmers took their dogs with them as agriculture spread throughout the continent. "Writ large, as humans moved, they moved with their dogs," Larson says.

But sometimes the stories didn't match up. Farmers in Germany about 7000 years ago also came from the Near East and also lived with dogs. But those animals seem more similar to hunter-gatherer pups, which came from Siberia and Europe.

That suggests many early migrants adopted local dogs that were better (B) to their new environment, Haak says. The benefits were many, adds Peter Savolainen, a geneticist at the Royal Institute of Technology and an expert on dog origins. "They were cute. You could use them. You could even eat them."

Savolainen calls the study "very thorough," and adds it's "fantastic" that the researchers were able to bring together so many data. But he has long argued that dogs arose in Southeast Asia and says the work is incomplete without samples from that corner of the globe. "Without those, you could be (C) an important part of the picture."

For now, Larson says his team is analyzing "a ton" of wolf and dog genomes. He and his colleagues have also begun to look at ancient skull shape and genetic markers that could give clues to what early dogs looked like. Whatever he finds, he's counting on being (D). "We have to expect the unexpected," he says, "because that's all ancient DNA ever gives us."

（出典：David Grimm, “How Dogs Tracked Their Humans across the Ancient World,” *Science*, 29 Oct. 2020）

著作権保護の観点から，設問に必要な空欄，下線などを施す以外，綴字ならびに句読点などに変更，修正を加えず，本文を出典元の表記のまま使用している。

注

1 gingerly：用心深く

2 archaeogeneticist：考古遺伝学者

3 enigmas：謎

4 canines：イヌ科の動物

5 paleogenomicist：古代ゲノム学者

6 sifted through：～を精査した

7 pooches：犬

8 Chihuahuas：犬の種類の名前

9 Huskies：犬の種類の名前

10 feral：野生の，野生化した動物の

問１ 空欄（ あ ）～（ お ）に入る最も適切なものを１つ選び，その番号をマークしなさい。

(あ)	1 how	2 what	3 which	4 who
(い)	1 away	2 for	3 toward	4 without
(う)	1 After	2 Because	3 Unless	4 Whether
(え)	1 including	2 unless	3 until	4 whereas
(お)	1 along with	2 away with	3 rid of	4 used to

問２ 空欄（ A ）～（ D ）には，以下の動詞のいずれかが入る。それぞれに最も適切なものを選び，必要な場合は文意が通るように語形を変えて，解答欄に１語で記しなさい。

adapt　　figure　　miss　　surprise

問 3 下線部(1)〜(3)について，最も適切なものをそれぞれ1つ選び，その番号をマークしなさい。

(1) この parted ways とは

1 arrived
2 cooperated
3 rested
4 separated

(2) この chalks this up to と置き換えても文意が変わらないものは

1 attributes this to
2 describes this to
3 leaves this
4 submits this

(3) この more data are needed to seal the deal とは

1 more data are needed before dogs start evolving from wolves once again
2 more data are needed before Larson will be allowed to retire from the team
3 more data are needed before the wolf domestication contract finishes
4 more data are needed before these results can be viewed as conclusive

問 4 以下の各群について，本文の内容と一致するものを1つ選び，その番号をマークしなさい。

A群

1 Dogs from Southeast Asia were first invented through genetic research by European scientists.
2 Human DNA and dog DNA are written in totally different code systems because they have nothing in common.
3 The research conducted by Greger Larson, Pontus Skoglund, and their team did not cover all world regions.
4 The research team believes that Southeast Asian dogs became extinct because they ran away from wolves.

B群

1 According to the article, ancient dog lineages that existed 11,000 years ago continue to exist in several different types of dog currently alive today.

2 Greger Larson is now working on dog skull shapes independently from Pontus Skoglund.

3 The research team demonstrated that humans finally succeeded in domesticating wolves in Germany about 15,000 to 16,000 years ago.

4 The researchers were astonished to find that dogs could locate human DNA even after domestication.

日本史

（60分）

〔Ⅰ〕 以下の文章は、古墳とヤマト政権について記したものである。文章内における a～eの【　　】に入る最も適切な語句を①～⑤から選び、マークしなさい。また、[1]～[5]の空欄に入る最も適切な語句を記しなさい。

5世紀後半から6世紀にかけて、大王を中心としたヤマト政権は、関東地方から九州中部におよぶ地方豪族を含めた支配体制を形成していった。『宋書』倭国伝には、倭の5王が中国の南朝に朝貢していたことが記されている。この5王とは、[1]と珍、済、興、武とされている。

この時代までの古墳は大王の権威を象徴するため、大規模な前方後円墳が近畿を中心にして展開されていたが、6世紀後半から7世紀にかけては、ヤマト政権の地方への政治的秩序の浸透もあり、首長層は大型の方墳や円墳を営むが、山間部や洋上の小島にも群集墳と呼ばれる小古墳群が数多く作られるようになった。奈良県橿原市のａ【① 藤ノ木　② 岩橋千塚　③ 虎塚　④ 新沢千塚　⑤ 壬生車塚】古墳はその代表的なものである。群集墳には地方の有力農民も埋葬されており、彼らの台頭を物語るものと考えられている。

6世紀末から7世紀初めになると、各地の有力な首長が営んでいた前方後円墳の造営が終わる。隋の南北統一による強力な中央集権国家の成立による東アジアの国家情勢の変化に対応して、古い首長連合体制が終焉したものと考えられている。その後の大王の墓は、奈良県桜井市の段ノ塚古墳のように大王にのみ固有の[2]墳となったといわれている。やがて7世紀末から8世紀初めにかけての終末期古墳のなかには中国、朝鮮の文化的影響が色濃くうかがえる壁画を持つものも現れる。キトラ古墳の石室の壁には東西南北の方角にそれぞれ順番にｂ【① 青龍、白虎、朱雀、玄武　② 白虎、玄武、朱雀、青龍　③ 朱雀、青龍、玄武、白虎　④ 玄武、白虎、朱雀、青龍　⑤ 朱雀、白虎、玄武、青龍】の四神が配され、また精緻な天文図も描かれている。

農耕に関する祭祀は古墳時代の人々にとって大切であり、なかでも豊作を祈る春の祈年の祭りや収穫を感謝する秋の新嘗の祭は重要なものであった。人々は円錐形の山や高い樹木、巨石や孤島、川の淵などを神の宿る所と考え、祭祀の対象としていた。穢れを払い、災いを免れるための禊や祓、鹿の骨を焼いて吉凶を占う [3] の法、さらに裁判に際しては熱湯に手を入れさせて、手がただれるかどうかで真偽を判断する神判の [4] などの呪術的な風習もおこなわれたという。

ヤマト政権は、5世紀から6世紀にかけて氏姓制度と呼ばれる支配の仕組みを作り上げていった。豪族たちは血縁やその他の政治的関係をもとに構成された氏と呼ばれる組織に編成され、氏単位でヤマト政権の職務を分担し、大王は彼らに姓を与えた。中央の政治は臣姓、連姓の豪族から大臣・大連が任じられてその中枢を担い、その下の伴造が職務に奉仕する伴やそれを支える部と呼ばれる集団を率いて軍事・財政・祭祀・外交や文書行政などの職掌を分担した。このうち臣姓はc【① 中臣　② 毛野　③ 巨勢　④ 筑紫　⑤ 犬養】臣らのほか、吉備・出雲氏にも特別に与えられていた。

6世紀初めには、新羅と結んで筑紫国造の [5] が大規模な戦乱を起こした。大王軍はこの [5] の乱を2年がかりで制圧し、九州北部に屯倉を設けた。この屯倉を耕作した農民はd【① 品部　② 部曲　③ 田堵　④ 作人　⑤ 田部】と呼ばれている。

しかしながら、中央政権に帰順することのない勢力とのせめぎあいは律令にもとづく国家体制を確立する間も長く続いた。政府が蝦夷と呼んだ東北地方に住む人々に対しては、唐の高句麗攻撃により対外的緊張が高まった7世紀半ばには柵と呼ばれる城柵を設置するなど、支配地域の伸長に努めていった。この施設は朝廷が蝦夷の居住地域に支配を及ぼすための拠点となる官衙で、同時に柵戸と呼ばれる住民を付随し、また兵を駐屯させる軍事的拠点でもあるという複合的な性格を有していた。また、南九州の隼人と呼ばれた人々・地域に対しても抵抗を制圧し、あるいは中央へ帰順を促し、新たな行政区画をおいていった。

647年に渟足柵の柵が設けられたあと、こういった地域への勢力拡大はe【① 磐舟柵、出羽国、薩摩国、桃生城、多賀城　② 磐舟柵、薩摩国、出羽国、多賀城、桃生城　③ 磐舟柵、多賀城、桃生城、薩摩国、出羽国　④ 磐舟柵、桃生城、薩摩国、多賀城、出羽国　⑤ 磐舟柵、出羽国、桃生城、多賀城、薩摩国】の設置という順番で行われたといわれている。

〔Ⅱ〕 以下の文章は、近世の貿易・対外交流について記したものである。文章内におけるA～Eの【　　】に入る最も適切な語句を①～⑤から選び、マークしなさい。また、[あ]～[お]の中に入る最も適切な語句を記しなさい。

1540年代前半、九州南方の種子島にポルトガル人が漂着したことをきっかけにして、南蛮貿易が開始された。南蛮人と呼ばれたポルトガル人やスペイン人は、中国産生糸や鉄砲、火薬を日本にもたらし、日本の銀などと交易した。南蛮貿易は、キリスト教宣教師による布教活動と一体化しており、フランシスコ・ザビエルをはじめとした宣教師が相次いで来日した。イエズス会設立の宗教教育施設で中等教育を実施し、下級の神学校を兼ねた[あ]は、ヴァリニャーニによって安土・有馬に設置されたものである。宣教師たちの精力的な布教活動によって、キリスト教は急速に広まっていった。

1587年に豊臣秀吉は、九州の平定後に博多でバテレン追放令を発令し、松浦文書によれば宣教師にA【① 10　② 15　③ 20　④ 25　⑤ 30】日以内の国外退去を求めた。しかし、秀吉は海賊取締令を出して倭寇などの海賊行為を禁止し、海上支配を強化するとともに南方との貿易を奨励したため、貿易と布教を一体化させていたキリスト教の取り締まりは不徹底に終わった。

徳川幕府は、1609年にオランダ、1613年にイギリスに貿易の許可を与えた。徳川家康は、スペインとの貿易にも積極的であった。スペインとの通交は、サン・フェリペ号事件以来途絶えていたのであるが、たまたまルソンの前総督であるドン・ロドリゴが、B【① 常陸　② 上総　③ 相模　④ 土佐　⑤ 豊後】に漂着し、家康の支援による新造船でスペイン領のメキシコに送ったことをきっかけに復活した。しかし、日本とメキシコ間の貿易斡旋には失敗した。1613年に仙台藩主の伊達政宗も家臣である支倉常長をスペインに派遣してメキシコとの直接貿易を開こうと試みているが失敗している。

当時のポルトガル商人は、マカオに拠点を置いて中国産生糸を長崎に運び巨利を得ていた。1604年に幕府は、糸割符制度を設けて、糸割符仲間と呼ばれる特定の商人に輸入生糸を一括購入させ、ポルトガル商人らの利益独占を排除した。当初の糸割符仲間はC【① 博多・大坂・京都　② 長崎・大坂・堺　③ 長崎・京都・江戸　④ 長崎・堺・京都　⑤ 長崎・大坂・江戸】の三カ所商人であったが、のちに五カ所商人にひろがった。他方で、東南アジアを中心とした日本人の海外進出も盛んであった。駿河出身とされる［　い　］（？～1630）は、タイのアユタヤ朝に渡り、首都アユタヤにあった日本町の長になった。幕府は貿易家に対して海外渡航などを許可する朱印状を与えた。朱印状を携えた貿易船を朱印船という。

幕藩体制が固まるにつれて日本人の海外渡航や貿易に制限が加えられるようになった。この理由には、キリスト教の禁教政策と幕府による貿易の統制があげられる。すなわち、貿易活動を通じて西国の大名らが発展することを恐れたのである。1639年に幕府はポルトガル船の来航を禁止し、1641年には平戸のオランダ商館を長崎の出島に移してオランダ人と日本人の交流に制限を加えた。こうして日本は200年あまりの間、オランダ商館、中国の民間商船や朝鮮国・琉球王国・アイヌ民族以外の交渉を閉ざした。ドイツ人医師のケンペルによる著書『日本誌』を和訳した元オランダ通詞の志筑忠雄は、この閉ざされた状態を「鎖国」と訳した。志筑が訳した3編にわたる天文・物理学書で、1802年に完成した書物に『［　う　］』がある。

鎖国によって日本に来航する貿易船は、オランダ船と中国船だけになり、貿易港は長崎だけに限定された。中国では明が滅び、清が成立していたが、次第に長崎での貿易額が増加した。幕府は、輸入増加による銀の流出を抑制するため、1688年に清船の来航を年間でD【① 40　② 55　③ 70　④ 85　⑤ 100】隻に限った。

幕府は、朝鮮との講和を実現させた。1609年に対馬藩主の宗氏によって朝鮮との間に通交条約である［　え　］（または慶長条約ともいう）が結ばれ、近世日本と朝鮮の関係の基本となった。朝鮮からは使節が来日するようになり、初期の3回は、文禄・慶長の役の朝鮮人捕虜の返還を目的とした［　お　］と呼ばれた使節であった。そして、4回目からは通信使と呼ばれた。

琉球王国は、1609年に薩摩のE【① 島津家久　② 島津義弘　③ 島津義久　④ 島津久光　⑤ 島津忠義】(1576〜1638)の軍に征服されたことで薩摩藩の支配下にはいっていた。薩摩藩は、琉球王国の尚氏を王位につかせ、独立した王国として中国との朝貢貿易を継続させた。これにより、琉球王国は日明(のちに清)両属になった。鎖国体制下において日本と正式な国交のあった朝鮮と琉球王国のことを通信国と呼ぶ。

1604年に蝦夷地の松前氏は、家康からアイヌとの交易独占権を保障されたことで藩制を敷いた。和人地以外の蝦夷地におけるアイヌ集団との交易対象地域は、商場あるいは場所と呼ばれ、そこでの交易収入が家臣に与えられた。

幕府は、長崎、対馬、薩摩、松前の4つの窓口を通じて地域間の交流をもった。東アジアにおいては、伝統的な中国を中心とした冊封体制と、日本を中心とした4つの窓口を通じた外交秩序が共存する状態になったのである。

〔Ⅲ〕 以下の文章は、近代の政治、社会運動について記したものである。文章内における(a)〜(e)の【　　】に入る最も適切な語句を①〜⑤から選び、マークしなさい。また、[(1)] 〜 [(5)] の中に入る最も適切な語句を記しなさい。

桂太郎は、藩閥、官僚、軍部に影響力を持つ山県有朋の派閥の一員として重責を担っていた。また、西園寺公望は、立憲政友会の初代総裁である [(1)] (1841－1909)の跡を継ぎ2代目の総裁に就いていた。桂太郎と西園寺公望は、情意投合し、交互に政権を授受しあう桂園時代を形成していた。

日露戦争後の内閣にとって、財政再建は大きな課題であった。ロシアから賠償金は得られず、また戦時中の臨時増税であった非常特別税は戦後も継続され、市民生活を圧迫していた。さらに、日露戦争の戦費は、非常特別税などだけでは補い切れず国債を発行して捻出していたため、国債の償還、利息の支払いは、国家財政を逼迫させていた。

そこで第二次西園寺内閣は、行財政の整理を行い、緊縮財政を図ろうとした。その一方で、軍部は、1907年に最初に裁可された(a)「【① 帝国国策要綱　② 帝国国防方針　③ 基本国策要綱　④ 国策の基準　⑤ 帝国国策遂行要領】」に基づき、長期的な軍備拡張を目指していた。中国で起きた辛亥革命などの情勢変化のために、陸軍は第二次西園寺内閣に、朝鮮駐屯のための２個師団の増設を要求した。

しかし緊縮財政を理由に第二次西園寺内閣が２個師団増設を拒否すると、これに反発した陸相 [(2)] (1856－1933)は、天皇に帷幄上奏し、陸相を単独辞職した。さらに、陸軍は、後任の陸相を推挙しなかったことから、軍部大臣現役武官制が障壁となり、陸相を欠いた第二次西園寺内閣は崩壊した。

これを受けて元老会議の推薦により桂太郎が政権の座に就いた。しかし、大正天皇の侍従長兼内大臣に就いて間もない桂が、宮中から府中(政界)に復帰したことに世論は反発した。また、桂が長州閥、陸軍閥であったことから、藩閥や軍閥に対する批判も加わった。こうした世情の高まりから、「閥族打破・憲政擁護」の下に、立憲政友会の尾崎行雄や立憲国民党の犬養毅らの政治家、ジャーナリスト、商工業者らは、いわゆる第一次護憲運動を繰り広げ、桂内閣打倒の運動を展開した。この運動では、1880年に慶應義塾関係者らによって設立された東京銀座の実業家社交クラブの [(3)] も大きな役割を果たした。

これらの運動に対抗しようと桂は新党の結成を画策した。しかし詔勅を利用した政権運営や議会の停会を繰り返す桂内閣に対し、民衆は不満を募らせた。民衆は国会議事堂を包囲し、徳富蘇峰が創刊した(b)【① 平民新聞 ② 中央新聞 ③ 時事新報 ④ 国民新聞 ⑤ 中央公論】の発行所や交番を襲撃した。その結果、高揚した民衆の運動に押され桂内閣は崩壊した。これがいわゆる大正政変である。なお、桂が試みた新党は、その後、加藤高明を総裁とし(c)【① 立憲民主党 ② 立憲改進党 ③ 立憲帝政党 ④ 立憲同志会 ⑤ 立憲自由党】として結成された。

こうした民衆の運動は、1918年に勃発した米騒動にもみられた。都市の人口や工場労働者の増加により米の需要は高まったが、寄生地主制の下での米生産では、十分な供給を果たせず米価は高騰した。シベリア出兵を想定した米の投機的買い占めは、さらに米価を暴騰させた。こうしたなか米騒動が起き、それが全国的な運動に発展し、(d)【① 大隈重信 ② 加藤友三郎 ③ 山本権兵衛 ④ 高橋是清 ⑤ 寺内正毅】(1852－1919)内閣は退陣に追い込まれた。

こうした世論の中で後継として登場した首相原敬は、平民宰相と称され好評を博した。また陸相、海相、外相以外の閣僚を立憲政友会の会員から選出し本格的な政党内閣を組織したことも、原内閣への期待を高めた。原内閣は、教育の改善、交通・通信の整備拡充、産業の奨励、国防の充実の四大政綱を掲げ、政策を推進した。しかし、国民の期待した普通選挙の実現に対しては、選挙権の納税資格を3円以上に引き下げたこと、そして小選挙区制の導入だけにとどまり、時期尚早として実現を見送った。

そして普通選挙に関する改正法案が通過したのは、加藤高明内閣の下であった。この背景には、加藤内閣の前内閣である清浦奎吾内閣の倒閣を目指した第二次護憲運動の影響があった。貴族院の議員を母体とした清浦内閣は、特権階級内閣と批判を浴びた。超然内閣の清浦内閣に対し、立憲政友会、(e)【① 友愛会 ② 黎明会 ③ 憲政党 ④ 憲政本党 ⑤ 憲政会】、革新倶楽部の3党は、政党内閣の確立を期し、護憲三派を結成した。この護憲三派を中心に、打倒清浦内閣を目指し、政党内閣の実現のほかに、普選断行、貴族院改革、行政整理などを訴え、いわゆる第二次護憲運動が展開された。これに対し清浦内閣は議会を解散し選挙に打って出たものの、護憲三派の圧勝に終わり、清浦内閣は退陣した。

この倒閣によって、衆議院の第一党となった(e)総裁の加藤高明が首相となった。これ以降、1932年の五・一五事件による犬養毅内閣の倒閣まで、衆議院で多数を占める政党が政権を担う慣例いわゆる「憲政の［(4)］」が続いた。そして、加藤内閣の下で、普通選挙に関わる改正法案を成立させた。その一方で、社会主義運動の拡大などを抑止するため、治安維持法を立法化し、その法文において「国体ヲ変革シ又ハ［(5)］ヲ否認スルコト」を目的とした結社や政治活動を禁止すると定めた。

〔Ⅳ〕　以下の文章は、第二次世界大戦後の日本経済について記したものである。文章内における(A)〜(E)の【　　】に入る最も適切な語句を①〜⑤から選びマークしなさい。また、［ア］〜［オ］の中に入る最も適切な語句を記しなさい。

ＧＨＱは日本の軍国主義の温床となっていたと考えた財閥と寄生地主制の解体を経済民主化の中心課題とした。三井・三菱・住友・(A)【① 浅野　② 大倉　③ 渋沢　④ 古河　⑤ 安田】の四大財閥を含めた多くの財閥や持ち株会社が解体された。さらに、1947年に私的独占などを禁じる独占禁止法が成立し、この独占禁止法の運用のために、(B)【① 公正取引委員会　② 持株会社整理委員会　③ 金融庁　④ 会計検査院　⑤ 経済企画庁】が設置された。

戦災や軍需産業の崩壊による経済機能の麻痺に加えて、軍人の復員や海外居留者の引揚げによる人口の急増、さらに米の凶作も重なって、生活物資は極端に不足した。各地の焼け跡にできた闇市では物価統制の制度を無視した不正取引が公然と行われた。悪性のインフレが発生し、幣原喜重郎内閣は預金封鎖により旧円の流通を禁止し、新たに発行した円の引き出しを制限することで、貨幣流通量を抑制して、インフレ阻止をはかった。しかし、その効果は長続きしなかった。また、第一次吉田茂内閣の下では、石炭・鉄鋼・電力などの産業に重点的に資金供給を行なうために、1947年に復興金融金庫が設立された。こうした特定の産業に優先的に資金供給をはかる政策は、傾斜生産方式と呼ばれ、次の［ア］(1887〜1978)内閣にも継承された。巨額の資金流入はこれらの産業における設備投資を促したが、一方で国内のインフレを助長した。

インフレ克服を目指して、第二次吉田茂内閣は、ＧＨＱが指示した［イ］原則の実施に着手した。ＧＨＱによって招請されたドッジは、赤字を許さない均衡予算の編成、1ドル＝360円の単一為替レートを指示した(いわゆるドッジ＝ライン)。また、シャウプによって勧告された税制改革は直接税中心主義を唱え、それに従って所得税については累進課税方式が適用された。一方で、法人税に関して税率は一定とされた。

ドッジ＝ラインによりインフレは抑えられたが、不況が深刻化した。こうした中で、1950年に朝鮮戦争が始まり、この特需によって日本経済は活気を取り戻した。さらに、政府は産業政策の一環として、輸出振興を目的とした日本輸出銀行を設立し、1951 年には産業への資金供給を行なう日本(C)【① 勧業　② 興業　③ 開発　④ 債券信用　⑤ 長期信用】銀行を設立した。

1951 年にサンフランシスコ平和条約が締結され、翌年の条約の発効によって、日本は主権を回復した。1952 年にＩＭＦ(国際通貨基金)、1955 年にはＧＡＴＴ(関税及び貿易に関する一般協定)に加盟し、日本は経済的にも国際社会への復帰を果たした。戦後の中国との貿易に関しては、1952 年に最初の貿易協定が結ばれてから、民間貿易として行われてきた。中国との貿易の拡大をはかり、政経分離を掲げていた第二次池田勇人内閣により、1962 年、同国との準政府間貿易が始まった。これは、交渉に当たった廖承志と［　ウ　］(1885～1964)の頭文字をとって、ＬＴ貿易と呼ばれる。1963 年、日本はＧＡＴＴ 12 条国から、貿易の自由化を原則とする 11 条国に移行し、1964 年にはＩＭＦ 14 条国から、為替の自由化を原則とする(D)【① 4　② 6　③ 8　④ 10　⑤ 12】条国へと移行した。さらに、同年、ＯＥＣＤ(経済協力開発機構)への加盟も果たした。こうして、日本は先進国としての地位を築いていった。

1944 年にアメリカ、ニューハンプシャー州の［　エ　］において連合国国際通貨金融会議が開かれ、戦後の世界経済の柱の一つが確立した。このいわゆる［　エ　］体制は、金 1 オンス＝35 ドルと平価が設定されたドルを基軸通貨として、ドルと各国通貨との為替レートを固定とする固定為替相場制を採用し、世界経済の安定と自由貿易の発展を目指すものであった。しかし、ベトナム戦争による軍事費の増大や国際収支の大幅な赤字によって、アメリカはこの体制を維持することが難しくなった。1971 年、(E)【① ケネディ　② ジョンソン　③ フォード　④ ニクソン　⑤ カーター】(1913～1994)大統領は、ドルの防衛を目的に、金・ドル交換の停止や 10 ％の輸入課徴金を輸入品に課すことを発表し、日本や西ドイツといった国際収支の黒字国に対して為替レートの引き上げを要求した。これによって主要国は変動為替相場制に移行し、［　エ　］体制は揺らいだ。1971 年末に、ワシントンの［　オ　］博物館で 10 カ国蔵相会議が開催され、ドルに対する主要国通貨の切り上げなどの合意が成立し、固定為替相場制への復帰が目指された。しかし、その後も主要国間での貿易不均衡の増大に変化はなく、1973 年、主要国通貨は完全に変動為替相場制へと移行した。

世界史

（60分）

〔Ⅰ〕　次の文章をよく読み，下記の設問に答えなさい。

香港は，1842年から1997年まで，イギリスの植民地だった。1842年に締結されたアヘン戦争の講和の結果である南京条約によって香港島が，アロー戦争後1860年に締結された北京条約によって［　ア　］が割譲された。

この二つの戦争で清が敗れ，香港がイギリス植民地となったことは，江戸時代末期の日本に危機感を与えた。政治改革の必要性を訴える公羊学者魏源がアヘン戦争後に編纂した地理書［　イ　］は，その一部が日本語訳され，幕末志士の間で大いに読まれた。

香港は1941年から3年8ヶ月間ほど日本軍に占領されるが，太平洋戦争終結後は再びイギリス統治に戻った。

1970年代前半日本でアイドル歌手となった香港出身のアグネス・チャン（陳美齢）は，香港でも広東語の歌をレコーディングしており，1982年のアルバム『漓江曲』に収められた楽曲，『香港，香港』では，「カモメが飛ぶ自由港を見てください」と1970，80年代香港の繁栄を歌い，『鳥の歌』では「海に浮かぶとても小さな島，そこは楽園」「（鳥は）互いに助け，愛し，誰かを敵視する必要はない」と，香港と香港人を楽園と鳥にたとえて歌った。冷戦の時代，海を挟んで大陸の中国共産党と台湾の中国国民党が，イデオロギー対立をしていた時代であった。

一方で，「楽園」香港をめざして海や川を越えようとし，落命した人々は少なくなかった。中華人民共和国で1958年から行われた［　ウ　］政策の失敗によって，2000万を軽く超えるといわれる餓死者が出た時も，1966年から10年間続いた文化大革命a の時期も，香港には大陸から政治問題を抱えた「逃港者」が殺到した。香港の人口はこうした「逃港者」によって膨らんでいったと言っても過言ではない。政治問題を抱えた中華人民共和国の人民が，海を泳いで香港に逃れようとして叶わず，溺死体が香港沿岸へ頻繁に流れ着いた。

その「楽園」の存在に一大変化の兆しが見えたのは，イギリス首相［　エ　］と，改革開放を推し進めた中国共産党の最高指導者鄧小平との間で，香港の中華人民共和国への返還が合意に至った1984年のことである。返還合意後，香港市民のうち，英語力があり経済的に豊かな者は，早々にイギリス連邦内のカナダやオーストラリアに移住して行った。香港はイギリスという「後ろ盾」があったがゆえに，ビクトリア・ピークから望む「百万ドルの夜景」が象徴するような，アジア随一の国際金融都市・自由貿易都市として繁栄し，川を隔てた向こうの，中華人民共和国とは異なる独自の発展を遂げたのである。

さらに1989年，北京で中国共産党に対して民主化要求をした青年たちが，中国人民解放軍によって武力鎮圧された天安門事件$_{\text{b}}$が発生すると，大陸から香港を経由して欧米諸国へと民主活動家が政治亡命して行った。香港では大陸返還への不安と危機意識から，再び移住ブームが起きた。

1997年に香港は中華人民共和国に返還$_{\text{c}}$された。

清末から中華民国初期の中国人ジャーナリスト［　オ　］は，立憲君主制をめざす変法運動を推進したが，1898年戊戌の政変で日本に亡命し，それから14年間もの間，日本を拠点に言論活動を続け，辛亥革命後に中華民国に帰国した。日本語の読み書きが流暢になってからの彼は，日本語に翻訳された欧州の書籍をさらに中国語翻訳して積極的に紹介し，現在の中国で使われている「日本語経由の外来語」の中には，この時代に彼が中国にもたらした語彙も少なくない。

［　オ　］は東京でベトナム人の民族主義者［　カ　］と親しく交流し，［　カ　］の草稿『ベトナム亡国論』に加筆修正して出版している。［　カ　］は，1904年末に日本へ向けて出発し，1905年初頭香港に到着し，3月に上海を訪問してから，4月に横浜に到着している。日本への留学を推奨する「ドンズー(東遊)運動」の提唱者でもあった。彼はベトナムを植民地統治するフランス当局から危険視されていたため，フランスの圧力によって日本から出国せざるを得なくなり，1909年に国外退去とされたが，活動拠点を日本から中国に移し，1912年には広東で［　キ　］を結成して，辛亥革命同様にベトナムの武力解放をめざした。だが，1925年上海でフランスの官憲に拘束され，その後はベトナムのフ$_{\text{d}}$

エで軟禁されて一生を終えた。

現在のエチオピア連邦民主共和国の北部に位置した［ク］王国は，アフリカ，アラビア半島，インドを結ぶ交易によって栄え，4世紀頃にエジプトから伝わったキリスト教を受容した。現在でもエチオピアは，アフリカ最大のキリスト教国であり，ラリベラのエチオピア正教会岩窟教会群は世界遺産に登録されている。

エチオピア帝国は1895年イタリアに侵入されるが，フランスの支援で撃退し，19世紀末においても西欧列強の植民地化から免れたアフリカの国となった。しかし，20世紀に入ると，イタリアではムッソリーニが1922年の「［ケ］」によって政権を掌握した。彼は1935年には再びエチオピアに侵攻し，エチオピアはついに併合される。当時のエチオピア皇帝［コ］はイギリスに亡命した。第二次世界大戦が勃発すると，連合国軍がエチオピアに侵攻してイタリアを破り，皇帝は凱旋した。

1964年の東京オリンピック時，マラソンで優勝したエチオピア出身のアベベ・ビキラ選手は，［コ］の親衛部隊に勤務していた。しかし，皇帝は1974年に発生したエチオピア革命で，軍部によって廃位させられ，暗殺された。エチオピアはその年から急進的な社会主義体制をとるが，ソ連邦が消滅したと同年の1991年，エチオピアの社会主義体制も終焉を迎えた。

エチオピア北東部が，1993年に分離独立して国連加盟する e と，エチオピアは海岸線を持たない内陸国となった。また，この独立戦争によって，エチオピア北部には多くの難民キャンプが作られ，現在に至るも多数の難民が暮らしている。

設問 1　文中の空欄（ア～コ）に最も適する語句を記入しなさい。

設問 2　文中の下線部（a～e）に関する下記の設問に応えなさい。

a　文化大革命が起きた頃は，当時の中国最高実力者毛沢東の後継者と公式に認定されていたが，クーデタを起こそうとして失敗し，1971年飛行機でソ連への亡命を図ろうとしたが死亡した人物の名を書きなさい。

b　鄧小平によって抜擢され，天安門事件が発生した時に中国共産党総書記の地位にありながら，民主化運動をした学生達に同情的であったとして解任された人物の名を書きなさい。

c　1999年に中華人民共和国へ返還されたマカオは，どこの国が統治していたのか書きなさい。

d　フエに都を置き，1945年に滅んだベトナム最後の王朝名を書きなさい。

e　下線部eの国の名を書きなさい。

〔Ⅱ〕 次の文章をよく読み，文中の空欄（1～10）にもっとも適する語句を記入しなさい。

第二次世界大戦後，冷戦構造が深まるなかで，アジア・アフリカ諸国の間に，ラテンアメリカ諸国とともに第三勢力を形成しようとする潮流が生まれた。これらの地域は西側（資本主義）諸国の第一世界，東側（社会主義）諸国の第二世界に対して第三世界といわれるようになった。

1954年，インドなど南アジアや東南アジア5カ国首脳がスリランカの［　1　］に集まり，インドシナ休戦，水爆実験禁止，民族自決，中国の国連加盟支持を訴えるとともに，アジア・アフリカ諸国会議開催の構想を示した。また同年6月，インドのネルー首相は中国の［　2　］首相と会談し，平和五原則を発表した。翌55年，インドネシアのバンドンでアジア・アフリカ29カ国の代表が参加したアジア・アフリカ会議（バンドン会議）が開催され，平和十原則が採択された。この会議の精神を引き継ぐ形で，1961年9月，ユーゴスラヴィアの首都ベオグラードで，25カ国が参加して第1回［　3　］が開催され，平和共存，民族解放の支援，植民地主義の打破をめざして協力することが確認された。

フランス支配下の北アフリカでは，1956年にモロッコと［　4　］が独立を獲得した。しかし，アルジェリアでは多数のフランス人が入植していたため，独立に抵抗するフランス人入植者や現地軍部と［　5　］（ＦＬＮ）との間で武力抗争が1954年から続いていた。バンドン会議も国連もアルジェリア独立を支持したため，国際世論はフランスに不利な状況であった。こうした中，フランス大統領ド＝ゴールは62年，エヴィアン協定でついにアルジェリアの独立を承認した。

アメリカでは人種差別に対する国際世論の高まりの中で，1954年，連邦最高裁判所で公立学校における人種隔離を違憲とする［6］判決がくだされた。アメリカ南部では，［7］法と総称される，学校・鉄道・食堂などの公共施設での人種隔離などを定めた法律が施行されていた。こうした状況の中で，黒人を中心に南部の人種差別制度の撤廃を求める公民権運動が次第に高まっていった。こうした公民権運動の指導者がキング牧師であった。1963年8月，キング牧師は公民権法成立を求めるワシントン大行進での演説で，アメリカ独立宣言にうたわれた「平等」の完全な実現を訴えた。

イギリスの自治領南アフリカ連邦では，第二次世界大戦以前から，アパルトヘイト政策と呼ばれる非白人に対する人種差別的隔離政策が実施されていた。第二次大戦後，アパルトヘイト政策に対する国際的な非難が高まったものの，1961年，自治領は南アフリカ共和国として独立してイギリス連邦から脱退し，アパルトヘイト政策をなおも維持し続けた。しかし，1912年に創設され1923年に［8］と改称した組織の継続的な抵抗や国際連合の経済制裁をうけることとなり，人種隔離政策を続けることは困難な状況となった。1991年，国民党の党首であった［9］大統領は差別法を全廃し，94年には平等な選挙権を認めた。また南ローデシアでは，イギリス政府が黒人の参政権を認めたうえでの独立を準備していたが，1965年，白人政権はイギリスからの独立を一方的に宣言，ローデシア共和国と改称してなおも黒人差別政策を続けていた。その後アフリカ人組織の武力抵抗が開始され，南ローデシアは1980年に黒人主体の［10］共和国として独立した。

〔Ⅲ〕 次の文章をよく読み，下線(1～10)に関連するそれぞれの問(1～10)にもっとも適するものを(A～D)の中から一つ選び，解答欄にマークしなさい。

世界に先駆けて工業化を成し遂げたイギリスは，1851年，その工業化の成果を世界に誇るべく，第1回ロンドン万国博覧会を開催した。万国博覧会開催の総責任者はヴィクトリア女王$_{1}$の夫君アルバート公で，会場はハイドパーク，そこに，ジョゼフ＝パクストン設計の鉄とガラスでできたクリスタルパレス(水晶宮)と呼ばれる博覧会会場が設営された。会場の半分にはイギリスとインドやカナダなどのイギリス植民地等の物産，残りの半分にはフランス，アメリカ$_{2}$などの諸外国の物産が展示され，連日，多数の人々が訪れる大盛況となった。1851年5月1日の開会式から，同年10月11日の一般公開最終日までに，600万人以上の入場者を記録した。鉄道各社は万博見学のための割引運賃制を導入し，トマス＝クックの旅行会社は団体旅行を企画するなど，鉄道が広く一般の人々に利用される時代，すなわち庶民の娯楽や消費文化が開花する時代の先駆けとなった。

万博の展示品は4つのカテゴリーにわけられ，原料・機械・製造品・美術の4部門であった。各国，各地域の名産品も多数出展されたが，やはり中心をなしたのは，イギリスが世界に誇る工業製品の数々であった。しかし，美術部門があったとはいえ，彫塑や彫刻等は展示されたものの，絵画はまったく展示されず，美術部門は付随的プログラムとみなされたようである。絵画を欠いた美術部門の貧弱さは，当時から批判の的となり，博覧会ではライバルとなるフランスと対比されて，主催者側のおおいに反省するところとなったであろう。

同じ1851年，フランスではルイ＝ナポレオンがクーデタをおこし，翌52年，国民投票によって皇帝に即位し，ナポレオン3世のもとで第二帝政が始まった。ナポレオン3世は，1853年のアメリカ，ニューヨークの第2回万博に引き続いて，1855年，第3回万博をパリで開催した。当然のことながら，パリ万博ではフランスを代表する多くの絵画$_{3}$が展示され，芸術の都パリを演出したのであった。ナポレオン3世は，万博開催の2年前，1853年からパリの大改造$_{4}$をおこなった。近代的大都市の出現により，新しいブルジョア文化が花開き始めた。

ロンドンでは1862年，パリでは1867年に，それぞれ2回目の万博を開催したが，1851年のロンドン万博が平和のうちに開催されたのに対し，その後，イギリス・フランス両国は[5]クリミア戦争・アロー戦争等のさまざまな戦争に参戦していった。そのため，第2回ロンドン万博ではアームストロング砲，第2回パリ万博ではクルップ製大砲などの武器が堂々と展示されることとなった。また，ナポレオン3世は国民の人気を維持するため，[6]イタリア統一戦争への介入，インドシナ出兵，[7]メキシコ遠征など，積極的な対外政策を展開した。しかし，メキシコ遠征の失敗後，ナポレオン3世は[8]プロイセン＝フランス戦争に突入したあげく敗北し，第二帝政は崩壊した。こうしたさまざまな紛争はあったものの，万国博覧会等の国際的な催しは世界の交流をすすめ，[9]国際的な社会主義運動をはじめ，さまざまな[10]国際組織が結成されたのであった。

問1　下線部1に関連して，ヴィクトリア女王の治世にかかわる事柄について述べた次の文章のうち，もっとも適切なものを選びなさい。

A　グラッドストン内閣のもとで，英仏通商条約が締結された。

B　グラッドストン内閣は，ロスチャイルド家の支援のもと，スエズ運河株を買収した。

C　ジョゼフ＝チェンバレンは，植民相としてグラッドストン内閣に加わった。

D　グラッドストン内閣のもとで，アイルランドの小作人を保護する土地法が成立した。

問2　下線部2に関連して，19世紀後半のアメリカにかかわる事柄について述べた次の文章のうち，**誤っているもの**を選びなさい。

A　憲法修正第13条により，奴隷制が正式に廃止された。

B　南部では，シェアクロッパーと呼ばれる小作人制度が普及した。

C　ポピュリズムと呼ばれた，人民党を結成・支持した人々の政治運動が展開された。

D　フランスからアラスカを買収した。

問3　下線部3に関連して，19世紀のフランス絵画にかかわる事柄について述べた次の文章のうち，もっとも適切なものを選びなさい。

A　ロマン主義絵画の画家ダヴィドが、「ナポレオンの戴冠式」を描いた。

B　古典主義絵画の画家ドラクロアが、「キオス島の虐殺」を描いた。

C　写実主義の画家クールベが、「石割り」を描いた。

D　印象派の画家マネが、「印象・日の出」を描いた。

問 4　下線部4に関連して，19世紀後半のパリにかかわる事柄について述べた次の文章のうち，**誤っているもの**を選びなさい。

A　オスマンにより，地下上下水道が建設された。

B　世界初の地下鉄「メトロ」が建設された。

C　リュミエール兄弟による映画の上映がおこなわれた。

D　世界初のデパート「ボン＝マルシェ」が開店した。

問 5　下線部5に関連して，1877－78年にかけてのロシア＝トルコ戦争の講和の結果としてのベルリン条約で定められた事柄について述べた次の文章のうち，もっとも適切なものを選びなさい。

A　オーストリアはセルビアの占領と行政権を認められた。

B　オスマン帝国のルーマニア領有が認められた。

C　ボスニア・ヘルツェゴヴィナの独立が国際的に承認された。

D　東ルメリア自治州はオスマン帝国の自治州とされた。

問 6　下線部6に関連して，イタリア戦争にかかわる出来事について述べた次の文章のうち，**誤っているもの**を選びなさい。

A　フランス王シャルル8世のイタリア侵入を皮切りに，戦争が始まった。

B　フランス王フランソワ1世は，「ローマの劫略」をおこなった。

C　カトー＝カンブレジ条約締結時のスペイン国王は，フェリペ2世であった。

D　カトー＝カンブレジ条約でイギリスは，フランスに領有していたカレーを失った。

問 7　下線部7に関連して，19世紀後半のメキシコにかかわる事柄について述べた次の文章のうち，もっとも適切なものを選びなさい。

A　ナポレオン3世は，ディアス大統領の対外債務に関する支払い拒否宣言に対して，メキシコに武力干渉をした。

B　ディアス大統領はクリオーリョの出身であった。

C　フランス軍のメキシコ占領にともない，マクシミリアンが皇帝となった。

D　フランス軍はスペインの強い抗議によって、メキシコから撤退を余儀なくされた。

問8　下線部8に関連して，19世紀後半のプロイセンにかかわる事柄について述べた次の文章のうち，もっとも適切なものを選びなさい。

A　デンマーク戦争により，プロイセンはシュレスヴィヒ・ホルシュタイン両公国を失った。

B　プロイセン＝オーストリア戦争の結果，大ドイツ主義に基づくドイツ統一が優勢となった。

C　プロイセン＝フランス戦争中，ナポレオン3世をスダンで捕虜とした。

D　プロイセン＝フランス戦争中，ヴェルサイユ宮殿でドイツ帝国の成立が宣言され，ヴィルヘルム2世が初代皇帝として即位した。

問9　下線部9に関連して，インターナショナルにかかわる事柄について述べた次の文章のうち，もっとも適切なものを選びなさい。

A　1864年，各国の社会主義者がパリに集まって第1インターナショナルを結成した。

B　第1インターナショナルの指導者はマルクスであったが，フランスのバクーニンらの無政府主義者がマルクスの路線と対立した。

C　パリ＝コミューン後の弾圧により，第1インターナショナルは1876年に解散した。

D　1889年に，ロンドンで第2インターナショナルが結成された。

問10　下線部10に関連して，19世紀後半の国際的組織にかかわる事柄について述べた次の文章のうち，もっとも適切なものを選びなさい。

A　ナイティンゲールの主導により，国際赤十字が設立された。

B　国際労働機関が設立された。

C　国際郵便のための組織として，万国郵便連合が結成された。

D　ロシア皇帝アレクサンドル２世の呼びかけで，ハーグ万国平和会議が開催された。

〔Ⅳ〕 次の文章をよく読み，下線(１～10)に関連するそれぞれの問(１～10)に最も適するものを(１～４)の中から一つ選び，解答欄にマークしなさい。

ヨーロッパの貴族$_{1}$というと，中世初期からずっと続く血統を基礎にしていると考えられがちであるが，実際はそうではなかった。多くの貴族は，中世末に入れ替わり，固定化していくのは 16 世紀以降である。15 世紀にフランス$_{2}$貴族の約５分の１は消滅しているし，ドイツ$_{3}$の一部の地域では，15 世紀の貴族の５分の１のみが，16 世紀半ばまで生き残ったという。スペイン$_{4}$では，1300 年の有力貴族家系の６分の１のみが，16 世紀にも生き残った。イングランド$_{5}$でも，1300 年の貴族の６分の１のみが 16 世紀まで生き残ったという。

なぜ貴族家系は絶えてしまうのか。まずは，医学の発達していない中世や近世において，幼少期や子供時代の死亡率が非常に高かったことがあげられる。貴族でもそれは同様であり，子供の死亡によって家が断絶してしまう危険は常にあった。また貴族特有の理由として，息子たちが戦闘$_{6}$で死ぬ可能性があったことがあげられる。15 世紀$_{7}$には，イングランド貴族の男性の約半分が，暴力的な死を迎えたといわれている。さらに経済的に裕福ではない貴族の場合，長男のみを結婚させ，富の集中を図ることがあった。長男が死亡すれば，家は断絶してしまうことになる。

では新しい貴族はどこからやってきたのだろうか。中世末期の政治的動乱と戦争によって，社会的流動性はかなり高くなっていた。小貴族が大貴族に成り上がることもあったし，市民や大土地所有の農民が，貴族になることもあった。自らに仕えるものを補充しようとする君主は，忠実に仕えた者に褒賞として貴族の位を与えたし，金に困る君主は，金と引き換えに貴族の位を売った。しかし16世紀[8]になると，社会的上昇の機会は狭まっていく。カルロス1世[9]は，貴族内部にランクをもうけ，1520年に貴族の最高位にあたる一族をグランデとした。フランスではルイ14世[10]が貴族改めを行い，偽貴族を摘発しようとした。もっともフランスでは，近世においても官職を購入することで，法服貴族の地位を獲得できた。

問1　下線部1に関連して，フランス革命期に活躍した者達の中で，貴族だったものを選びなさい。

1　ラ＝ファイエット

2　エベール

3　マラー

4　ダントン

問2　下線部2に関連して，9－11世紀の西フランク王国またはフランスで起きた出来事について述べた文として，**誤っているもの**を選びなさい。

1　パリ伯ユーグ＝カペーが，フランス王に選出された。

2　ロロが，ノルマンディー公に封じられた。

3　ルイ9世が，十字軍を主導した。

4　ヴェルダン条約によって，西フランク王国が成立した。

問3　下線部3に関連して，18世紀のプロイセンについて述べた文として，**誤っているもの**を選びなさい。

1　プロイセン公国が，王国となった。

2　オスマン帝国などと，カルロヴィッツ条約を結んだ。

3　フリードリヒ＝ヴィルヘルム1世が，軍隊の強化に努めた。

4　フリードリヒ2世は，啓蒙専制君主であった。

問4　下線部4に関連して，15世紀のイベリア半島ついて述べた文として，もっとも適切なものを選びなさい。

1　カスティリャ王国の首都は，サラゴサであった。

2　アラゴン王国の首都は，トレドであった。

3　ナスル朝の首都は，グラナダであった。

4　ポルトガルのフェルナンドが，バルトロメウ＝ディアスの喜望峰到達を援助した。

問5　下線部5に関連して，8世紀から11世紀のイングランドについて述べた文として，**誤っているもの**を選びなさい。

1　エグバートがイングランドを統一した。

2　アルフレッド大王は，デーン人の侵入を撃退した。

3　ノルマンディー公ウィリアムは，ヘースティングズの戦いに勝利した。

4　ヘンリ2世が，プランタジネット朝を創始した。

問6　下線部6に関連して，古代ローマの戦いについて述べた文として，もっとも適切なものを選びなさい。

1　カンネーの戦いで，ハンニバルが敗北した。

2　ザマの戦いで，スキピオ軍が勝利した。

3　アクティウムの海戦で，アントニウスとクレオパトラの連合軍が勝利した。

4　アルベラの戦いで，ローマが勝利した。

問7　下線部7に関連して，15世紀に起きた出来事について述べた文として，**誤っているもの**を選びなさい。

1　フスが，異端として焚刑となった。

2　教会大分裂が終息した。

3　ペトラルカが，『叙情詩集』を執筆した。

4　フィレンツェのサンタ＝マリア大聖堂が，完成した。

問8　下線部8に関連して，16世紀の中南米にかかわる出来事について述べた文として，もっとも適切なものを選びなさい。

1 バルボアが，パナマ地峡を横断した。

2 教皇アレクサンデル6世が，植民地分界線(教皇子午線)を設定した。

3 コルテスが，リマを建設した。

4 ピサロが，テノチティトランを占領した。

問 9 下線部9に関連して，スペイン王カルロス1世または神聖ローマ帝国皇帝カール5世ついて述べた文として，**誤っているもの**を選びなさい。

1 カール5世が，ヴォルムス帝国議会にルターを召喚した。

2 シュマルカルデン同盟は，カール5世と戦った。

3 彼の治世に，第1次ウィーン包囲が起こった。

4 彼の治世に，ベラスケスが宮廷画家として活躍した。

問10 下線部10に関連して，ルイ14世とルイ15世の治世の間に活躍した芸術家として，**誤っているもの**を選びなさい。

1 ワトー

2 ブーシェ

3 コルネイユ

4 ルーベンス

〔V〕 対抗宗教改革について，3行以内で説明しなさい。

(解答欄：1行20.3cm)

地理

（60 分）

〔Ⅰ〕 オーストラリア大陸の自然環境と産業について述べた次の文章を読み，問に答えなさい。

オーストラリア大陸は，約 1 億年前には [a] 大陸の一部であったと考えられている。大部分は安定陸塊《りくかい》からなっており各地で鉄鉱石が産出されるが，特に西部の台地に [b] と呼ばれる一大産地がある。[c] 鉄山はポートヘッドランドから，マウントトムプライス鉄山は [d] から，鉄鉱石をそれぞれ日本や中国に輸出している。一方，東部では，[e] 山脈が南北を縦断しており，付近では [ア] が産出され，やはり日本や中国に輸出されている。

オーストラリア大陸の中央部を [イ] 線が横断しており，[ウ] 帯の影響を年中受けているため内陸部は乾燥帯となっている。しかし，[e] 山脈が海から吹く [エ] 風が内陸に吹きこむのを妨げるために，海岸部のシドニーは，[X] 気候区となる。南海岸では高緯度のため [ウ] 帯の影響は夏季だけになり，冬は [オ] 風の影響を受けるため，年較差が少ない [カ] となり，西部のパース周辺では [Y] 気候区が広がっている。

内陸部は低地である。[e] 山脈西側の盆地の地下には帯水層があり，その盆地名の由来ともなっている [キ] 井戸が掘削されて羊などの家畜の飲み水として利用されている。さらにその西側は砂漠である。内陸部の通信・交通の拠点であった [ク] は，ユネスコの世界遺産に登録された [ケ] への観光ルートの拠点でもあった。[ケ] は先住民族 [コ] の聖地であり，2019 年からは先住民族の信仰を尊重し，登山が禁止された。観光収入は先住民族の重要な収入源であり，この選択が先住民族の今後の生活にどのような影響を与えていくのか注目されている。

問１　空欄 a ～ e にあてはまる適当な地名を解答欄に記入しなさい。ただし，b は地区名を解答すること。

問２　空欄 ア ～ コ に当てはまるように適当な語を解答欄に記入しなさい。ただし，カ は気候区分名を漢字で記入し，コ には先住民族の呼称を記入すること。

〔Ⅱ〕 次の文章を読み，設問に答えなさい。

　第二次世界大戦後，世界の政治・経済的な枠組みは大きな変貌を遂げてきた。国際貿易では，外国からの輸入品増大の影響より本国産業の存続・成長を守ることを目的とした従来の自国中心的な サ 貿易主義に代わって，ヒト・モノ・カネの３つの流れが自由化の道をたどり，しかもその規模は拡大し，速度を速めており，まさに今なお続く シ 貿易主義が時代の中心となっている。この貿易体制は，たとえばアメリカ合衆国では小麦を生産し，日本では自動車を生産するなどのように各国が優位性を発揮する財の生産に特化し，自国の財と比較した際に他国の財が優位であると判断される場合は他国の財を輸入し，自国の財が他国の財より優位な場合は自国の財を輸出するというように，相互に利益を享受し合うという仕組みの下に成立している。この仕組みによって国際的な規模での財の生産役割の棲《す》み分け，すなわち国際 ス 体制が形成されていったのである。このように国家間での財の交換が加速していくに伴って，世界市場で展開される各国間での貿易を下支えする世界的機関が必要とされ，WTO(世界貿易機関)が1995年に発足した。そのような世界規模での貿易体制が整備されていく一方で，２国間，あるいはそれ以上の複数の国々や地域間において，関税や数量制限，サービス貿易規制などの貿易に対する制御策を取り除くことを目的とする協定であるFTA(自由貿易協定)や，特定の２国間，または複数国の間で，関税撤廃や規制緩和に留まらず，国家や地域圏内の域内貿易・投資の自由化・円滑化を図り，政治・経済的関係の連携強化を目的とする協定である セ が次々と締結された。現代においては，急速なIT技術や物流インフラの発展を背景に，各国政治，および経済の世界的な結合が一層顕著となってきており，**表1**のように全世界で多様な結びつきによって構成される経済圏が複合的に形成されている中で，日本も戦略的な貿易政策が強く求められている。近年では，太平洋を取り囲む日本を含む複数の国々が参加国となり，加盟国間での経済的な関係性を強化する協定としての［ソ］に多くの関心が集められている。しかし，アメリカ合衆国の不参加表明とイギリス，中国，台湾の参加表明などが混在しており，その行く末は不透明である。

問１　空欄［サ］～［ソ］にあてはまる適当な語句を解答欄に記入しなさい。ただし，空欄［セ］と［ソ］は英語の略称表記で答えなさい。

問２　**表1**は，近隣地域において政治的・経済的に結合されている主要な地域経済圏の中でも，日本との貿易取引の多い地域経済圏ごとの輸出入品目および総額に対する割合を示した表である。表の内容を踏まえて，以下の問にそれぞれ答えなさい。

(1)　**表1**中の空欄［タ］～［ツ］は，それぞれASEAN，EU，アラブ首長国連邦から日本へ輸出される品目を示しているが，各空欄に入る適当な品目名を語群から選び解答欄に記入しなさい。

語群

・鉄鉱石・液化天然ガス・石炭・バナナ・菜種
・衣類，同付属品・医薬品・茶製品・魚介類

(2)　**表1**中の空欄［テ］に入る地域経済協定圏は，ヨーロッパでの複数諸国による国際統合の様子を見て，その後に北米地域においてアメリカ合衆国，カナダ，メキシコとの間で形成された協定であるが，2020年7月には協定の見直しが図られ，新たな契約内容と名称にて3か国間で締結されている。この協定の新たな名称を英語の略称表記で解答欄に記入しなさい。

(3)　**表1**中の空欄 ト に入る地域経済協定圏は，1995年に発足され，南米の複数加盟国間における対外共通関税，財・サービス・労働力の流通の自由化による域内の経済統合を目指す目的の下に締結された。この協定の名称を英語の略称表記で解答欄に記入しなさい。

表1　日本のおもな貿易相手先別輸出入品目および総額に対する割合(2019)

貿易相手先	面積（千㎢）	人口（万人）	主な輸出入品，および総額に対する割合（%）（上段：日本からの輸入，下段：日本への輸出）				
			1位	2位	3位	4位	5位
世界	130,094	771,346	電気機械（17.2）	一般機械（16.4）	自動車（15.6）	精密機械（6.1）	自動車部品（4.7）
			電気機械（15.3）	原油，粗油（10.1）	一般機械（9.1）	タ（5.5）	チ（4.1）
ASEAN	4,486.8	65,224	電気機械（20.5）	一般機械（17.7）	鉄鋼（8.3）	自動車部品（5.4）	自動車（4.8）
			電気機械（22.3）	タ（8.4）	チ（8.3）	一般機械（7.4）	精密機械（3.2）
EU	4,222.7	44,684	一般機械（21.9）	自動車（17.7）	電気機械（16.7）	自動車部品（5.9）	精密機械（3.8）
			ツ（17.2）	自動車（11.5）	一般機械（10.7）	電気機械（8.8）	精密機械（5.1）
テ	21,782.6	49,239	自動車（27.9）	一般機械（20.3）	電気機械（13.3）	自動車部品（6.6）	精密機械（4.7）
			電気機械（12.3）	一般機械（10.7）	精密機械（6.4）	肉類，同加工品（5.9）	ツ（5.7）
ト	13,904.8	30,926	一般機械（23.4）	自動車部品（19.8）	電気機械（13.7）	自動車（9.7）	有機化合物（6.6）
			鉄鉱石（34.2）	とうもろこし（11.6）	鶏肉（9.7）	コーヒー豆，同製品（5.1）	有機化合物（4.5）
アラブ首長国連邦	71.0	936	自動車（54.2）	一般機械（15.5）	自動車部品（4.9）	電気機械（4.9）	鉄鋼（4.5）
			原油，粗油（83.4）	揮発油（7.4）	タ（4.3）	アルミニウム，同合金（2.5）	液化石油ガス（1.5）

出所：『地理データファイル2021年度版』帝国書院。

〔Ⅲ〕 次の文章を読み，設問に答えなさい。

世界の国々において，民族，宗教，言語は歴史的経緯を経て，しばしば多様性を見せている。

世界宗教であるキリスト教とイスラームは，例えばアフリカにおいて，複雑な様相を見せている。イスラームはアフリカにおいては，西アジアとつながる北アフリカが典型的に信仰されている地域であるが，それより緯度が南でもイスラームが浸透を見せている地域がある。アフリカ東岸では，赤道以南でもイスラームの浸透が見られる。

多民族，多部族からなる国家では，民族間の対立を避けるため，複数の言語を公用語としている国が存在する。また，多民族，多部族からなる国家のうち植民地から独立した国では，共通して通じる言語が他にない，あるいは，民族，部族間の対立を避けるという理由で，旧植民地時代の宗主国の言語を公用語としている国も多い。世界には，ヨーロッパ系言語以外でも，国境を越えた複数の国家で，共通語，通商語として用いられている言語が存在する。その一つの例は，アラブ商人やインド商人が活躍したインド洋交易の歴史の中で形成され，現在もアフリカ東岸の複数の国で通用するスワヒリ語である。

帝国主義の時代には，プランテーション，鉱山，鉄道建設などの労働者として，華僑《かきょう》，印僑《いんきょう》といった国境を越えた労働力移動が見られた。そして，1990 年以降においては，フィリピン，南アジアなどを送り出し国として，産油国などが，建設労働者や看護師，サービス業労働者の不足を補うために，多くの外国人労働者を受け入れた。こうして，現代では，国境を越えた出稼ぎ労働力の移動によって，特定の国で，少数民族集団が生ずることがある。

問 1　クルド人は国家を持たない最大の民族とされるが，21 世紀に入ってからの戦争の後，独裁国家から民主国家へと変わり，クルド人自治区においてクルド語を公用語として認めた国家がある。その国の名前として，最も適当なものを次の**A**～**F**の中からひとつ選び，その記号を解答欄にマークしなさい。

A　アルメニア　　**B**　イラク　　**C**　イラン

D　シリア　　**E**　トルクメニスタン　　**F**　トルコ

問 2　下の**表 2** はアフリカ大陸の東側に位置するエチオピア，ケニアとタンザニア(宗教的特質が著しく異なる島嶼《しょ》部のザンジバルを除いた本土のみとする)の宗教比率と公用語を表にしたものである。①～③の国の組み合わせとして正しいものを，次の **A** ～ **F** の中からひとつ選び，その記号を解答欄にマークしなさい。

表 2

	信仰されている主な宗教				公用語
①	イスラーム 35 %	キリスト教 35 %	伝統信仰 30 %		スワヒリ語 英語
②	キリスト教 62.1 %	イスラーム 33.9 %	伝統信仰 2.7 %		アムハラ語
③	キリスト教 83.0 %	イスラーム 11.2 %	伝統信仰 1.7 %	ヒンドゥー教 *	スワヒリ語 英語

出所：『データブック　オブ・ザ・ワールド 2021』，二宮書店。
この表では，キリスト教の内訳のカトリック，プロテスタント，諸派は合算してある。
*は，正確なパーセンテージの数値が示せないが，わずかには存在するという意味である。

	①	②	③
A	エチオピア	ケニア	タンザニア
B	エチオピア	タンザニア	ケニア
C	ケニア	エチオピア	タンザニア
D	ケニア	タンザニア	エチオピア
E	タンザニア	エチオピア	ケニア
F	タンザニア	ケニア	エチオピア

問 3　下の**表 3** は，東南アジアと南アジアにおいて，仏教が国民の信仰において最大多数の宗教である国のうち代表的な 3 国(シンガポール，スリランカ，タイ)の宗教分布を表にしたものである。それぞれの国の地理的な民族・宗教・言語分布の背景や欧州列強による植民地支配の有無，独立の経緯，国の成り立ちなどを考慮して，①～③の宗教の組み合わせとして正しいものを，次の **A** ～ **F** の中からひとつ選び，その記号を解答欄にマークしなさい。

表3

	信仰されている主な宗教				
スリランカ	仏教 70％	① 15％	③ 8％	② 7％	
タイ	仏教 83％	② 9％	伝統信仰 2.5％		
シンガポール	仏教 33.3％	③ 18.3％	② 14.7％	道教 10.9％	① 5.1％

出所：『データブック　オブ・ザ・ワールド2021』，二宮書店。

	①	②	③
A	イスラーム	キリスト教	ヒンドゥー教
B	イスラーム	ヒンドゥー教	キリスト教
C	キリスト教	イスラーム	ヒンドゥー教
D	キリスト教	ヒンドゥー教	イスラーム
E	ヒンドゥー教	イスラーム	キリスト教
F	ヒンドゥー教	キリスト教	イスラーム

問 4　次の国家と公用語の組み合わせのうち，その国家の**公用語にも国語にもなっていないもの**を，次のA～Fの中からひとつ選び，その記号を解答欄にマークしなさい。それぞれの国の地理的な民族・宗教分布の背景や独立の経緯や民族政策を考慮すること。

A　イスラエルのヘブライ語　　B　イランのアラビア語

C　ウクライナのウクライナ語　　D　カザフスタンのロシア語

E　ニュージーランドのマオリ語　　F　パキスタンのウルドゥー語

問 5　西アジアの国々の宗教分布のうち，キリスト教がある程度の比率を占める国が下の国のように，いくつか存在するが，そのうち，多くのキリスト教徒が存在するに至った成立要因が著しく異なる国が一国存在する。その国を次のA～Dの中からひとつ選び，その記号を解答欄にマークしなさい。

A　アラブ首長国連邦　　B　カタール

C　クウェート　　D　レバノン

問６　インドの宗教に関する文のうち，**正しくないもの**を次のＡ～Ｆの中からひとつ選び，その記号を解答欄にマークしなさい。

Ａ　ヒンドゥー教は，古代インドの民族宗教であるバラモン教を元にインド各地の宗教を取り入れながら，長い時間をかけて形成された一神教の宗教である。

Ｂ　インドの宗教別人口において，第二位はイスラームである。インドのムスリムの人口は１億人を超えると推計されている。

Ｃ　仏教は，バラモン教とカースト制度を批判する宗教としてインドで生まれ，東南アジアや東アジアに伝播《でんぱ》したが，インドでは衰退し，近年の調査では信徒の数は人口比において，ヒンドゥー教やイスラームと比べてわずかである。

Ｄ　シク教は，ヒンドゥー教を改革するために，イスラームの要素を取り入れた宗教である。信徒の男性は髪を切ったり，ヒゲをそってはならず，ターバンを頭に巻いて生活しているのが特徴の一つである。

Ｅ　インドには，仏教の創始者釈迦《しゃか》とほぼ同時代に活躍した人物が開祖であるジャイナ教も存在し，厳格な不殺生《ふせっしょう》，苦行，禁欲などを教義とする。

Ｆ　インドでは，ヒンドゥー教に殺生を戒める教義があり，仏教やジャイナ教の影響もあって，ベジタリアン（菜食主義者）が比較的多い。

問７　インドの言語について説明した次の文を読み，下線部Ａ～Ｄのうち，**正しくないもの**をひとつ選び，その記号を解答欄にマークしなさい。

インドにおいて，Ａヒンディー語が連邦公用語に指定されているが，使用が北部や中部に限定されており，Ｂ英語が実質的な共通語となっている。インドの北部から中部はベンガル語のようなインド・ヨーロッパ系の言語が大勢を占め，インド南部は，Ｃパンジャーブ語のようなドラヴィダ系言語が大勢を占める。インドでは，Ｄ「言語州」と呼ばれるように，独立後，主要な地域言語を元に州を再編成し，比較的合理的に州の境界線が引かれてきた。

問 8　2020年末において，ポルトガル語を公用語の一つと**していない国**を次のA～Dの中からひとつ選び，その記号を解答欄にマークしなさい。

A　アンゴラ　　B　東ティモール
C　マダガスカル　　D　モザンビーク

問 9　2020年末において，フランス語を公用語の一つと**していない国**を次のA～Dの中からひとつ選び，その記号を解答欄にマークしなさい。

A　アルジェリア　　B　カナダ
C　スイス　　D　ハイチ

問10　グローバリゼーションの進展やインターネットの普及によって，世界で英語の使用が増えている一方，イギリスと旧イギリス植民地から独立した国の多くは，緩やかな連合体として，英連邦(The Commonwealth)というしくみを持っている。英連邦加盟国，あるいは，現在加盟国ではないが，旧植民地で現在も英語を公用語としている国のうち，独立の経緯や国教などの背景から，国家元首をイギリス国王とする国と，独自に国家元首を立てている国とが存在する。下に挙げる国のうち，2020年末，国家元首がイギリスのエリザベス二世女王であった国を次のA～Dの中からひとつ選び，その記号を解答欄にマークしなさい。

A　アイルランド　　B　カナダ
C　シンガポール　　D　マレーシア

〔Ⅳ〕　次の問は，OECDの報告書『国土・地域政策レビュー』(2016)に即して日本の状況について検討したものである。それぞれの設問に解答しなさい。

問 1　OECDは略称であるが，その意味として適当なものを次のA～Dの中からひとつ選び，その記号を解答欄にマークしなさい。

A　経済協力開発機構　　B　国際労働機関

C　政府開発援助　　D　主要国首脳会議

問 2　現在行われている日本の国土政策における計画の名称として適当なものを次のA～Dの中からひとつ選び，その記号を解答欄にマークしなさい。

A　国土総合開発計画

B　国土形成計画

C　国土建設計画

D　21世紀の国土のグランドデザイン

問 3 OECD諸国と日本における年齢別人口動向を比較した次の**図1**について述べた説明文としてもっとも適当なものを下の**A**～**D**の中からひとつ選び，その記号を解答欄にマークしなさい。

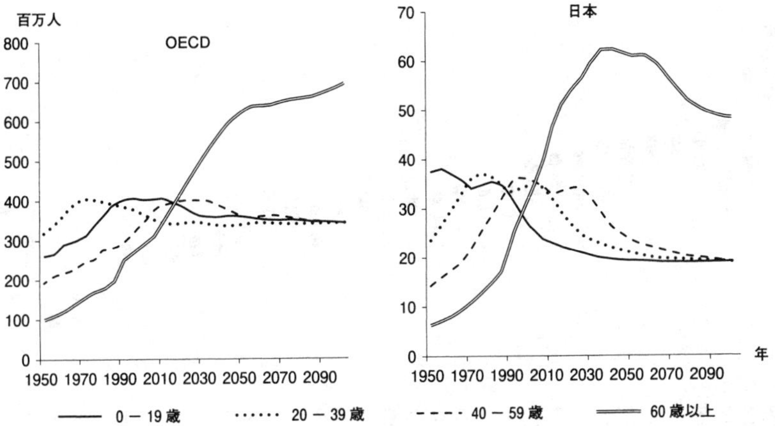

図1　年齢階層別人口動向の比較

出所：OECD『国土・地域政策レビュー 日本 ポリシーハイライト』2016年

A OECDでも日本でも，1950年代から現在まで60歳以上人口の割合がもっとも大きい。

B OECDでも日本でも，1950年代はもっとも若い年齢層の割合がもっとも大きい。

C OECDでは，高齢化が長く進行するが，日本では21世紀半ばからは60歳以上の人口割合が減少すると予測されている。

D OECDでは，21世紀中に60歳以上の人口割合が，日本よりもより高くなると予測されている。

問 4　都市部と農村部との人口高齢化の差異に関する次の**図 2** に関する説明文として**<u>適当ではないもの</u>**を次の**A～D**の中からひとつ選び，その記号を解答欄にマークしなさい。

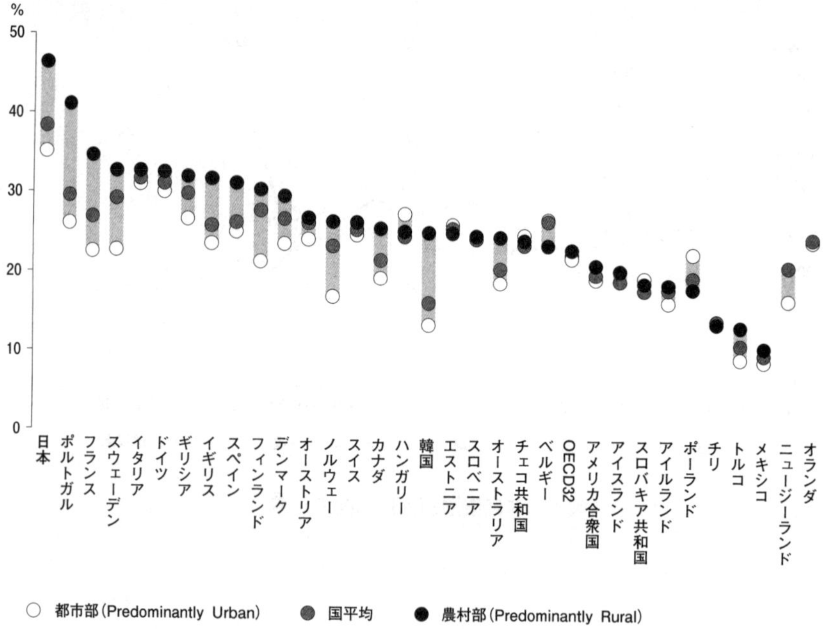

図 2　国別，高齢者人口の生産年齢人口に対する比率(2012 年)

注：高齢者人口の生産年齢人口に対する比率は，高齢者人口を生産年齢人口で除したものである。オーストラリア及びアメリカ合衆国は，2011 年の数値。

出所：OECD『国土・地域政策レビュー　日本　ポリシーハイライト』2016 年

A　西欧諸国でも，ポルトガルやフランスやイギリスで都市部と農村部の差が大きい。

B　つねに農村部の高齢化の水準が高い傾向が認められる。

C　日本の高齢化の水準は，国平均，都市部，農村部のいずれでももっとも高い。

D　北欧では，都市部と農村部の差が大きい傾向がみられる。

問 5　都市と農村の格差について次の**図 3** から読み取れることについて述べた説明文として適当なものを下の **A** ～ **D** の中からひとつ選び，その記号を解答欄にマークしなさい。

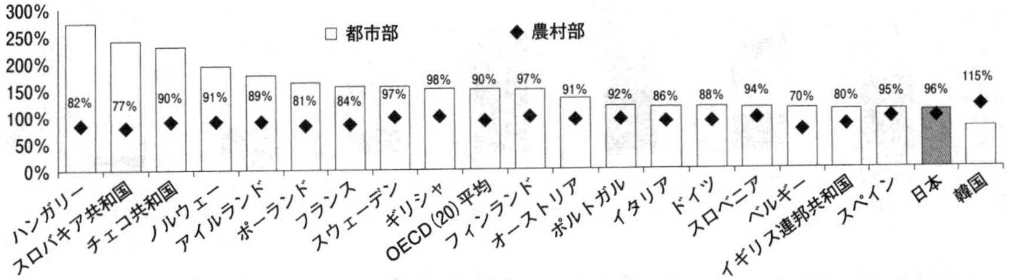

図 3　全国平均(100%)と比較した都市部及び農村部における国民一人あたりの GDP

出所：OECD『国土・地域政策レビュー 日本 ポリシーハイライト』2016 年
注：数値%は農村部

A　OECD 諸国の間でも農村部の相対的な所得水準は一様ではない。

B　都市部の水準が高いほど農村部の水準は低下する。

C　日本では，諸外国に比べて都市部と農村部の格差が大きい。

D　農村部の水準が全国平均を上回る国はみられない。

問 6　OECD 7 か国の実質 GDP 成長率の構成要因を示した次の**図 4** に関する説明文として適当なものを下の **A** ～ **D** の中からひとつ選び，その記号を解答欄にマークしなさい。

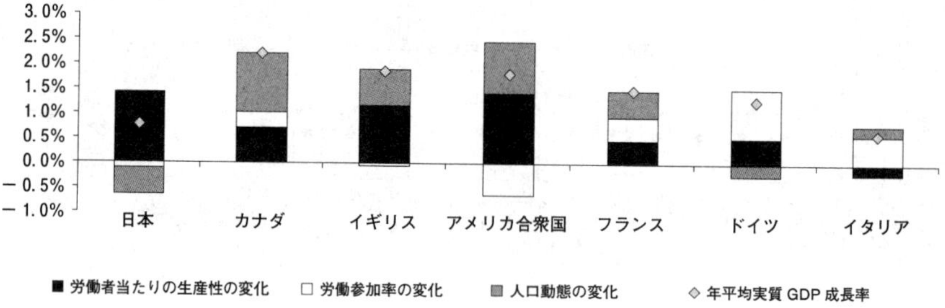

図 4　実質 GDP 成長率の構成要因（OECD 加盟国より 7 か国抜粋）1999 年～ 2011 年

出所：OECD『国土・地域政策レビュー　日本　ポリシーハイライト』2016年
注：労働参加率の変化は，労働力率と雇用率の両変化を示している。生産年齢人口の増減は，人口動態の変化に含まれる。

A　年平均 GDP の実質成長率がもっとも高いのはカナダである。

B　人口動態の変化が年平均 GDP の実質成長率に負の要因となっているのは日本だけである。

C　労働者当たりの生産性の変化は，つねに積極的な（＋の）要因となっている。

D　労働参加率の変化は，つねに積極的な（＋の）要因となっている。

問 7　日本における人口変化がもたらす負の影響について述べた説明文として**適当ではないもの**を次の **A** ～ **D** の中からひとつ選び，その記号を解答欄にマークしなさい。

A　高齢化により国や自治体の支出が増大すること

B　国内市場の規模縮小により規模の経済の効果が制約されること

C　人口変動の地域差により生活サービス供給の地域格差が拡大すること

D　大都市都心部の人口密度が低下することにより治安が悪化すること

問 8　人口減少の積極的な側面について述べた説明文として**適当ではないもの**を次のA～Dの中からひとつ選び，その記号を解答欄にマークしなさい。

A　環境への負荷の軽減

B　混雑の緩和による生活条件の改善

C　土地利用の柔軟性の増大

D　労働生産性の拡大

問 9　日本において女性が社会で働くことと子どもを産むこととの関係を示している次の**図 5** の説明文として適当なものを下のA～Dの中からひとつ選び，その記号を解答欄にマークしなさい。

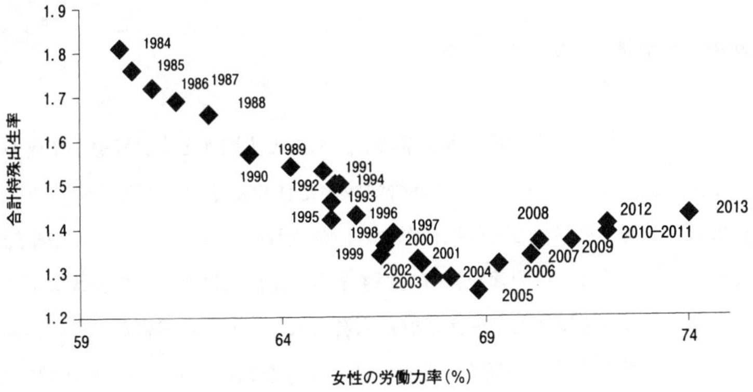

図 5　日本における女性の労働力率と合計特殊出生率

出所：OECD『国土・地域政策レビュー　日本　ポリシーハイライト』2016年
注：図中の数字は西暦年。

A　2000年代前半以降，女性の社会進出が低下して，子どもの出生率は上昇した。

B　2000年代前半以降，女性の社会進出が進んで，子どもの出生率が低下した。

C　2000年代前半まで，女性の社会進出は低下してきたが，その後，上昇した。

D　2000年代前半まで，子どもの出生率は低下してきたが，その後，上昇した。

問10　SDGsについて述べた説明文として適当なものを次の**A**～**D**の中からひとつ選び，その記号を解答欄にマークしなさい。

A　「美しい日本を取り戻す」ことを基本的な理念としている。

B　「国土の均衡ある発展」を基本的な理念としている。

C　「国民所得の倍増」を基本的な理念としている。

D　「だれ一人取り残さない世界をつくること」を基本的な理念としている。

〔Ⅴ〕　次の文章を読み，設問に答えなさい。

遊牧とは，自然に生えた草や水を求めて，家畜と人間がともに移動して営む牧畜をさす。20世紀に世界の多くの遊牧地域で定住化がすすんだものの，モンゴル国では，牧畜に従事する人の割合が全人口の4分の1弱で，その多くが季節移動をしている。首都では急速な都市化がすすみ，全国的に車の所有台数は増加したが，草原には今も基本的な生活基盤が家畜由来で，人々が家畜とともに移動しながらゲルで暮らす地域が残る。近年，このような暮らしぶりが続く遊牧を“持続可能性”という観点から再評価する動きがある。ここでいう，持続可能性とは，生態系がその多様性と生産性を将来にわたって継続できることを指すとする。

モンゴル国の遊牧が持続可能であると評価される要因としていかなるものが考えられるか，環境汚染の元凶の一つといわれる集約的な工業的畜産と対比させ，解答欄に3行以内で述べよ。

（解答欄：1行20.3cm）

政治・経済

（60分）

〔Ⅰ〕 次の文を読んで，下の問に答えなさい。

労働基本権は，日本国憲法第27条が保障する（　A　）と(a)第28条が保障する労働三権から成る。しかし，労働をめぐる様々な問題も指摘されている。まず，長時間労働である。2018年に働き方改革関連法が成立し，特別条項を結んだ場合の残業の上限時間を最大で月100時間未満とすることになった。時間当たりの労働生産性(単位：購買力平価換算　USドル)を国際比較すると，2019年ではアメリカ約77ドル(8位)，ドイツ約75ドル(12位)，(b)イギリス約65ドル(16位)に対し，日本は約48ドルで21位であった。

つぎに，非正規雇用と正規雇用の待遇の差である。ヨーロッパでは(c)非正規雇用者の賃金は正規雇用者の8～9割程度であるが，日本では7割程度となっている。「同一価値労働同一賃金」の原則は，仕事が違っても，その価値が同じであれば同じ賃金を支払うべきだ，という考え方である。この原則は，(d)労働条件の改善を国際的に実現することを目的とする国連の専門機関である（　B　）によって掲げられてきた。

さらに，雇用における男女の格差がある。1985年に成立した男女雇用機会均等法は，1997年の改正で大幅に強化され，(e)2016年にも重要な改正がなされた。また，（　C　）は，乳幼児や介護が必要な家族を持つ労働者に育児や介護のための休業取得を事業主に義務づけた法律である。育児の場合，一定の条件を満たす男女は子供が1歳になるまで(場合によっては最長2歳まで)，一定期間仕事を休むことができる。以前は第1子出産前後の就業継続者の割合は，4割程度で推移していたが，2010～14年は約53％へと上昇した。

(f)少子高齢化社会において，誰もがやりがいや充実感を持ち，責任を持って仕事をこなし，家庭や地域社会でも役割を果たし，人生のそれぞれの段階で多様な生き方が選べ，実現できることが重要である。このことは(　D　)と呼ばれ，2007年には(　D　)憲章が官民トップ会議により策定された。

問１　(　A　)〜(　D　)にもっとも適切な語句を入れなさい(Bは英字は不可)。

問２　下線部(a)に関連して，日本国憲法第28条に関わる労働法として，もっとも適切なものを１つ選びマークしなさい。

①　最低賃金法　②　職業安定法　③　障害者雇用促進法
④　国家公務員法　⑤　労働安全衛生法

問３　下線部(b)に関連して，1838〜48年頃にイギリスで起こった労働者による組織的な政治運動であり，普通選挙権などの要求を人民憲章に掲げ請願行動をしたものとして，もっとも適切なものを１つ選びマークしなさい。

①　インターナショナル運動　②　チャーチスト運動
③　オキュパイ運動　④　ラッダイト運動
⑤　ナショナル・トラスト運動

問４　下線部(c)に関連して，もっとも適切なものを１つ選びマークしなさい。

①　パートタイマーの労働条件を適正化するため，1993年に有期雇用労働法が制定され，違反企業に対する罰則が定められた。
②　派遣労働者とは，仕事が決まると派遣会社によって企業などに派遣され，就業先の企業と雇用契約関係を結ぶ労働者のことである。
③　現在，就業者の非正規雇用比率は男女それぞれ５割程度であり，2000年代以降，男性の非正規雇用者が大幅に増加した。
④　小泉政権下の労働者派遣法改正によって，製造業への派遣労働，派遣期間の延長が認められ，非正規雇用の増大につながった。
⑤　日本の解雇規制は最高裁が判例の積み重ねとして下した「整理解雇の三要件」に基づいており，正規雇用の社員を容易に解雇できる。

問 5 下線部(d)に関連して，日本で主流の労働組合の形として，もっとも適切なものを１つ選びマークしなさい。

① 産業別組合 ② 一般労働組合 ③ 企業別組合
④ 民間労働組合 ⑤ 職業別組合

問 6 下線部(e)に関連して，2016年の改正（2017年施行）の内容として，もっとも適切なものを１つ選びマークしなさい。

① 配偶者の妊娠・出産の申し出をした男性労働者に対して，個別に育児休業の周知・意向確認をすることが事業主に義務づけられた。
② コース別雇用管理制度において，採用時の全国転勤要件を合理的理由なく付するなどの間接差別が禁止された。
③ 女性に対するセクシュアル・ハラスメント防止の配慮義務が規定された。
④ 教育訓練，福利厚生，定年・退職・解雇に際して，女性に対する差別的取扱いを禁止することが事業主に義務づけられた。
⑤ 妊娠・出産等を理由としたハラスメントの防止措置をとることが事業主に義務づけられた。

問 7 下線部(f)に関連して，少子化に関連する内容として，もっとも適切なものを１つ選びマークしなさい。

① 1994年にエンゼルプランが策定され，保育所の量的拡大などの両立支援が提言された。
② 2003年のゴールドプランによって，子どもの減少に歯止めをかけるための少子化対策庁が置かれた。
③ 少子化が進んだため，2010年頃から東京都心部において，保育所に入所できない子どもの数が減り続けている。
④ 合計特殊出生率とは，18歳から49歳までの結婚している女性が産む子どもの数のことであり，2015年に過去最低の1.26となった。
⑤ 日本や韓国は，2020年においても女性の労働市場参加率が低いことから，フランスやスウェーデンと比べて少子化は進んでいない。

〔Ⅱ〕　次の文を読んで，下の問に答えなさい。

政府がおこなう経済活動を財政とよぶ。政府は必要となる資金を徴収し，さまざまな財・サービスを提供している。財政の持つ役割は，大きく3つに分類される。第1の機能は，資源配分の調整である。政府は，市場に配分をまかせると適切な供給がなされない公共財(a)を供給する。第2の機能は，所得再分配の機能である。所得分配の格差を指標化したものがジニ係数(b)である。そして，第3の機能は，経済の安定化である。これはビルト・イン・スタビライザー(c)と(　A　)財政政策(フィスカル・ポリシー)に分けられる。

歳入の中心は，家計や企業から徴収する税によってまかなわれる。憲法第84条では，税の賦課と徴収にあたって(　B　)主義を規定している。(　ア　)年とその翌年に出されたシャウプ勧告(d)にもとづいた税制が施行され，今日の日本の税制の基礎となっている。

政府は歳出を税でまかなえない場合に，国債を発行して不足額を補うことになる。(　イ　)年に成立した財政法では，建設国債を除いた赤字国債の発行を原則として禁止している。(　ウ　)年に開催されたオリンピック東京大会の反動などで起こった不況により，建設国債が発行された。赤字国債の発行にあたっては，その都度発行にかかる法律を制定しなければならないことから(　C　)国債とも呼ばれている。

ところが，当時の民主党政権下で(　エ　)年度から4年にわたって国会の審議なしに赤字国債が発行できる改正法を成立させた。財政赤字(e)はさまざまな弊害を生むことが懸念されている。(　D　)改革により，2019年10月におこなわれた消費税率引き上げによる増収は，全額が社会保障の財源にあてられている。

問1　(　A　)～(　D　)にもっとも適切な語句を入れなさい。

問2　下線部(a)に関連して，公共財の非競合性の説明として，もっとも適切なものを1つ選びマークしなさい。

①　財・サービスの供給にあたって，スケールメリットが存在しない。

②　財・サービスの供給をになう企業が，価格を操作できない。

③　財・サービスの供給にあたって，巨額の設備投資が必要となる。

④　同じ財・サービスを，複数の経済主体が同時に利用できる。

⑤　対価を支払わない経済主体が，支払った経済主体と同じ財・サービスを利用できる。

問３　下線部(b)に関連して，ジニ係数の特徴として，もっとも適切なものを１つ選びマークしなさい。

①　ジニ係数は所得分配の格差の程度を０～１の数値であらわし，０に近いほど不平等，１に近いほど平等であることをあらわす。

②　当初所得のジニ係数算出には公的年金が含まれないため，年金のみで生活する世帯が増えると当初所得のジニ係数は上昇する。

③　年収が全国民の中央値の３分の２よりも低い国民の割合を示す相対的貧困率が低い国は，ジニ係数も低い傾向にある。

④　社会主義国の発表するジニ係数は，自国の経済発展の度合いを強調したいという理念から，ジニ係数は過大に算出されやすい。

⑤　年収が全国民の平均値の半分よりも低い国民の割合を示す相対的貧困率が低い国は，ジニ係数が高い傾向にある。

問４　下線部(c)に関連して，ビルト・イン・スタビライザーの説明として，もっとも適切なものを１つ選びマークしなさい。

①　累進課税制度によって好況時に実質的な増税となり，景気が調整される。

②　財政政策と金融政策を同時に用いることで，景気が調整される。

③　不況時に公共事業を増やすことで需要を拡大させ，景気が調整される。

④　民間企業では対応が難しい長期的事業に投資をおこない，景気が調整される。

⑤　好況時には失業保険の給付が増加することになり，景気が調整される。

問５　下線部(d)に関連して，シャウプ勧告の内容として，もっとも適切なものを１つ選びマークしなさい。

①　付加価値税として消費税の導入を勧告した。

②　所得税の最高税率の引き上げを勧告した。

③　所得税を地方税から国税に移すよう勧告した。

④　直接税として相続税の創設を勧告した。

⑤　直接税を税制の中心とするよう勧告した。

問６　下線部(e)に関連して，日本の財政の内容として，もっとも適切なものを１つ選びマークしなさい。

①　1999年から日本の政府債務残高の対ＧＤＰ比は，先進７カ国でイタリアに次いで高水準となっている。

②　国は2000年から法人税率を段階的に引き上げて財政健全化をはかっている。

③　2010年以降で国のプライマリーバランスをみると，年度ごとの赤字額は増加している。

④　2021年３月末時点で国債の保有比率がもっとも高いのは，民間銀行である。

⑤　1990年度から1993年度まで，赤字国債の発行額がゼロの状態が達成された。

問７　（　ア　）～（　エ　）に入る数字として，もっとも適切ものを１つ選びマークしなさい。

①	(ア)　1950	(イ)　1945	(ウ)　1966	(エ)　2009
②	(ア)　1949	(イ)　1950	(ウ)　1964	(エ)　2005
③	(ア)　1949	(イ)　1947	(ウ)　1964	(エ)　2012
④	(ア)　1949	(イ)　1947	(ウ)　1962	(エ)　2009
⑤	(ア)　1950	(イ)　1947	(ウ)　1966	(エ)　2012

〔Ⅲ〕 次の文を読んで，下の問に答えなさい。

第二次世界大戦後の国際政治は，アメリカとソ連をそれぞれ頂点とする，２つの陣営が対立し合う東西冷戦(a)の時代に突入した。アメリカのトルーマン大統領は，（　ア　）年に共産圏に対する「封じ込め政策」を表明した指針である，トルーマン・ドクトリンを公表した。同年にアメリカの国務長官マーシャルは，ヨーロッパ経済復興援助計画を公表した。この計画はマーシャル・プランと呼ばれている。

アメリカと西欧諸国は，1949年にソ連を中心とする共産圏に対抗するための西側陣営の多国間軍事同盟である（　A　）を設立した。一方，東側陣営は，1949年に社会主義諸国の経済協力組織である（　B　）を発足した。さらに（　イ　）年に東側諸国は軍事同盟としてワルシャワ条約機構(b)を設立した。東西両陣営は軍備の拡張に走り，ICBMと呼ばれる（　C　）などの核兵器の保有量と高性能化を競い合った。

西側勢力と東側勢力が対立して起こった地域紛争はアメリカ・ソ連間の代理戦争であった。（　ウ　）年に金日成を首相とする北朝鮮，李承晩を大統領とする韓国という２つの国家が，北緯38度線を境にして朝鮮半島に建国された。北朝鮮と韓国の正式国名はそれぞれ（　D　）と大韓民国である。北朝鮮軍が1950年に北緯38度線を越えて進撃したことで朝鮮戦争(c)が勃発したが，1953年の休戦協定により戦闘は停止した。朝鮮戦争を契機に（　エ　）年，反共産主義同盟として東南アジア条約機構が設立された。

ベトナムでは1945年に（　カ　）が独立宣言をし，1949年に（　キ　）が成立した。（　オ　）年のジュネーブ休戦協定調印後，1955年に（　ク　）が成立した。アメリカはフランスに代わってインドシナ(d)への介入を行ったが，1970年代半ばまでにベトナムから撤兵した。その後，南部が解放されて南北統一が実現し，1976年にベトナム社会主義共和国が成立した。

問１　（　A　）～（　D　）にもっとも適切な語句を正確な漢字で記入しなさい。

問2　(　ア　)～(　オ　)に入る数字の組み合わせとして，もっとも適切なものを1つ選びマークしなさい。

① (ア) 1947　(イ) 1956　(ウ) 1947　(エ) 1953　(オ) 1954
② (ア) 1947　(イ) 1954　(ウ) 1948　(エ) 1956　(オ) 1952
③ (ア) 1946　(イ) 1955　(ウ) 1949　(エ) 1953　(オ) 1954
④ (ア) 1948　(イ) 1956　(ウ) 1948　(エ) 1954　(オ) 1953
⑤ (ア) 1947　(イ) 1955　(ウ) 1948　(エ) 1954　(オ) 1954

問3　(　カ　)～(　ク　)に入る国名の組み合わせとして，もっとも適切なものを1つ選びマークしなさい。

① (カ) ベトナム民主共和国　(キ) ベトナム国　(ク) ベトナム共和国
② (カ) ベトナム国　(キ) ベトナム共和国　(ク) ベトナム共和民主国
③ (カ) ベトナム共和国　(キ) ベトナム国　(ク) ベトナム社会主義国
④ (カ) ベトナム民主共和国　(キ) ベトナム共和国　(ク) ベトナム国
⑤ (カ) ベトナム共和国　(キ) ベトナム共和民主国　(ク) ベトナム国

問4　下線部(a)に関連して，冷戦構造に関する記述として，もっとも適切なものを1つ選びマークしなさい。

① ソ連が1949年に東側の体制固めの一環として設置したコミンフォルムは，1966年に解散した。
② 第二次世界大戦後のベルリンは，アメリカ，ソ連，イギリスによる3カ国の共同管理下に置かれた。
③ 1946年にアメリカのフルトンで「鉄のカーテン」演説を行った当時，チャーチルはイギリスの首相であった。
④ 第二次世界大戦後の東西冷戦の象徴だった「ベルリンの壁」が崩壊したの

は，1989 年 11 月であった。

⑤　日本政府は 1950 年にアメリカとの間で旧日米安全保障条約に調印し，米軍は引き続き日本に駐留した。

問 5　下線部(b)に関連して，もっとも適切なものを 1 つ選びマークしなさい。

①　東欧に属するユーゴスラビアは，ワルシャワ条約機構の加盟国であった。

②　アルバニアは，1968 年にチェコ事件に抗議してワルシャワ条約機構から脱退した。

③　東欧の 9 カ国が友好相互援助条約に基づき，ワルシャワ条約機構を結成した。

④　ワルシャワ条約機構は，1992 年にソ連の解体を受け正式に解散した。

⑤　ワルシャワ条約機構軍は，1965 年に軍事介入をしてチェコの改革を抑圧した。

問 6　下線部(c)に関連して，もっとも適切なものを 1 つ選びマークしなさい。

①　中華人民共和国政府は，1951 年に北朝鮮を支援するため義援軍を送った。

②　南北朝鮮代表と米中代表は，1953 年にピョンヤンで朝鮮休戦協定を締結した。

③　朝鮮休戦協定が締結された当時のアメリカの大統領は，トルーマンであった。

④　朝鮮戦争に派遣されたアメリカを中心とした軍隊は，国連憲章に基づいていた。

⑤　当初，東南アジア条約機構は，アメリカ・フランスを含む 8 カ国が参加した。

問 7　下線部(d)に関連して，もっとも適切なものを 1 つ選びマークしなさい。

①　ベトナムのトンキン湾を巡視中の駆逐艦は，1962 年に北ベトナムの魚雷艇の攻撃を受けて，アメリカは反撃のため北ベトナムを爆撃した。

② 大量虐殺を行ったポル＝ポト政権の元幹部を裁く，カンボジア・クメール・ルージュ裁判特別法廷が2005年に開廷した。

③ ベトナム和平協定が1973年に成立した当時のアメリカの大統領は，共和党に属するジョンソンであった。

④ 国連カンボジア暫定統治機構の監視下で総選挙が1993年に実施され，シアヌークを国王とするカンボジア王国が成立した。

⑤ テト攻勢は，ベトナム戦争中の1967年1月，ベトナムの旧正月(テト)に展開された南ベトナムによる侵攻作戦である。

〔Ⅳ〕 次の文を読んで，下の問に答えなさい。

交易がもたらす利益に注目し，古くから，東洋と西洋を繋ぐ交易路としてシルクロードが存在した。近年の中国の現代版シルクロード構想である(　A　)は，中国と欧州を陸海2つのルートで結び，巨大な経済圏の構築を目指すものである。

貿易が進展していくと，貿易摩擦問題が発生することがある。第二次世界大戦後の日本が，大量の工業製品を輸出するようになると，アメリカとの間で，次々と貿易摩擦が発生した。1980年代のレーガン政権下，アメリカは財政赤字と貿易赤字という「双子の赤字」に苦しむことになる。これに対して，日銀総裁の経験者である(　ア　)を中心とするグループは，輸出の抑制ではなく，内需の拡大によって，日本の貿易黒字を縮小する政策を提案した。1985年のプラザ合意，1987年の(　B　)合意では，各国が為替相場安定のために，協調介入を行なうことになった。1989年からは，日米構造協議(a)によって両国間の問題が話し合われた。1993年からは，より広い範囲の日米間の経済問題について，(　C　)が開かれた。近年では，以前のような日米間の貿易摩擦は目立たなくなってきている。もはや，貿易摩擦が発生するのは，アメリカと日本の間だけではないからである。特に，近年ではアメリカの対中国の貿易赤字が拡大し，アメリカが貿易制裁を課し，中国(b)がその報復措置を発動するという事態が生じている。

第二次世界大戦後の国際社会では，自由貿易への障害を取り除くために，関税及び貿易に関する一般協定(GATT)が，自由，無差別，(　D　)の三原則の上にたち，ラウンド交渉(c)を行ってきた。さらに，世界貿易機関(WTO)(d)でも話し合いが進められるなど，現在でも国際貿易についての対策が協議されているが，多国間の協議がうまくいかないこともある。そこで，特定の国や地域の間で自由貿易協定(FTA)や経済連携協定(EPA)(e)を締結し，域内貿易の自由化を目指す動きもある。

問１　(　A　)～(　D　)にもっとも適切な語句を入れなさい。

問２　(　ア　)に入る人物名として，もっとも適切なものを１つ選びマークしなさい。

①　一萬田尚登　　②　前川春雄　　③　三重野康

④　松下康雄　　⑤　速水優

問３　下線部(a)に関連して，日米構造協議に関する記述として，もっとも適切なものを１つ選びマークしなさい。

①　1996年からアメリカのみが日本に対して年次改革要望書を提出することとなった。

②　菅直人内閣のもと，年次改革要望書は廃止された。

③　大規模小売店舗法の見直しを行うこととなった。

④　牛肉とオレンジの輸入について，スーパー301条が適用された。

⑤　日米半導体協定が締結された。

問４　下線部(b)に関連して，中国の貿易をめぐる記述として，もっとも適切なものを１つ選びマークしなさい。

①　日本の貿易相手国は，輸入は2009年，輸出は2018年に中国が初めてトップとなった。

②　現在の中国は，貿易依存度(輸出入額／GDP)が世界でもっとも高い。

③　現在の中国の輸入貿易において，日本の占める割合はもっとも高い。

④　中国は2001年にWTOに加盟した。

⑤　現在の中国の輸出品において，もっとも大きな割合を占めるのは「繊維・衣類」である。

問5　下線部(c)に関連して，ラウンド交渉に関する記述として，もっとも適切なものを1つ選びマークしなさい。

①　ディロンラウンドは，36か国が参加し，カリフォルニア州ディロンで行われた。

②　ケネディラウンドでは，52か国が参加し，約4400品目で関税率の引き下げが決まったが，農業などの物品は除外された。

③　東京ラウンドでは，82か国が参加し，多角的交渉によって，一括して工業製品の関税を平均25％引き下げることに合意した。

④　ウルグアイラウンドでは，123か国が参加し，知的財産権などについての話し合いが行われた。

⑤　WTOのもとで行われたドーハラウンドでは，182か国が参加して，牛肉とオレンジの輸入枠廃止が決定されたため，日本の農家に深刻な影響が生じた。

問6　下線部(d)に関連して，WTOに関する記述として，もっとも適切なものを1つ選びマークしなさい。

①　本部はスイスのジュネーブに置かれている。

②　GATTでは認められていなかった，最恵国待遇の制度を導入した。

③　加盟国中，1か国でも反対があると対抗措置が実施不可能となる，ネガティブ・コンセンサス方式を採用している。

④　国際金融，為替相場，貿易の安定化を目的として設立された国際連合の専門機関である。

⑤　トランプ政権のもと，アメリカは2017年にWTOを脱退し，2021年バイデン政権のもと復帰した。

問7　下線部(e)に関連して，FTA・EPA・地域経済統合に関する記述として，もっとも適切なものを1つ選びマークしなさい。

① 欧州共同体(EC)は，1993年に発効したアムステルダム条約によって欧州連合(EU)へと改組された。

② 北米自由貿易協定(NAFTA)は，1967年に設立され，中南米自由貿易連合(ALADI)と統合し，2020年に，ラテンアメリカ統合連合(MERCOSUR)が誕生した。

③ 日本が初めてEPAを締結したのは，2002年のメキシコである。

④ 東南アジア諸国連合(ASEAN)は，1999年に東南アジア5か国で結成され，2001年にカンボジア，2015年にブルネイが加盟して，現在10か国が加盟している。

⑤ 1963年に創設されたアフリカ統一機構(OAU)を改組して，2002年にアフリカ連合(AU)が発足した。EUにならって，共通議会，裁判所，単一通貨導入などを目指している。

数学

(60 分)

分数形で解答する場合は，それ以上約分できない形で答えなさい。また，根号を含む形で解答する場合は，根号の中に現れる自然数が最小となる形で答えなさい。

〔 I 〕　次の各問の [ ] に入る数値を下の表から選んでアルファベットをマークせよ。同じアルファベットを選んでもかまわない。

1. それぞれ $1, 2, 3$ の番号が書かれた青のカード 3 枚と，赤のカード 3 枚，合計 6 枚のカードがある。このカードを，番号も色も見えない状態で，1 枚づつ引いて行きカードの色が何色かは問わずに，$1, 2, 3$ の番号が全てそろったら終了する。但し，何回目かに引いたカードの番号が，それ以前に引いたカードと同じ場合は，前に引いたカードを残して，その回に引いたカードを捨てる。このとき，$1, 2, 3$ の番号がそろうまでカードを引く回数は，最大で [(1)] 回である。

(2)　（設問省略）

2. ある整数を，6 進数として表すと，2 以上の整数 a, b があって，$ab_{(6)}$ と 2 桁の数として書けている。この数を a 進数として表したとき，$123_{(a)}$ と書けるならば，$a =$ [(3)]，$b =$ [(4)] である。

3. 正の数 c について，直線 $y = x + c$ を，ℓ と置き，$y = x(x^2 - 2)$ で定まる曲線を，C とする。このとき，C と ℓ の共有点が 2 つならば，$c =$ [(5)] である。このとき，更に，直線 $y = x - c$ を ℓ' と置くとき，C と ℓ, ℓ' で囲まれた図形（C と ℓ で囲まれた図形と，C と ℓ' で囲まれた図形を合わせた図形）の面積は，[(6)] となる。

A. 0	B. 1	C. 2	D. 3
E. 4	F. 5	G. 6	H. 7
I. 8	J. 9	K. 10	L. 11.2
M. 12	N. 12.5	O. 13	P. 13.5
Q. 14	R. 15.75	S. 17.3	T. 18
U. 20	V. 22	W. 24	X. 34
Y. 36	Z. 40		

〔Ⅱ〕　次のア～ツに当てはまる 0～9 の数字を解答欄にマークせよ。

座標平面の原点を O とし，2 点 A$(3,1)$，B$(1,3)$ をとる。

$\overrightarrow{\mathrm{PA}}\cdot\overrightarrow{\mathrm{PB}}=0$ を満たす点 P(x,y) の軌跡は，

$$x^2+y^2=\boxed{\text{ア}}\,x+\boxed{\text{イ}}\,y-\boxed{\text{ウ}}$$

を満たすので，中心 $\left(\boxed{\text{エ}},\boxed{\text{オ}}\right)$，半径 $\sqrt{\boxed{\text{カ}}}$ の円となる。

$|\overrightarrow{\mathrm{CA}}|=\sqrt{2}$ となる円周上の点を，C とする。CO と AB が交わるとすると，

C の座標は，

$$\left(\frac{\boxed{\text{キ}}+\sqrt{\boxed{\text{ク}}}}{\boxed{\text{ケ}}},\ \frac{\boxed{\text{コ}}+\sqrt{\boxed{\text{サ}}}}{\boxed{\text{シ}}}\right)$$

と決まる。更に円周上の点 D で，DO と AB は，交わらず $2|\overrightarrow{\mathrm{DB}}|=(1+\sqrt{3})|\overrightarrow{\mathrm{DC}}|$ を満たすならば，$\cos\angle\mathrm{CDB}=\dfrac{\boxed{\text{ス}}}{\boxed{\text{セ}}}$ だから，$|\overrightarrow{\mathrm{DC}}|=\boxed{\text{ソ}}$ となる。

従って，△CDB の面積は，$\dfrac{\boxed{\text{タ}}+\sqrt{\boxed{\text{チ}}}}{\boxed{\text{ツ}}}$ と決まる。

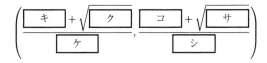

〔Ⅲ〕　$a_1=0$ で, 公差 が d の等差数列 $\{a_n\}$ から, 次の操作 $(*)$ により, 新しい数列 $\{b_n\}$ をつくる。

$(*)$ $f_1(x)=2d^2-2x^2$ とし, $n=2,3,4,\cdots$ について,

$$f_n(x)=-2(x-a_{n-1})(x-a_{n+1})$$

とする。このとき, 数列 $\{b_n\}$ を, 初項 b_1 が 0 で, $n \geqq 2$ について, 一般項 b_n を, xy 平面上 $x \geqq \dfrac{d}{2}, y \geqq 0$ の範囲で, x 軸と関数 $f_1(x), f_2(x), \cdots, f_n(x)$ のグラフで囲まれた図形の面積として定める。

このとき, 次の問に答えよ。

1.　$\{a_n\}$ が, $a_1=0$, 公差 2 の等差数列のとき, $(*)$ によって与えられる数列 $\{b_n\}$ について,

(1)　b_2, b_3 を定める図形を, 図示せよ。

(2)　$\{b_n\}$ は等差数列となる。一般項 b_n を, 求めよ。

2.　$k=1,2,3,\cdots$ について, 数列 $\{a_n(k)\}$ を, 次の様に定める。
$\{a_n(1)\}$ を, 初項 0, 公差 1 の等差数列とし, $k \geqq 2$ について, $\{a_n(k)\}$ を $\{a_n(k-1)\}$ から $(*)$ によってつくられる数列とする。

(1)　$k=2,3,4$ について, $\{a_n(k)\}$ の公差を求めよ。

(2)　$\{a_n(k)\}$ の公差を, d_k と置くとき, $\log_{d_2} d_{k+2}$ を求めよ。

問八　本文の内容と一致するものを次の1～5の中から一つ選び、その符号をマークせよ。

1　侍従は姫君から不思議な夢の話を聞き、中将が姫君を探していると察知した。たしかに、中将の気持ちは真実であるけれども、二人は結ばれるはずがないと思うと姫君がかわいそうでならなかった。

2　中将は姫君を必死で探し、仏の霊験によって居場所を探し出すことができた。しかし、浄衣とわらぐつで険しい龍田山を越えようとした中将は死んでしまい、霊魂となって姫君のもとに現れた。

3　姫君の霊魂は仏の導きで中将の夢の中に現れたが中将が自分を探しているとは知らなかった。そのため、恨みを込めた和歌を詠み、冷淡な態度を取ってしまった。

4　中将は夢に出てきた姫君の袖を掴みながら、姫君の詠んだ和歌に返事をしようとしたとたんに目覚めた。一方で、姫君も中将が自分の袖を引きとどめて和歌を詠みかけてきた夢を見た。

5　中将は正月に昇進したが、姫君が行方知れずなので喜べる心境ではなかった。それから、初瀬の参籠で姫君らしき人の夢を見て仏のお告げかと考えたが、信じ切れなかった。

問九　『住吉物語』は継子物語の一つである。平安期における継子物語の代表的な作品を次の1～5の中から一つ選び、その符号をマークせよ。

1　とりかへばや物語　　2　落窪物語　　3　平中物語　　4　竹取物語　　5　大和物語

問五　傍線部C「申す」の敬意は誰から誰に向けられているか。次の1～5の中から最も適切なものを一つ選び、その符号をマークせよ。

1　中将から姫君　2　中将から関白　3　中将から仏　4　随身から中将　5　随身から関白

問六　次の1～5の傍線部のうち、傍線部D「なむ」と文法的に同じ用法のものを一つ選び、その符号をマークせよ。

1　右大殿の弓の結に、上達部、親王たち多く集へたまひて、やがて藤の宴したまふ。花ざかりは過ぎにたるを、「ほかの散りなむ」とや教へられたりけん。

2　いと長い髪をかい切りて、手づから尼になりにけり。つかふ人集りて泣きけれど、いふかひもなし。「いと心憂き身なれば、死なむと思ふにも死なれず。」

3　板敷のしたにはひ歩きて、人にみなよませはててよめる。「塩竈にいつか来にけむ朝なぎに釣する船はここによらなむ」となむよみけるは。

4　思ひてとりて見れば、このわが思ふ人の文なり。書けることは、すみぞめのくらまの山に入る人はたどるたどるもかへり来ななむと書けり。

5　月日経ておこせたる文に、「あさましく、対面せで、月日の経にけること。忘れやしたまひにけむ」と、いたく思ひわびてなむはべる。

問七　Ⅱの和歌に込められた気持ちが端的に記されている箇所を、本文中から九字で抜き出して記せ。

4　海の底ならぬ、そこがどこかさえもわからずに困り果てておりましたところ、海人が「すみよし」、つまり住みよい場所だと申しておりましたよ。私は住吉という地におります。

5　海の底ならぬ、そこは竜宮のようだという住吉についてよく知らず、なんとなく恐ろしいと思って過ごしておりましたところ、海人は「すみよし」と申しましたよ。私は住吉で楽しく暮らしております。

問四　傍線部B「夢と知りなば」は「思ひつつ寝ればや人の見えつらむ夢と知りせばさめざらましを」（古今集・恋二・五五二・小野小町）の一節を踏まえている。傍線部Bの解釈として最も適切なものを次の1〜5の中から一つ選び、その符号をマークせよ。

1　愛する姫君を恋しく思いながら寝たので、思いが通じて姫君が夢のなかに現れたのだろうか。夢と知っていれば覚めずにいたのに。住吉にいるであろう姫君にどうしても会いたい。

2　恋しい姫君の面影を思い出しながら寝たので、思いが通じて仏が姫君を夢に導いてくれたのだろうか。夢と知っていたならば目覚めたくなかったのに。振り払うように立ち去った住吉の姫君は、私を嫌いなのかもしれない。

3　美しい姫君の行方を考えながら寝たので、思いが通じて姫君は海の底に沈んだと知らせてくれたのだろうか。姫君の死を知っていれば夢から覚めずにいたのに。姫君は住吉で眠っているのだろうか。

4　愛しい姫君はどこに行ってしまったのかと思い悩んで寝たので、思いが通じて姫君が夢に現れたのだろうか。夢と知っていれば姫君も目覚めてくれるなと思っただろうに。住吉の姫君も私を探しているのかなあ。

5　麗しい姫君を思いながら寝たので、思いが通じて姫君が誰かの妻らしき人の姿で夢に出てきたのだろうか。夢と知っていれば覚めたくなかったのに。住吉にいるであろう姫君は誰と結婚したのだろう。

Dとなむありつる」とあはれに語り給へば、侍従、「げにいかばかり嘆き給ふらむ。まことの御夢にこそ」とて、忍び音を泣き給ひけり。

〈注1〉　初瀬――現在の奈良県桜井市初瀬にある長谷寺のこと。

〈注2〉　一七日《ひとなぬか》――七日間をいう。

問一　傍線部①「司召」の読みを、ひらがな五字で記せ。

問二　傍線部A「うちそばみ」の解釈として最も適切なものを次の1～5の中から一つ選び、その符号をマークせよ。

1　顔を隠して　　2　目を伏せて　　3　わきを向いて　　4　後ろを振り返って　　5　嫌な顔をして

問三　Ⅰの和歌の解釈として、最も適切なものを次の1～5の中から一つ選び、その符号をマークせよ。

1　海の底ならぬ、そこの土地柄を知らないままにたどり着き悲しみにくれておりましたところ、海人が「すみよし」と慰めてくれましたよ。住吉は住みよいので、私は都に戻りません。

2　海の底ならぬ、そこにも都はあると聞いておりましたが、住吉がどこかもわからないまま世を捨てる思いでおりましたところ、海人は「すみよし」なんて申しますよ。住吉は居心地が良いので、私は出家を迷ってしまいますわ。

3　海の底ならぬ、そこになじめるかどうかもわからずに不安な旅を続けておりましたところ、仏の導きのように海人が「住吉はすみよし」と声をかけてくれましたよ。私は海人を信じて住吉にとどまっております。

（三）　次の文章は「住吉物語」の一節である。中将（関白の子で少将から昇進）は、行方をくらませた姫君への思慕を募らせていた。姫君は侍従（乳母の子）とともに、住吉で暮らしていた。以下を読んで、後の問に答えよ。

正月の①司召に、右大臣は関白になり給ふ。少将は中将になりて三位し給ふを、うれしとも思はで、ひとへに神仏に祈り、「姫君の行方知らせ給へ」と祈りけり。

はかなくも、はや夏も過ぎぬ。九月に初瀬〈注1〉に参りて、一七日〈注2〉籠り念じ侍りけり。七日といふ夜、暁がたに少しまどろみ侍りしに、御夢に、やんごとなき女房のAうちそばみゐ給へるを、あなうつくしやと見れば、姫君なり。胸うち騒ぎ、うれしさ限りなくて、「さても何処におはしますにか。かくいみじき目をば見せ給ふぞ。いかばかりか思ひ嘆くと知り給へる」と言へば、うち泣きて、「かくまでとは思はざりしを、いとあはれにぞ」と言ひて立ち給ふ。御袖を控へて、「おはし所知らせ給へ」とあれば、

Ⅰ　わたつ海のそことも知らで侘びぬればすみよしとこそ海人は言ふなれ

と言ひて立つを、御返事せむ心地してうち驚きけり。

いよいよ、B「夢と知りなば」と悲しく、「仏の御験にこそ」とて夜のうちに下向して、住吉と言ふ所をたづね参らせむとて、御供の人々に仰せられけるは、「御精進のついでに天王寺・住吉へ参らむと思ふなり。おのおのはこれより帰りて、この由をC申せ」と仰せありければ、「いかに御供の人なくては」とて、「参らむ」と申す。「今夜の示現に任せたれば、そのままになむ。ことさらに思ふやうあり。言はむままにてあるべし」とて、「おのおのを返すなり」と仰せありければ、力なくてみなみな帰りぬ。ただ随身一人具し給ひて、浄衣のなへらかなるに、薄色の衣に白き単衣着て、わらぐつはきて、龍田山をば出で給ふ。

さて住の江には、その暁姫君の、「夢に、少将殿の世に心細げにて、山中にただ一人草枕して泣き伏し給ふ所へ行きたりつるに、われを見つけて袖を控へてかくなむ。

Ⅱ　たづねかね深き山路に迷ふかな君が住みかをそこと知らせよ

問四　傍線部C「『小さな大人』」とはどのような存在か。最も適切なものを次の1～5の中から一つ選び、その符号をマークせよ。

1　仕事も遊びも大人に混じっておこなう存在
2　一人前でなく特別扱いもされない存在
3　子供と大人の間の中間的な存在
4　名付けが行われない不特定の存在
5　成人の男女の性別を超越した存在

問五　傍線部D「日本社会の流れを追って、『七つ前は神のうち』は伝統的観念ではないとして退けた柴田の幼児史と、アリエスによる『子供期』の発見はよく似ていることがわかる」とあるが、二人の見解のどのような点が類似していると筆者は考えているのか。最も適切なものを次の1～5の中から一つ選び、その符号をマークせよ。

1　かけがえのない子どもという観念が、歴史的産物だとする点
2　子どもを伝統的で非日常的な存在とする発想を肯定した点
3　七歳以上の子どもを「無服」と捉え、「子供期」という概念を提示した点
4　子どもを特別視することなく、大人と対等に扱おうとする点
5　近代以前は子どもの出生や死に対して誰もが無関心だったとする点

問六　本文中の二箇所の空欄［X］には二字の同じ言葉が入る。その言葉を本文中から抜き出して記せ。

問一　傍線部①～③のカタカナを漢字に改めよ。

問二　傍線部A「民俗的な『子どもらしさ』はここで失われる、あるいは剝奪される」とあるが、その説明として最も適切なものを次の1～5の中から一つ選び、その符号をマークせよ。

1　もはや「子宝」とはみなされず、保護の対象外として取り扱われる。

2　男女の性差を意識し始め、結婚を間近に控えた存在として扱われる。

3　村社会の一員とみなされるための基準を達成することが求められる。

4　「無服」の対象とされつつも、責任能力の有無を問われる存在になる。

5　一人前の人格を持つ存在として扱われ、神の子とみなされなくなる。

問三　傍線部B「この諺は近世後期から近代にかけて、幼児保護の社会意識が一般的に定着してきたことを背景に」とあるが、ここにいう「背景」をもたらした事実として最も適切なものを次の1～5の中から一つ選び、その符号をマークせよ。

1　近世になり、武家服忌令により七歳以下は服忌対象から外れていったこと。

2　近世になり、「子どもらしさ」に対して、ある種の特権視が生じていたこと。

3　近世になり、庶民にも「家」が確立し、幼児に寛大な社会が現出したこと。

4　近世になり、子どもに対する強い関心と親密な感情が生まれてきたこと。

5　近世になり、無邪気な子供らしい子どもからの脱皮が期待されてきたこと。

としてひととおりのことができることが求められたのである。

宮本常一は『家郷の訓《おしえ》』（一九四三年）で、幼少期に両親ではなく、祖父母の世代に育てられ、しつけられた経験を印象深く綴っている。宮本だけではなく、民俗社会では父親も母親も労働に時間と体を取られ、子どもの面倒をみるのは祖父母や子守りの役割だったのだ。

「四つ位の折から祖父につれられては田や畑へ行った。その往復に際して荷のない時は、いつもオイコにのせて背負うてもらった。ちょうど猿曳《さるひき》の猿のように。これが実に嬉しかったものである」。

宮本は祖父のもとで六歳までしつけられ、七歳の春から父母の教化のもとに入った。「七歳から労働が教え込まれたのである。六歳の暮に外祖父が小さいオイコをこしらえてくれた」。

宮本は懐かしい思い出として語っているが、小さな子どもの頃から、 X 力になる準備をしてきたことになる。娘たちもまた小さなときから、祖母の手作業を見様見真似で覚えさせられた。七歳以前の子どもたちも、あどけなさにとどまっている暇はなかったのだ。

アリエスや柴田は、ある時代までの子どもの不在を発見し、ある時期以降の子どもの誕生を明らかにしたが、それでも子どもはずっといたはずだ。子どもの心は「子どもらしさ」を求められたが、体のほうは一刻も早く「子どもらしさ」を脱け出すことを期待されたのである。

（畑中章宏「子どもらしさ」による）

〈注〉「十三、七つ」――「お月様いくつ、十三七つ」の童謡から出た言葉。十三夜の七つ時（4時頃）の出たばかりの月のことで、まだ若いの意（『広辞苑』第六版による）。

の後の人々に大きな影響を及ぼしてきた。

アリエスによると、かつての伝統的な社会では、「子供が死亡したばあい、一部の人びとは悲嘆に暮れはしたが、一般的には子供にたいしてあまり保護はなされず、すぐに別の子供が代りに生れてこようと受けとられていたのである。子供は一種の③トクメイの状態からぬけ出ることはなかった」と言う。

つまり、「昔、子どもはいなかった」が、ある時期からその存在を認められるようになったというのである。現在では自明の観念となっている「子供」や「子供期」について、近代家族の成立とともに誕生した歴史的産物であることをアリエスは発見したとして、評価されてきたのだ。

近代以前のヨーロッパの社会では、子どもはC「小さな大人」として扱われ、子どもの出生や死に対しても無関心だった。生まれた子どものうち、七歳くらいの年齢まで生き残ったものだけが X 力として家族の数に加えられた。そして、身の周りの用を一人で足せるようになると、家庭から大人の世界へ放り出されて、「若い大人」として、仕事も遊びも大人に混じっておこなった。ところが、十七、八世紀に、中産階級を中心に子どもに対する強い関心と親密な家族感情が生まれてきたというのである。

こうして見ると、論拠はともかく、D日本社会の流れを追って、「七つ前は神のうち」は伝統的観念ではないとして退けた柴田の幼児史と、アリエスによる「子供期」の発見はよく似ていることがわかる。

それでは、あどけない子ども、無邪気な子どもらしい子どもは、どこにも存在しなかったのか。日本の民俗社会にも、子どもには子どもだけの世界があり、大きな子どもが小さな子どもを導いておこなわれる「祭」も各地にある。また子どもの遊びも大人の社会とは異なる伝承文化として受け継がれてきた。民俗社会に子どもは明らかに実在したはずである。

一方、かつての社会には共同でおこなう労働が多く、その教育目標は、「一人前」の村人を育てあげることだった。子どもが子どもを脱し、一人前とみなされるにはいくつかの基準があり、年齢、労働能力、技術、社会的地位、祭祀、婚姻資格など、村人

『先祖の話』で、「七歳までは子供は神だという諺が、今もほぼ全国に行われている」と強調したが、このときも具体的事例は示さなかった。「七つ前は神のうち」説は、こうしてその後、民俗学の分野で主流となり、歴史学や教育学などの分野でも受容されていった。なお、一九八〇年代末から九〇年代にかけて、民俗学の内部からも批判的言辞が提示されるようになった。

　柴田の歴史的反証を整理すると次のようになる。

　古代・中世の社会では、幼児は「無服」とされ、神事の挙行や刑罰的世界から疎外・排除されて、「尊卑」のない特別な存在とみなされていた。この幼児に対する「無服」は、『養老律令』（七五七年）で七歳までは服忌《ぶっき》の対象外にされたことにより、七歳を境界年齢とする観念もここから生まれたのだと言う。その後、近世の武家服忌令でも七歳以下は服忌の対象から外され、幼児は絶対責任無能力者という考えが浸透していった。民俗社会にも「七つから大人の葬式をするもの」という言い回しがあり、「七歳未満忌服なし」という表現もあって、七歳に満たないものは喪の忌みには関係がなく、浄・不浄の対象にならないと考えられていた。

　しかし近世になり、庶民にとっても「家」が確立してくると、幼児は「子宝」として保護の対象とされるようになり、「無服」であることがある種の特権視を生じさせることになった。そうしたなかで、庶民のなかに幼児を大切に養育するという社会意識が定着していった。つまり、近世までは、「七つ前は神のうち」といった観念は存在しなかったということになる。そして近世後期になって、幼児に寛大な社会が初めて現出し、さらに近代になり、国家神道が浸透していくにつれ、「七つ前は神のうち」という俗説的表現が成立していったと柴田は言うのである。

　言い方を換えれば、近世後期以前には、「子どもらしさ」が付け入る隙はなかったということになるだろうか。

「子どもらしさ」について考えようとするとき、「子ども」とはそもそも何歳から何歳ぐらいを指すのか、という疑問も生じる。フランスの歴史学者フィリップ・アリエスは、『〈子供〉の誕生』（一九六〇年）で「子供期」という概念を提出し、子どもを論じるそいるという考え方があったように想像されると言う。

また、生まれたばかりの子どもは、「性」をはっきりさせない状態で①ショグウされていた。子どもが霊力を伴う時期に相当して、男か女かわからない状態の時期があった。大人にとってはその挙措動作が神秘的だと思われる時期であり、それが七つを経ると薄らいでいき、大人になっていくのである。だから、「男の子らしさ」や「女の子らしさ」を意識し、意識されるようになるのも七歳ぐらいを区切りにしたようだ。

七歳までの子どもはこのように、一人前の人格を持つとはみなされず、この世のものでも②イカイのものでもないという中途半端な存在だったが、七歳になると子供組に加入したり、正装して山岳登拝したり（「七つ子参り」）、氏子入りの儀礼などを経て共同体の成員として認められていく。A民俗的な「子どもらしさ」はここで失われる、あるいは剝奪されると言ってよい。しかしこうした通過儀礼は近世、近代の教育システムにも適用され、寺子屋入りや、義務教育の就学年齢も七歳を基準にしたのだった。

「七歳までは神の子」、あるいは「七つ前は神のうち」は、日本の民俗社会における無垢な子どもらしさの根拠とされてきた。この通説に対し、歴史学者の柴田純は『日本幼児史』（二〇一三年）で、Bこの諺は近世後期から近代にかけて、幼児保護の社会意識が一般的に定着してきたことを背景に、昭和になって生まれた俗説にすぎないと批判的検証を試みた。柴田は、「七つ前は神のうち」は日本の伝統的観念とは全く無関係で、前近代の幼児を語るとき、「枕言葉」のように使うことは厳に慎むべきだと主張する。ではなぜこうした俗説的表現が生まれ、定着したのだろう。

柴田によると、柳田国男は一九一四（大正三）年の「神に代《かわ》りて来る」において、「七歳になる迄は、子供は神さまだと謂って居る地方があります」と述べ、「七つ前は神のうち」説を提示したが、この段階では具体的な事例をあげたわけではなかったと言う。

しかしその後、一九三七（昭和十二）年に能田多代子《のうだたよこ》が「七つ前は神様」で青森県五戸《ごのへ》地方での事例を紹介し、同じ年に大間知《おおまち》篤三《とくぞう》が「七ツ前は神のうち」で常陸多賀郡高岡村での事例を紹介した。これらを受けてか柳田自身も、太平洋戦争中に書き継いだ

1　不可視の世界のメリット
2　人間中心の近代ヒューマニズム
3　生死を超越したダイナミズム
4　日本固有のコスモロジー
5　人類の壮大なストーリー

(二)

次の文章を読んで、後の問に答えよ。

〈注〉「十三、七つ」の歌のうち「七歳」に関しては、「七歳までは神の子」（「七つ前は神のうち」などとも言う）という諺が広く流布している。あどけない子ども、無心で無垢な子どもを示した民俗的な表現として、馴染みがある言葉だろう。

「七歳まで」、「七つ前」というこの年齢の区切りについては、柳田国男が『先祖の話』（一九四六年）で、六つ以下の子どもが死んだ場合、大人の葬送とは異なり、特別の埋葬地が設けられたことに注目している。子どもが死ぬと家の床下や、雨落ちの下に埋める民俗がある。その意味するところは、子どもが死ぬと、体内に宿っていた霊魂が「若葉の魂」となり、蘇生しやすいように配慮したのではないかと言う。つまり、小さな子どもは、いつでも霊界から帰すことができる存在だというふうに考えられていたようなのだ。

七歳までの小さな子どもの生身魂《いきみたま》は身体を離脱しやすいため、七歳までの通過儀礼には、魂を身体に鎮めて離れないようにする呪法が用いられた。さらに、出産から子どもの成育までにある「産神《うぶがみ》信仰」からも、幼い子どものなかには生きた霊魂が籠ってマークせよ。

1　現代医学にも限界があるため、特に不可視の分野については研究対象外と考えてきた。
2　医学はそれ自体が独立した学問であるため、他分野からの越境は認めてこなかった。
3　患者を生かすための治療に専念するあまり、不治の患者の治療は早々に断念してきた。
4　ひたすら西洋医学を信奉し、漢方のような東洋医術は一部しか採用してこなかった。
5　病院は科学的な空間でなければならないため、証明されていないものは排除してきた。

問六　傍線部E「ストレスの重圧」とほぼ同じ意味で使われている表現を本文中から五字で抜き出して記せ。

問七　傍線部F「小さなカミ」とあるが、それに関する記述として最も適切なものを次の1～5の中から一つ選び、その符号をマークせよ。

1　近代以前には超越的な存在にすがって心の平穏を保っていたが、現代ではゆるキャラがその役割の一端を担っている。
2　現代社会では罵倒や差別が横行し、もはや超越的な存在は役に立つ機会の少ない小さな存在となってきている。
3　超越的存在を認めないことで無機質な領域ができ、その領域を埋めるためのゆるキャラが信仰の対象となっている。
4　カミがいないために人間関係を損失した現代人は、ゆるキャラを媒介にして関係を修復してきている。
5　人間関係の隙間がゆるキャラによって満たされるのは、ゆるキャラに無数の死者の影を認めているためである。

問八　空欄 Y に補うべき言葉として最も適切なものを次の1～5の中から一つ選び、その符号をマークせよ。

2　神仏や死者の存在を前提として理解できる生の世界があり、我々はそこで生かされているということ。
3　人間は精神的な不可視の世界から離れることはできず、生死を貫通する世界も同様であるということ。
4　死は生の終焉ではなく、不可視の世界における生者と死者の新しい関係の始まりであるということ。
5　生の世界は見えるが、死の世界もその延長線上にあり、カミの存在によって初めて理解されるということ。

問三　傍線部C「宗教者であることが基本的な資格である」とあるが、その理由として最も適切なものを次の1～5の中から一つ選び、その符号をマークせよ。

1　営利目的の業務に従事しておらず、人々を平等に扱うことができるから。
2　生死の世界を体験しており、どんな質問や相談にも対応可能であるから。
3　日頃からカミの存在を実感し、その教えを人々に伝導してきているから。
4　生老病死など重要な場面でさまざまな人々を導いてきた経験があるから。
5　それぞれの信仰にもとづいた揺るぎない信念が人々の心を和らげるから。

問四　本文中の二箇所の空欄［X］には同じ表現が入る。その表現として最も適切なものを次の1～5の中から一つ選び、その符号をマークせよ。

1　しながら　2　するように　3　しても　4　することで　5　する以上に

問五　傍線部D「現代医療のあり方」とあるが、この場合の例として最も適切なものを次の1～5の中から一つ選び、その符号を人類が直面している危機を直視 X 、人類が千年単位で蓄積してきた知恵を、近代化によって失われたものをも含めて発掘していくこと、それこそがいまわたしたちに与えられている大切な課題なのではないだろうか。

（佐藤弘夫『日本人と神』による）

〈注〉［谷山二〇一六］——谷山洋三『医療者と宗教者のためのスピリチュアルケア　臨床宗教師の視点から』（中外医学社・二〇一六年刊）の記述内容の引用であることを示す。

問一　傍線部A「カミ」とあるが、カタカナ表記した理由として最も適切なものを次の1〜5の中から一つ選び、その符号をマークせよ。

1　時代や国家を越えたグローバルな視点から客観的に論じるため。
2　あらゆる民族の根源にある宗教的崇拝の心情を尊重するため。
3　人間を超越した聖なるものを日本古来の「神」と区別して表現するため。
4　近代以降の人間の精神性を近代以前の人間の信仰と区別するため。
5　前近代の人々の精神的支柱を可能な限り印象的に記述するため。

問二　傍線部B「生死の双方の世界を貫くストーリー」とあるが、その説明として最も適切なものを次の1〜5の中から一つ選び、その符号をマークせよ。

1　生の世界で死は当然のものとして受けとめられるが、実はそこに神仏が力を貸しているということ。

欧米諸国と比べれば、日本列島はいまだに自然とカミと人との連続性、対称性を強く保持する社会である。かつて死者が風になって空中を飛翔する「千の風になって」という歌が大ヒットした。道端には何を祀るとも知れない無数の祠があり、野の花が生けられている。都市のここかしこに神社や祠が残っていて、祈りを捧げる人の姿がある。

　東日本の各地にある草木供養塔は、山仕事を行う人々が伐採した草木を供養するために建立したものであり、針供養の行事などとともに、人間と草木・無生物を同じレベルの存在として把握しようとする日本人の発想方法を反映する現象である。しかし、その日本でもカミは着実に存在感を弱めつつある。

　二一世紀に生きるわたしたちは、近代の草創期に思想家たちが思い描いたような、直線的な進化の果てに生み出された理想社会にいるのではない。近代化は人類にかつてない物質的な繁栄をもたらす一方で、人間の心に、昔の人が想像もしえなかったような無機質な領域を創り出した。民族差別の言説や弱者へ投げかける罵倒の言葉が、いまネット上に溢れている。

　この問題の深刻さは、（中略）それが文明の進化に伴って浮上したものだということにある。いまそこにある危機が近代化の深まりのなかで顕在化したものであれば、［　Y　］を相対化できる長いスパンのなかで、文化や文明のあり方を再考していくことが必要である。

　わたしは前近代に帰れ、といっているのではない。過去に理想社会が実在した、などといっているのでもない。どの時代を切り取っても、苦悩と怨嗟《えんさ》の声はあった。いまわたしたちが生きる世界を見直すために、近代を遥かに超える長い射程のなかで、現代社会の歪みを照射していくことの重要性を論じているのである。

　これまでの歴史のなかで、カミは人にとってプラスの役割だけを果たしてきたわけではない。カミが人を支配する時代が長く続いた。特定の人々に拭いがたい〈ケガレ〉のレッテルを貼って差別を助長したのもカミだった。カミの名のもとに憎悪が煽られ、無数の人々が惨殺されるという愚行が繰り返されてきた。それはいまも続いている。

日本でも中国でも、D現代医療のあり方に対する反省に立って、医療の現場にカミを導入しようとする活動が始まっている。最先端の科学技術が君臨する場において目に見えぬものたちがどのような役割を果たしうるのか、今後の動向が注目される。

息の詰まるような人間関係の緩衝材として、新たに小さなカミを生み出そうとする動きも盛んである。一九九〇年代から始まるスピリチュアリティや精神世界の探求のブームは、そうした指向性の先に生まれたものだった。ペットブームもまた人間関係の緩衝材を求める人々の無意識の反映と考えられる。

もう一つ、わたしがいまの日本社会で注目したい現象は、列島のあらゆる場所で増殖を続けるゆるキャラである。もちろんディズニーのミッキーマウスをはじめ、動植物を擬人化したキャラクターは世界中にみられる。しかし、その数と活動量において、日本のキャラクターは群を抜いている。これほど密度の濃いキャラクター、ゆるキャラの群生地は、地球上の他の地域には存在しない。

大量のゆるキャラが誕生しているということは、それを求める社会的需要があるからにほかならない。それはなにか。わたしは現代社会の息の詰まるような人間関係のクッションであり、Eストレスの重圧に折れそうになる心の癒やしだと考えている。ミッキーとハグしたくて、震災後再開したディズニーランドを真っ先に訪れたという類の話はいくらでも存在する。精神的に追い詰められたときでも、他人に心を開き甘えることは容易ではない。しかし、ゆるキャラに抱きつくことならさほど抵抗はない。ゆるキャラとの出会いが、心に溜まった澱を一挙に昇華するカタルシスとなるケースもあるのである。

現代社会におけるゆるキャラは、F小さなカミを創生しようとする試みであるとわたしは考えている。この社会からカミを締め出した現代人は、みずからを取り巻く無機質な光景におののいて、その隙間を埋める新たなカミを求めた。その先に生まれてきたものが、無数のキャラクターたちだった。群生する大量のゆるキャラは、精神の負荷に堪えかねている現代人の悲鳴なのである。

に錘鉛を下ろし、その構造に光を当てていくことが求められているのである。

いま日本列島においても世界の各地でも、現実社会のなかに再度カミを引き戻し、実際に機能させようとする試みが始まっているようにみえる。二〇一三年秋、わたしは「介護と看取り」をテーマとするシンポジウムに参加するため北京を訪れた。終了後に、中国のホスピスの現状をみせていただくために万明医院という病院を訪問し、スタッフと懇談する機会をもつことができた。

万明医院では病院の内部に、「往生堂」という名称の一室が設けられ、重篤な病状に陥った患者がそこに運ばれて、親族の介護を受けながら念仏の声に送られてあの世に旅立つシステムが作り上げられていた。敷地内の別の一室では、故人の遺体を前に、僧侶を導師としてたくさんの人々が念仏を称えていた。その儀式は数日間続けられるという。霊安室と死者の退出口を人目のつかない所に設けることによって、生と死の空間を截然と区別する日本の病院を見慣れていたわたしにとって、病院内に生の世界と死の世界が混在するこの光景は、たいへん衝撃的だった。

終末期医療や心のケアに宗教を介在させようとする動きは日本でも起きている。その代表的な運動が、東北大学をはじめ多くの大学で進められている臨床宗教師の育成である〔谷山二〇一六〕〈注〉。「臨床宗教師」は、キリスト教文化圏におけるチャプレンに相当する存在で、「被災地や医療機関、福祉施設などの公共空間で心のケアを提供する宗教者」をいう。その育成講座には、仏教、キリスト教、神道、新宗教などさまざまな信仰者が参加している。C宗教者であることが基本的な資格であるが、自宗の優位を公言したり布教や伝道行為を行ったりすることは禁止されている。宗教者としての経験を生かし、相手の価値観を尊重 X 、みずからの病や親族の死などによって心に重荷を負った人々に寄り添い、看取りやグリーフケアを行うことを任務とするものである。東北大学病院緩和ケア病棟など、国公立の病院でも臨床宗教師の採用が進められている。

国語

（六〇分）

（一）

次の文章を読んで、後の問に答えよ。

およそこれまで存在した古今東西のあらゆる民族と共同体において、Aカミをもたないものはなかった。信仰の有無にかかわらず、大方の人にとってカミはなくてはならない存在なのである。

わたしたちが大切にする愛情や信頼も実際に目にすることはできない。人生のストーリーは可視の世界、生の世界だけでは完結しない。たとえそれが幻想であっても、大多数の人間は不可視の存在を取り込んだ、B生死の双方の世界を貫くストーリーを必要としている。

かつて人々は神仏や死者を大切な仲間として扱った。目に見えぬものに対する強いリアリティが共同体のあり方を規定していた。それゆえ、わたしたちが前近代の国家や社会を考察しようとする場合、その構成要素として人間を視野に入れるだけでは不十分である。人を主役とする従来の欧米中心の「公共圏」に関わる議論を超えて、人間と人間を超える存在が、いかなる関係をたもちながら公共空間を作り上げているかを明らかにできるかどうかが重要なポイントとなる。これまでの歴史学の主流をなしていた人間による「神仏の利用」という視点を超えて、人とカミが密接に関わり合って共存する前近代世界のコスモロジーの奥深く

解答編

英語

I 解答

(1)―1 (2)―3 (3)―3 (4)―1 (5)―1 (6)―2
(7)―3 (8)―1 (9)―2 (10)―2 (11)―1 (12)―4
(13)―3 (14)―1 (15)―3 (16)―2 (17)―2 (18)―4

◀解 説▶

(1)「出てくる前に電気を切ったのを覚えている？」
remember *doing* で「～したことを覚えている」という意味。remember to *do*「忘れず～する」と区別する。

(2)「私は車を2台持っています。1台は日本製で，もう1台はドイツ製です」
代名詞の one と the other は「（2つの中で）1つは～，もう1つは…」という意味を表す。

(3)「私の個人的なことに干渉しないでいただければありがたく思います」
interfere in ～ で「～に干渉する」という意味。

(4)「この話の王様は裸だったという事実を指摘したのは幼い男の子だった」
空所の後に完全な文が続いているので，空所には接続詞が入る。このthat 節は同格節を導く働きで，後には the fact の説明が続く。また，ここでの It was ～ who … は強調構文であることにも注意。この文のように，強調したい語が人の場合には that の代わりに who を使うことができる。

(5)「他の出演者のために，私が十分なスペースを作ることができるかなとあなたが思っていたことはわかっています」
be capable of *doing* で「～することができる」という意味。possible は be possible (for *A*) to *do* で「(*A* が)～することができる」という形で用いる。

(6)「生徒たちは，放課後は学園祭の準備で忙しいので，先週よりも宿題が少なかったことをとてもうれしく思った」
空所後とつなげるには比較表現が必要である。homework は不可算名詞なので 1 は不可。
(7)「すばらしい歌を歌うことで気分が良くなることは本能的にわかっていますよね」
make *A do* で「*A* に〜させる」という意味。他の選択肢はすべて空所の後の better につながらないので不可。
(8)「客は羽田空港への行き帰りの手はずを整えておくように助言されている」
advise *A* to *do* で「*A* に〜するように助言する」 make an arrangement で「手はずを整える」という意味。
(9)「時速 160 キロ以上で走ることであなたは命を落とすかもしれません」
空所の後に目的語が 2 つ（you と your life）があることに着目する。cost *A B* で「*A* に *B* の犠牲を払わせる」という意味。
(10)「あなたが新しい事業で成功することを祈っています」
keep *one's* fingers crossed で「(幸運を) 祈る」という意味。
(11)「私たちが宿題を提出しなかったとき，先生は大目に見てくれなかった」
go easy on 〜 で「〜に温かい目を向ける」という意味。
(12)「テディは有名な俳優になる前，少ない収入で生活していた」
income「収入」のように総数や総額を表す名詞の大小は large，small で表す。
(13)「この自動販売機は今故障しているので，店の中でボトル入りの水を買ってもらえますか？」
out of order で「故障中」という意味。
(14)「ケイティは自分のお気に入りの俳優が交通事故で亡くなったという記事を読んで，言葉を失った」
article は「記事」という意味。diagram は「図表」，prescription は「処方箋，規定」という意味。
(15)「彼が最も有名なオリンピックのスキー選手の一人ということを知っていましたか？　彼にとってその山をスキーで下ることは楽勝ですよ」

a piece of cake で「とても簡単なこと」という意味。

⒃「ボブとケンは口論になる前，お金について1時間話し合っていた」

talk about ～ で「～について話す」という意味。discuss は他動詞なので，about は不要。口論になったのは過去のことで，話していたのはそれよりも前のことだから4の現在完了は不可。

⒄「世界的流行病が発生すると，医療従事者は治療の需要に遅れを取らないように常に追い詰められる」

keep up with ～ で「～に遅れずについていく」という意味。

⒅「今まさに誰かがスピーチをしようとするとき，私たちはその人の幸運を祈ることが多い」

空所の後に目的語が2つ（people と good luck）があることに着目する。wish *A B* で「*A* に *B* を祈る」という意味。他の選択肢はすべて第4文型を取ることができない。

II　解答　(1)―3　(2)―1　(3)―3

◆全　訳◆

≪スティーブ=ジョブズとの思い出≫

1980年代の末，マッキントッシュのコンピュータが登場して数年後（それはアイフォンが出るずっと前のことである），アップルの共同創設者であるスティーブ=ジョブズは，カリフォルニア南部の高級ホテルでプレゼンテーションをする予定であった。このホテルの支配人は，本来は非常に落ち着いた人であった。彼はジョブズ氏（すでにこの時でかなり有名であった）のような有名人が自分のホテルに滞在し，その施設を利用するのには慣れていた。しかし，彼はまた大いなるファンでもあり，このために彼は柄にもなく緊張していた。彼はジョブズ氏のプレゼンテーションが計画通りに行かないのではないかと大いに心配していた。

ジョブズ氏のプレゼンテーションの日，この支配人はすべてが適切になっているかどうか個人的に再度確認したかったので，朝早くにホテルの会議室に行った。彼が会議室のドアを開けたとき，ひとりの専門家がもうすでにそこにいて，体の半分が机の下に隠れ，コンピュータ，プロジェクタ，その他の機器を接続しているのに気がついた。

最初は，誰かがすでにプレゼンテーションの準備をしていたので支配人は安心した。しかし，それから，特にこんな早い時間に，機器を調べたり，接続したりする許可を誰も求めに来なかったことに彼は気がついた。何と言っても，彼はこのホテルの支配人なのだ。彼はこのホテルで起こることすべてに責任がある人物であった。

「すみません！」彼はいらだって専門家に叫んだ。

「はい？」初めて机の下から顔を出して専門家は答えた。この専門家が他の誰でもないスティーブ=ジョブズ本人だとホテルの支配人が気づいたのはこのときだった。

「すみません」と支配人はゆっくりと繰り返した。彼は驚いて目を見開き，目に見えて汗をかき，震え始めた。次に何を言っていいのかわからず，彼は最初に頭に浮かんだことを口にした。

「私はコンピュータが好きなんです」とささやくような声で支配人は言った。

「それを聞いて嬉しく思います」という返事と同時にその男性は机の下へ戻り，完全に視界から消えていった。

◀解　説▶

⑴空所は that 節で，ホテルの支配人がスティーブ=ジョブズのプレゼンテーションを前にして，会議室で再度確認する内容であることから考える。3．「すべてが適切になっていた」が正解。他の選択肢はそれぞれ，1．「どれも適切な役割を持っていた」，2．「みんなきちんと座っていた」，4．「場合によっては何かがうまくいかなくなる」という意味。

⑵「彼がホテルの支配人である」という文につながるものを考える。1．after all「やはり，何と言っても」が正解。他の選択肢はそれぞれ，2．「ぜひとも」，3．「彼が知る範囲では」，4．「きっぱりと」という意味。

⑶選択肢からも，机の下から顔を出したのがスティーブ=ジョブズだったのは明白である。3．「他の誰でもないスティーブ=ジョブズ本人」が正解。他の選択肢はそれぞれ，1．「唯一無二のスティーブ=ジョブズ以外の人」，2．「スティーブ=ジョブズよりも才能のある人」，4．「プレゼンターであるスティーブ=ジョブズを見つけることができない」という意味。

Ⅲ　解答　問1．A．scattered　B．referred　C．cleaned
D．seeking

問2．(1)―2　(2)―4　(3)―3　(4)―4　(5)―2

問3．A群：4　B群：3

◆全　訳◆

≪イチョウの物語≫

マンハッタンとワシントンDCの通り，ソウルの界隈，パリの公園では，冬一番のひとしきりの寒気に反応して，イチョウの木が徐々にその鮮やかな黄色の葉を失いつつある。

このように葉が落ちるのは，最初は少しずつで，後に急速に進行し，金色で扇形の葉が毎年通りを覆っている。しかし，世界中でこういったことが起こるのがだんだん遅くなっており，これは気候変動を示すものかもしれないという証拠を科学者たちは記録している。

「『いつ黄葉したイチョウを見に行けばいいですか？』と人々が私たちに尋ねると，10月21日ですと答えていたものです」とバージニア大学，ブランディ研究農場の主任であるデイビッド=カーは述べていて，この農場はイチョウ園（300本以上のイチョウの木がある樹木園）である。

カーは1997年からイチョウ園に勤めていて，秋が暖かくなり，黄葉が遅くなる傾向は顕著であると述べている。「最近では10月の終わりか，11月の最初の週に近くなっているように思えます」

しかし，この古来の種が大きな気候変動に直面したのは，今回が初めてではない。そしてこのイチョウの話は，人間の自然に対する不注意というありふれた話ではないのだ。

ノースダコタ州で見つけられた化石のおかげで，イチョウの種は6,000万年間，現在の形で存在していることが科学者にはわかっている。このイチョウは1億7千万年前のジュラ紀にさかのぼる遺伝的に似た祖先を持っている。

2億年に近い年表で「イチョウは徐々に減少しました。ほとんど絶滅したのです。そして人間との関係から生じた再生をしているのです」と『イチョウ』という本の著者であり，世界の主要なイチョウ専門家の一人であるピーター=クレーンは述べている。

地球の生物種の生息を記録している組織の国際自然保護連合は，野生においてはこの木を絶滅危惧と分類している。ほんの少しのまれな個体群が中国に存在している可能性があると考えられている。この秋，雨に濡れて，暗くなった路肩に散った明るい金色の葉の上を歩くと，珍しいもの——人間が自然の絶滅から救い，世界中に広めた種——に遭遇したことになるのだ。これは「すばらしい進化の物語，また偉大な文化の物語なのです」とクレーンは述べている。

今日，地球上の種子を作る植物には5つの異なる種類がある。顕花植物は最も多くある。球果植物は球果を持つ植物である。グネツム目の植物は砂漠の低木，熱帯の木，つる植物を含み，約70種の多様なグループである。ソテツ科の植物は，ヤシの木のようなまた別の古代のグループである。そしてイチョウは単独の種である。植物王国のイチョウ科で，たった1つの生きている種がイチョウなのである。

かつて世界には，イチョウにも多くの様々な種があったと科学者は考えている。中国の中央部にある石炭鉱で見つかった1億7,000万年前の化石になった植物に，葉の形と種の数でほんのわずかな違いしかないイチョウのような木がある。

何百万年も前に存在していた，かつては多様だったグループの残り物なので，この種は生きた化石——カブトガニ，ロイヤルゼンマイなども含まれる部門——と言われることが多い。イチョウは古代の種であるので，現代の木にはあまり見られない特徴を保持している。

イチョウにはオスとメスがあり，オスの木の精子が風に漂う花粉の粒子で運ばれ，メスの木の種子にたどり着いて受精し繁殖するが，それは人間が受精する過程と違いがない。イチョウはまた，オスからメスへの性転換の可能性の兆候も示している。この現象をイチョウで見るのはまれであり，完全に理解されている訳ではないが，確実に繁殖するための安全装置として，オスがメスの枝を生み出すことがあると考えられている。

世界のイチョウ種の消滅に対する1つの説は，1億3,000万年前に消滅が始まったというもので，これは顕花植物が多様化し，広まり始めたときである。現在23万5,000種以上の顕花植物が存在している。顕花植物は急速に進化して増殖し，成長速度は速くなり，草食動物を引きつける果実や，イチョウよりもより多くの花粉媒介者を引きつける花弁を使っている。

「『イチョウ』が押しのけられた，言い換えると現代の種との競争に直面した可能性がある」とクレーンは述べている。

イチョウはすでに生き残るための戦いで，およそ6,600万年前に始まった地球規模の寒冷期に当たる新生代の間に，北アメリカやヨーロッパから消滅し始めていた。最後の氷河時代は11,000年前に終わったが，そのときまでに，残りの生存種は中国まで退けられた。

イチョウは悪臭がすることで有名である。メスの木は，外側に果肉がある種子を生み，それは人の吐瀉物の特徴的な匂いである，酪酸を含んでいる。

なぜイチョウの木がそのような鼻をつく臭いを生み出すよう進化したのかに関して，「私の推測では，イチョウは悪臭のするものを好む動物によって食べられていたのです。そして，その内臓を通ってから発芽したのです」とクレーンは述べている。

これと同じ種子が，1,000年前に人間に好まれるのに一役買ったのかもしれない。いったん果肉が取り除かれると，イチョウの種子はピスタチオに似ている。中国の人がイチョウの木を植え，その種子を食べ始めたのは，この木が中国以外の場所で消えてしまってから長い時間が経った，このときだったかもしれないとクレーンは述べている。（イチョウの種子は，外側の毒性のある層が取り除かれて初めて食べることができる。）

ドイツの博物学者，エンゲルベルト=ケンペルは，中国からイチョウを手に入れたと考えられているが，彼が17世紀末に日本に旅行するまで，この植物がヨーロッパにもたらされることはなかった。今日，イチョウはアメリカ東海岸沿いで最もよくある木の1つである。昆虫，菌類，高いレベルの大気汚染に対して生まれつき抵抗力があるように思われ，コンクリートの下まで伸びる根を持っている。

この種は20世紀の初めに中国西部で野生のものと思われる個体群が見つかるまで，野生では絶滅したと考えられていた。2004年に発表された論文では見解が異なり，これらの木は古代の仏教僧によって栽培されたと示唆しているが，他にもイチョウの避難所が中国の南西部に見られるかもしれないと示唆している。

そして2012年，新たな論文で，野生の個体種は実際に中国南西部の大婁山脈に存在していたという証拠が挙げられた。

「いくつかの野生のイチョウの個体群は，中国の亜熱帯地方の気候変化の影響を受けずに動植物群が残存している地域に（も）あるかもしれないと思っています。しかし，もっと調査する必要があります」と雲南大学の生態学者であり，2012年の論文の著者でもあるシンディ=タンは述べている。このような野生の個体種は，栽培種の改良を追求している栽培者にとって，遺伝的多様性についての貴重な発見になる可能性がある。

だが，クレーンはイチョウの将来について心配していない。この種に人気があることは，イチョウの生存に役立つだろう。「野生においてイチョウの状況は危うく，手に入りにくいものかもしれませんが，絶滅しそうにない植物です」とクレーンは述べている。

◀解　説▶

問1．A．空所に続く this fall までの部分が those bright golden fans を修飾していることを見抜く。ここでの fans はイチョウの葉のことであり，葉は路上に散っていると考え，scatter「散らす」を選ぶ。イチョウの葉は「散らされる」という受動関係なので，過去分詞の scattered が正解になる。

B．空所の後の to as に着目し，refer to *A* as *B*「*A* を *B* と言及する」の受動態だと判断する。refer の過去分詞は r を重ねて ed をつけることにも注意。

C．空所の前にある once は接続詞で「いったん～すると」という意味。副詞節の中では主語と be 動詞が省略されることがあるので，once の後に they〔ginkgo seeds〕are が省略されていると考える。空所に clean の過去分詞の cleaned を入れると「それら〔イチョウの種〕から外側の層〔果肉〕が取り除かれると」になり，文意が通じる。

D．空所の直後に不定詞句が続いていることから seek to *do*「～することを追求する」の形になると考え，seek を選ぶ。ここでは空所の前にある breeders を修飾していると考えられ，栽培者は「追求する」という能動関係になるので，現在分詞の seeking が正解になる。

問2．(1)下線部を含む文の they はイチョウを指しており，後続の文でほとんど絶滅したと述べられていることから，イチョウの数が徐々に減少したと推測できる。よって，2．「減少した」が正解。他の選択肢はそれぞれ，1．「記録された」，3．「拒絶された」，4．「再生された」という意味。

⑵空所Aを含む第8段第3文（When you walk …）後半に，人がイチョウを絶滅から救ったと述べられている。4.「人」が正解。

⑶ここでの as は前置詞で「〜として」という意味。failsafe は「安全装置」という意味。to ensure reproduction は failsafe を修飾する形容詞用法の不定詞句。下線部は「生殖を確実にするための安全装置として」という意味。よって，3.「彼らが繁殖することを保証するために」が正解。他の選択肢はそれぞれ，1.「自然の一部での不規則な失敗として」，2.「メスの子孫の保護のために」，4.「性の多様性を反映するために」という意味。

⑷ elbow *A* out of the way で「*A* を押しのける」という意味。ここでは受動態になっており，「（イチョウが）押しのけられる」という意味。よって，4.「押し出される」が正解。他の選択肢はそれぞれ，1.「必ず進化した」，2.「角を曲がった」，3.「切り倒された」という意味。

⑸この population は「個体群」という意味。ここではイチョウの個体群を指している。よって，2.「イチョウの集団」が正解。1は「中国のある民族」，3は「人類」という意味。

問3．A群：1.「1億3,000万年前よりも最後の氷河期の末の方が，多くのイチョウが世界中で生きていた」 第13〜15段（One theory for …）の内容と一致しない。氷河期末には，イチョウは1億3,000万年前よりも減少している。

2.「人間が自然に対して不注意であり続けているために，イチョウの木は依然として絶滅の危機にある」 最終段の内容と一致しない。

3.「中国南西部にあるイチョウの避難所で見つけられた木は，実際は古代の仏教僧によって栽培されたものであった」 第20・21段（The species was …）の内容と一致しない。

4.「この記事によると，たった1本のイチョウの木が他のイチョウの木の援助なく繁殖することができると科学者は考えている」 第12段（Ginkgo trees are …）の，性転換でオスがメスの枝をつけるという内容と一致する。

B群：1.「ピーター=クレーンは，デイビッド=カーのブランディ研究農場にあるたくさんのイチョウの木に魅了されたので，『イチョウ』という本を書いた」 第7段（In its nearly …）の内容と一致しない。そのようなことは述べられていない。

2.「気候変動がイチョウの木の落葉に大きな影響を与えたかもしれないとシンディ=タンは主張した」 第2段（This leaf drop …）に気候変動の影響の記述はあるが，シンディ=タンによるものではない。

3.「イチョウの木が種として生き残り続けることに関して，明らかにピーター=クレーンは楽観的である」 最終段の内容と一致する。

4.「デイビッド=カーによると，イチョウの木の種子は悪臭のする食べ物を好む動物の気をそらせた」 第17段（As to why …）と一致しない。むしろそういった動物を引きつけたと考えられる。

Ⅳ 解答

問1．(あ)―1　(い)―4　(う)―2　(え)―4　(お)―3

問2．A．figured　B．adapted　C．missing　D．surprised

問3．(1)―4　(2)―1　(3)―4

問4．A群：3　B群：1

◆全　訳◆

≪イヌの祖先の研究≫

最後の氷河期の終わりに向かうどこかの時点で，灰色のオオカミが用心深く人間のすみかに近づいてきた。最初はこうやってためらいがちに近づいて行ったが，この種は劇的な変容を遂げた。少なくとも15,000年前までに，こういったオオカミがイヌになったが，彼らも彼らの仲間の人間もずっと同じであることはなかった。しかし，どうやってこの関係が，続く1,000年の間に進展したのかは謎である。現在，古代のイヌと人間のDNAをこれまでで最も包括的に比較することで，科学者たちはその隙間の一部を埋め始めており，イヌと人間がどこを一緒に旅し，そしてどこで道を分かつことになったのかを明らかにしつつある。

「これは本当に素敵な研究です」とマックス・プランク人類史科学研究所の考古遺伝学者であるウルフギャング=ハークは述べている。「私たちはついにイヌの物語と人間の物語がどのように一致するのかわかり始めているのです」

イヌは家畜化における最大の謎のひとつである。数十年間の研究にもかかわらず，いつどこでイヌの家畜化が起こったのか，ましてやどのようにして，あるいはなぜ起こったのか，科学者たちはまだわかっていない。2016年の研究で，イヌは二度にわたって家畜化された可能性があり，一度はアジアで，もう一度はヨーロッパや近東であると結論づけられたが，確証に至るための十分な証拠がないと批評家は述べている。数年後，早くも1万年前には両アメリカ大陸に家畜化されたイヌがいた証拠を研究者たちが報告したが，このようなイヌ科の動物は，遺伝子的な痕跡を残すことなく消えてしまったように思える。他の研究では，古代の犬の形跡をシベリアやその他の土地で見つけたが，どうやって彼らがそこに至ったのか，またどのように関連しているのかが科学者たちにはわかっていない。

この空白の一部を埋めるために，イヌと人間の遺伝学における二人の名士が手を組んだ。それはオックスフォード大学の進化生物学者であるグレガー=ラーソンとフランシス・クリック研究所の古代ゲノム学者であるポンタス=スコグルンドである。ラーソン，スコグルンド，そしてその共同研究者たちは，ヨーロッパ，シベリア，近東の11,000年近く前にさかのぼる2,000組以上の古代のイヌの化石を精査した。その過程で，彼らは27の古代のイヌのゲノムをもうすでに記録されている5つに付け加えた。そして，彼らは，その犬と同じ場所と時代に生きていた17の人間のゲノムとそれらを比較した。

イヌのDNAだけで，いくつかの驚くべきことが明らかになった。早くも11,000年前，すでに5つの別個のイヌの系統が存在していた。この系統は近東，北ヨーロッパ，シベリア，ニューギニア，両アメリカ大陸のイヌ科の動物を生んだことを，このチームは『サイエンス』で報告している。このときまでにすでにイヌはとても多種にわたっていたので，「家畜化はこのときよりも，かなり前に起こっていた」とスコグルンドは述べている。これは考古学的な証拠と一致する。最も古い明らかなイヌの化石は，およそ15,000年から16,000年前のドイツのものである。

意外なことに，このような古代の系統の一部は現代のイヌにもまだ残っている。たとえば，チワワはその祖先の一部を初期のアメリカのイヌにまでさかのぼることができる一方で，ハスキーは，古代のシベリアのイヌの遺伝子シグネチャーを示すことをこのチームは発見した。「もしドッグパークに異なるイヌの集団がいれば，彼らはみんなはるばる11,000年前にさかのぼる異なる祖先を持っているのかもしれません」とスコグルンドは

述べている。（中略）

研究者たちがイヌの DNA と現代および古代のオオカミの DNA を比較すると，またしても彼らが驚くことがあった。この 2 つの種は，近接したところに住んでいることが多く，つがいとなることもありうる（ブタとイノシシを考えるとよい）ので，大半の家畜化された動物は野生の親戚となる動物から，たとえ家畜化された後でも，遺伝物質を受け取っている。しかし，イヌは，オオカミからのそのような「遺伝子の流れ」を示していない。その代わり，オオカミはイヌから新しい DNA を得たのだ――一方通行である。

ラーソンは，このことはイヌと人間の親密な関係が原因であるとしている。もしあなたのブタやニワトリが，野生の DNA が入り込んだために多少野生化しても，どのみちあなたはそれを食べるのだから問題はないと彼は説明する。しかし，野生化したイヌは，良い番犬や良い狩り仲間，良い友だちにはならない。「もしあなたがイヌで，あなたの中に少しオオカミが混ざっていれば，それは由々しきことです」とラーソンは述べている。人々は「イヌを取り除く」でしょう。

オオカミ-イヌ間の分析はまた，イヌが，現在絶滅しているオオカミの個体群からたった一度だけ進化したことを示唆している。それでも，多数の家畜化の事象に関する 2016 年の研究を主導したラーソンは，確定するためにはより多くのデータが必要だと述べている。

そして，科学者たちは人間も併せて考え始めた。彼らは自分たちが持っている古代のイヌ科の動物の DNA と同じ場所と時代から人間の DNA のサンプルを選び，それぞれの遺伝的な歴史を追った。「これは 2 つの異なる言語の古代の文書を手に入れたようなもので，時代を通して双方の言語がどのように変化してきたかを理解しようとしているのです」とスコグルンドは述べている。

多くの場所で，このチームは人間とイヌのゲノムではっきりとした重複を見つけた。たとえば，約 5,000 年前のスウェーデンの農民とイヌの双方が，近東の祖先に行きついた。これは，農業が大陸に広がるにつれて，初期の農民たちが，彼らと一緒にイヌをつれて行ったことを示している。「人間が移動するとき，彼らはイヌと一緒に移動したことがはっきりと示されたのです」とラーソンは述べている。

しかし，こういった話が一致しないときがある。約7,000年前のドイツの農民も近東から来て，イヌと一緒に生活していた。しかし，この動物はシベリアやヨーロッパ由来の狩猟者のイヌに似ているようだ。

これは，多くの初期の移民が，自分たちの新しい環境によりよく適応した現地のイヌを選んだことを示唆しているとハークは述べている。その利点は多くあったと，王立工科大学の遺伝学者であり，イヌの起源の専門家でもあるピーター=サヴォライネンは付け加えている「彼らはかわいかったのです。彼らを利用することができるでしょう。食べることさえできるのです」

サヴォライネンはこの研究を「非常に徹底したもの」と呼んでおり，研究者たちがこんなにも多くのデータをまとめ上げることができたのは「素晴らしい」と付け加えている。しかし，イヌは東南アジアで生まれたと彼はずっと主張しており，地球のその場所からの標本がなければ，この研究は不完全だと述べる。「それがなければ，全体像の重要な部分が欠けているかもしれないのです」

今のところ，ラーソンのチームは「たくさんの」オオカミとイヌのゲノムを分析していると彼は言う。彼とその共同研究者は，初期のイヌがどのような見かけであったかの手がかりを与えてくれる古代の頭蓋骨の形と遺伝子マーカーにも目を向け始めた。彼が何を見つけても，彼は驚くことを期待している。「私たちは予期しないものを期待しなければなりません」と彼は述べている。「それが古代のDNAが私たちに与えてくれるすべてだからです」

◀解　説▶

問1．(あ)空所を含む文は，justからmillenniaまでがS，has beenがV，a mysteryがCという構造になっている。空所には関係詞が入り，Sとなる名詞節を作るが，節の中は完全な文（evolveは自動詞）になっている。よって，空所には関係代名詞（what，which，who）ではなく関係副詞（how）が入ると判断できる。

(い)空所の後のa genetic trace「遺伝子的な痕跡」につながる前置詞を考える。逆接のyetの前が「犬の痕跡があった」なので，それと反対の「痕跡はない」という内容にする。4のwithoutを入れると「イヌ科の動物は遺伝子的な痕跡を残すことなく消えてしまった」となり，文意が成立する。

(う)空所直後の「このとき（＝11,000年前）までにすでにイヌはとても多種にわたっていた」は，それに続く「家畜化はこのときよりも，かなり前に起こっていた」という結論を導く根拠と考えられるので，2のBecauseが正解。

(え)空所は，例として挙げられたチワワとハスキーの説明をつないでいるので，4のwhereas「～だが一方で」を入れると文意が通る。

(お)get rid of ～ で「～を取り除く」という意味。

問2．A．空所の後のoutに着目し，figure out ～「～を理解する」になると判断する。空所の前にhaven't があるので現在完了になり，過去分詞形のfiguredが正解。

B．空所の後のtoに着目し，adapt *A* to *B*「*A*を*B*に適応させる」が用いられていると判断する。ここでは受動態になっているので，過去分詞形のadaptedが正解。

C．空所の後にあるan important part of the picture「全体像の重要な部分」を目的語に取る動詞を考える。missは他動詞で「～を取りそこなう，見逃す」という意味。空所の直前にあるbeに着目して，現在分詞形のmissingを入れて進行形にするのが正解。

D．being（　D　）の意味上の主語はheで，後続の内容から，予想外のものを発見して驚くという文意だと推測される。よって，surprise「～を驚かす」が適切。空所直前のbeingより，「驚かされる」という受動関係なので，過去分詞形のsurprisedが正解。

問3．(1) partは動詞で「～を分ける」という意味。part waysで「道を分ける」という意味になる。よって，4．「分かれる」が同意。2は「協力する」，3は「休息する」という意味。

(2) chalk *A* up to *B*は「*A*を*B*のせいにする」という意味。よって，1．「これを～のせいにする」が同意。他の選択肢はそれぞれ，2．「～にこれを説明する」，3．「これを残す」，4．「これを提出する」という意味。

(3) seal the dealは「契約を結ぶ，何かが明確になる」という意味。ここでは「結論を出す，確定する」という意味合いで用いられている。下線部は「確定するためにはもっと多くのデータが必要とされる」という意味になる。よって，4．「これらの結果が決定的だとみなされる前に，より多くのデータが必要とされる」が正解。他の選択肢はそれぞれ，1．「イヌがオオカミからもう一度進化を始める前に，より多くのデータが必要とされる」，2.「ラーソンがチームから引退するのを許可される前に，より多くのデータが必要とされる」，3.「オオカミの家畜化の契約が終わる前に，より多くのデータが必要とされる」という意味。

問4．A群：1.「東南アジアのイヌは，ヨーロッパの科学者による遺伝子の研究を通して最初に生み出された」 本文中に記述なし。

2.「人間のDNAとイヌのDNAに共通点がまったくないので，それらは完全に異なるコード体系で記されている」 本文中に記述なし。

3.「グレガー=ラーソン，ポンタス=スコグルンド，そして彼らのチームによって行われた研究は，世界のすべての地域を扱ってはいない」 第4段（To fill in …）の内容と一致する。調査したのはヨーロッパ，シベリア，近東とある。また，第14段（Savolainen calls …）から，東南アジアが含まれていないとわかる。

4.「東南アジアのイヌは，オオカミから逃れたために絶滅したと研究チームは信じている」 本文中に記述なし。

B群：1.「この記事によると，11,000年前に存在した古代のイヌの系統は，現在生きているいくつかの異なる種類のイヌに存在し続けている」 第5段第2文（As early as …），第6段（Remarkably, pieces of …）の内容と一致する。

2.「グレガー=ラーソンは，現在，イヌの頭蓋骨の形をポンタス=スコグルンドとは別で研究している」 最終段から，頭蓋骨の形の研究をしているとはわかるが，ポンタス=スコグルンドと別でとは述べられていない。よって，一致しない。

3.「約15,000から16,000年前，人類がドイツでオオカミを家畜化することについに成功したことを研究チームは実証した」 第5段最終文（That fits with …）に「約15,000から16,000年前」とはあるが，このような内容は述べられていない。家畜化の時期はわかっていない。

4.「家畜化された後でさえ，犬は人間のDNAを探し出すことができるとわかって研究者たちは驚いた」 本文中に記述なし。

❖講　評

Ⅰの文法・語彙問題は例年通りの出題となっている。一部，受験生には耳慣れない表現が問われることもあるが，全体的に標準的なレベルの出題になっている。

Ⅱは 2021 年度に引き続き，エッセーが出題された。「スティーブ＝ジョブズとの思い出」がテーマの英文で，３カ所の空所補充が出題されている。内容が平易なものであるだけに全問正解を目指したい。

Ⅲの読解問題は，「イチョウの物語」がテーマの英文で，難易度は標準である。問１は空所の前後にある表現に注意して適切な語を選び，その語形を変えるのがやや難しい。問２のうち同意表現の問題は直訳ではなく，文中での意味を考えて選ぶ必要がある。問３の内容真偽問題は，本文中に記述されていない内容の選択肢は誤りと判断できるので，難易度は高くない。

Ⅳの読解問題は，「イヌの祖先の研究」がテーマの英文で，難易度は標準である。2021 年度がかなり難しかったため，易化したとも言えるが，例年通りの難易度に戻ったと考えてよい。問３は，Ⅲの問２同様，文中での意味を踏まえて選択肢を検討する必要がある。問４の内容真偽問題は，Ⅲの問３と同じ傾向なので取り組みやすい。

日本史

I　解答

a－④　b－①　c－③　d－⑤　e－②

1．讃　2．八角　3．太占　4．盟神探湯　5．磐井

◀解　説▶

≪古墳とヤマト政権≫

a．「奈良県橿原市」にある群集墳は④新沢千塚で，②岩橋千塚は和歌山市にある群集墳である。

b．やや難。東方の神である青龍か，北方の神である玄武，いずれかの方角がわかれば選択肢を1つに絞り込むことができる。なお，西は白虎，南は朱雀である。ちなみにキトラ古墳と同様に奈良県高市郡明日香村の高松塚古墳壁画にも四神が描かれていたが，南壁の朱雀は剝がれ落ちている。

d．「屯倉を耕作した農民」で田部とわかる。地方豪族の私有民をあてた例や渡来人をあてた例などがある。

e．難問。②が正解。磐舟柵（648年）→薩摩国（702年）→出羽国（712年）→多賀城（724年）→桃生城（759年）の順である。薩摩国と桃生城の設置の時期が難しい。

2．「大王にのみ固有」の古墳から八角墳を導く。なお「段ノ塚古墳」は八角墳の最初で，舒明天皇陵に比定される。

3．「鹿の骨」を用いた占いで太占とわかる。のちに中国から亀卜（亀の甲を焼いて吉凶を占う）が伝わると，朝廷は太占にかわって亀卜を採用した。

4．「熱湯に手を入れ…神判」で盟神探湯とわかる。正しい者の手はただれず，よこしまな者の手はただれるとする。

5．筑紫国造の磐井は九州北部に君臨した地方豪族で，『日本書紀』によると，527年ヤマト政権の新羅遠征軍派遣をさえぎって反乱を起こしたが，翌年物部麁鹿火によって鎮圧されたという。なお，福岡県八女市にある岩戸山古墳が磐井の墓にあたるといわれる。

Ⅱ　解答

A－③　B－②　C－④　D－③　E－①
あ．セミナリオ　い．山田長政　う．暦象新書
え．己酉約条　お．回答兼刷還使

◀解　説▶

≪近世の貿易・海外交流≫

A．「バテレン追放令（松浦文書）」は頻出史料である。宣教師への 20 日以内の国外退去命令などの内容を押さえておきたい。

B．難問。上総国に漂着したドン=ロドリゴは，駿府で徳川家康に謁見してメキシコとの貿易の斡旋を依頼され，1610 年，京都の商人田中勝介をともなって帰国した。

C．長崎・堺・京都の三カ所商人で始まった糸割符仲間は，寛永期に江戸・大坂が加わり五カ所商人となる。

D．難問。江戸幕府は 1688 年に清船の来航を年間 70 隻に制限した。その翌年には，長崎の一区画に唐人屋敷を建設し，密貿易を防ぐために清商人の居住地を制限した。

E．琉球征服を行ったのは①島津家久である。②島津義弘は家久の父，③島津義久は家久の伯父。この 2 人は豊臣秀吉の九州平定で降伏した。④島津久光は幕末に文久の改革を行った人物で，⑤島津忠義は久光の子。

あ．「下級の神学校」からセミナリオとわかるが，「安土・有馬に設置」もヒントにしたい。ちなみにコレジオは宣教師の養成学校で豊後国府内に開設された。両者を混同しないようにしたい。

い．「首都アユタヤにあった日本町の長」がヒントになる。山田長政は，タイ（シャム）で活躍した日本人で，国王の信頼を得てシャムの最高官位についたが，国王の死後はリゴール地方の総督に左遷され，同地での戦闘で負った傷が原因で死去した。

う．志筑忠雄は『暦象新書』で，天文学では地動説を，物理学ではニュートンの力学を紹介した。

え．己酉約条により，日本からの使節は将軍と宗氏に限られた。また日朝貿易に関しては，宗氏が派遣する船は年 20 隻に制限され，寄港地である釜山の倭館で行うことと定められた。

お．難問。回答兼刷還使とは，日本からの国書に対する朝鮮の「回答」と，朝鮮出兵で日本に連行された人たちの返還を意味する「刷還」に由来する。

III　解答

(a)—②　(b)—④　(c)—④　(d)—⑤　(e)—⑤
(1)伊藤博文　(2)上原勇作　(3)交詢社　(4)常道
(5)私有財産制度

◀解　説▶

≪近代の政治・社会運動≫

(a) 1907 年の帝国国防方針は，参謀総長と海軍軍令部長の協議によって決定した。陸軍がロシアを，海軍がアメリカを仮想敵国としての軍備拡張を目指すものとなり，海軍は八・八艦隊（戦艦・装甲巡洋艦各 8 隻）の大建艦計画を示した。

(b)徳富蘇峰は，1887 年に民友社をおこして雑誌『国民之友』を創刊し，1890 年に日刊新聞『国民新聞』の発行を始める。

(c)・(e)加藤高明を総裁に 1913 年に結党された立憲同志会は，第二次大隈重信内閣の与党となり，1916 年には加藤を総裁に憲政会へと発展した。

(1)立憲政友会の総裁として，伊藤博文→西園寺公望→原敬→高橋是清→田中義一→犬養毅までは押さえておきたい。

(3)「慶應義塾関係者らによって設立された…社交クラブ」で交詢社とわかる。福沢諭吉らが参加し，イギリス的議院内閣制を規定する「私擬憲法案」を作成している。

(4)「憲政の常道」は，「衆議院で多数を占める政党が政権を担う慣例」であって，大日本帝国憲法には議院内閣制の規定がなく制度化されたものではない。

(5)治安維持法は，「国体」である天皇制を変革し，「私有財産制度」すなわち資本主義体制を否認する思想・結社を取り締まる治安立法で，日ソ基本条約締結による日ソ国交の樹立と普通選挙法の成立によって社会主義・共産主義が国内で広がることを恐れたものである。

IV　解答

(A)—⑤　(B)—①　(C)—③　(D)—③　(E)—④
ア．片山哲　イ．経済安定九　ウ．高碕達之助
エ．ブレトン=ウッズ　オ．スミソニアン

◀解　説▶

≪戦後の日本経済≫

(A)安田財閥は金融部門が圧倒的な優位性を持つことから，金融財閥とも呼

ばれた。四大財閥の中で特色が違うため，安田を除いて三井・三菱・住友を三大財閥とも呼ぶ。

(B)①公正取引委員会は独占禁止法運用のために設置された。②持株会社整理委員会は財閥解体のために設置された。

(C)やや難。「1951 年」と「産業への資金供給」から日本開発銀行を導く。なお，日本勧業銀行や日本興業銀行も「産業への資金供給」を行うが，前者は 1897 年，後者は 1902 年と戦前に設立されている。

(D) IMF（国際通貨基金）8 条国になると，14 条国に認められていた国際収支を理由とする為替管理は行えなくなるが，国内の産業が好調であれば，貿易の拡大によって経済発展につながる見込みがある。

(E)ニクソン大統領による中国訪問計画発表（第 1 次ショック）と「ドルの防衛を目的に，金・ドル交換の停止」（第 2 次ショック，ドル=ショック）を，大統領の名にちなんでニクソン=ショックと呼ぶ。

ア．「第一次吉田茂内閣」の「次の」内閣で片山哲内閣とわかる。1947 年 4 月，日本国憲法下での初の総選挙で日本社会党が第 1 党となり，その書記長であった片山哲を首班とする社会党・民主党・国民協同党の連立内閣が誕生した。

イ．「ドッジ=ライン」や「シャウプによって勧告」などが経済安定九原則を導くヒントになる。

ウ．やや難。高碕達之助は 1962 年に訪中し，中日友好協会会長の廖承《りょうしょう》志《し》との間で日中総合貿易に関する覚書に調印した。この覚書にもとづく貿易が LT 貿易と呼ばれた。

エ．やや難。ブレトン=ウッズ協定により，IMF（国際通貨基金）と世界銀行（国際復興開発銀行）が設立され，この組織を中心とする体制をブレトン=ウッズ体制という。この体制は，1930 年代の世界恐慌をきっかけに各国が通貨切り下げによる輸出増加策にはしり，結果ブロック経済圏をつくって世界大戦に至ったという反省から生まれたものである。

オ．やや難。スミソニアン合意により，米ドルの対金切り下げと各国通貨の基準相場の調整が行われ，円は 1 ドル＝360 円から 308 円へと切り上げられた。

❖講　評

Ⅰ　古墳とヤマト政権に関連する知識を問う。選択式bの四神に関するものがやや難で，eの古代の城柵や国の設置の年代順に関するものは難問である。教科書に加えて用語集を用いた学習で正確な知識を修得していないと正解は難しい。その他の基本・標準的問題は確実に正解したい。

Ⅱ　近世の貿易では南蛮貿易から江戸幕府による長崎貿易，海外交流では日朝関係やキリスト教などに関連する知識を問う。お．回答兼刷還使を記述させるものや，1688年の対清貿易制限に関するDの選択問題は難問である。それらをミスしても他の基本・標準問題を正解して，確実に得点したい。

Ⅲ　教科書に準じた文章で，政党政治を中心に近代の政治に関する基本・標準レベルの知識を問う。ここは全問正解を目指したい。

Ⅳ　戦後の日本経済に関して占領期から1970年代までを問う。受験生が苦手とする時代とテーマであり，この大問で差が生じたと思われる。選択式の(C)日本開発銀行，記述式のウ．高碕達之助，エ．ブレトン=ウッズ，オ．スミソニアンはやや難である。この大問全体が「政治・経済」の科目でも習う内容であり，他の科目の知識も活用したい。また，戦後史が大問で出題されることも多いので，早めに戦後史をまとめておきたい。

全体的にみて，やや難や難問もみられるが，基本・標準レベルの設問をミスなく正解して高得点を目指したい。

世界史

I　解答

設問1．ア．九竜半島南部　イ．海国図志　ウ．大躍進
エ．サッチャー　オ．梁啓超　カ．ファン=ボイ=チャウ
キ．ベトナム光復会　ク．アクスム　ケ．ローマ進軍
コ．ハイレ=セラシエ
設問2．a．林彪　b．趙紫陽　c．ポルトガル　d．阮朝
e．エリトリア

◀解　説▶

≪近代以降の中国，東南アジア，エチオピア≫

設問1．ア．1860年に九竜半島南部がイギリスに割譲され，1898年には九竜半島の残りの全域がイギリスの租借地となり，イギリス領香港が完成した。

イ．難問。林則徐の友人であった魏源は，当時の危機的状況を背景に，『海国図志』で海外の諸事情を紹介し，富国強兵のため外国技術を学ぶ必要性などを説いた。

エ．保守党の政治家で，1979年イギリス初の女性首相となったサッチャーは，「鉄の女」と称され，1990年まで国政を担った。

オ．やや難。変法運動を推進し，戊戌の政変後日本に亡命した人物として，康有為，梁啓超らが知られるが，1つ目の空欄前に「ジャーナリスト」とあるので，梁啓超が正解となる。

カ．文中に「ドンズー（東遊）運動」の提唱者とあるので，ファン=ボイ=チャウと判断できる。

コ．難問。ハイレ=セラシエは第二次世界大戦前にエチオピア皇帝となり，1960年代にはアフリカ統一機構の初代議長になるなど活躍したが，1974年，革命で退位させられ，エチオピア最後の皇帝となった。

設問2．b．やや難。趙紫陽は改革・開放政策を進める鄧小平を支えた共産党の指導者であったが，天安門事件の責任をおわされ，失脚した。

c．ポルトガルはマカオの居住権を16世紀半ばに明朝から得て，以来ここを拠点に対中国貿易を行った。

d．阮朝は皇帝バオダイが1945年に退位し，滅亡した。その後バオダイは，フランスの傀儡国家ベトナム国（1949〜55年）の元首に担ぎ出された。

e．エリトリアは19世紀末にイタリア植民地となった。第二次世界大戦後，エチオピア領となったが，エチオピアに比べもともとイスラーム教徒が多数を占める地域であり，1993年に分離独立した。

Ⅱ　解答

1．コロンボ　2．周恩来　3．非同盟諸国首脳会議
4．チュニジア　5．民族解放戦線　6．ブラウン
7．ジム=クロウ　8．アフリカ民族会議　9．デクラーク
10．ジンバブエ

◀解　説▶

≪第二次世界大戦後のアジア・アフリカ≫

2．中国が初めて参加した国際会議であるジュネーヴ会議の休会中に，周恩来とネルーが会談し，平和五原則を発表した。

3．ユーゴスラビアのティトー，インドのネルー，エジプトのナセル，インドネシアのスカルノらが提唱し，第1回非同盟諸国首脳会議が行われた。

4．リビアが1951年にイタリアから，モロッコ，チュニジアが1956年にフランスから独立したため，北アフリカでは植民地支配がアルジェリアだけで続くこととなった。

6・7．難問。ジム=クロウ法は，南北戦争以後のアメリカ合衆国南部諸州で制定された，人種差別や隔離を行う法の総称。1954年，連邦最高裁は公立学校における人種隔離が違憲であるというブラウン判決を出した。以後，公民権運動が高まり，キング牧師が指導したワシントン大行進を経て，1964年の公民権法が制定された。

9．南アフリカ大統領デクラークによるアパルトヘイト撤廃後，アフリカ民族会議（ANC）の指導者であったマンデラが初の黒人大統領となった。

10．セシル=ローズにちなんだローデシアの呼称をやめ，巨大な石造遺跡にちなんでジンバブエ（公用語のショナ語で「石の家」を意味する）に改めた。

III 解答

問1．D　問2．D　問3．C　問4．B　問5．D
問6．B　問7．C　問8．C　問9．C　問10．C

◀解　説▶

≪19世紀後半の欧米≫

問2．D．誤文。アメリカは1867年，ロシアからアラスカを買収した。

問4．B．誤文。世界初の地下鉄はイギリスのメトロポリタン鉄道で，1863年に開業した。

問5．Dの正文の判断は難しいが，他の選択肢を検討すると，ベルリン条約でオーストリアはボスニア・ヘルツェゴヴィナの行政権を認められ，ルーマニアは独立を承認されたので，A・B・Cが誤文であるとの判断から消去法で解答できる。

問6．B．誤文。「ローマの劫略」をおこなったのは，神聖ローマ皇帝カール5世。

問7．やや難。Bの誤文の判断がやや難しい。C．正文。オーストリア皇帝の弟でハプスブルク家のマクシミリアンはメキシコ皇帝となったが，フランスの撤退後，処刑された。A．誤文。フアレス大統領の対外債務に関する支払い拒否宣言に対して，ナポレオン3世は武力干渉を行った。B．誤文。ディアスはメスティーソ出身である。D．誤文。フランス軍はメキシコの抵抗とアメリカ合衆国の抗議を受けて撤退した。

問9．Bの誤文の判断が難しい。C．正文。A．誤文。第1インターナショナルはロンドンで結成された。B．誤文。バクーニンはロシアの無政府主義者。D．誤文。第2インターナショナルはパリで結成された。

問10．C．正文。A．誤文。国際赤十字社の設立は19世紀後半であるが，デュナンが主導した。B．誤文。国際労働機関の設立は1919年。D．誤文。ハーグ万国平和会議（1899年，1907年）の開催を呼びかけたのはロシアのニコライ2世（在位1894〜1917年）である。アレクサンドル2世は1881年に暗殺されており，関わっていない。

Ⅳ 解答

問1．1　問2．3　問3．2　問4．3　問5．4
問6．2　問7．3　問8．1　問9．4　問10．4

◀解　説▶

≪古代から近代までのヨーロッパ≫

問2．3．誤文。ルイ9世（在位1226～70年）が主導した第6回・第7回の十字軍は13世紀に行われた。

問3．2．誤文。カルロヴィッツ条約は17世紀末（1699年）に結ばれており，またプロイセンはこの条約には関わっていない。この条約でオーストリアはハンガリーなどを獲得した。

問5．4．誤文。ヘンリ2世がプランタジネット朝（1154～1399年）を創始したのは12世紀半ばである。

問7．やや難。3．誤文。ペトラルカが『叙情詩集』を執筆したのは14世紀。

問8．1．正文。スペインの探検家バルボアがパナマ地峡を横断して太平洋に到達したのは1513年。

問9．4．誤文。ベラスケスは17世紀中頃のスペイン宮廷で活躍した画家。

問10．難問。ルイ14世は1643年から1715年，ルイ15世は1715年から1774年までのフランス王。この間にあてはまらないのは，1640年に亡くなっている4のルーベンス（1577～1640年）。

Ⅴ 解答

宗教改革が広がる中，旧教側は対抗宗教改革で勢力の立て直しをはかった。トリエント公会議で教皇の至上権と教義の再確認をし，禁書目録の作成など思想統制を強めた。また，イエズス会が中心となり海外伝道や欧州の再布教を積極的に進めた。

◀解　説▶

≪対抗宗教改革≫

対抗宗教改革について述べる問題。宗教改革に対抗した旧教（カトリック）側の動きとして，トリエント公会議，イエズス会の活動など具体的な動向を説明できるかがポイントとなる。

ルターの活動以降，ヨーロッパで新教（プロテスタント）が拡大する中，旧教側は教義の明確化や教会内部の刷新によって，勢力の立て直しを図った。この動きが対抗宗教改革であり，1545年に始まるトリエント公会議を契機として始まった。公会議において教皇の至上権や教義が再確認されるとともに，禁書目録が作成され，以後，カトリック教会は宗教裁判などで思想統制を強めた。一方で，1534年にイグナティウス=ロヨラらによって設立されたイエズス会は南ドイツなどの再カトリック化に貢献し，また，アジアやアメリカ大陸など海外伝道を積極的に進めた。日本で布教活動を行ったフランシスコ=ザビエルも，イエズス会の一員であった。

❖講　評

Ⅰ　近代以降の中国，東南アジア，エチオピアについて，3つのパートに分かれた問題文に関連した事柄が問われた。3パートに共通したテーマはなく，中国史からの出題が多めであった。設問1のイ・オ・コ，設問2のb以外は教科書レベルの設問である。東南アジア，アフリカという対策が不十分になりがちな地域であり，1990年代以降からの出題もあったが，2021年度も似た傾向であったため，過去問で対策をしていれば，対応できる大問であった。

Ⅱ　第二次世界大戦後の第三世界の動向，人種差別撤廃運動の展開という2つのパートに分かれた問題文の空所を補充する出題であった。問題文自体は読みやすく，空所6・7を除けば標準レベルであったので，高得点を狙える大問となった。ただし，大半が第二次世界大戦以後の設問であり，現代史の対策が必須といえる内容であった。

Ⅲ　イギリス，フランスで実施された万国博覧会を軸に19世紀後半の欧米について問われた。すべての設問が正文・誤文選択問題であった。選択文は1～2行程度と長くはないものの，正誤の判断がつきにくい文が多く，また，文化史や中米に関する設問があるなど難易度が高い大問となった。

Ⅳ　古代から近代まで幅広い時代のヨーロッパについて問われた。設問は正文・誤文選択と語句選択のみで，文化史も含まれている。「○○世紀の△△」という年代に関連した設問には，微妙な年代が含まれており，また，年代は正しくても内容が誤っている，という文が混在しているので判断がつきにくく，力の差がはっきり出る大問となった。

Ⅴ　対抗宗教改革についての論述問題。問い方，分量については例年通りである。書くべき内容は明確ではあるが，その分，余分なことを書いてしまいがちなので，必要な要素の取捨選択がしっかりできるかがポイントとなる。論述の難易度としては易しい。

全体としては，現代史に関する問題が多いため，難易度はやや高い。

地理

I

解答

問1．a．ゴンドワナ b．ピルバラ地区
c．マウントホエールバック〔マウントニューマン〕
d．ダンピア e．グレートディヴァイディング
問2．ア．石炭 イ．南回帰 ウ．中緯度高圧〔亜熱帯高圧〕 エ．季節
オ．偏西 カ．西岸海洋性気候（区） キ．掘り抜き
ク．アリススプリングス ケ．ウルル〔エアーズロック〕
コ．アボリジニ

◀解 説▶

≪オーストラリア地誌≫

問1．a．ゴンドワナは，超大陸のパンゲアが分裂してローラシアとともに生成された古大陸で，オーストラリアの他に南米，アフリカ，南極などが含まれている。

問2．ア．eのグレートディヴァイディング山脈は古期造山帯で石炭に恵まれ，モウラやボウエンなどの炭田が開発されている。

エ．オーストラリア大陸東岸にも季節風が発達している。高日季は，北東からの湿潤な風が大陸東岸に降水をもたらす。

カ．「南海岸」はおよそ南緯38度で，夏の日中の気温は高いが，最暖月平均気温が22度に達しないため，西岸海洋性気候となる。

キ．掘り抜き井戸は不透水層を掘り抜いて，その下層の被圧地下水を得るものである。自噴する場合，この井戸をアーテジアン・ウェル（鑽井）といい，グレートアーテジアン（大鑽井）盆地はこれに由来する。

ク．アリススプリングスはダーウィンにつぐ北部準州第2の都市で空港もあり，内陸部の拠点都市である。

ケ．ウルルは地上最大の一枚岩としても知られる。

なお，設問にはなかったが，文章中のXには温暖湿潤，Yには地中海性が該当する。

II 解答

問1．サ．保護　シ．自由　ス．分業　セ．EPA
ソ．TPP

問2．(1)タ．液化天然ガス　チ．衣類，同付属品　ツ．医薬品
(2) USMCA　(3) MERCOSUR

◀解　説▶

≪世界と日本の貿易≫

問1．セ．EPAは経済連携協定でEconomic Partnership Agreementの略。

ソ．TPPは環太平洋パートナーシップでTrans-Pacific Partnershipの略。実際には環太平洋経済連携協定や環太平洋パートナーシップ協定と表現されることが多い。

問2．(1)日本の輸入上位品目を把握しておけば解答できるが，タはASEANとアラブ首長国連邦からの輸入なので「液化天然ガス」，チはASEANからだけなので「衣類，同付属品」，ツはEUからの輸入1位に相応しい高付加価値の「医薬品」と判断する。

(2)「USMCA」はアメリカ・カナダ・メキシコ協定で，United States-Mexico-Canada Agreementの略である。

(3)「MERCOSUR」は南米南部共同市場で，スペイン語のMercado Común del Surの略で，英語圏でもそのまま表記されている。

III 解答

問1．B　問2．E　問3．E　問4．B　問5．D
問6．A　問7．C　問8．C　問9．A　問10．B

◀解　説▶

≪世界の民族・宗教・言語≫

問1．クルド語はインド・ヨーロッパ語族に属し，選択肢にあげられた国々に住むクルド人が使用しているが，公用語として認めているのはイラクのみである。

問2．①はタンザニアで，植民地化される以前からアラブ人やペルシア人が進出し，イスラーム文化圏を形成していた。ザンジバル島の住民はほとんどイスラーム教徒である。②はアムハラ語からエチオピアと判断し，残った③がケニアとなる。

問3．①はスリランカとシンガポールにみられタイには存在しないことか

らヒンドゥー教。どちらもイギリスの植民地時代にインドからタミル人が移住している。②は3カ国ともに存在するが，③はタイには存在しない。キリスト教が植民地支配の過程で信仰を拡大したと考えると，独立を保ったタイにはあまり普及していないので，③をキリスト教と判断できる。

問4．イラン語はインド・ヨーロッパ語族に属し，イランにはアラビア語を話すアラブ系の住民はほとんどいない。

問5．Aのアラブ首長国連邦，Bのカタール，Cのクウェートのキリスト教は植民地時代にヨーロッパからもたらされたものが中心だが，Dのレバノンではキリスト教は植民地化される以前から信仰されていたものである。

問6．A．誤文。ヒンドゥー教は一神教ではなく多神教である。

問7．パンジャーブ語はドラヴィダ系言語ではなくインド・ヨーロッパ語族に属しているので，Cは誤り。

問8．C．マダガスカルはフランスの植民地下にあったので，マダガスカル語とともにフランス語が公用語となっている。

問9．A．アルジェリアは1962年までフランスの植民地であったが，現在の公用語はアラビア語とベルベル語である。

問10．B．カナダはイギリス連邦加盟の立憲君主国でイギリス国王がカナダ国王を兼任している。A．アイルランドは共和国。C．シンガポールはイギリス連邦加盟国だが共和国である。D．マレーシアはイギリス連邦加盟国で立憲君主国だが，国王は選挙で選出されている。

Ⅳ　解答

問1．A　問2．B　問3．C　問4．B　問5．A
問6．A　問7．D　問8．D　問9．D　問10．D

◀解　説▶

≪OECDと日本の諸問題≫

問3．C．適当。日本の2050年以降60歳以上の人口は，およそ600万人から500万人に大きく減少するのに比べて，他の階層の人口減少は鈍化することが読み取れる。

A．不適。1950年代から2000年頃の60歳以上の割合を見ると，OECD・日本とも他の階層よりも小さい。

B．不適。OECD諸国の1950年代では20-39歳の割合が最も大きい。

D．不適。OECDにおいて60歳以上の人口割合は増加し続けるのに対し，日本では2050年以降，その割合は減少していくことが読み取れる。しかし，OECDの60歳以上の人口割合が最大となるグラフの右端の数値で比較しても，OECDのそれが40％を下回るのに対し，日本は40％を上回ることがグラフの数値の読み取りと計算からわかる。よって，60歳以上の人口割合についてOECDが日本を上回ることはないと考えられる。

問4．B．不適。ハンガリー，エストニア，チェコ，スロバキア，ポーランドは農村部よりも都市部の高齢化の水準が高い。

問5．A．適当。農村部の所得水準は，ベルギーの70％から韓国の115％まで幅がある。

B．不適。チェコは都市部の水準が200％を超えているが，農村の水準は90％に達している。ベルギーは都市部の水準が100％弱にとどまるが，農村部の水準は70％とOECDで最小である。よって「都市部の水準が高いほど農村部の水準は低下する」とは言えない。

C．不適。日本は諸外国に比べて都市部と農村部の格差は小さい。

D．不適。韓国は都市部よりも農村部の水準が上回っている。

問7．D．不適。日本では，大都市都心部への都心回帰で人口密度が上昇傾向にある。

問8．D．不適。「労働生産性の拡大」を「労働生産性の向上」ととらえて考える。人口減少は労働力の減少であり，限られた労働力にさらなる負担が課せられることになる。人手不足から労働者への長時間労働が不可避となり，労働生産性は低下していく。

問9．A．不適。女性の社会進出は2000年代前半以降も増加している。

B．不適。2000年代前半以降，合計特殊出生率はわずかに上昇傾向にある。

C．不適。女性の社会進出は一貫して増加してきている。

V

解答 集約的な工業的畜産が，化学肥料や農薬を多用して地力を消耗させる穀物飼料を用いるのに対し，モンゴル国の伝統的な遊牧は自然に生える草を利用し，移動することで過放牧による草地の砂漠化を避けていること。

◀解　説▶

≪持続可能なモンゴル国の遊牧≫

モンゴル国の遊牧が持続可能と評価される要因を論じる問題。人が家畜とともに移動して暮らす遊牧が，生態系の多様性と生産を将来にわたって継続できるという観点から評価されている要因について説明する。解答の構成としては，まず集約的な工業的畜産の環境汚染について具体的に述べ，次にモンゴル国の伝統的な遊牧の方法を説明する。家畜の飼料のちがいが土壌など環境に与える影響について述べることがポイントとなる。

❖講　評

Ⅰ　オーストラリアの大地形，気候，産業などに関する出題。リード文の空所補充で，ほとんどが教科書と地図帳を参照すれば解答できる。季節風を答えさせる問2のエはやや難しい。

Ⅱ　第二次世界大戦後の世界貿易の構造や，近年の共同市場，日本の貿易について幅広く出題している。いずれも標準的な難易度である。

Ⅲ　世界各地の民族，宗教，言語に関する具体的な知識を問う設問で構成されている。教科書の内容が基本だが，問5のキリスト教の普及の背景の違いを問うような詳細な設問に対応するには，資料集などを活用した掘り下げた学習が必要である。

Ⅳ　OECD の報告書を題材にして人口，都市・村落，経済格差，環境問題など幅広い設問で構成されている。資料の読み取りが必要で慣れていないと時間がかかる。問8の「人口減少の積極的な側面」は教科書の内容をもとにした思考力が求められる難問である。

Ⅴ　例年通りの3行の論述問題で，モンゴル国の伝統的な遊牧が持続可能な営みであると再評価されていることについての設問である。設問文の「工業的畜産」が穀物飼料を用いる先進諸国の牧畜を意味することに気が付きさえすれば論じることができる，比較的易しい論述問題である。

一部に難問や詳細な内容を問う設問もあるが，総合的には教科書や地図帳に準じており，難度は標準的であった。

政治・経済

I

解答　問1．A．勤労の権利　B．国際労働機関
C．育児・介護休業法
D．仕事と生活の調和〔ワーク・ライフ・バランス〕
問2．④　問3．②　問4．④　問5．③　問6．⑤　問7．①

◀解　説▶

≪労働者の権利と労働市場≫

問2．④適切。憲法28条は労働基本権（団結権・団体交渉権・団体行動権）に関する規定である。国家公務員法は公務員の労働基本権を制約する規定を設けている。①・②・③・⑤は憲法27条所定の勤労権ないし勤労条件の基準に関する法律である。

問3．②適切。普通選挙権要求などの政治的主張が労働者の組織的運動としてなされた。④不適。1811～17年頃に起こった機械打ちこわし運動。産業革命にともなう機械化により失業するおそれのあった労働者によるもの。⑤不適。自然環境保護のために保護すべき自然のある土地の購入をはかる運動。

問4．④適切。派遣労働は専門的・技術的な職に限るという制限が撤廃された。

問5．③適切。企業別組合は，終身雇用・年功序列型賃金制とともに日本的雇用慣行を構成するものである。

問6．⑤適切。女性の社会進出が進んだことにより，妊娠・出産等を契機として離職を余儀なくされることの防止をはかる必要性が高まった。また，少子化の進展も背景として，女性が安心して出産できる社会的環境の整備が求められるようになった。③不適。セクシャル・ハラスメント防止規定は男女雇用機会均等法の1999年改正で設けられた。

問7．①適切。②不適。ゴールドプランは高齢者福祉充実のための施策である。③不適。働きながら子育てをしようとする人の増加に対して保育所の設置が追いつかず，待機児童問題が起こっている。④不適。合計特殊出生率は1人の女性が生涯に出産する子どもの平均数である。⑤不適。少子

化問題は日本や韓国で特に深刻である。フランスやスウェーデンの出生数は比較的高い。

Ⅱ 解答

問１．A．裁量的（伸縮的，補整的も可）
B．租税法律　C．特例　D．社会保障と税の一体

問２．④　問３．②　問４．①　問５．⑤　問６．⑤
問７．③

◀解　説▶

≪財政政策と財政運営上の課題≫

問２．④適切。⑤不適。非競合性ではなく非排除性の説明である。

問３．②適切。③不適。相対的貧困率は，所得が全国民の中央値の「３分の２よりも低い」ではなく，「半分よりも低い」国民の割合。①・⑤不適。ジニ係数は０に近いほど格差が小さく，１に近いほど格差が大きいことを示す。よって相対的貧困率が低ければ，ジニ係数も低くなる。

問４．①適切。ビルト・イン・スタビライザーは自動安定化装置ともいい，好況時の増税（政府からの給付減），不況時の減税（政府からの給付増）が自動的に用意されるように財政政策を策定することである。②不適。ポリシー・ミックス（財政政策のほかに金融政策などを組み入れること）の説明である。③不適。景気対策にはあたるが，公共事業を増やすという判断が必要となり，自動的な景気調整ではない。⑤不適。好況時には失業も起こりにくいので，失業保険の給付も減少する傾向にある。

問５．⑤適切。1989 年に消費税が導入されるまで，日本の税制は直接税を中心とするものであった。

問６．⑤適当。④不適。2013 年以降，日本銀行は国債等の債券購入により通貨供給量を増やすという政策（量的・質的緩和策）をとっている。これにともない，日本銀行による国債保有比率がもっとも高くなっている。

Ⅲ 解答

問１．A．北大西洋条約機構　B．経済相互援助会議
C．大陸間弾道ミサイル　D．朝鮮民主主義人民共和国

問２．⑤　問３．①　問４．④　問５．②　問６．⑤　問７．④

◀解　説▶

≪東西冷戦とアジア政治史≫

問4．④適切。東欧で社会主義体制に対する批判，西側への交通の自由の要求が高まり，その流れの中で東西ベルリンを隔てていた「ベルリンの壁」も崩壊した。①不適。コミンフォルムは1956年に解散した。②不適。東ベルリンはソ連，西ベルリンはアメリカ・イギリス・フランス，と4カ国によって管理された。③不適。チャーチルが「鉄のカーテン」演説をしたのは首相を退任した後である。⑤不適。旧日米安全保障条約が調印されたのは1951年であり，サンフランシスコ平和条約との同時調印であった。

問5．②適切。1968年チェコ（当時のチェコスロバキア）で起こった民主化要求運動（プラハの春）がワルシャワ条約機構軍により鎮圧された。アルバニアはこれに抗議して機構を脱退した。①不適。ユーゴスラビアは東欧の社会主義国であったが，ワルシャワ条約機構には加盟していなかった。③不適。ワルシャワ条約機構はソ連を事実上の盟主とし，東欧諸国がそれに従うという体制で，8カ国からなった。④不適。ワルシャワ条約機構もソ連も1991年に解体された。⑤不適。②の解説で示した通り，「チェコの改革」鎮圧のための軍事介入は1968年のこと。

問6．⑤適切。東南アジア条約機構が発足したのは1954年。当初は8カ国が参加した。①不適。中華人民共和国による義援軍は1950年に派遣された。②不適。朝鮮休戦協定が締結された場所はピョンヤンではなく「板門店」である。③不適。朝鮮休戦協定締結当時のアメリカの大統領はアイゼンハワーであった。④不適。朝鮮戦争時のアメリカを中心とする「国連軍」は，国連憲章の規定する特別協定に基づくものではない。

問7．④適切。内戦の終結，総選挙の実施により，新憲法が制定され，新たにカンボジア王国が成立した。①不適。トンキン湾でのアメリカに対する攻撃は1964年に起こった事件である。②不適。カンボジア・クメール・ルージュ裁判特別法廷の運用開始は2006年であり，開廷はそれより後である。③不適。ベトナム和平協定成立当時のアメリカの大統領はニクソンである。⑤不適。テト攻勢は，北ベトナム側による南ベトナムに対する攻撃であり，1968年に展開された。

Ⅳ　解答

問1．A．一帯一路　B．ルーブル
C．日米包括経済協議　D．多角

問2．②　問3．③　問4．④　問5．④　問6．①　問7．⑤

◀解　説▶

≪通商政策をめぐる諸課題≫

問2．②適切。前川春雄元日本銀行総裁が中曽根康弘内閣下で日米経済摩擦に対処するための私的諮問機関の座長を務めていた。その機関による政策提言が「前川レポート」である。選択肢の人物は，いずれも日本銀行総裁経験者である。

問3．③適切。大規模小売店舗法は2000年に廃止され，周辺の生活環境との調和をはかることを目的とする大規模小売店舗立地法が制定された。

問4．④適切。中国が2001年に，ロシアが2012年にWTOに加盟したことにより，かつて社会主義体制にあった国も自由貿易の枠組みに参加することになった。

問5．④適切。ウルグアイラウンドでは，農業分野の自由化，サービスや知的財産権の分野でのルール作成，WTO設立が協議された。

問6．①適切。②不適。最恵国待遇の制度はGATT時代にもあった。③不適。ネガティブ・コンセンサス方式は全加盟国が反対しない限り対抗措置の実施を可能とするものである。④不適。国際通貨基金（IMF）に関する説明である。

問7．⑤適切。①不適。ECからEUへの改組はマーストリヒト条約による。②不適。NAFTAは2020年に米国・メキシコ・カナダ協定へと改組された。③不適。日本が初めてEPAを締結したのは，2002年のシンガポールである。④不適。ASEANの発足は1967年であり，カンボジアの加盟は1999年，ブルネイの加盟は1984年である。

❖講　評

記述式の空所補充問題と正文選択問題が大半を占める。

Ⅰ　労働者の権利と労働市場に関する問題。問1の空所Aは2022年度の出題では数少ない憲法条文問題である。労働（勤労者の権利）に関する規定としては27条と28条があるので，それぞれの違いを押さえる必要がある。問2も関連した出題。問4・問6は，労働市場の自由化，労働者に対する権利保障の充実化がそれぞれどのような経過をたどったかという点で丁寧な学習が要求される。

Ⅱ　財政政策に関する問題である。問１の空所Ａ・Ｃおよび問４・問５は基本的な事項である。Ｂでは，憲法条文の内容そのものとともに，その内容を表す考え方が問われた。Ｄは消費税率引き上げの経緯の中にある事項。問２・問３においては，公共財，ジニ係数という用語を知っておくだけでなく，その経済的特質についてより広い観点からの理解が求められた。問６は，近年の日本の財政状況について資料にあたっていれば，推論できただろう。問７の財政法の成立年などは細かい知識であるが，日本国憲法の制定に伴い新たに法律が制定されたと理解しておきたい。

Ⅲ　東西冷戦構造とアジアの政治史という点で国際政治のあり方を問う問題である。問１の空所補充はいずれも基本的な事項を問うものである。問２のエ・オはかなり細かい事項であるが，ア・イ・ウは冷戦時代に関する基本的事項であり，それを軸に解くことができる。問３・問７はベトナム・カンボジアにおける紛争史で，詳細な知識が必要な難しい問題であった。問４・問５・問６は冷戦を背景とする状況，冷戦に起因する事件・衝突に際して，東西各陣営がどのような行動をとったかを問うものである。冷戦期に関する基本的事項。

Ⅳ　自由貿易の枠組みや通商をめぐる問題に関する出題である。問１の空所Ｂ・Ｃ・Ｄはいずれも基本的事項である。Ａは比較的最近の事項で，中国の地政学的戦略を示すもの。問２について，日本銀行総裁の個人名とその在任中の業績等が問われることはほとんどないが，「前川レポート」は貿易・通商政策に関する頻出事項である。問３の日米構造協議と大規模小売店舗法の廃止，問４の中国の WTO 加盟は頻出事項である。問６の WTO の国際機関としての制度設計は自由貿易の世界的枠組みと直結するので，非常に重要。問５・問７に関して，GATT・WTO という枠組みのほか，地域統合体や二国間交渉による自由貿易に関する諸協定についての理解が求められた。

数学

I 解答

1．(1)―F　(2)（設問省略）
2．(3)―E　(4)―D
3．(5)―C　(6)―P

◀解　説▶

≪順列，n 進法，曲線と接線で囲まれた図形の面積≫

1．この6枚より順に5枚を選ぶと，残った1枚の番号にかかわらず，「1，2，3」のすべての番号を，少なくとも1枚は引いていることになる。

よって，引く回数の最大は5回　→(1)

2．条件より，a，b は整数で

$$2 \leqq a \leqq 5,\ 2 \leqq b \leqq 5 \quad かつ \quad a \geqq 4 \quad \cdots\cdots ①$$

このとき

$$a\times 6^1+b=1\cdot a^2+2\cdot a+3$$

$$\therefore \quad b=(a-1)(a-3)$$

①を満たすのは，$a=4$，$b=3$ のみである。→(3)，(4)

3．曲線 C と直線 l より

$$x(x^2-2)=x+c$$

$$x^3-3x=c \quad \cdots\cdots ①$$

$f(x)=x^3-3x$ とし，$y=f(x)$ と $y=c$ が，2つの共有点をもつときを考える。

$$f'(x)=3x^2-3$$

$$=3(x+1)(x-1)$$

増減表とグラフは次のようになる。

x	$\cdots$	-1	$\cdots$	1	$\cdots$
$f'(x)$	$+$	0	$-$	0	$+$
$f(x)$	↗	2	↘	-2	↗

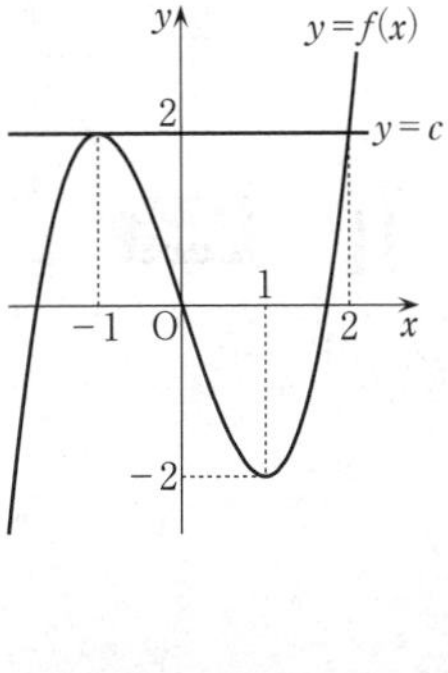

よって，求める c は，$c>0$ より

$c=2$　→(5)

$l : y=x+2$ と C より，①から

$$x^3-3x-2=0$$

$$(x+1)^2(x-2)=0$$

$\therefore$　$x=-1,\ 2$

$l' : y=x-2$ と C より，①から

$$x^3-3x+2=0$$

$$(x-1)^2(x+2)=0$$

$\therefore$　$x=1,\ -2$

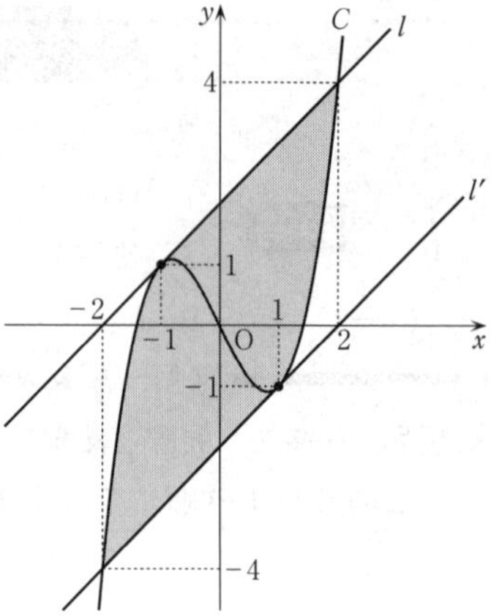

求める図形の面積 S は

$$S=\int_{-1}^{2}\{(x+2)-x(x^2-2)\}dx$$

$$+\int_{-2}^{1}\{x(x^2-2)-(x-2)\}dx$$

$$=\int_{-1}^{2}\{-(x+1)^2(x-2)\}dx+\int_{-2}^{1}\{(x+2)(x-1)^2\}dx$$

ここで

$$-(x+1)^2(x-2)=-(x+1)^2\{(x+1)-3\}$$

$$=-(x+1)^3+3(x+1)^2$$

$$(x+2)(x-1)^2=\{(x-1)+3\}(x-1)^2$$

$$=(x-1)^3+3(x-1)^2$$

だから

$$S=\left[-\frac{1}{4}(x+1)^4+(x+1)^3\right]_{-1}^{2}+\left[\frac{1}{4}(x-1)^4+(x-1)^3\right]_{-2}^{1}$$

$$=-\frac{1}{4}\cdot 3^4+3^3-0+0-\left\{\frac{(-3)^4}{4}+(-3)^3\right\}$$

$$=\frac{27}{2}=13.5$$　→(6)

II　解答

ア．4　イ．4　ウ．6　エ．2　オ．2　カ．2
キ．5　ク．3　ケ．2　コ．3　サ．3　シ．2
ス．1　セ．2　ソ．2　タ．3　チ．3　ツ．2

◀解　説▶

≪円を表すベクトル方程式≫

$$\overrightarrow{PA}=(3-x,\ 1-y),\ \overrightarrow{PB}=(1-x,\ 3-y)$$

だから

$$\overrightarrow{PA}\cdot\overrightarrow{PB}=0$$

$$\iff (3-x)(1-x)+(1-y)(3-y)=0$$

$$\iff x^2+y^2=4x+4y-6 \quad \rightarrow \text{ア〜ウ}$$

$$\iff (x-2)^2+(y-2)^2=2 \quad \cdots\cdots ①$$

よって，これは中心 (2, 2)，半径 $\sqrt{2}$ の円となる。 →エ〜カ

点 $C(a,\ b)$ とする。$\overrightarrow{CA}=(3-a,\ 1-b)$ だから

$|\overrightarrow{CA}|^2=(\sqrt{2})^2$ より

$$(3-a)^2+(1-b)^2=2 \quad \cdots\cdots ②$$

Cは①上にあるので

$$(a-2)^2+(b-2)^2=2 \quad \cdots\cdots ③$$

②，③より，③－②として

$$1\cdot(2a-5)+(-1)\cdot(2b-3)=0$$

$$\therefore \quad b=a-1$$

③より

$$(a-2)^2+(a-3)^2=2$$

$$2a^2-10a+11=0$$

右図より，CO と AB は交わるので

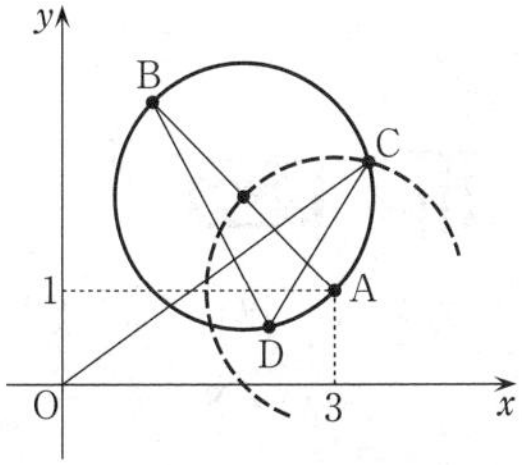

$$a=\frac{5+\sqrt{3}}{2}$$

このとき　$b=\dfrac{3+\sqrt{3}}{2}$

よって

$$C\left(\frac{5+\sqrt{3}}{2},\ \frac{3+\sqrt{3}}{2}\right) \quad \rightarrow \text{キ〜シ}$$

DO と AB は交わらないので，点Dは AB より下の領域にある円周上の点で，円周角の定理より

$$\angle CDB=\angle CAB$$

$$\therefore\quad \cos\angle\mathrm{CDB}=\cos\angle\mathrm{CAB}=\frac{\mathrm{CA}}{\mathrm{AB}}=\frac{\sqrt{2}}{2\sqrt{2}}$$

$$=\frac{1}{2}\quad\rightarrow ス,\ セ$$

ここでは，$\angle\mathrm{CDB}=\angle\mathrm{CAB}=\dfrac{\pi}{3}$ となる。

よって

$$\mathrm{BC}=\mathrm{CA}\cdot\tan\frac{\pi}{3}=\sqrt{2}\cdot\sqrt{3}=\sqrt{6}$$

$\triangle\mathrm{CDB}$ において，余弦定理より

$$\mathrm{BC}^2=\mathrm{DB}^2+\mathrm{DC}^2-2\mathrm{DB}\cdot\mathrm{DC}\cdot\cos\frac{\pi}{3}$$

$$(\sqrt{6})^2=\left(\frac{1+\sqrt{3}}{2}\mathrm{DC}\right)^2+\mathrm{DC}^2-(1+\sqrt{3})\,\mathrm{DC}^2\cdot\frac{1}{2}$$

$$(\because\quad 2\mathrm{DB}=(1+\sqrt{3})\,\mathrm{DC})$$

$\therefore\quad \mathrm{DC}^2=4$

よって　　$\mathrm{DC}=|\overrightarrow{\mathrm{DC}}|=2$　→ソ

このとき，$\triangle\mathrm{CDB}$ の面積は

$$\frac{1}{2}\cdot\mathrm{DC}\cdot\mathrm{DB}\cdot\sin\frac{\pi}{3}=\frac{1}{2}\cdot 2\cdot\frac{1+\sqrt{3}}{2}\cdot 2\cdot\frac{\sqrt{3}}{2}$$

$$=\frac{3+\sqrt{3}}{2}\quad\rightarrow タ\sim ツ$$

III　解答

1．(1)　条件より，$d=2$ で

$$a_n=0+(n-1)\cdot 2=2(n-1)$$

このとき，操作(＊)より

$$f_1(x)=8-2x^2=-2(x+2)(x-2)$$

となり，$n=2,\ 3,\ \cdots$ について

$$f_n(x)=-2\{x-2(n-2)\}(x-2n)$$

となる。

$b_1=0$ とし，b_n は，$x\geqq 1$，$y\geqq 0$ で，x 軸と $f_1(x)$，$f_2(x)$，$\cdots$，$f_n(x)$ のグラフで囲まれた図形の面積である。

b_2 は，$x\geqq 1$，$y\geqq 0$ で，x 軸と $f_1(x)=-2(x+2)(x-2)$，$f_2(x)=-2x(x-4)$

とで囲まれた図形の面積。

b_3 は，$x \geqq 1$，$y \geqq 0$ で，x 軸 と $f_1(x)$，$f_2(x)$ と $f_3(x) = -2(x-2)(x-6)$ とで囲まれた図形の面積。

したがって，b_2，b_3 は下図で，それぞれ網かけ部分の面積となる。

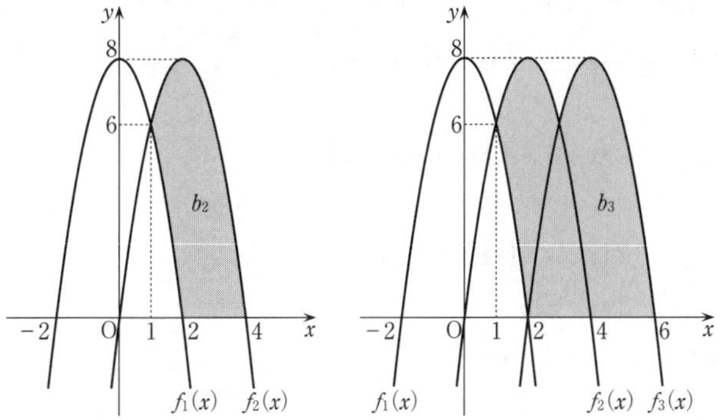

(2)　(1)より，放物線の対称性などにより

$$b_2 = \int_0^4 f_2(x)\,dx - 2\int_1^2 f_1(x)\,dx$$

$$= \int_0^4 f_2(x)\,dx - 2\int_0^1 f_2(x)\,dx$$

$$= \int_0^4 \{-2x(x-4)\}\,dx - 2\int_0^1 (-2x^2+8x)\,dx$$

$$= \frac{2}{6}(4-0)^3 - 2\left[-\frac{2}{3}x^3 + 4x^2\right]_0^1$$

$$= \frac{1}{3}\cdot 4^3 - 2\left(-\frac{2}{3}+4\right)$$

$$= \frac{44}{3}$$

帰納的に考えて，b_n から b_{n+1} へは，右図の網かけ部分の面積を加えることになる。これは，b_2 の値と同じなので，$\{b_n\}$ は初項 $b_1=0$，公差 $\frac{44}{3}$ の等差数列となり，$n \geqq 2$ で

$$b_n = \frac{44}{3} + (n-2)\cdot\frac{44}{3} = \frac{44}{3}(n-1)$$

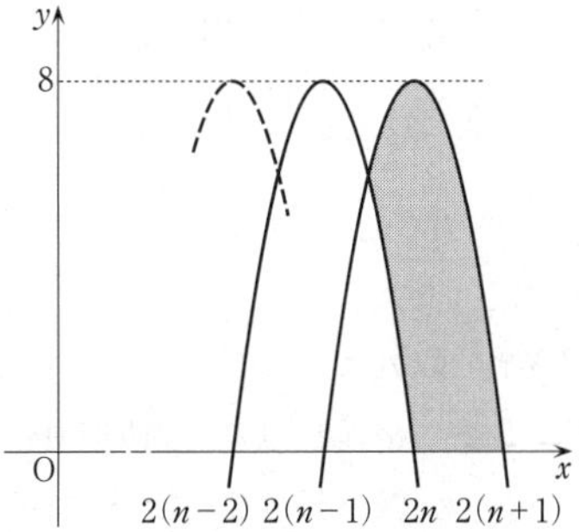

これは，$n=1$ のときも成り立つ。

よって　　$b_n=\dfrac{44}{3}(n-1)$　……(答)

２．(1)　$a_n(1)=0+(n-1)\cdot 1=n-1$

として $\{a_n(2)\}$ を求めるには，(＊)より，公差 $d=1$ として

$$f_1(x)=2-2x^2=-2(x+1)(x-1)$$

$n\geqq 2$ で

$$f_n(x)=-2\{x-a_{n-1}(1)\}\{x-a_{n+1}(1)\}$$

よって

$$\begin{aligned} f_2(x)&=-2\{x-a_1(1)\}\{x-a_3(1)\}\\ &=-2x(x-2)\\ f_3(x)&=-2(x-1)(x-3)\\ &\ \ \vdots\\ f_n(x)&=-2\{x-(n-2)\}(x-n) \end{aligned}$$

として，$x\geqq\dfrac{1}{2}$，$y\geqq 0$ で，x 軸と $f_1(x)$，$f_2(x)$，…，$f_n(x)$ とで囲まれた図形の面積が $a_n(2)$ となる。

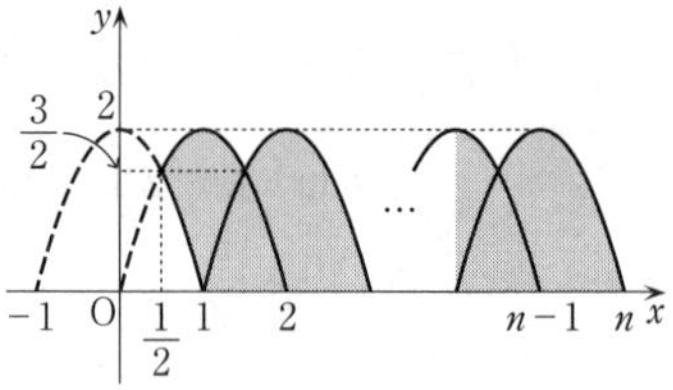

前問と同様に考えて，$\{a_n(2)\}$ は第２項および公差が

$$\int_0^2 f_2(x)\,dx-2\int_0^{\frac{1}{2}} f_2(x)\,dx$$

$$=-2\int_0^2 x(x-2)\,dx-2\int_0^{\frac{1}{2}}(-2x^2+4x)\,dx$$

$$=\frac{2}{6}(2-0)^3-2\left[-\frac{2}{3}x^3+2x^2\right]_0^{\frac{1}{2}}$$

$$=\frac{8}{3}-2\left(-\frac{2}{3}\cdot\frac{1}{8}+2\cdot\frac{1}{4}\right)$$

$$=\frac{11}{6}$$

の等差数列となる。

ここで，$\{a_n(k-1)\}$ を初項０，公差 $d\,(d>0)$ の等差数列とすると

$$a_n(k-1)=0+(n-1)\cdot d=d(n-1)$$

この $\{a_n(k-1)\}$ より $\{a_n(k)\}$ を求める。

(＊)より

$$f_1(x)=-2(x+d)(x-d)$$

$n \geqq 2$ で

$$f_n(x)=-2\{x-a_{n-1}(k-1)\}\{x-a_{n+1}(k-1)\}$$
$$=-2\{x-d(n-2)\}(x-dn)$$

として，$x \geqq \dfrac{d}{2}$，$y \geqq 0$ で，x 軸と $f_1(x)$，$f_2(x)$，…，$f_n(x)$ で囲まれた図形の面積が $a_n(k+1)$ となる。

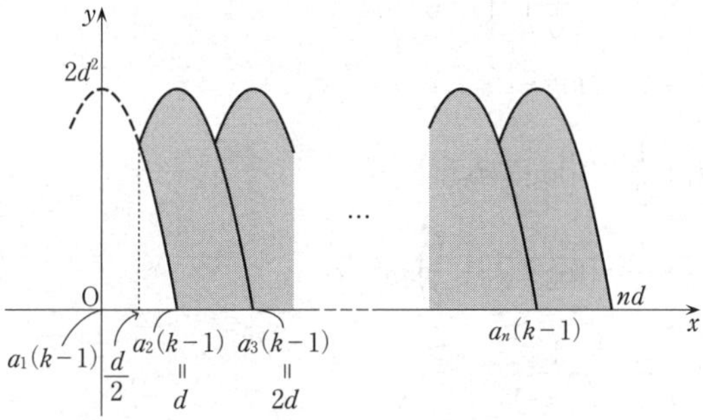

1と同様に，$\{a_n(k+1)\}$ は，第2項，公差ともに

$$\int_0^{2d} f_2(x)\,dx-2\int_0^{\frac{d}{2}} f_2(x)\,dx$$

$$=-2\int_0^{2d} x(x-2d)\,dx-2\int_0^{\frac{d}{2}}(-2x^2+4dx)\,dx$$

$$=\frac{2}{6}(2d-0)^3-2\Big[-\frac{2}{3}x^3+2dx^2\Big]_0^{\frac{d}{2}}$$

$$=\frac{1}{3}\cdot 8d^3-2\left(-\frac{2}{3}\cdot\frac{d^3}{8}+2d\cdot\frac{d^2}{4}\right)$$

$$=\frac{11}{6}d^3$$

よって，一般的に $k \geqq 2$ で

$$d_k=\frac{11}{6}{d_{k-1}}^3,\quad d_1=1$$

本問について，これを用いると

$$d_3=\frac{11}{6}\cdot{d_2}^3=\left(\frac{11}{6}\right)^4$$

$$d_4=\frac{11}{6}\cdot{d_3}^3=\frac{11}{6}\left\{\left(\frac{11}{6}\right)^4\right\}^3=\left(\frac{11}{6}\right)^{13}$$

よって，$\{a_n(k)\}$ の公差は

$$\left.\begin{array}{ll} k=2\text{ のとき} & \dfrac{11}{6} \\ k=3\text{ のとき} & \left(\dfrac{11}{6}\right)^4 \\ k=4\text{ のとき} & \left(\dfrac{11}{6}\right)^{13} \end{array}\right\}\quad\cdots\cdots\text{(答)}$$

(2)　$$\log_{\frac{11}{6}}d_k=1+3\log_{\frac{11}{6}}d_{k-1}$$

$$\log_{\frac{11}{6}}d_k+\frac{1}{2}=3\left(\log_{\frac{11}{6}}d_{k-1}+\frac{1}{2}\right)$$

$$\therefore\quad \log_{\frac{11}{6}}d_k+\frac{1}{2}=\left(\log_{\frac{11}{6}}d_1+\frac{1}{2}\right)\cdot 3^{k-1}$$

$$\log_{\frac{11}{6}}d_k=\frac{3^{k-1}-1}{2}$$

これは $k=1$ でも成り立つ。

$d_2=\dfrac{11}{6}$ より

$$\log_{d_2}d_{k+2}=\frac{3^{k+1}-1}{2}\quad\cdots\cdots\text{(答)}$$

◀解　説▶

≪面積で表された数列≫

1．(1)　$d=2$ として，操作(＊)の意味を理解しながら進めることになる。ここでは $f_1(x)$，$f_2(x)$，… と，xy 平面上で x 軸方向に 2 ずつ平行移動していることがつかめるので，$\{b_n\}$ の公差を求めることができる。ここでは，積分の公式

$$\int_\alpha^\beta (x-\alpha)(x-\beta)\,dx=-\frac{1}{6}(\beta-\alpha)^3$$

を利用した。

2．操作(＊)での a_n が $a_n(k)$ であり，b_n が $a_n(k-1)$ となる。$\{a_n(k)\}$ は等差数列となることを示すので，$a_n(k-1)$ の公差を d として，$a_n(k)$ の

公差を d を用いて求めた。〔解答〕では，実際に $a_n(1)$ から $a_n(2)$ を求めることで，具体的に考え，一般化した。積分区間を表す数列より，面積へ，次に積分区間へと変化しているのを操作(＊)より読み取ることが重要である。

❖講　評

大問３題の出題で，「数学Ⅱ・B」からの出題が２題，小問集合として，順列，n 進法，共有点の個数と面積を扱った出題が１題であった。

Ⅰ　１では，具体的に並べることで，６回まで行くことなく１，２，３のすべての数が現れることに注目するとよい。

２では，n 進法では，係数については０以上 n 未満，とくに最高位は１以上となるなど，必要条件を考え，絞り込むことを考えるとよい。

３では，「数学Ⅱ」の範囲での出題ではあるが，計算の簡素化も含めて

$$\int (x+a)^n dx = \frac{1}{n+1}(x+a)^{n+1} + C \quad (C\text{は積分定数})$$

の利用などを考えるとよい。

Ⅱ　xy 座標を利用し，成分計算を考えるとよい。$|\overrightarrow{\mathrm{CA}}|=\sqrt{2}$ については，２点C，Aの距離が $\sqrt{2}$，つまり，Cは定点Aを中心とする半径 $\sqrt{2}$ の円周上にあるので，Cは２円の交点とも考えられる。

$\overrightarrow{\mathrm{PA}}\cdot\overrightarrow{\mathrm{PB}}=0 \Longleftrightarrow \overrightarrow{\mathrm{PA}}\perp\overrightarrow{\mathrm{PB}}$ かつ，A，Bは定点なので，点PはABを直径とする円周上の点と考えることもできる。

Ⅲ　操作(＊)が，与えられた数列 $\{a_n\}$ から次の数列 $\{b_n\}$ を求める定義である。

１では，b_2，b_3 が面積を表していることに注目して，(＊)を具体化していくことになる。すると，グラフより，b_4，b_5，…，b_n と帰納的に類推できる。

２でも同様に，$\{a_n(1)\}$，$\{a_n(2)\}$，…，$\{a_n(k-1)\}$，$\{a_n(k)\}$ の変化の様子を，まずは $\{a_n(1)\}$ から $\{a_n(2)\}$ へ，公差の変化をとらえることで，$\{a_n(k-1)\}$ から $\{a_n(k)\}$ への公差の推移が読み取れる。

では一刻も早く一人前になることが期待されたと述べる。

三は、物語『住吉物語』からの出題である。中将が失踪した姫君を探し求める場面からの出題であった。助詞・助動詞・敬語・和歌の修辞・古文単語といった基礎の学習をしっかりした上で読解力を磨くことが求められる。

設問の形式と難易度は、ともに例年とあまり変わらない。

「む」の終止形。3は傍線部に上接する「よら（寄ら）」が未然形なので、願望の終助詞である。4は、上接する語が完了の助動詞「ぬ」の未然形なので、これも願望の終助詞。

問七　Ⅱは姫君の夢に出て来た中将の和歌で、〝尋ねあぐねて深い山路に迷っていることです。あなたの住まいがどこなのかを教えてください〟という内容である。この中将の気持ちが記されるのは、第二段落四行目、夢から消えて行く姫君の袖をとらえて中将が言った言葉「おはし所知らせ給へ」である。意味は〝いらっしゃる所を教えてください〟でこれが正解。その他、Ⅱの上の句の心情を言うものであれば、侍従が姫君の言葉を聞いて述べた感想の中の「いかばかり嘆き給ふ」があるが、「らむ」を切り取って答えるのは、「いかばかり」が疑問詞で意味が不明になるので、不適。

問八　1は、「二人は結ばれるはずがない」が、2は「中将は死んでしまい」が、3は、「冷淡な態度を取ってしまった」が、それぞれ本文にその内容がない。4は、選択肢の第一文は「御袖を控へて…御返事せむ心地してうち驚きけり」に合致し、第二文は「夢に、少将殿の…われを見つけて袖を控へて…となむありつる」に合致していて、これが正解である。姫君は少将が中将に昇進したことを知らないので、姫君の言う「少将殿」は中将のことである。5は「信じ切れなかった」が本文にない。

❖講　評

例年通り、現代文二題、古文一題の構成であり、文章の長さや設問数、難易度も例年並みである。

一は、現代社会におけるカミが様々な分野で必要とされている状況を述べ、文明の進化に伴って危機が顕在化している現在、近代化によって失われたものを発掘していくことが大切な課題だと述べる。近代的価値観の再検討の必要を論じた二〇二〇年度・二〇二一年度の出題に通じる問題意識に立っていると言える。

二は、子どもに対する社会の意識について、「子どもらしさ」が近代以降に成立した意識であることを述べ、それま

◀解　説▶

問三　Ⅰは中将の〝いらっしゃる所を教えてください〟の言葉に答えた、姫君の和歌である。そして、この和歌を聞いた中将は「住吉と言ふ所をたづね参らせむ」と考える。つまり、Ⅰが言いたい内容は、自分は「住吉と言ふ所」にいる、ということである。和歌の中の「そこ」は「（海の）底」と指示代名詞の「そこ」を掛ける。「侘ぶ」は「わび住まい」をしているという意味で、「すみよし」は「住み良し」と地名「住吉《すみよし》」との掛詞である。以上の内容に沿っているのは4で、これが正解である。

問四　中将の夢に行方不明だった姫君が現れ〝自分は住吉にいます〟という内容の歌を詠んで去った。中将は返事をしようと思っていたのに、嘆いて言った独り言が傍線部Bである。踏まえている和歌は〝あの人を思いながら寝たので、思い人が夢に現れたのだろう。夢と知っていれば目覚めなかっただろうに。（夢だと知らなかったので目覚めてしまった）〟という内容である。それを述べているのは1でこれが正解。2は最後の「私を嫌いなのかもしれない」という根拠がない。3は姫君が亡くなったという所が誤り。4は後半部分「私を探している」が誤りで、5は「誰かの妻らしき人の姿で」が誤っている。

問五　傍線部Cは姫君の居場所がわかった中将が、住吉に行こうとしてお供の人々に指示を出す会話文の中にある。会話主が中将なので中将からの敬意となり、選択肢1・2・3のうちから答えを選ぶ。また「申す」は謙譲語なので、敬意の対象は申し上げる人物となる。直接にはそれが誰か書かれていないが、「これより帰りて」「申せ」、ということから、都にいる父関白に申し上げるということで、正解は2である。長谷寺から住吉に出向こうとする報告を父にして出発しようということで、意味が通じる。

問六　傍線部の「なむ」は係助詞である。結びの語は文末の完了の助動詞「つ」の連体形「つる」。正解は5で、文末の「はべる」がラ行変格活用動詞「はべり」の連体形である。1は傍線部に上接する「散り」が連用形なので、強意の助動詞「ぬ」の未然形＋推量の助動詞「む」の終止形。2はナ行変格活用「死ぬ」の未然形活用語尾＋意志の助動詞

る所をお教えください」と言うので、（姫君は）

Ⅰ　（今いる場所が）海の底ともそこがどこともわからないで、わび住まいをしていると、漁人はここは住み良い場所だと申します（＝ここは「住吉」という所です）

と言って去るので、返歌をしようとしたところで目が覚めた。

ますます、「夢と知りなば」（の歌のように夢と知っていたならば覚めずにいたのに、姫君に会いたい）と思って悲しく、「（この夢を見ることが出来たのは）長谷寺の観音のご利益であろう」と思って夜のうちに出向いて、住吉という所を探し申し上げようと思って、従者の人々にお命じになったことは、「仏道修行の機会に天王寺・住吉へ参詣しようと思うのだ。お前たちはここから（京へ）帰って、（父の関白に）この旨を申し上げよ」と、お命じになったので、（従者は）「どうして御供の人がいなくては（いけません）」と言って、「（我々も）参ります」と申し上げる。（中将は）「（長谷寺の観音が）今夜お示しになった霊験に従って、その示現のままに（するのだ）。特に思うことがあるのだ。（私の）命ずる通りにしておれ」と言って、「（そのため）お前たちを（京へ）返すのだ」とお命じなさったので、（従者は）どうしようもなく皆帰京した。

（中将は）ただ警護の者一人をお連れになって、浄衣の柔らかなものに、薄紫の衣に白い単衣を着て、藁沓を履いて龍田山を越えなさった。

ところで住之江では、その夜明け方姫君が、「夢に、少将（＝現中将）殿が実に心細い様子で、山中でたった一人で旅寝して泣き伏しなさっている所へ（私が）行ったところ、（中将は）私を見つけて袖を捉えてこのように（詠んだ）」

Ⅱ　尋ねあぐねて深い山路に迷っていることです。あなたの住まいがどこなのかを教えてください

と（歌が）あった」としみじみと感慨深く（侍従に）語りなさったところ、侍従は、「なるほど（中将は）どれほどお嘆きになっていることでしょう。きっと正夢です」と言って、（姫君は）声をひそめてお泣きになった。

三

出典　『住吉物語』〈下巻〉

解答

問一　つかさめし
問二　3
問三　4
問四　1
問五　2
問六　5
問七　おはし所知らせ給へ
問八　4
問九　2

◆全　訳◆

正月の人事異動で、右大臣は関白におなりになった。少将は中将になって三位に昇進なさったが、（中将は）嬉しいとも思わないで、ひたすら神仏に祈り、「姫君の行方を教えてください」と祈った。

むなしくも、早くも夏も過ぎてしまった。（中将は）旧暦九月（＝晩秋）に長谷寺に参詣して、七日間参籠し祈願しました。七日目の夜、夜明け方に少しうとうとと眠りかけましたところ、（中将の）夢に、高貴な女性が顔をそむけるようにして座りなさっていたので、ああ美しいなあと（思って）見ると、（その女性は）姫君であった。胸が騒いで、これ以上なく嬉しくて、「それにしてもどこにいらっしゃるのか。このような辛い目に私をおあわせになって。どれほど（私が）思い嘆いたか知っていらっしゃるのか」と言うと、（姫君は）泣いて、「これほどまで（私を思ってくださっている）とは思っていなかったので、とてもふびんなことだ」と言ってお立ちなさる。（中将は姫君の）お袖をとらえて、「いらっしゃれ、さらに、設問である、傍線部「幼児保護の社会意識が一般的に定着」する「背景」については、傍線部の段落の五段落後の段落に書かれる。「近世になり、庶民にとっても『家』が確立してくると…幼児に寛大な社会が初めて現出し、…俗説的表現が成立していったと柴田は言うのである」とあるので正解は3。2は、「ある種の特権視」は「無服」であることに対してであって、「子どもらしさ」に対してではない。

問四　傍線部Cの「小さな大人」については、その直後の「子どもの出生や死に対しても無関心だった」という記述と並べて記されている。その後、七歳くらいになると「家族の数に加えられ」、成長すれば「家庭から大人の世界へ放り出され」るという段階を踏むとある。正解は2で、傍線部Cの「小さな」は選択肢の「一人前でなく」に当たり、傍線部Cの「大人」は、この段落の内容から選択肢の「特別扱いもされない」に当たる。1は、成長後の内容であり、3も大人の要素が含まれるので誤り。また、4の「名付けが行われない」、5の「性別を超越した」が、この段落の内容にはないので誤りである。

問五　傍線部Dの「柴田」説と「アリエス」説とがどういった点で似ているのかについては、最終段落で「ある時代までの子どもの不在を発見し、ある時期以降の子どもの誕生を明らかにした」と端的にまとめられている。この内容に当てはまるのは1である。2は「発想を肯定」が不可。3は「七歳以上の子どもを『無服』」が誤り。4は柴田の意見には含まれない。5は「誰もが無関心」が不可。柴田はそのようなことを言っていないし、アリエスは「一部の人びとは悲嘆に暮れはした」（傍線部③の段落）としている。

問六　最初の空欄には、大人の世界に入る前段階の位置付けで、家族の一員として期待される「力」を当てはめる。後の空欄には、宮本常一の体験談で、これも一人前になるために期待される「力」である。「七歳から労働が教え込まれた」とあるところから、答えは「労働」である。

二

出典　畑中章宏「子どもらしさ」（『図書』二〇二一年二月号　岩波書店）

解答

問一　①処遇　②異界　③匿名
問二　5
問三　3
問四　2
問五　1
問六　労働

◆要　旨◆

七歳までの子どもは一人前の人格を持たず、この世のものでも異界のものでもないという存在であるとみなされており、無垢な子どもらしさの根拠とされてきた。ただ、柴田説によると、この意識は近世後期になって庶民の中で幼時を大切に養育するという社会意識が生まれた後だとされ、アリエス説も近代以前の子どもは保護の対象ではなく、生き残った者だけが労働力として家族の数に加えられたと言う。この両者は、ある時期までは子どもは一人前の村人を育てあげるための準備期間であり、一刻も早く「子どもらしさ」を抜け出すことを期待されて来たことを示したのである。

▲解　説▼

問二　傍線部Aの「民俗的な『子どもらしさ』」については、この段落の二段落前から説明がある。二段落前には、子どもには「生きた霊魂」が籠っていると述べられ、次の段落にも霊力を伴うので男か女かわからない状態で処遇されると述べられる。こういった扱いが七歳になるまで続くと述べられるのである。それについて述べられるのは5で、これが正解。その他の選択肢は、霊魂が宿る「民俗的な」子どもらしさに触れていない。

問三　傍線部Bは柴田純の言説を紹介した一部である。この説明は傍線部の段落の三段落後から六段落後にかけて述べらとを、同時に行うことが求められるという内容。後の空欄Xは、直前の「危機を直視」することと、後の「(知恵を)発掘していく」こととの両方を求める主張をする内容である。よって正解は並列を表す選択肢の1。

問五　傍線部Dの「現代医療」は、直後に「カミ」の欠如したものであると述べられる。この段落や、「カミ」について書かれたこの段落以前、特に第三段落を中心とした内容を踏まえて消去する。1は「不可視の分野については研究対象外」という点が本文の内容と合わない。2は「他分野からの越境」が本文の内容にない。3は「不治の患者」と治る患者を区別した記述が本文にない。4は「漢方」に限定して述べるところが誤りである。正解は5で、不可視である「カミ」は医学の世界から排除されて来たという内容が本文の内容と合致する。選択肢の「証明されていない」は「幻想」「不可視」(いずれも第二段落)などの要素から、本文の内容を逸脱するものではないと判断する。

問六　傍線部「ストレスの重圧」とは、傍線部直前にある「現代社会の息の詰まるような人間関係」がその説明である。人間関係のストレスについての内容は傍線部の段落から二段落後まで述べられる。正解は傍線部から六行後の「精神の負荷」である。

問七　「カミ」の現代社会での役割について、傍線部の段落から四段落前に「人間関係の緩衝材」だと述べている。傍線部の段落で取り上げられる「ゆるキャラ」は、古来から信仰の対象としてきた神ほどの存在ではないが、緩衝材として有用な「小さな」カミであると述べる。よって正解は1である。2はこの「小さなカミ」を否定的に述べているので誤り。3は「信仰の対象」と述べているので誤り。そこまでの存在ではないから「小さな」と述べるのである。4は「関係を修復してきている」という部分、5は「ゆるキャラに無数の死者の影を認めている」が本文の内容にはない。

問八　空欄の前段落からは、本文のまとめで、近代化が人間の心に危機をもたらしたと述べる。そこで求められるのが「カミ」なのである。空欄Yには現在までの文明を形作ってきたもの、といった内容が入る。正解は2である。他の選択肢は、すべて近代化文明とは無関係な選択肢である。

いくことが課題である。

◀解　説▶

問一　傍線部Aのように「カミ」とカタカナ表記にする理由を書いた場所は本文にはないので、筆者の「カミ」に対する思いをたどっていく。すると直接的には、傍線部A前後の「古今東西のあらゆる民族と共同体において」、（カミを）「もたないものはな」い、「なくてはならない存在」という記述が手掛かりとなる。それに最も近いのは1である。2は「あらゆる民族の根源」の部分が本文にない。3・4・5は「カミ」が限定されていて、3は「日本古来の『神』と区別して」いるところ、4は「近代」に、5は「前近代」に限定して用いるとする点が誤っている。

問二　傍線部Bについても、問一と同様に直接傍線部を説明した部分はない。前段落から「カミ」の説明があり、この段落に入って、「人生のストーリー」として「不可視の存在を取り込んだ、生死の双方の世界を貫く」ものを必要としていると述べている。その内容に最も近いのは5である。「カミの存在によって初めて理解される」とあるが、傍線部の前段落から「カミ」の意義を説明した内容となっていると取れば納得できる。1は全体が誤り。2は「生かされている」が本文になく、3は「生死を貫通する世界」の内容が不分明。4は死が「生者と死者の新しい関係の始まり」と述べるところが誤りである。

問三　傍線部Cの段落に「宗教者としての経験を生かし」とある。以下の、この段落で述べられている内容が傍線部Cの理由であると理解できる。ただ詳しい説明はないので、消去法で考える。1の「営利目的の業務」ではないという理由は本文にはない。2は「生死の世界を体験」、「どんな質問や相談にも対応」という条件が言い過ぎで当てはまらない。3は「人々に伝導してきている」が、4も「さまざまな人々を導いてきた経験」が本文の内容にない。5は「人々の心を和らげる」が本文の「心に重荷を負った人々に寄り添い」の部分と対応し、穏当な選択肢といえる。5が正解である。

問四　最初の空欄Xは直前の「価値観を尊重」することと、後の「人々に寄り添い」、「看取りやグリーフケアを行う」こ

国語

一

出典　佐藤弘夫『日本人と神』〈終章　神のゆくえ〉（講談社現代新書）

解答

問一　1
問二　5
問三　5
問四　1
問五　5
問六　精神の負荷
問七　1
問八　2

◆要　旨◆

かつて人々は神仏や死者を大切な仲間として扱った。今、人間とカミが密接に関わり合って共存する前近代世界のコスモロジーの構造に注目する必要がある。日本においても世界の各地でもカミを機能させようとする試みが始まっている。医療にカミを導入しようとする動きがあり、また、現在の日本社会で増殖するキャラクターは、息の詰まるような人間関係の緩衝材の役割を担っている。近代化はかつてない物質的な繁栄をもたらしたが、人間の心に、無機質な領域を創り出した。もちろん前近代に帰れというわけではなく、直面している危機を直視しつつ、人類が蓄積してきた知恵を発掘して

//////////////////// ・memo・ ////////////////////

2025年版　大学赤本シリーズ

国公立大学 その他

総合型選抜・ 医 総推
東日本〉※
中日本〉※

174 看護・医療系大学〈国公立 西日本〉※
175 海上保安大学校／気象大学校
176 航空保安大学校
177 国立看護大学校
178 防衛大学校 総推
179 防衛医科大学校(医学科) 医
180 防衛医科大学校(看護学科)

:赤本ウェブサイト（http://akahon.net/）でご確認ください。

私立大学①

大学
獣医学類〉)
部) 医
総推
学部) 医
総推
台経済学部
個別学部日程)
個別学部日程)
間科学部ー個
政策・社会情
ティ人間科
個別学部日程)
程)
看科学部)
部
試験)
ア試験)
試験)
部ーコア試験)
試験)
部
医
学部)
洋生命科学部)
医
大学部
総推

251 慶應義塾大学(法学部)
252 慶應義塾大学(経済学部)
253 慶應義塾大学(商学部)
254 慶應義塾大学(文学部) 総推
255 慶應義塾大学(総合政策学部)
256 慶應義塾大学(環境情報学部)
257 慶應義塾大学(理工学部)
258 慶應義塾大学(医学部) 医
259 慶應義塾大学(薬学部)
260 慶應義塾大学(看護医療学部)
261 工学院大学
262 國學院大學
263 国際医療福祉大学 医
264 国際基督教大学
265 国士舘大学
266 駒澤大学(一般選抜T方式・S方式)
267 駒澤大学(全学部統一日程選抜)

さ行（関東の大学）

268 埼玉医科大学(医学部) 医
269 相模女子大学・短期大学部
270 産業能率大学
271 自治医科大学(医学部) 医
272 自治医科大学(看護学部)／東京慈恵会医科大学(医学部〈看護学科〉)
273 実践女子大学 総推
274 芝浦工業大学(前期日程)
275 芝浦工業大学(全学統一日程・後期日程)
276 十文字学園女子大学
277 淑徳大学
278 順天堂大学(医学部) 医
279 順天堂大学(スポーツ健康科・医療看護・保健看護・国際教養・保健医療・医療科・健康データサイエンス・薬学部) 総推
280 上智大学(神・文・総合人間科学部)
281 上智大学(法・経済学部)
282 上智大学(外国語・総合グローバル学部)
283 上智大学(理工学部)
284 上智大学(TEAPスコア利用方式)
285 湘南工科大学
286 昭和大学(医学部) 医
287 昭和大学(歯・薬・保健医療学部)
288 昭和女子大学
289 昭和薬科大学
290 女子栄養大学・短期大学部 総推
291 白百合女子大学
292 成蹊大学(法学部ーA方式)
293 成蹊大学(経済・経営学部ーA方式)
294 成蹊大学(文学部ーA方式)
295 成蹊大学(理工学部ーA方式)
296 成蹊大学(E方式・G方式・P方式)
297 成城大学(経済・社会イノベーション学部ーA方式)
298 成城大学(文芸・法学部ーA方式)
299 成城大学(S方式〈全学部統一選抜〉)
300 聖心女子大学
301 清泉女子大学
303 聖マリアンナ医科大学 医
304 聖路加国際大学(看護学部)
305 専修大学(スカラシップ・全国入試)
306 専修大学(前期入試〈学部個別入試〉)
307 専修大学(前期入試〈全学部入試・スカラシップ入試〉)

た行（関東の大学）

308 大正大学
309 大東文化大学
310 高崎健康福祉大学
311 拓殖大学
312 玉川大学
313 多摩美術大学
314 千葉工業大学
315 中央大学(法学部ー学部別選抜)
316 中央大学(経済学部ー学部別選抜)
317 中央大学(商学部ー学部別選抜)
318 中央大学(文学部ー学部別選抜)
319 中央大学(総合政策学部ー学部別選抜)
320 中央大学(国際経営・国際情報学部ー学部別選抜)
321 中央大学(理工学部ー学部別選抜)
322 中央大学(5学部共通選抜)
323 中央学院大学
324 津田塾大学
325 帝京大学(薬・経済・法・文・外国語・教育・理工・医療技術・福岡医療技術学部)
326 帝京大学(医学部) 医
327 帝京科学大学 総推
328 帝京平成大学 総推
329 東海大学(医〈医〉学部を除くー一般選抜)
330 東海大学(文系・理系学部統一選抜)
331 東海大学(医学部〈医学科〉) 医
332 東京医科大学(医学部〈医学科〉) 医
333 東京家政大学・短期大学部 総推
334 東京経済大学
335 東京工科大学
336 東京工芸大学
337 東京国際大学
338 東京歯科大学
339 東京慈恵会医科大学(医学部〈医学科〉) 医
340 東京情報大学
341 東京女子大学
342 東京女子医科大学(医学部) 医
343 東京電機大学
344 東京都市大学
345 東京農業大学
346 東京薬科大学(薬学部) 総推
347 東京薬科大学(生命科学部) 総推
348 東京理科大学(理学部〈第一部〉ーB方式)
349 東京理科大学(創域理工学部ーB方式・S方式)
350 東京理科大学(工学部ーB方式)
351 東京理科大学(先進工学部ーB方式)
352 東京理科大学(薬学部ーB方式)
353 東京理科大学(経営学部ーB方式)
354 東京理科大学(C方式、グローバル方式、理学部〈第二部〉ーB方式)
355 東邦大学(医学部) 医
356 東邦大学(薬学部)

/////////////////// ・memo・ //////////////////

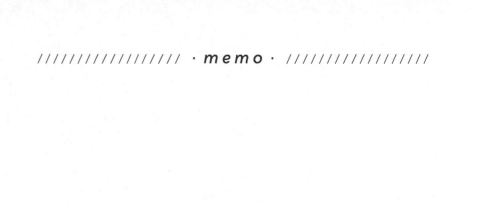

//////////////////// ・memo・ ////////////////////

2025年版　大学赤本シリーズ

私立大学②

357 東邦大学（理・看護・健康科学部）
358 東洋大学（文・経済・経営・法・社会・国際・国際観光学部）
359 東洋大学（情報連携・福祉社会デザイン・健康スポーツ科・理工・総合情報・生命科・食環境科学部）
360 東洋大学（英語〈3日程×3カ年〉）
361 東洋大学（国語〈3日程×3カ年〉）
362 東洋大学（日本史・世界史〈2日程×3カ年〉）
363 東洋英和女学院大学
364 常磐大学・短期大学 総推
365 獨協大学
366 獨協医科大学（医学部） 医

な行（関東の大学）

367 二松学舎大学
368 日本大学（法学部）
369 日本大学（経済学部）
370 日本大学（商学部）
371 日本大学（文理学部〈文系〉）
372 日本大学（文理学部〈理系〉）
373 日本大学（芸術学部〈専門試験併用型〉）
374 日本大学（国際関係学部）
375 日本大学（危機管理・スポーツ科学部）
376 日本大学（理工学部）
377 日本大学（生産工・工学部）
378 日本大学（生物資源科学部）
379 日本大学（医学部） 医
380 日本大学（歯・松戸歯学部）
381 日本大学（薬学部）
382 日本大学（N全学統一方式−医・芸術〈専門試験併用型〉学部を除く）
383 日本医科大学 医
384 日本工業大学
385 日本歯科大学
386 日本社会事業大学 総推
387 日本獣医生命科学大学
388 日本女子大学
389 日本体育大学

は行（関東の大学）

390 白鷗大学（学業特待選抜・一般選抜）
391 フェリス女学院大学
392 文教大学
393 法政大学（法〈Ⅰ日程〉・文〈Ⅱ日程〉・経営〈Ⅱ日程〉学部−A方式）
394 法政大学（法〈Ⅱ日程〉・国際文化・キャリアデザイン学部−A方式）
395 法政大学（文〈Ⅰ日程〉・経営〈Ⅰ日程〉・人間環境・グローバル教養学部−A方式）
396 法政大学（経済〈Ⅰ日程〉・社会〈Ⅰ日程〉・現代福祉学部−A方式）
397 法政大学（経済〈Ⅱ日程〉・社会〈Ⅱ日程〉・スポーツ健康学部−A方式）
398 法政大学（情報科・デザイン工・理工・生命科学部−A方式）
399 法政大学（T日程〈統一日程〉・英語外部試験利用入試）
400 星薬科大学 総推

ま行（関東の大学）

401 武蔵大学
402 武蔵野大学
403 武蔵野美術大学
404 明海大学
405 明治大学（法学部−学部別入試）
406 明治大学（政治経済学部−学部別入試）
407 明治大学（商学部−学部別入試）
408 明治大学（経営学部−学部別入試）
409 明治大学（文学部−学部別入試）
410 明治大学（国際日本学部−学部別入試）
411 明治大学（情報コミュニケーション学部−学部別入試）
412 明治大学（理工学部−学部別入試）
413 明治大学（総合数理学部−学部別入試）
414 明治大学（農学部−学部別入試）
415 明治大学（全学部統一入試）
416 明治学院大学（A日程）
417 明治学院大学（全学部日程）
418 明治薬科大学 総推
419 明星大学
420 目白大学・短期大学部

ら・わ行（関東の大学）

421 立教大学（文系学部−一般入試〈大学独自の英語を課さない日程〉）
422 立教大学（国語〈3日程×3カ年〉）
423 立教大学（日本史・世界史〈2日程×3カ年〉）
424 立教大学（文学部−一般入試〈大学独自の英語を課す日程〉）
425 立教大学（理学部−一般入試）
426 立正大学
427 早稲田大学（法学部）
428 早稲田大学（政治経済学部）
429 早稲田大学（商学部）
430 早稲田大学（社会科学部）
431 早稲田大学（文学部）
432 早稲田大学（文化構想学部）
433 早稲田大学（教育学部〈文科系〉）
434 早稲田大学（教育学部〈理科系〉）
435 早稲田大学（人間科・スポーツ科学部）
436 早稲田大学（国際教養学部）
437 早稲田大学（基幹理工・創造理工・先進理工学部）
438 和洋女子大学 総推

中部の大学（50音順）

439 愛知大学
440 愛知医科大学（医学部） 医
441 愛知学院大学・短期大学部
442 愛知工業大学 総推
443 愛知淑徳大学
444 朝日大学 総推
445 金沢医科大学（医学部） 医
446 金沢工業大学
447 岐阜聖徳学園大学 総推
448 金城学院大学
449 至学館大学 総推
450 静岡理工科大学
451 椙山女学園大学
452 大同大学
453 中京大学
454 中部大学
455 名古屋外国語大学 総推
456 名古屋学院大学 総推
457 名古屋学芸大学 総推
458 名古屋女子大学 総推
459 南山大学（外国語〈英米〉・法・総合政策・国際教養学部）
460 南山大学（人文・外国語〈英米を除く〉・経済・経営・理工学部）
461 新潟国際情報大学
462 日本福祉大学
463 福井工業大学
464 藤田医科大学（医学部） 医
465 藤田医科大学（医療科・保健衛生学部）
466 名城大学（法・経営・経済・外国語・人間・都市情報学部）
467 名城大学（情報工・理工・農・薬学部）
468 山梨学院大学

近畿の大学（50音順）

469 追手門学院大学 総推
470 大阪医科薬科大学（医学部） 医
471 大阪医科薬科大学（薬学部） 総推
472 大阪学院大学 総推
473 大阪経済大学 総推
474 大阪経済法科大学 総推
475 大阪工業大学 総推
476 大阪国際大学・短期大学部 総推
477 大阪産業大学 総推
478 大阪歯科大学（歯学部）
479 大阪商業大学 総推
480 大阪成蹊大学・短期大学 総推
481 大谷大学 総推
482 大手前大学・短期大学 総推
483 関西大学（文系）
484 関西大学（理系）
485 関西大学（英語〈3日程×3カ年〉）
486 関西大学（国語〈3日程×3カ年〉）
487 関西大学（日本史・世界史・文系数学〈3日程×3カ年〉）
488 関西医科大学（医学部） 医
489 関西医療大学 総推
490 関西外国語大学・短期大学部 総推
491 関西学院大学（文・法・商・人間福祉・総合政策学部−学部個別日程）
492 関西学院大学（神・社会・経済・国際・教育学部−学部個別日程）
493 関西学院大学（全学部日程〈文系型〉）
494 関西学院大学（全学部日程〈理系型〉）
495 関西学院大学（共通テスト併用日程〈数学〉・英数日程）
496 関西学院大学（英語〈3日程×3カ年〉） 新
497 関西学院大学（国語〈3日程×3カ年〉） 新
498 関西学院大学（日本史・世界史・文系数学〈3日程×3カ年〉） 新
499 畿央大学 総推
500 京都外国語大学・短期大学 総推
502 京都産業大学（公募推薦入試） 総推
503 京都産業大学（一般選抜入試〈前期日程〉）
504 京都女子大学 総推
505 京都先端科学大学 総推
506 京都橘大学 総推
507 京都ノートルダム女子大学 総推
508 京都薬科大学 総推
509 近畿大学・短期大学部（医学部を除く−推薦入試） 総推
510 近畿大学・短期大学部（医学部を除く−一般入試前期）
511 近畿大学（英語〈医学部を除く3日程×3カ年〉）
512 近畿大学（理系数学〈医学部を除く3日程×3カ年〉）
513 近畿大学（国語〈医学部を除く3日程×3カ年〉）
514 近畿大学（医学部−推薦入試・一般入試前期） 医 総推
515 近畿大学・短期大学部（一般入試後期） 医
516 皇學館大学 総推
517 甲南大学 総推
518 甲南女子大学（学校推薦型選抜） 新 総推
519 神戸学院大学 総推
520 神戸国際大学 総推
521 神戸女学院大学 総推
522 神戸女子大学・短期大学 総推
523 神戸薬科大学 総推
524 四天王寺大学・短期大学部 総推
525 摂南大学（公募制推薦入試） 総推
526 摂南大学（一般選抜前期日程）
527 帝塚山学院大学 総推
528 同志社大学（法、グローバル・コミュニケーション学部−学部個別日程）

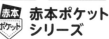

2025年版　大学赤本シリーズ　No. 407
明治大学（商学部－学部別入試）

編　集　教学社編集部
発行者　上原 寿明
発行所　教学社
〒606-0031
京都市左京区岩倉南桑原町56
電話　075-721-6500
振替　01020-1-15695
印　刷　太洋社

2024年6月25日　第1刷発行
ISBN978-4-325-26466-8
定価は裏表紙に表示しています

2025年版　大学赤本シリーズ

国公立大学 その他

- 171 〔国公立大〕医学部医学科 総合型選抜・学校推薦型選抜※ 医 総推
- 172 看護・医療系大学〈国公立 東日本〉※
- 173 看護・医療系大学〈国公立 中日本〉※
- 174 看護・医療系大学〈国公立 西日本〉※
- 175 海上保安大学校／気象大学校
- 176 航空保安大学校
- 177 国立看護大学校
- 178 防衛大学校 総推
- 179 防衛医科大学校(医学科) 医
- 180 防衛医科大学校(看護学科)

※No.171〜174の収載大学は赤本ウェブサイト(http://akahon.net/)でご確認ください。

私立大学①

北海道の大学(50音順)

- 201 札幌大学
- 202 札幌学院大学
- 203 北星学園大学
- 204 北海学園大学
- 205 北海道医療大学
- 206 北海道科学大学
- 207 北海道武蔵女子大学・短期大学
- 208 酪農学園大学(獣医学群〈獣医学類〉)

東北の大学(50音順)

- 209 岩手医科大学(医・歯・薬学部) 医
- 210 仙台大学 総推
- 211 東北医科薬科大学(医・薬学部) 医
- 212 東北学院大学
- 213 東北工業大学
- 214 東北福祉大学
- 215 宮城学院女子大学 総推

関東の大学(50音順)

あ行(関東の大学)

- 216 青山学院大学(法・国際政治経済学部ー個別学部日程)
- 217 青山学院大学(経済学部ー個別学部日程)
- 218 青山学院大学(経営学部ー個別学部日程)
- 219 青山学院大学(文・教育人間科学部ー個別学部日程)
- 220 青山学院大学(総合文化政策・社会情報・地球社会共生・コミュニティ人間科学部ー個別学部日程)
- 221 青山学院大学(理工学部ー個別学部日程)
- 222 青山学院大学(全学部日程)
- 223 麻布大学(獣医、生命・環境科学部)
- 224 亜細亜大学
- 226 桜美林大学
- 227 大妻女子大学・短期大学部

か行(関東の大学)

- 228 学習院大学(法学部ーコア試験)
- 229 学習院大学(経済学部ーコア試験)
- 230 学習院大学(文学部ーコア試験)
- 231 学習院大学(国際社会科学部ーコア試験)
- 232 学習院大学(理学部ーコア試験)
- 233 学習院女子大学
- 234 神奈川大学(給費生試験)
- 235 神奈川大学(一般入試)
- 236 神奈川工科大学
- 237 鎌倉女子大学・短期大学部
- 238 川村学園女子大学
- 239 神田外語大学
- 240 関東学院大学
- 241 北里大学(理学部)
- 242 北里大学(医学部) 医
- 243 北里大学(薬学部)
- 244 北里大学(看護・医療衛生学部)
- 245 北里大学(未来工・獣医・海洋生命科学部)
- 246 共立女子大学・短期大学
- 247 杏林大学(医学部) 医
- 248 杏林大学(保健学部)
- 249 群馬医療福祉大学・短期大学部
- 250 群馬パース大学 総推
- 251 慶應義塾大学(法学部)
- 252 慶應義塾大学(経済学部)
- 253 慶應義塾大学(商学部)
- 254 慶應義塾大学(文学部) 総推
- 255 慶應義塾大学(総合政策学部)
- 256 慶應義塾大学(環境情報学部)
- 257 慶應義塾大学(理工学部)
- 258 慶應義塾大学(医学部) 医
- 259 慶應義塾大学(薬学部)
- 260 慶應義塾大学(看護医療学部)
- 261 工学院大学
- 262 國學院大學
- 263 国際医療福祉大学 医
- 264 国際基督教大学
- 265 国士舘大学
- 266 駒澤大学(一般選抜T方式・S方式)
- 267 駒澤大学(全学部統一日程選抜)

さ行(関東の大学)

- 268 埼玉医科大学(医学部) 医
- 269 相模女子大学・短期大学部
- 270 産業能率大学
- 271 自治医科大学(医学部) 医
- 272 自治医科大学(看護学部)／東京慈恵会医科大学(医学部〈看護学科〉)
- 273 実践女子大学 総推
- 274 芝浦工業大学(前期日程)
- 275 芝浦工業大学(全学統一日程・後期日程)
- 276 十文字学園女子大学
- 277 淑徳大学
- 278 順天堂大学(医学部) 医
- 279 順天堂大学(スポーツ健康科・医療看護・保健看護・国際教養・保健医療・医療科・健康データサイエンス・薬学部) 総推
- 280 上智大学(神・文・総合人間科学部)
- 281 上智大学(法・経済学部)
- 282 上智大学(外国語・総合グローバル学部)
- 283 上智大学(理工学部)
- 284 上智大学(TEAPスコア利用方式)
- 285 湘南工科大学
- 286 昭和大学(医学部) 医
- 287 昭和大学(歯・薬・保健医療学部)
- 288 昭和女子大学
- 289 昭和薬科大学
- 290 女子栄養大学・短期大学部 総推
- 291 白百合女子大学
- 292 成蹊大学(法学部ーA方式)
- 293 成蹊大学(経済・経営学部ーA方式)
- 294 成蹊大学(文学部ーA方式)
- 295 成蹊大学(理工学部ーA方式)
- 296 成蹊大学(E方式・G方式・P方式)
- 297 成城大学(経済・社会イノベーション学部ーA方式)
- 298 成城大学(文芸・法学部ーA方式)
- 299 成城大学(S方式〈全学部統一選抜〉)
- 300 聖心女子大学
- 301 清泉女子大学
- 303 聖マリアンナ医科大学 医
- 304 聖路加国際大学(看護学部)
- 305 専修大学(スカラシップ・全国入試)
- 306 専修大学(前期入試〈学部個別入試〉)
- 307 専修大学(前期入試〈全学部入試・スカラシップ入試〉)

た行(関東の大学)

- 308 大正大学
- 309 大東文化大学
- 310 高崎健康福祉大学
- 311 拓殖大学
- 312 玉川大学
- 313 多摩美術大学
- 314 千葉工業大学
- 315 中央大学(法学部ー学部別選抜)
- 316 中央大学(経済学部ー学部別選抜)
- 317 中央大学(商学部ー学部別選抜)
- 318 中央大学(文学部ー学部別選抜)
- 319 中央大学(総合政策学部ー学部別選抜)
- 320 中央大学(国際経営・国際情報学部ー学部別選抜)
- 321 中央大学(理工学部ー学部別選抜)
- 322 中央大学(5学部共通選抜)
- 323 中央学院大学
- 324 津田塾大学
- 325 帝京大学(薬・経済・法・文・外国語・教育・理工・医療技術・福岡医療技術学部)
- 326 帝京大学(医学部) 医
- 327 帝京科学大学 総推
- 328 帝京平成大学 総推
- 329 東海大学(医〈医〉学部を除くーー般選抜)
- 330 東海大学(文系・理系学部統一選抜)
- 331 東海大学(医学部〈医学科〉) 医
- 332 東京医科大学(医学部〈医学科〉) 医
- 333 東京家政大学・短期大学部 総推
- 334 東京経済大学
- 335 東京工科大学
- 336 東京工芸大学
- 337 東京国際大学
- 338 東京歯科大学
- 339 東京慈恵会医科大学(医学部〈医学科〉) 医
- 340 東京情報大学
- 341 東京女子大学
- 342 東京女子医科大学(医学部) 医
- 343 東京電機大学
- 344 東京都市大学
- 345 東京農業大学
- 346 東京薬科大学(薬学部) 総推
- 347 東京薬科大学(生命科学部) 総推
- 348 東京理科大学(理学部〈第一部〉ーB方式)
- 349 東京理科大学(創域理工学部ーB方式・S方式)
- 350 東京理科大学(工学部ーB方式)
- 351 東京理科大学(先進工学部ーB方式)
- 352 東京理科大学(薬学部ーB方式)
- 353 東京理科大学(経営学部ーB方式)
- 354 東京理科大学(C方式、グローバル方式、理学部〈第二部〉ーB方式)
- 355 東邦大学(医学部) 医
- 356 東邦大学(薬学部)

教学社 刊行一覧

2025年版 大学赤本シリーズ

374大学556点
全都道府県を網羅

国公立大学(都道府県順)

全国の書店で取り扱っています。店頭にない場合は,お取り寄せができます。

1 北海道大学(文系-前期日程)
2 北海道大学(理系-前期日程) 医
3 北海道大学(後期日程)
4 旭川医科大学(医学部〈医学科〉) 医
5 小樽商科大学
6 帯広畜産大学
7 北海道教育大学
8 室蘭工業大学/北見工業大学
9 釧路公立大学
10 公立千歳科学技術大学
11 公立はこだて未来大学 総推
12 札幌医科大学(医学部) 医
13 弘前大学 医
14 岩手大学
15 岩手県立大学・盛岡短期大学部・宮古短期大学部
16 東北大学(文系-前期日程)
17 東北大学(理系-前期日程) 医
18 東北大学(後期日程)
19 宮城教育大学
20 宮城大学
21 秋田大学 医
22 秋田県立大学
23 国際教養大学 総推
24 山形大学 医
25 福島大学
26 会津大学
27 福島県立医科大学(医・保健科学部) 医
28 茨城大学(文系)
29 茨城大学(理系)
30 筑波大学(推薦入試) 医 総推
31 筑波大学(文系-前期日程)
32 筑波大学(理系-前期日程) 医
33 筑波大学(後期日程)
34 宇都宮大学
35 群馬大学 医
36 群馬県立女子大学
37 高崎経済大学
38 前橋工科大学
39 埼玉大学(文系)
40 埼玉大学(理系)
41 千葉大学(文系-前期日程)
42 千葉大学(理系-前期日程) 医
43 千葉大学(後期日程) 医
44 東京大学(文科) DL
45 東京大学(理科) DL 医
46 お茶の水女子大学
47 電気通信大学
48 東京外国語大学 DL
49 東京海洋大学
50 東京科学大学(旧 東京工業大学)
51 東京科学大学(旧 東京医科歯科大学) 医
52 東京学芸大学
53 東京藝術大学
54 東京農工大学
55 一橋大学(前期日程)
56 一橋大学(後期日程)
57 東京都立大学(文系)
58 東京都立大学(理系)
59 横浜国立大学(文系)
60 横浜国立大学(理系)
61 横浜市立大学(国際教養・国際商・理・データサイエンス・医〈看護〉学部)
62 横浜市立大学(医学部〈医学科〉) 医
63 新潟大学(人文・教育〈文系〉・法・経済科・医〈看護〉・創生学部)
64 新潟大学(教育〈理系〉・理・医〈看護を除く〉・歯・工・農学部) 医
65 新潟県立大学
66 富山大学(文系)
67 富山大学(理系) 医
68 富山県立大学
69 金沢大学(文系)
70 金沢大学(理系) 医
71 福井大学(教育・医〈看護〉・工・国際地域学部)
72 福井大学(医学部〈医学科〉) 医
73 福井県立大学
74 山梨大学(教育・医〈看護〉・工・生命環境学部)
75 山梨大学(医学部〈医学科〉) 医
76 都留文科大学
77 信州大学(文系-前期日程)
78 信州大学(理系-前期日程) 医
79 信州大学(後期日程)
80 公立諏訪東京理科大学 総推
81 岐阜大学(前期日程) 医
82 岐阜大学(後期日程)
83 岐阜薬科大学
84 静岡大学(前期日程)
85 静岡大学(後期日程)
86 浜松医科大学(医学部〈医学科〉) 医
87 静岡県立大学
88 静岡文化芸術大学
89 名古屋大学(文系)
90 名古屋大学(理系) 医
91 愛知教育大学
92 名古屋工業大学
93 愛知県立大学
94 名古屋市立大学(経済・人文社会・芸術工・看護・総合生命理・データサイエンス学部)
95 名古屋市立大学(医学部〈医学科〉) 医
96 名古屋市立大学(薬学部)
97 三重大学(人文・教育・医〈看護〉学部)
98 三重大学(医〈医〉・工・生物資源学部) 医
99 滋賀大学
100 滋賀医科大学(医学部〈医学科〉) 医
101 滋賀県立大学
102 京都大学(文系)
103 京都大学(理系) 医
104 京都教育大学
105 京都工芸繊維大学
106 京都府立大学
107 京都府立医科大学(医学部〈医学科〉) 医
108 大阪大学(文系) DL
109 大阪大学(理系) 医
110 大阪教育大学
111 大阪公立大学(現代システム科学域〈文系〉・文・法・経済・商・看護・生活科〈居住環境・人間福祉〉学部-前期日程)
112 大阪公立大学(現代システム科学域〈理系〉・理・工・農・獣医・医・生活科〈食栄養〉学部-前期日程) 医
113 大阪公立大学(中期日程)
114 大阪公立大学(後期日程)
115 神戸大学(文系-前期日程)
116 神戸大学(理系-前期日程) 医
117 神戸大学(後期日程)
118 神戸市外国語大学 DL
119 兵庫県立大学(国際商経・社会情報科・看護学部)
120 兵庫県立大学(工・理・環境人間学部)
121 奈良教育大学/奈良県立大学
122 奈良女子大学
123 奈良県立医科大学(医学部〈医学科〉) 医
124 和歌山大学
125 和歌山県立医科大学(医・薬学部) 医
126 鳥取大学 医
127 公立鳥取環境大学
128 島根大学 医
129 岡山大学(文系)
130 岡山大学(理系) 医
131 岡山県立大学
132 広島大学(文系-前期日程)
133 広島大学(理系-前期日程) 医
134 広島大学(後期日程)
135 尾道市立大学 総推
136 県立広島大学
137 広島市立大学
138 福山市立大学 総推
139 山口大学(人文・教育〈文系〉・経済・医〈看護〉・国際総合科学部)
140 山口大学(教育〈理系〉・理・医〈看護を除く〉・工・農・共同獣医学部) 医
141 山陽小野田市立山口東京理科大学 総推
142 下関市立大学/山口県立大学
143 周南公立大学 新 総推
144 徳島大学 医
145 香川大学 医
146 愛媛大学 医
147 高知大学 医
148 高知工科大学
149 九州大学(文系-前期日程)
150 九州大学(理系-前期日程) 医
151 九州大学(後期日程)
152 九州工業大学
153 福岡教育大学
154 北九州市立大学
155 九州歯科大学
156 福岡県立大学/福岡女子大学
157 佐賀大学 医
158 長崎大学(多文化社会・教育〈文系〉・経済・医〈保健〉・環境科〈文系〉学部)
159 長崎大学(教育〈理系〉・医〈医〉・歯・薬・情報データ科・工・環境科〈理系〉・水産学部) 医
160 長崎県立大学 総推
161 熊本大学(文・教育・法・医〈看護〉学部・情報融合学環〈文系型〉)
162 熊本大学(理・医〈看護を除く〉・薬・工学部・情報融合学環〈理系型〉) 医
163 熊本県立大学
164 大分大学(教育・経済・医〈看護〉・理工・福祉健康科学部)
165 大分大学(医学部〈医・先進医療科学科〉) 医
166 宮崎大学(教育・医〈看護〉・工・農・地域資源創成学部)
167 宮崎大学(医学部〈医学科〉) 医
168 鹿児島大学(文系)
169 鹿児島大学(理系) 医
170 琉球大学 医

/////////////////// ·memo· ///////////////////

· memo ·